中宣部2018年主题出版重点出版物

广东改革开放发展史

GUANGDONG GAIGE KAIFANG FAZHANSHI

（1978-2018）

◎ 中共广东省委党史研究室 著

SPM

南方出版传媒

广东人民出版社

·广州·

图书在版编目（CIP）数据

广东改革开放发展史：1978－2018/中共广东省委党史研究室著. ——广州：广东人民出版社，2019.12

ISBN 978-7-218-14126-8

Ⅰ．①广…　Ⅱ．①中…　Ⅲ．①改革开放—历史—广东 Ⅳ．①D619.65

中国版本图书馆 CIP 数据核字（2019）第 285239 号

GUANGDONG GAIGE KAIFANG FAZHANSHI（1978－2018）

广东改革开放发展史（1978—2018）

中共广东省委党史研究室　著　　　　　　　版权所有　翻印必究

出 版 人：肖风华

选题策划：钟永宁
责任编辑：卢雪华　曾玉寒　廖智聪　伍茗欣
封面设计：王　辉
责任技编：周　杰　吴彦斌

出版发行：广东人民出版社
地　　址：广州市海珠区新港西路 204 号 2 号楼（邮政编码：510300）
电　　话：（020）85716809（总编室）
传　　真：（020）85716872
网　　址：http://www.gdpph.com
印　　刷：广东鹏腾宇文化创新有限公司
开　　本：787mm×1092mm　1/16
印　　张：33.25　字　数：450 千
版　　次：2019 年 12 月第 1 版
印　　次：2019 年 12 月第 1 次印刷
定　　价：168.00 元

编辑委员会

前　言

　　40 年前，在党中央的坚强领导下，中国走上了改革开放的伟大征程。地处祖国南大门的广东，被中央赋予特殊政策和灵活措施，在改革开放中先走一步。40 年披荆斩棘，40 年开拓创新，40 年勇立潮头，广东不负党中央重托，经济社会发展取得了举世瞩目的成就，综合实力实现了历史性跨越，成为中国改革开放的排头兵、先行地、实验区，书写了南粤大地从"富起来"走向"强起来"的壮丽诗篇。

　　"一滴水可以反映出太阳的光辉，一个地方可以体现一个国家的风貌。"广东 40 年的生动实践，既是中国改革开放鸿篇巨制的鲜活样本，又是中国特色社会主义伟大历程的精彩缩影。40 年前，党中央期望广东在实行"新的经济管理体制改革"和对外开放中"杀出一条血路来"。以习仲勋老书记为代表的广东改革开放开创者们"大胆地闯、大胆地试"，团结和带领全省广大干部群众创办了三个经济特区，实施了一系列开先河、领潮流的改革举措，推动实现了广东经济社会发展的历史性跨越。1992 年春，中国改革开放总设计师邓小平同志在广东发表"南方谈话"，为中国改革开放的再推进指明了前进方向，注入了强大动力。党中央和邓小平同志要求广东 20 年赶上亚洲"四小龙"，并且"两个文明都要超过他们"。在"南方谈话"的引领和"追龙"寄语的激励下，广东率先进行构建社会主义市场经济体制的探索，掀起新一轮改革开放热潮。在世纪之交的关键节点，江泽民同志多次对广东工作作出指示，要求广东"增创新优势，更上一层楼"。广东通过实施外向带动、科教兴粤、可持续发展三大战略，不断增创体制、产业、开放、科教四大新优势，基本实现国有企业三年改革和脱困目标，成功应对亚洲金融危机的负面影响，推动经济社会发展实现"软着陆"，改革开放再上新台阶。2003年春，胡锦涛同志亲临广东指导抗击"非典"斗争，要求广东加快发展、率先发展、协调发展。新世纪初的十余年间，广东积极践行科学发展观，坚持以加快转变经济发展方式和转型升级为主线，以新一轮思想大解放推动新一轮大发展，着力实施"双转移"，建设"和谐广东""幸福广东"，成为全面建设小康社会、加快推进社会主义现代化的排头兵。党的十八大以后，中国特色社会主义进入新时代，习近平总书记先后对广东作出"三个定位、两个率先""四个坚持、三个支撑、两个走在前列""四个走在全国前列"的重要批示指示，广东在全国改革开放和社会主义现代化建设的大局中再一次被赋予新使命新任务。5年多来，在党中央坚强领导下，广东以习近平新时代中国特色社会主义思想为指导，坚持稳中求进工作总基调，牢固树立新发展理念，坚定不移地推进经济结构战略性调整，坚定不移地推进全面深化改革，坚定不移地推进实施创新驱动发展战略，坚定不移地推进统筹区域城乡发展，坚定不移地推进构建全方位对外开放新格局，坚定不移地推进生态文明建设，坚定不移地推进改善保障民生，坚定不移地推进全面从严治党，改革开放和社会主义现代化建设事业取得了辉煌的新成就。

"历史是最好的教科书，也是最好的清醒剂。"广东40年来波澜壮阔的改革开放发展历史，可以为改革开放再出发提供丰富的思想素养和强劲的精神动力。正如习近平总书记所说：广东在改革开放中长期走在全国前列，党中央在研究推进全国改革开放的过程中，始终注意广东的实践和经验，鼓励广东大胆探索、大胆实践。站在新的历史起点上，要进一步开创广东工作新局面，最根本的还要靠改革开放。因此，抓住改革开放40周年这一重要契机，全面梳理和系统总结广东改革发展的经验借鉴，探寻把握广东改革发展的历史规律，是我们接续改革开放新实践，以新担当新作为谱写新时代中国特色社会主义事业广东篇章，奋力推动习近平新时代中国特色社会主义思想在广东大地落地生根、结出丰硕成果的关键所在。回顾40年走过的路，着眼新时代新担当新作为，我们最需要传承的，是邓小平同志倡导的"杀出一条血路来"的气魄与胆略，是以习仲勋老书记为代表的广东改革开放开创者们"敢为天下先"的勇气担当、革命精神。虽然，一个时代有一个时代的问题，一代人有一代人的使命，但是，伟大的精神永不过时，真理的力量无比强大。面对"四个走在全国前列"的时代命题，广东没有退路。唯有义无反顾地延续起改革开放开创者们的精神血脉，肩负起新的历史责任，凝聚起锐意进取、敢闯敢冒、拼搏向上、百折不挠、脚踏实地、开放包容的"精气神"，以壮士断腕的决心、背水一战的勇气、攻城拔寨的拼劲，用更大的勇气和智慧、更有力的措施和办法，去冲破思想观念的障碍和利益固化的藩篱，掀起新一轮改革开放大潮。

"历史、现实、未来是相通的。历史是过去的现实，现实是未来的历史。"站在新的历史起点，只有对我们党的历史有更深切的了解，才能做好今天的现实工作，承担起明天的新的使命。党的历史，写的是历史，叙的是奋斗，述的是大道，探索的是规律，启示的是当下，烛照的是未来。习近平总书记强调："今天，我们回顾历史，不是为了从成功中寻求慰藉，更不是为了躺在功劳簿上、为回避今天面临的困难和问题寻找借口，而是为了总结历史经验、把握历史规律，增强开拓前进的勇气和力量。"在改革开放40周年来临之际，编写出版一本能够比较系统反映广东改革发展进程，梳理广东改革发展经验，探寻广东改革发展规律的史学著述，对于我们当下正在着力开创的改革开放事业显得尤为必要和意义重大。《广东改革开放发展史（1978—2018）》一书的编写出版，正逢其时。从总体上看，本书具有以下几个特点：一是站位正确。本书立足于历史唯物主义的基本观点，坚持以中国共产党领导下的广东改革开放实践作为主要叙事视角和写作主体，突现了广东改革开放的主流主线。二是史料扎实。作为本书编写单位，中共广东省委党史研究室从20世纪90年代末期就开始在搜集、整理有关广东改革开放史料上下了不少功夫，在写作中使用了大批档案资料、研究文献、报刊杂志、文集传记、口述史料等。三是立论客观。本书作者长期耕耘于广东改革开放历史研究领域，十几年来，发表出版了大批相关的著述。这些著述使得本书有了较为深厚的研究积淀，为其立论的客观性提供了较为广泛的依据。四是叙述全面。本书以中国共产党领导广东人民开展经济建设、政治建设、文化建设、社会建设、生态文明建设为基本叙述框架，内容涉及广东改革开放各个重要方面，时间跨度从 1978 年 4 月习仲勋老书记主政广东前后开始，一直延续到 2018 年广东学习贯彻落实习近平总书记提出的"四个走在全国前列"要求，历时整整 40 年。

改革开放再出发。党的十九大之后，与全国各地一起，广东迈进了实现"两个一百年"奋斗目标的新的伟大征程。作为中国改革开放 40 周年献礼之作，本书入选为中央宣传部 2018 年主题出版重点出版物，希望它能够为广东奋力实现"四个走在全国前列"，奋力把广东建设成为践行习近平新时代中国特色社会主义思想，向世界展示我国改革开放成就的重要窗口、国际社会观察我国改革开放的重要窗口，作出应有的贡献。

目　　录

第一编　改革开放先走一步

1978 年 12 月，以中国共产党十一届三中全会为标志，中国实现了具有深远意义的历史性伟大转折，中国走上了改革开放和社会主义现代化建设的伟大历史征程。作为中国改革开放的先行地区和前沿阵地，广东不负重托，不辱使命，解放思想，实事求是，以敢为人先、敢闯敢干的精神，创造性地运用中央赋予广东的特殊政策、灵活措施，充分发挥广东毗邻港澳、华侨众多的优势，在改革开放中先走一步。在广东改革开放的历程中，广东为全国改革开放"杀出一条血路"，创造出了社会主义现代化建设的新鲜经验，发挥了"窗口"和"试验田"的作用。

第一章　改革开放前夕的广东

　　"文化大革命"结束后，在中央的部署下广东广泛深入开展揭批林彪、"四人帮"两个反革命集团的斗争；开展了关于真理标准问题的讨论，在干部群众中逐步恢复了实事求是的优良传统和作风；推进经济工作的调整，社会经济各方面得到了初步恢复和发展；在思想、政治、组织等领域的拨乱反正全面展开，全面落实各项政策，为把工作重心转移到以社会主义现代化建设和改革开放先走一步奠定了较为扎实的基础。

■ 揭批"四人帮"与林彪集团斗争的广泛开展

　　1976 年 10 月 6 日，华国锋、叶剑英等代表中共中央政治局执行党和人民的意志，采取断然措施，对王洪文、张春桥、江青、姚文元及其在北京的帮派骨干实行隔离审查。14 日，中共中央公布了粉碎"四人帮"的消息。21 日，广州市 140 万名干部群众在广东省、广州市负责同志的带领下，举行了声势浩大的游行，热烈庆祝粉碎"四人帮"的伟大胜利。在此前后，一连数日，全省各地（含海南）共有 4000 万人参加庆祝游行。"四人帮"被粉碎，标志着"文化大革命"结束。

　　按照中央部署，从 1976 年 11 月起，广东开展了揭批"四人帮"的斗争，揭发批判"四人帮"篡党夺权的阴谋、极左路线及其表现，肃清他们在各条战线、各个领域所散布的流毒和影响，有领导、有组织、有步骤地在全省范围内，清查与"四人帮"阴谋活动有牵连的人和事（简称"揭批查"斗争）。同时结合广东实际，把揭批林彪、"四人帮"两个反革命集团的罪行，同整顿党的领导班子、整顿企业和整顿经济管理结合起来，同恢复国民经济、促进安定团结结合起来，从而在政治上、组织上为经济发展创造了较为有利的条件。

广东的"揭批查"斗争分为三个阶段：

第一阶段，从 1976 年 11 月至 1977 年 2 月。全省各地放手发动群众，集中力量，深入揭发、批判、清查"四人帮"。开展"三大讲"①的活动，揭批"四人帮"炮制和散布的一系列谬论，正本清源，澄清理论、路线上的大是大非问题，从政治上、思想上、组织上肃清其流毒和影响。

第二阶段，从 1977 年 3 月至 1978 年 6 月。继续深入发动群众，在全省范围内揭发、批判和清查与"四人帮"篡党夺权阴谋活动有牵连的人和事，清除那些紧紧追随"四人帮"，靠"造反"起家的"头上长角""身上长刺"的帮派骨干，夺回被他们篡夺的那部分权力，摧毁其赖以生存的帮派体系。

与此同时，省委和各级党委调整和加强了省、地、市、县和各条战线、各个部门领导班子，进行了部分冤假错案的平反工作，许多在"文化大革命"中挨整和"靠边站"的干部，重新走上领导岗位。中共中央对广东党政领导班子也进行了调整，一批久经考验、政治经验丰富的老干部恢复原职。1977 年 12 月，召开广东省第五届人民代表大会一次会议，李坚真当选广东省人大常委会主任，韦国清当选广东省革委会主任。②12 月，召开广东省政协四届一次会议，王首道当选政协主席。③1978 年 4 月 6 日，中共广东省第四次代表大会第一次会议，选举产生中共第四届省委，韦国清任省委第一书记，习仲勋任第二书记，焦林义任常务书记，王首道、刘

---

① "三大讲"是指大讲"四人帮"横行时党受其害、国受其害、身受其害的深仇大恨，大讲同"四人帮"斗争的经历，大讲同"四人帮"斗争的经验体会。
② 《广东省第五届人民代表大会一次会议胜利闭幕》，《南方日报》1977 年 12 月 18 日。
③ 《政协广东省四届一次全体会议胜利闭幕》，《南方日报》1977 年 12 月 20 日。

田夫、李坚真、郭荣昌、王全国、吴南生任省委书记。① 李坚真兼任省委纪律检查委员会书记。② 同年 11 月，中央决定习仲勋任省委第一书记、省革命委员会主任。不久，杨尚昆任省委第二书记、省革命委员会副主任。中共广东省第四次代表大会和广东省五届人大一次会议、广东省政协四届一次会议的召开，表明广东揭批"四人帮"的斗争取得了决定性胜利，各级领导班子经过调整，得到充实和加强，社会秩序明显好转，安定团结的政治局面正在形成。

第三阶段，从 1978 年 7 月到 1979 年 9 月。主要是把揭批"四人帮"与揭批林彪集团有关问题联系起来，进一步把清查工作引向深入。1978 年秋，省委开展为期半年的整风。这次整风把"四人帮"与林彪连在一起批，揭开盖子，搞清了广东在"文化大革命"中的一些重大问题，比如整叶剑英黑材料问题、迫害老干部问题、省委省革委负责人在"文化大革命"中的问题等，分清了是非。整风过程中，省委针对在执行路线、政策和作风方面存在的问题，也进行了初步清理，总结了经验教训。

1979 年 1 月省委四届二次常委扩大会议后，省委纪委、省委"清查办"集中力量，突出抓了三项工作：一是揭露和清查了林彪、"四人帮"指使黄永胜等搜集整理黑材料，企图诬陷周恩来、叶剑英等党和国家领导人的罪行；二是揭露和清查了他们一伙借审查"广东地下党"为名，迫害大批广东革命老干部等罪行；三是根据中央的指示，进一步清查和整理了"四人帮"及其党羽在广东搞阴谋活动的有关材料并及时报送中央"两案"清查领导小组。

至 1983 年 5 月，全省清查"两案"有牵连的人和事的工作基本结束。清查结果是：全省因"两案"牵连受审查人员共 772 人，其中：有 692 人因错误性质较轻，免于组织处理，先后予以解脱；有 16 人因触犯刑律被判

---

① 当时地方省级党委设有第一书记，作为一个阶段性党内职务称谓，这一称谓在 20 世纪 80 年代前期曾广泛存在，广东的省委第一书记止于 1985 年。

② 《中国共产党广东省第四次代表大会胜利召开》，《南方日报》1978 年 4 月 7日。

徒刑；不给处分，只作审查结论的 20 人；党内除名 4 人；有 40 人受到党
纪政纪处分。[①] 通过清查工作，查获了林彪、"四人帮"指使黄永胜等诬陷
中央领导和迫害中华人民共和国成立前在广东的干部的情况，为配合中央
组织审判林彪、"四人帮"反革命集团 10 名主犯提供了证据。通过开展清
查与"两案"有关的人和事，对全省党员干部进行了一次深刻的党纪国法
教育，纯洁了党的队伍和组织，促进了安定团结政治局面的形成，促进了
工农业生产的初步恢复和发展，促进了文化、教育、科研等工作开始走向
正常。

■ 国民经济的初步恢复和急于求成的苗头

在全省人民的共同努力下，经济工作调整较顺利地开展，国民经济得
到初步恢复。1978 年广东省社会总产值为 373.50 亿元，比 1975 年增长
25%，国民收入为 174.04 亿元，比 1975 年增长 30%，工农业总产值为
291.06 亿元，比 1975 年增长 23.7%，财政收入为 40.80 亿元，比 1975 年
增长 23.26%，职工工资平均为 629 元，比 1975 年增加 28 元。

1977 年、1978 年这两年工业发展速度比较快，1978 年工业总产值为
199.52 亿元（1970 年不变价），比 1975 年增长 22.7%，主要工业品钢、
原煤、原油加工、发电量以及农用化肥、水泥、自行车、缝纫机、手表、
电视机、糖、布匹等产量大都完成和超额完成计划。

农业方面，由于减轻了生产队和农民的负担，开始重视发展社队集体
多种经营，合理调整了分配政策。因此，1978 年全省粮食虽然比上年减产
23 亿斤，但社员人均分配收入并没有减少。糖蔗产量达到 895 万吨，超过
历史最高水平；花生、橡胶、茶叶、蚕茧等产品的产量都比上年增产。社
队企业有所增长，社员家庭副业也有较大发展。

这两年国民经济得到了初步恢复并有了一定发展，但在指导思想上存

---

① 中共广东省纪律检查委员会、广东省监察厅：《广东纪检监察志（1950—
1995）》，广东人民出版社 1999 年版，第 331—333 页。

在一些误差，办事从主观愿望出发，经济工作中出现了急于求成的苗头。在五届全国人大一次会议通过的《1976 年到 1985 年发展国民经济十年计划纲要（草案）》的影响下，广东也提出要实现"国民经济新跃进"，提出过急过高的十年奋斗目标。即 1980 年要"基本实现农业机械化"，到 1985 年，工业要建设一大批大中型项目，建成梅田、红工、四望嶂、梅县、茂名、海南等六个煤炭基地，产量达到 2000 万吨以上；力争开发一个海上大油田。建成黄埔、茂名、海南（火电）和韩江上游（水电）等大型电站。完成扩建海南、大宝山铁矿基地和建设连平等铁矿基地。建成广州、韶关等几个中型钢铁企业和各地区的小钢联，钢产量达到 100 万吨，并积极利用广东省有色、稀有、稀土金属资源，发展新钢种。积极建设茂名、广州石油化工基地，发展合成材料和轻工业原料。进一步发展轻工业，以丰富多彩的轻工业产品繁荣市场和增加出口。糖产量达到 160 万吨。铁路建成三茂线，全线通车；完成广三线的改造，等等。① 这个庞大计划，大大超过了广东人力、物力和财力的承受能力。

■ 开展对真理标准问题的讨论

1977 年 2 月 7 日，《人民日报》、《红旗》杂志和《解放军报》刊发题为《学好文件抓住纲》的社论。这篇社论提出"凡是毛主席作出的决策，我们都坚决维护；凡是毛主席的指示，我们都始终不渝地遵循"的方针（后来被称为"两个凡是"）。由于这一方针是以当时传达中共中央声音的权威方式公布的，因而得到普遍宣传。这种拒绝对事物作任何分析的态度，在理论上违背了马克思主义基本原理，在实践上为新形势下坚持真理、修正错误设置了障碍。

针对这种不正常情形，1978 年 5 月 11 日，《光明日报》发表题为《实践是检验真理的唯一标准》的特约评论员文章。广东动作迅速，反应敏

---

① 焦林义：《广东省革命委员会工作报告——在广东省第五届人民代表大会上》（1977 年 12 月 12 日）。

捷，《广州日报》《南方日报》等广东的宣传媒体分别于 12 日、13 日予以转载，对推动和引导广东开展真理标准的讨论，起到了促进的作用。广东成为全国开展真理标准问题讨论比较早的省份之一。

广东省委领导人密切关注着全国真理标准问题的讨论。6 月 30 日，主持广东工作的习仲勋在省委四届一次常委扩大会议总结讲话中强调："最近报纸上有些文章要好好地读，如《马克思主义的一个最基本的原则》《实践是检验真理的唯一标准》等。理论要与实践结合起来，理论要指导实践，实践反过来又丰富这个理论，离开实践，理论一文不值。"① 6 月底 7 月初，全省教育工作会议在广州举行。会议经过激烈争论，通过具体事例的分析，否定了"文化大革命"中全省推广的海南屯昌"一批二干出人才"的教育经验。习仲勋在会上指出"实践是检验真理的唯一标准。从推广屯昌经验的后果来看，也是不好的"。② 从 8 月下旬开始，广州在全市干部中陆续开展真理标准问题的学习讨论。9 月 9 日，市委批转市委宣传部《关于当前学习安排的意见》，提出要树立实践第一的观点，明确实践是检验真理的唯一标准，拨乱反正，解放思想。

9 月中旬，习仲勋主持召开省委常委、省革命委员会副主任参加的关于真理标准问题的学习讨论会。与会者联系广东实际，总结新中国成立 28 年来的历史经验，着重讨论广东农业问题。大家以新中国头 17 年与"文化大革命"10 年广东农业发展的情况作比较，分清路线和政策是非，统一认识，统一步调。与会者一致认为，必须坚持实践是检验真理唯一标准的观点，恢复和发扬党的优良作风，彻底肃清林彪、"四人帮"的流毒，拨乱反正，努力把本省各项工作搞上去。学习讨论达成了一致共识：搞清楚这个问题有重大意义，这是关系到执行什么样的路线，关

---

① 《习仲勋在省委四届一次常委扩大会议上的讲话（记录稿）》（1978 年 6 月 30 日），转引自《习仲勋主政广东》编委会：《习仲勋主政广东》，中共党史出版社 2007 年版，第 28 页。

② 《习仲勋同志在省教育工作会议上的讲话（摘要）》（1978 年 7 月 4 日），转引自《习仲勋主政广东》编委会：《习仲勋主政广东》，中共党史出版社 2007 年版，第 29 页。

系到革命成败和国家前途的大问题。9 月 20 日，《人民日报》以《实事求是，解放思想，加快前进步伐》为题，报道了这次学习讨论会的消息。习仲勋是在全国最早鲜明表达自己观点、大力支持真理标准问题讨论的省级主要负责人之一。这次学习讨论会带动全省陆续开展讨论，对解放干部群众思想，实事求是解决实际工作中的问题，起了很好的作用，效果总的是好的。这次会议之后，省委要求各地联系实际，广泛开展学习讨论。省委宣传部随即召开理论学习座谈会，对全省开展真理标准问题的讨论作了部署。全省对真理标准问题的讨论，逐步由理论界扩大到地、市、县领导机关中。10 月 5 日，习仲勋在广州市委常委扩大会议上明确指出：当前正在进行的关于检验真理标准问题的讨论，是一次思想解放运动，意义十分重大。

11 月 10 日至 12 月 15 日，在真理标准问题讨论的高潮中，中共中央在北京召开工作会议。会议对"两个凡是"方针提出了坚决的批评，解决了一批重大历史遗留问题。在闭幕会上，邓小平发表了题为《解放思想，实事求是，团结一致向前看》的讲话。这一讲话实际上成为随即召开的中共十一届三中全会的主题报告。邓小平在讲话中充分肯定了前一阶段开展的真理标准问题的讨论，指出这个争论很有必要，意义很大，"的确是个思想路线问题，是个政治问题，是个关系到党和国家的前途和命运的问题"。① 习仲勋也参加了这次会议，并结合广东实践，就真理标准问题讨论在会上发言。

在省委的领导下，广东各级领导机关开展真理标准问题的讨论，收到一定的效果。但由于有些地方、有些单位对这个讨论的重要性认识不足，没有很好地坚持下来，发展也不平衡。1979 年 6 月，习仲勋在省委四届三次常委扩大会议和省地县三级干部会议上再次强调："为了端正思想路线，必须继续宣传关于实践是检验真理的唯一标准这个马克思主义的基本原

---

① 《邓小平文选》（第二卷），人民出版社 1994 年版，第 143 页。

理，用它来观察问题和解决问题，敢于独立思考，开动机器，冲破禁区。"① 为进一步把真理标准问题讨论深入进行下去，8月下旬，省委宣传部在中山县召开现场会议，交流全省各地开展真理标准问题讨论的情况和经验，要求各地向中山县学习，特别是领导干部和领导机关要带头学习，联系实际，把讨论普及到基层中去，使实践是检验真理的唯一标准这个马列主义、毛泽东思想的根本原则深入人心，成为广大党员、干部和群众手中的锐利武器。

9月13日，广东省委在广州举行实践是检验真理的唯一标准的报告会。会议号召各级党委要补好真理标准讨论这一课，加深对三中全会精神的理解，自觉地、坚决地执行党的政治路线。习仲勋强调指出：坚持实践是检验真理的唯一标准的观点，就是坚持马列主义的辩证唯物主义认识路线，这同林彪、"四人帮"的唯心论、形而上学是根本对立的，同"两个凡是"也是根本对立的。② 10月16日，省委批转肇庆地委《关于开展真理标准问题学习讨论的情况报告》。指出肇庆地委主要负责同志抓好各级领导骨干端正思想路线，解决当前中心工作存在的问题，并运用"实践标准"来分析形势，指导工作，使学习讨论落到实处，效果显著。省委要求各地要认真学习他们的经验。

1979年底，习仲勋对广东批判"两个凡是"的方针，开展真理标准问题的讨论给予高度的评价。他指出，这场讨论"使我们各项工作重新走上马列主义、毛泽东思想的轨道。这是一场意义极为深远的思想解放运动。它对于我们端正思想路线，恢复和发扬实事求是、一切从实际出发、理论联系实际和群众路线的优良作风，对于促进各条战线的拨乱反正，实现工作着重点的转移，加快四个现代化建设的步伐，起着巨大推动作用。两年来，从实际出发，走群众路线，讲求科学与民主的作风开始得到恢复与发

---

① 习仲勋：《在省委四届三次常委扩大会议和省地县三级干部会议上总结发言》(1979年6月10日)，转引自《习仲勋主政广东》编委会：《习仲勋主政广东》，中共党史出版社2007年版，第38页。

② 中共广东省委党史研究室：《广东改革开放大事记》，广东人民出版社1999年版，第23页。

展，主观主义，生搬硬套，瞎指挥，一刀切，虚假浮夸，强迫命令，以及违反科学的东西，开始得到纠正。这是开展真理标准问题讨论的一个极为重要的成果"。① 经过开展真理标准问题的讨论，广东省的广大干部群众摆脱了长期"左"倾错误思想的严重束缚，端正了思想路线，提高认识，排除干扰，对更好地执行中共十一届三中全会所确定的正确路线、方针和政策，起到了重要的作用。从而，为实现工作着重点转移奠定了思想基础。②

■ 拨乱反正落实各项政策

"文化大革命"中后期，在周恩来、邓小平主持中央日常工作期间，广东已经开始逐步落实政策，平反冤假错案。由于种种原因，有些政策落实得不够彻底。粉碎"四人帮"之后，广东开始开展冤假错案的平反。但由于仍受"左"的思想影响，工作进展较缓慢。据有关统计，到党的十一届三中全会召开前夕，广东省"文化大革命"以来被定为"反革命"的案件只复查了24%。③ 开展真理标准问题大讨论后，逐步摆脱了思想桎梏，省委和各级党委按照中央实事求是、有错必纠的原则，加快了平反冤假错案的步伐和各项政策的落实。1978年6月，在省委四届一次常委扩大会议上，省委书记、省委纪检书记李坚真专门就落实干部政策问题作了专题发言，强调要坚持实事求是的原则，凡属冤假错案，坚决平反。凡属应纠正的坚决纠正，错多少纠多少，复查结论可留可不留尾巴的坚决不留。会

---

① 习仲勋：《政府工作报告——在广东省第五届人民代表大会第二次会议上》（1979年12月17日）。

② 1981年5月，省委第一书记任仲夷主持召开省委常委、副省长等参加的学习会，讨论研究清除"左"倾的思想影响问题。这次学习会实际上是全国开展"实践是检验真理的唯一标准"讨论的继续和补课。

③ 中共中央党史研究室第三研究部：《中国改革开放史》，辽宁人民出版社2002年版，第56—57页。

后，省委批转了李坚真的发言。① 同年8月15日，全省落实干部政策会议在广州举行。会议强调要彻底肃清林彪、"四人帮"的流毒和影响，加快落实干部政策的步伐。中共十一届三中全会以后，广东全面开展拨乱反正、平反冤假错案的工作。

落实干部政策与复查"文化大革命"中的重大案件

在"文化大革命"中，广东是林彪、"四人帮"干扰破坏的"重灾区"之一，制造了大批骇人听闻的冤假错案。

1979年1月20日，广东省党、政、军和各界代表隆重举行仪式悼念党和国家卓越领导人陶铸。习仲勋宣布：林彪、"四人帮"一伙把原中南局和广东省的许多干部诬蔑为"陶铸死党""陶赵死党"等不实之词，均应推倒。② 广东还先后为在"文化大革命"中被迫害致死的林锵云、朱光、周小舟、邓文钊、饶彰风等平反昭雪，举行隆重追悼会，对他们革命的一生给予公正评价。同年春，广东省委对在广东地区影响很大的所谓广东"地下党问题"予以审查，证实广东地下党14个所谓"案件"，纯属冤案。1979年4月27日，省委正式作出《关于为所谓广东地下党问题彻底平反的决定》，肯定了抗战时期广东党组织是在以周恩来为书记的南方局领导下从事革命斗争的，是党领导革命斗争的一个组成部分。中华人民共和国成立前活跃在广东各地的人民武装队伍，都是党所领导的革命武装，在革命斗争中起了重要作用。林彪、"四人帮"一伙的一切诬蔑不实之词，必须统统推倒。凡因这些案件受迫害的同志，都应平反昭雪。③ 省委有关部门为"文化大革命"中造成的冤假错案全部作出结论，给受审查的干部作出适当的安置。在"文化大革命"中，广东因刘少奇冤案而受牵连的干部有247人，1980年2月中共中央决定为刘少奇平反昭雪之后，这些干部也

---

① 中共广东省纪律检查委员会、广东省监察厅：《广东纪检监察志（1950—1995）》，广东人民出版社1999年版，第333页。

② 习仲勋：《在陶铸同志悼念仪式上的讲话》，《南方日报》1979年1月21日。

③ 《南方日报》1979年3月9日。

全部得到彻底平反。省委、广州市委与有关地方还先后召开大会，分别为与"四人帮"英勇斗争的庄辛辛、因反对林彪而被杀害的官明华、因支持1976年天安门革命群众运动而被判重刑的李小益等人平反，为闻名全国的"李一哲"大字报和"反革命集团"案平反。

1979年3月20日，省委批转了省委组织部《关于落实干部政策的情况和意见》。5月至10月，省委从省、地、县机关抽调2400多名干部组成联合验收工作组，分赴各地，共抽查审阅了2.5万多宗案件，召开了347次各种座谈会，接待和处理了大批来访来信，进一步推动了落实政策工作。1980年5月，省委组织部召开落实干部政策座谈之后，各地进一步加快了工作步伐。到1981年7月底，广东对"文化大革命"期间的案件基本复查处理完毕。据统计，"文化大革命"中全省被打成"反革命集团""叛徒集团"等集团性假案669宗，牵涉干部9432人；干部个人冤假错案12427人。对这些冤假错案平反纠正工作于1980年六七月间基本结束。[①]

对在"文化大革命"中因乱打乱杀、乱揪乱斗而造成非正常死亡的42237人，实事求是地重新作了结论，并基本上完成了善后工作，对受害者的家属按照政策给予抚恤或救济，照顾安排了部分子女的工作。对在"文化大革命"中趁机杀人的案件，大部分作了处理。全省共立案调查涉嫌行凶杀人的人员3264人，处理了1494人，其中依法判刑的586人，受到党纪政纪处分的908人。

全省公安、司法系统对"文化大革命"以来的全部政治案件、刑事案件和"文化大革命"前有申诉的部分政治、刑事案件进行了复查，共复查50956人，其中全部平反的25639人，部分纠正平反的2668人，合计28307人，占复查总数的55.5%。据省高级人民法院统计，全省"文化大革命"中判处死刑的1309人，以"反革命罪"判处无期徒刑以下刑罚的19186人，有申诉的普通刑事案17665人，合计38160人。已经复查了36512人，占95.7%。复查后改判纠正的18063人，占已复查总数的49.4%。

---

① 中共广东省委纪委、省委组织部：《广东省落实政策工作情况的报告》（1981年7月13日）。

复查平反"地方主义"案件

除了对"文化大革命"中的案件进行复查，落实有关政策外，省委还对其他的历史遗留案件展开复查。"文化大革命"前的17年，在历次政治运动中，广东不少干部受到冲击。省委对历史遗留问题主要是广东两次"反地方主义"斗争、反右派斗争以及华侨房屋等问题，也一一作出正确的处理。

20世纪50年代，广东发生两次"反地方主义"斗争。第一次是1952年到1953年。当时，中央对广东进行了严厉的批评，认为广东在决定关键上犯了错误，广东土改迷失方向，在农民问题上犯了右倾错误，并认为华南分局第三书记、省政府第一副主席方方犯了"地方主义"错误。叶剑英、方方、冯白驹等人分别作了检讨。方方迭遭批判，被撤销本兼各职。一大批广东干部受到处分和牵连。第一次"反地方主义"，处分7000多名干部。广东第二次"反地方主义"起始于1957年底，12月，省委作出《关于海南地方主义反党联盟[1]和冯白驹、古大存同志的错误的决议》，报经中央批准，给予冯白驹撤销省委书记和常委职务的处分；给予古大存撤销省委书记、省人委党组副书记职务的处分。第二年，又给予古大存撤销省委常委、副省长职务的处分。全省受处分和牵连的干部达2万多人。因这次"反地方主义"是紧接着反右派斗争展开或交叉进行的，混淆了两类不同性质的矛盾，致使许多干部被划为"右派分子"。这两次"反地方主义"，使一批广东干部蒙冤20多年，造成严重的后果。

1979年3月，省委常委扩大会议决定，根据中央关于实事求是地解决历史遗留问题的精神，对广东存在多年、影响较广的"反地方主义"问题进行复查。会议指出：对在广东"反地方主义"中被搞错了的，处分偏重的，应根据实事求是的原则予以纠正。凡属搞错了的，必须改正，错多少纠正多少，全部错的全部纠正，不留尾巴。[2] 3月底4月初，省委纪委召开

---

① 会议作决议时称为"反党联盟"，后来改称为"反党集团"。
② 《南方日报》1979年3月9日。

座谈会，讨论了有关文件，并对复查工作进行了具体研究和部署。8 月 17 日，省委向中共中央报送《关于复查地方主义案件的请示》和《关于复查地方主义案件的通知》，其要点是：过去两次"反地方主义"，特别是第二次，混淆了两类不同性质的矛盾，"当时批评的地方主义，大量的是党内的思想认识问题"。"当时认定古大存、冯白驹两同志'联合起来进行反党活动'，存在一个'以冯白驹同志为首的海南地方主义反党集团'；有的地方也定了一些地方主义反党小集团。现在看来，这些结论都是不当的，应予以撤销。"在"反地方主义"中受处分的县（科）级以下干部一律撤销原处分。10 月 19 日，中共中央正式批复广东省委，同意上述请示意见。10 月 27 日，省委印发全省贯彻执行，加快了复查工作的进度。

至 1981 年上半年，平反"地方主义"案件的工作告一段落。经复查后，全省撤销了原处分的有 1222 人（其中省委管理以上干部 126 人），复查后撤销原处分 1211 人，其余 15 人由于另有错误，在实事求是地否定了地方主义方面的问题之后，按其所犯错误保留适当的处分。[①] 同时，复查纠正了所谓"以冯白驹为首的海南地方主义反党集团""陈恩地方主义反党集团""蓬荆地方主义反党集团"等集团性质的案件。[②] 1982 年 4 月 17 日，中共广东省委又向中共中央报送了《关于冯白驹、古大存同志的问题复查结论的请示报告》。1983 年 2 月，中共中央发出关于为冯白驹、古大存恢复名誉的通知，撤销 1957 年 12 月广东省委第八次全体会议（扩大）《关于海南地方主义反党集团和冯白驹、古大存同志的错误的决议》，撤销对冯白驹、古大存同志原处分的决定，恢复他们的名誉。一大批因古大

---

① 《中共广东省纪律检查委员会向省第五次党代表大会的报告》（1983 年 2 月 25 日）。

② 中共广东省委纪委：《关于复查历史遗留案件情况的汇报》（1981 年 6 月 20 日）。陈恩系广州市委原副秘书长，蓬荆系广东省水产局原局长、处分前任水产部副司长。

存、冯白驹错案而受牵连的干部也先后恢复名誉，重新出来工作。①

复查其他历史遗留问题

在"文化大革命"前17年的历次政治运动中，广东不少干部受到批判和冲击。全省各级党委和政府对这些历史遗留问题，也一一作出正确的处理。

第一，复查改正错划右派案件。1978年9月17日，中共中央批发《关于全部摘掉右派分子帽子决定的实施方案》。同时指出，对于过去错划的人，要坚持有错必纠的原则，做好改正工作。广东省委成立摘掉右派分子帽子工作领导小组，由省委常委王宁任组长，对全省错划右派案件开展摘帽、改正及做好安置工作。12月8日至18日，全省全部摘掉右派分子帽子工作会议在广州召开。省委书记刘田夫到会作了讲话，王宁作了报告和总结讲话。12月31日，省委摘掉右派分子帽子工作领导小组向省委上报《关于全省全部摘掉右派分子帽子工作会议的情况报告》。1979年1月20日，省委转发了这一报告，要求各级党委要认真贯彻中央的指示精神，坚持实事求是的原则，抓紧在第一季度做好全部摘掉右派分子帽子的各项工作。至1980年12月，全省原划为右派分子36808人，经复查改正36550人，占99.3%；除已有工作、死亡和出港出国等以外，全省需要安置的16132人，已安置16042人，占99.4%；未安置的90人。② 恢复1073名错划右派人员的党籍。③ 1981年4月，广东省委对在全省乃至全国都有较大

---

① 后来省委根据中共中央的指示和方方夫人苏惠的申诉要求，对第一次"反地方主义"受到处分的方方问题进行复查。1992年12月，广东省委将方方问题的复查结论报告中共中央。1994年2月，中共中央政治局常委会议决定，批准为方方的历史问题平反，恢复政治名誉。4月，中央纪委批复广东省委："同意撤销原对方方撤销华南分局第五书记、常委、省政府第一副主席等本兼各职的处分，为方方同志恢复政治名誉。"至此，历时40余年的广东"反地方主义"案件，得到了彻底平反。

② 中共广东省委摘掉右派分子帽子工作领导小组：《关于我省全部摘掉右派分子帽子、复查及安置工作的总结报告》（1981年7月6日）。

③ 中共广东省纪律检查委员会、广东省监察厅编：《广东纪检监察志（1950—1995）》，广东人民出版社1999年版，第168页。

影响的原错划右派分子罗翼群、云应霖给予改正。① 至此，全省原划为右
派分子全部改正。

第二，对新中国成立以来至"文化大革命"期间干部案件的复查。历
次政治运动错伤了不少干部。到 1981 年 7 月，全省对土地改革、"三反五
反"、肃反、"反右倾"、"四清"等中的党员干部案件进行复查，其中，
包括全省影响较大的"松仔岭事件""江门事件""临高事件"等集团性
历史遗留案件，涉及党员干部 18134 人（含"地方主义"案件 1222 人）。
经复查对错案作出平反纠正，使受牵连的有关干部得到昭雪。其中，撤销
原处分的 8741 人，减轻处分的 2833 人，合计 11574 人，占复查总数的
64.1%。与此同时，还复查了在历次政治运动中受到处分的非党员干部和
群众共 15000 人，其中撤销和减轻处分的共 9000 多人。至 1979 年底，全
省为历次政治运动挨整的 82684 个农村基层干部进行复查，其中减轻或免
予处分的 14985 人，恢复党籍的 14264 人，重新安排工作的 26732 人，改
正错划成分的 2500 多人，给予经济补偿的 53312 人共 363.3 万多元。②

第三，落实侨务政策。广东是全国主要侨乡。认真做好华侨、华人的
工作，落实各项侨务政策，调动他们支援家乡的积极性，对促进广东的四
个现代化建设，对实现祖国统一，对争取更多的国际朋友，扩大中国对外
影响，都有十分重要的意义。新中国成立后，在土地改革、私营工商业的
社会主义改造，特别是"文化大革命"等历次政治运动中，由于受极左思
想的影响，广东大批有"海外关系"的人受到迫害，严重挫伤了广大华
侨、归侨和侨眷侨属积极性。特别是 1970 年黄永胜在广东推行所谓"处
理有港澳海外关系干部的六条意见"，提出："凡是有港澳、海外关系的干
部，不管亲属从事什么职业，如果经过教育，仍然保持政治、经济联系，
要从严处理"，"要视情况进行必要的批判斗争教育，并要进行审查，严重

① 中共广东省委：《对省委统战部〈关于对罗翼群、云应霖原被划为右派分子问
题的复查意见〉的批复》（1981 年 4 月 6 日）。
② 中共广东省纪律检查委员会、广东省监察厅编：《广东纪检监察志（1950—
1995)》，广东人民出版社 1999 年版，第 337 页。

的要清除出队，有的退职"，"今后一律不吸收有海外、港澳关系的人当干部"。① 这一规定在广东侨乡造成了极坏的影响，全省众多有港澳、海外关系的干部受到了牵连，冤假错案屡屡发生。粉碎"四人帮"之后，省委十分重视华侨政策的落实。1978 年初，广东省传达贯彻中共中央的有关文件和全国侨务会议预备会议精神，各地、各部门普遍加强了对侨务工作的领导，各项侨务政策逐步贯彻落实。但是，这期间仍然受到"左"的思想影响，一些地方和单位对执行党的侨务政策，心有余悸，贯彻不力，进展缓慢。海外华侨、华人、港澳同胞和国内归侨、侨眷对占用华侨房屋，因所谓"海外关系"造成的错案、冤案和侨改户等问题反映特别强烈。到 1978 年 10 月底止，广州市占用华侨房屋案件仅处理了三分之一，汕头市退回华侨房屋不及总数的一半。有的地区和单位对重新戴上"地主""富农帽子"的侨改户和错案、冤案仍未落实处理。② 为此，10 月 31 日，广东省革命委员会发出通知，要求各地进一步贯彻中央的指示精神，落实各项侨务政策，团结广大华侨，充分调动侨眷、归侨的社会主义积极性，为加快我国四个现代化建设作出贡献。通知强调，要深入批判林彪、"四人帮"一伙炮制的所谓"海外关系复杂"等谬论和"处理有港澳海外关系干部的六条意见"，肃清其流毒和影响。通知要求从现在起到年底，各地要安排一段时间，集中抓紧解决好当前在侨务政策方面反映比较突出的问题。③ 该文件发出后，各地党委切实加强对侨务工作的领导，省、地、市、县抽调干部，组织各级的落实政策工作组，分赴各地，调查研究，排除各种障碍，大大加快了各项侨务政策的贯彻落实。

1979 年 3 月，省委常委扩大会议提出，华侨和侨眷绝大多数是劳动人民，华侨一向有爱国的传统，1970 年推行的"处理有港澳海外关系干部的六条意见"是错误的，应予以彻底批判。凡因这个六条受到迫害的人，都

---

① 《"海外关系黑六条"的反动实质》，《人民日报》1978 年 2 月 26 日。

② 广东省革命委员会：《关于进一步落实各项侨务政策的通知》（1978 年 10 月 31 日）。

③ 广东省革命委员会：《关于进一步落实各项侨务政策的通知》（1978 年 10 月 31 日）。

要平反昭雪。① 据统计，全省纠正"文化大革命"和历次政治运动因"海外关系"而造成的冤假错案 5481 宗、14271 人；落实了侨改户政策，全省共纠正和补改了 8339 户。此外，全省还以县（市）革命委员会名义，重新发出了 47752 份证明书以确认提前改变华侨地富成分；调整安置上山下乡归侨知识青年回城工作 1803 人（含子女），调整安置归难侨及其子女到城镇工作落户 8533 人（含子女）。落实收回被精简归侨职工的政策，共收回归侨职工 5300 人。

广东省委、省政府为了解决土改遗留的、城镇私营企业改造遗留的、"文化大革命"期间被挤占的华侨房屋这一老大难问题，先后发了八个政策性文件，采取措施，加快落实侨房政策的进度。据统计，中央、广东省地方各级财政用于落实农村侨房政策的专款达 6.4 亿元，全省按政策清退农村侨房共 1702 万平方米；基本完成落实城镇侨房 1213 万平方米。② 广东抓好落实侨务政策，保护了侨益，争取了侨心，激发了他们关心祖国和家乡建设的热情。

第四，落实对原工商业者的区别政策。1979 年 11 月 12 日，中共中央批转中央统战部等六个部门提出的《关于把原工商业者中的劳动者区别出来的请示报告》，指出 1956 年对私营工商业实行按行业公私合营时，有一大批小商、小贩、小手工业者以及其他劳动者被带进公私合营企业，把他们统称为私方人员，按资产阶级工商业者对待。这个问题长期没有得到解决。当前应明确他们本来的劳动者成分。1980 年 1 月，广东省委成立了区别工作领导小组。1980 年底，全省区别工作结束，列入区别范围的原工商业者共 67599 人，有 52458 个小商、小贩、小手工业者从中区别出来，占 77.6%，恢复了劳动者的身份。③ 各地在开展区别工作的同时，贯彻执行中央 12 月 17 日批转的《关于对原工商业者的若干具体政策的规定》，摘

---

① 《南方日报》1979 年 3 月 9 日。

② 卢瑞华主编：《辉煌的二十世纪新中国大记录·广东卷》，红旗出版社 1999 年版，第 203—204 页。

③ 省委区别工作领导小组：《广东省对原工商业者中的劳动者进行区别工作的总结报告》（1980 年 12 月 1 日）。

掉了原工商业者的资本家或资本家代理人的帽子。

第五，落实知识分子政策。广东文教系统是"文化大革命"重灾区，被立案审查总人数达 2486 人，其中定为敌我矛盾 123 人，受处分 62 人，属非正常死亡 120 多人。① 1978 年 2 月，省委宣传、科教口领导小组在从化召开组织工作座谈会。会后，省直文教系统各局（委）、高等院校认真抓紧落实党的干部政策、知识分子政策的工作。其重点放在抓好定敌我矛盾性质的、受处分的案件和开除出队的错案、冤案、长期未作结论的案件，以及非正常死亡、错划成分和本人有申诉的案件。文教战线落实政策办公室对一些影响较大的案件进行了复查，其中对华南工学院原院长罗明燏、中山大学古文学家容庚教授、中山医学院教授梁伯强、周寿恺、谢志光、秦光煜及肿瘤医院原副院长廖月琴等，均修改了结论，恢复名誉。② 省委十分重视党外老知识分子问题。1978 年 7 月 13 日，省委统战部拟定了《关于我省当前统战工作情况和意见的报告》上报省委。报告指出，广东有近 5000 名党外老的高级知识分子，其中一部分又是民主党派成员。统战部门要积极配合有关部门认真做好他们的工作，检查落实党对知识分子的政策，并对他们进行考察了解，做好政治安排。对过去被审查的，要作出正确的结论，对受迫害、受打击的要给予恢复名誉。对已退休的党外高级知识分子，也要注意做好工作，发挥他们的一技之长。省委于 8 月 12 日批转了这一报告，要求各地认真贯彻执行。与此同时，对新中国培养的知识分子，各地也注意改善他们的工作条件和生活条件，着手解决夫妻长期分居问题，并抓紧培养、选拔专业人才。一批闲散在社会上的科技人员得到安置。有些德才兼备的知识分子被提拔到领导岗位上来。

第六，落实对国民党起义、投诚人员的政策。广东的国民党起义、投诚人员有逾万人，排以上的军官就有 500 余人，其中原安排在国家机关、

---

① 《文教系统抓紧落实政策的工作》，广东省委办公厅《动态》（11），1978 年 4 月 24 日编印。

② 中共广东省委文教政治部、省革委会文教办公室：《落实政策进展情况》，《文教动态》（增刊）第 4 期，1978 年 5 月 3 日编印。

企事业单位的约有 200 人。在历次政治运动中，特别是"文化大革命"中，这些人屡受冲击。过去一段时间，起义人员的政策得不到落实，存在问题比较多：一些单位没有正确贯彻执行对起义人员"既往不咎"的政策，对一些人的政治历史审查算历史罪恶，定性不准，处理不当。有的被作为国民党残渣余孽"扫地出门"，遣送农村，生活无出路；有的对改编为解放军的起义人员的个人成分，不按政策定为革命军人，而改为"旧军官"，影响其子女的就业、入团、入党等。对此，1978 年 7 月省委在批转省委统战部《关于我省当前统战工作情况和意见的报告》中提出，"各有关单位要认真做好起义人员的工作，检查落实对起义人员的政策，对他们的工作和生活上的困难要适当解决"。① 1978 年 11 月，中共广东省委发出《批转〈关于落实起义人员政策中存在的问题和处理意见〉的通知》，强调必须加强党的领导，做好落实起义人员政策的工作。1979 年 1 月，中共中央批转中央统战部等六部门《关于落实对国民党起义投诚人员政策的请示报告》。2 月，省委成立落实原国民党起义投诚人员政策工作小组，开展工作。据统计，至 1981 年 5 月，在全省 10083 名国民党起义、投诚人员中，应落实政策的 2111 人，已落实的 2005 人，占 95.0%；应安置的 765 人，已安置的 725 人，占 94.8%。肇庆地区原有 11 股国民党地方武装，经调查核实，并经肇庆地委批准，确认为起义性质地方武装。原参加九龙海关起义的 1200 多名员工，过去一直当作旧人员、留用人员看待，经省委批准，确认为起义单位人员。②

此外，全省各地还根据中央 1977 年有关文件的精神，帮助各地（市）民革、民盟、民建、民进、农工党和致公党等 6 个民主党派恢复组织机构，开展活动。同时，贯彻落实党外人士以及宗教政策，补发了全省宗教界人士由 1966 年 9 月至 1978 年 12 月被停发的全部薪金，等等。广东省还根据

---

① 中共广东省委统战部：《关于当前我省统战工作情况和意见的报告》，1978 年 7 月 13 日。

② 省委摘帽办公室：《落实原国民党起义投诚人员政策工作情况汇报》（1981 年 5 月 30 日）。

中央文件的精神，为地主富农分子摘去帽子和给 100 多万地主富农家庭出身的人及他们的子女重新划定了成分。①

广东认真落实党的各项政策，平反冤假错案，增强了党和人民的团结，调动了各个方面的积极性，为实现党的工作重点转移，齐心协力进行四化建设，创造了重要条件。

■ 工作重点转移的基本实现

1978 年 11 月上旬，习仲勋、王全国、薛光军赴京参加中央工作会议。在开幕会上，中共中央主席华国锋在讲话中指出，西方国家积极要求发展和中国的贸易，想在中国打开市场，"他们在广东搞了机械化养鸡厂、手表厂、电厂"，要"善于利用这种形势吸收外国的技术和资金，来大大加快我们的建设速度"②。华国锋的讲话，对广东省委大干快上的想法是一种极大的鼓励和支持。会议期间，习仲勋就广东如何大干快上，作了书面发言。他说：广东自然条件得天独厚。在保证粮食自给的前提下，让广东放手发展经济作物、畜牧业和渔业，放手发展农副产品加工等社队企业，放手发展外贸出口工业，加强同港澳、华侨的各种经济合作。③ 习仲勋的发言，还涉及发挥广东优势，发展外贸出口，给地方更大自主权，吸收外资，引进先进设备和技术，加强广东与港澳经济合作，以及调动华侨建设祖国的积极性等一系列问题。很多与会代表都赞成他的观点和办法。

1978 年 12 月 18 日至 22 日，中共十一届三中全会在北京举行。全会重新确立了马克思主义的思想路线、政治路线、组织路线，作出了把工作重点转移到社会主义现代化建设上来的战略决策，提出了必须按照客观经

---

① 《南方日报》1979 年 10 月 22 日。

② 于光远：《十一届三中全会前的中央工作会议追记》，《改变中国命运的 41 天》，海天出版社 1998 年版，第 80 页。

③ 习仲勋：《关于广东工作问题的汇报（稿）》（1978 年 11 月 8 日），转引自《习仲勋主政广东》编委会：《习仲勋主政广东》，中共党史出版社 2007 年版，第 155 页。

济规律办事，认真改革经济管理体制和管理方法，在自力更生的基础上积极发展同世界各国平等互利的经济合作，制定了加快农业发展的决定。这是一次具有转折性意义的会议，开启了我国改革开放新的历史时期。

12月24日，广东省委发出《关于认真学习党的十一届三中全会公报的通知》。《通知》指出，党的十一届三中全会决定把全党全国工作的着重点从1979年起转移到社会主义现代化建设上来，这是关系到我们党和国家命运、前途的重大战略决策，在党的历史上具有重大意义。要求立即在全省范围内广泛、深入开展对三中全会公报的学习、宣传，使人们的思想和工作迅速跟上当前的形势，在建设社会主义现代化强国而进行新的长征中，作出应有的贡献。

1979年1月8日至25日，省委召开四届二次常委扩大会议。中心议题是研究如何贯彻三中全会精神，实现工作重点的转移，着重讨论了如何把农业搞上去的问题。会议确定，要花力气抓好揭批查、平反冤假错案和落实干部政策的工作，用最快的时间，组织好工作着重点的转移，一心一意搞四个现代化。会后，省委领导人习仲勋、杨尚昆等带领80多个工作组（共300多人），陆续赴肇庆、佛山等地70个市县，传达中共十一届三中全会的精神，开展调查研究，帮助各地组织春耕生产。2月15日，广东省委发出通知，要求各级党委要认真学习领会中央工作会议和三中全会的精神实质，认识党的工作着重点转移的伟大历史意义，联系实际，总结20年来农业上不去的经验教训，肃清"左"的流毒，认真解决阻碍工作重点转移的一些突出问题，改进工作方法和工作作风，加强经营管理工作，搞好生产责任制。[1] 此后，广东逐步实现了工作着重点向社会主义现代化建设方面的转移，在经济指导思想上也逐步发生新的转变，广东在经济上和政治上都出现了前所未有的有利形势。

到1979年底，广东已基本实现工作重点转移，主要表现在三个方面：一是学习和贯彻了党的十一届三中全会、五届人大二次会议的精神，开展

---

① 中共广东省委：《关于认真贯彻落实中央工作会议和三中全会精神，联系实际，实现工作重点转移的通知》（1979年2月15日）。

了关于真理标准问题的讨论，分清是非，拨乱反正，不断解放思想和端正思想路线。党的工作重点从"以阶级斗争为纲"，转变到以生产为中心，从空谈政治转到政治工作和经济工作相结合，把政治落实到生产、业务中去；从用行政办法管理生产，逐步学习用经济办法管理生产。二是明确了广东今后建设的方针，着手进行国民经济的调整工作，促进了工农业生产的发展，解决了人民生活中的一些问题。三是党的干部政策、华侨政策、知识分子政策、统战政策和宗教政策等逐步得到落实，促进了安定团结。

经过全省广大干部群众一年来的共同努力，广东基本实现了中共十一届三中全会提出的将工作重点转移到社会主义现代化建设上来的战略要求，完成了政治路线上的重大转折，经济社会发展开始走上正确的轨道。

■ 新"八字"方针的全面实施

1979 年 4 月，中央工作会议针对国民经济比例失调更加严重的情况和经济工作中急于求成现象的出现，提出了对国民经济实行"调整、改革、整顿、提高"的方针，决定用三年时间搞好调整，同时进行改革、整顿、提高的工作。落实新"八字"方针成为全党的中心任务。

在此之前，3 月 19 日至 4 月 3 日，广东省革委会召开了省计划、工交、基建战线务虚会议。与会者认真分析了广东当前的经济形势，总结了经验，揭露了矛盾，对广东如何贯彻中央工作会议和中共十一届三中全会精神，实现工作重点转移，以及如何贯彻中央关于调整国民经济的方针，扎扎实实搞好调整、改革、整顿工作，提出了许多中肯的意见。4 月 25 日，王全国、李建安、曾定石联名向省委常委报告，指出广东国民经济比例严重失调的状况，存在着"四短两长"。"四短"：一短是农业发展缓慢，远不能适应工业发展和人民生活的需要。二短是电力、燃料和原材料不足，特别是电力严重不足。三短是交通运输跟不上生产建设发展的需要，铁路、公路、水路运输都紧张。四短是市场供应紧张，人民生活欠账很多。"两长"：一长是基本建设战线长，去年普查，全省 5 万元以上的项目有 7191 个，总投资要 113 亿元，到 1977 年底，要建成这些项目还需投资

54 亿元，以后一个新项目不上，三年也完不成。二长是工业生产战线也长，与国民经济一些方面的情况不适应。有些加工工业缺电、缺燃料、缺原材料、缺交通运输，开工不足。为了解决迫切问题，他们提出：第一，要集中力量把农业搞上去。工业要进一步加强对农业的支援，更好地贯彻以农业为基础的方针。第二，要花大力气加速轻工业的发展。第三，要努力解决电力、燃料、原材料和交通运输这些薄弱环节，特别要下大决心解决电力不足的困难。第四，要坚决压缩基本战线，坚决打好这场恶战。同时要对工业，主要是加工工业进行调整，对过去盲目建起来的，现在又长期缺电、缺燃料、缺原材料、生产不正常、亏损严重、布点重复的，要进行关、停、并、转。第五，在发展生产的基础上，逐步改善人民生活，加强城市建设和商业服务事业。①

广东根据国民经济调整的新"八字"方针，认真调整农轻重的比例关系，调整工业内部、农业内部的比例关系，调整积累和消费的比例关系，搞好财政、信贷、物资、外汇收支的平衡。省委、省政府突出地抓好缩短基本建设战线，集中力量把农业搞上去，大力发展轻纺和轻型加工工业。

1979 年，广东关、停、并、转了 269 个企业，取得了初步经济效果。但全省工业比例失调的状况并没有从根本上扭转过来。一部分任务饱、质量高、消耗低、盈利大的企业，动力、燃料和原材料供应不足，而一部分任务少、质量差、消耗高、长期亏损的企业还在打消耗战；重复布点、重复生产、批量少，生产不配套，专业化水平和管理水平低，供产销脱节等现象也没有基本改善。

为了解决轻重工业和轻重工业各自内部的比例失调问题，建立起一个以轻纺工业为主，为人民生活、为出口外贸、为支援农业服务，布局合理，比例协调，在国内外市场有较强的竞争能力和具有广东特点的工业结构，广东确定工业调整的方针是：减重加轻，截长补短，择优发展，少关停，多并转，集中力量提高工业的生产水平。1980 年 1 月，全省工交工作

---

① 王全国、李建安、曾定石：《关于省计划、工交、基建战线会议情况的报告》（1979 年 4 月 25 日）。

会议作出如下部署：大力加强轻纺、手工业、电子工业，狠抓产品结构的调整。即把提高产品质量，增加花色品种，搞好产品升级换代作为轻纺、手工业调整的主攻方向。对钢铁、有色金属、煤炭、小氮肥、机械等工业则调整布局或压缩。建材工业如水泥、平板、玻璃、砖瓦、建筑陶瓷等产品，城市建设和出口的需要量很大，要积极生产。① 省政府还决定成立工业调整领导小组，分清轻重缓急，既积极又慎重地进行调整。钢铁工业从1979 年下半年起，全省关、停、并、转了18 家小铁厂，而对保留下来的企业，特别是一些骨干企业，也大力进行整顿、提高，充实技术装备，完善配套，结果取得明显成效，在1980 年9 月底，便提前完成钢和钢材的全年生产计划。

1980 年12 月，中共中央召开工作会议，决定在经济上实行进一步调整的方针。1981 年1 月，中共广东省代表会议在广州举行，贯彻中央工作会议精神。会议一致拥护中央所确定的方针，强调要解决三个问题：一是把经济调整和实行特殊政策统一起来；二是把"集中"和"搞活"统一起来；三是把"退够"和"前进"统一起来。省委第一书记任仲夷在会上作了题为《经济要调整，政治要安定》的总结讲话。省委书记王全国作了《关于贯彻经济调整方针的意见》的发言。任仲夷在总结讲话中表示坚决拥护中央调整和稳定经济的决策，下决心压缩基本建设战线，凡是不符合中央规定的建设项目，一律停下来。在摸清情况的基础上，对部分企业实行关停并转，整顿"五小"企业和社队企业。同时，任仲夷强调经济调整一定要继续解放思想，坚持改革，继续搞活；调整中有进有退，总的是要进，有上有下，总的是要上。同时，把"退够"和"前进"统一起来。该退的要退够，退中也要有进。②

同年4 月，省政府批转省经委《关于对工业企业关停并转的意见》。该意见指出：全省共有工业企业33000 个，其中县属以上工业企业5361个。全省共关停并转县属企业617 个。同时，就工业进一步调整的重点，

---

① 《我省将通过调整进一步加强轻纺工业》，《南方日报》1980 年2 月22 日。
② 任仲夷：《经济要调整，政治要安定》（1981 年1 月17 日）。

企业关停并转的界限、政策和措施等作了具体的规定。并强调要加强对工业调整工作的领导，妥善做好关停并转企业的善后工作。广东在贯彻中央的新"八字"方针时，进一步搞关停并转，特别在转字和搞好联合上下工夫。当时全省有城镇社队和其他非工业部门办的企业共2.77万多家，相当一部分是属于能源消耗高，与大工业争原料，产品质次价高，又没有销路，盲目建厂，重复生产的，省政府强调要加快步伐，切实抓好调整、改组。

1983年，中央加大企业整顿的力度。6月，中共中央办公厅、国务院办公厅转发了《关于用改革的精神搞好企业全面整顿的意见》和《关于坚持标准，加快企业领导班子整顿步伐的意见》，要求各部门各地区参照执行。① 8月18日，梁灵光主持召开省长办公会议。会议原则同意副省长匡吉关于全国工交工作座谈会情况汇报和广东省关于贯彻会议精神，加快企业整顿步伐，提高企业素质，提高经济效益的设想。会议要求抓好企业整顿和行业规划。工业、农业、交通、建筑、商业、外贸等各个行业企业都要进行整顿。企业整顿的中心是提高经济效益，考核企业经济效益主要看利润、产品质量、劳动生产率指标。在抓好企业整顿的同时，要做好行业整顿规划，特别是轻纺工业产值，占全省工业的三分之二，要认真规划好。行业规划要注意合理布局，避免重复；社队企业也要按行业归口规划。会议决定成立企业整顿领导小组，由李建安任组长，匡吉等任副组长，负责领导全省各个系统企业整顿工作。各企业主管厅局，各地、市、县也要建立相应的领导机构，一抓到底。会议强调要抓好重点户的扭亏增盈工作，对亏损大户，限期扭亏，到期不能扭亏的，要调整领导班子，有的实行就地免职。对一些没有社会效益和没有前途的企业，要坚决实行关停并转。②

在省委、省政府领导下，广东创造性地贯彻以调整为中心的新"八字"方针取得了较好成效。农业方面，在放宽政策、推行各种形式的联产

①　《中华人民共和国大事记（1981—1984）》，新华出版社1985年版，第136页。

②　《广东省人民政府常务会议纪要汇编（1980—1990）》，第194—195页。

承包责任制、激发农民生产活力的同时，调整农业发展方针，突破"以粮为纲"的框框，因地制宜安排农业生产布局，发挥广东优势和特点。开展了多种经营，发展了热带、亚热带经济作物和供出口的农副土特产品。全省调减冬种小麦、番薯和改种低产稻田播种面积共 1100 万亩，合理种植和经营，为农业的全面发展创造了条件。1982 年粮、油、糖和一些经济作物的总产和单产，都超过了历史最高水平。工业和基本建设方面，广东先后关、停、并、转了近千家生产条件差、耗能高、效益差的小钢铁、小化工企业，把腾出来的能源和原材料用于发展轻工业。与此同时，针对突出的薄弱环节和生产、生活的急需，利用外资、贷款等各种渠道的资金，比较自主地统筹安排基建项目，调整工业布局，能源、交通布局有所改善。广东大抓产业结构的调整，着重发展食品、电子、家用电器、纺织等行业，建立起具有广东特色的轻型产业结构。广东改革开放头四年对轻纺工业的投资，比改革开放之前四年增加 1.79 倍，大大超过"文化大革命"前 16年投资的总和；制糖工业投资增加 1.6 倍。更新改造设施投资也有较大增加，工业技术改造开始取得成效。基本建设投资，还注意提高住宅、教育、公用事业投资，使非生产性投资比重，由 1978 年的 19.1% 上升到 1982 年的 43.7%。多年的欠账在逐步偿还。[①] 全省还引进各种设备 10 多万台套，仅电子行业就引进了 61 条装配线和生产线，引进的设备中不少具有先进水平。"珠江水""广东粮""粤家电""岭南服"等"广货"称誉全国。广东轻工、纺织工业的迅速发展，积累了大量的资金，从而推动全省经济的繁荣和发展。

---

① 刘田夫：《加快改革步伐　充分发挥优势　为全面超额完成第六个五年计划而奋斗——在广东省第六届人民代表大会第一次会议上的报告》（1983 年 4 月 3 日）。

第二章 改革开放"杀出一条血路"

1978 年至 1984 年是广东改革开放的起步阶段。当时，中共中央、国务院把改革开放先走一步的历史重任交给广东，赋予广东特殊政策、灵活措施，希望广东为全国的改革开放"杀出一条血路来"。广东按照中央的构想，解放思想、实事求是、勇于创新、敢于拼搏，创造性地运用中央赋予广东的特殊政策、灵活措施，充分发挥广东毗邻港澳，华侨众多的地缘人缘优势，积极创办深圳、珠海、汕头三个经济特区；同时，广东以放开物价和搞活流通为突破口，在全国率先进行经济体制配套改革的探索，大胆改革原来的经济管理体制，大力发展外向型经济，以对外开放促进改革，以对内改革推动对外开放。

■ 标本兼治解决偷渡外逃问题

广东地处边防，与香港、澳门山水相连。新中国成立后，广东群众性的偷渡外逃严重的有两次，一次发生在 1962 年，国内出现了严重经济困难，导致群众性"外逃"，当年全省共发生偷渡 11.79 万多人，逃出 3.97 万多人；第二次是发生在"文化大革命"结束后不久，由于内地人民生活水平与香港居民相差悬殊，因此 1978 年和 1979 年上半年，出现最为严重的偷渡外逃高潮。对这次新的偷渡外逃风，广东省委十分重视。1977 年 11 月 17 日，中共广东省委负责人韦国清等在广州向邓小平汇报工作。邓小平强调要恢复过去行之有效的政策，发展经济，他指出："生产生活搞好了，还可以解决逃港问题。逃港，主要是生活不好，差距太大。"[1] 邓小平这番话，是对当时中国社会状况深刻认识和反思的结果。

正在广东酝酿改革开放先走一步的时候，又遇到偷渡外逃这一难题。广东省委认识到，只有加快改革开放，迅速发展经济，提高人民生活，才能从根本上解决偷渡外逃问题。习仲勋到广东工作之后，认识到逃港问题的严重性。因此，1978 年 7 月上旬，他第一次离穗外出就选择到逃港最严重的宝安县考察。在宝安，习仲勋耳闻目睹内地和香港的差距，大为震撼，他深刻了解到老百姓对改革开放、提高生活水平的渴望以及发展经济、缩小与香港差距的紧迫性。当听到宝安干部提出希望尽快恢复边境小额贸易、吸收外资搞好来料加工时，习仲勋语出惊人："说办就办，不要等"，"只要能把生产搞上去的，就干，不要先去反他什么主义。他们是资本主义，但有些好的方法我们要学习。"[2]

为了尽快遏制偷渡外逃风潮，中共广东省委于 9 月发出制止偷渡外逃的紧急电报通知。10 月 14 日至 18 日，全省反偷渡外逃座谈会在汕头市召开。会议提出必须切实加强对反偷渡外逃斗争的领导，积极搞好生产，发展经济，提高人民生活水平，同时严格边防管理，加强堵截工作。11 月下旬，广东省委再次召开有关地、县委负责人紧急会议，并在边防地区组织了一次有近万名干部、民兵和驻军配合的反偷渡外逃统一行动，到 12 月偷渡外逃才有了较大幅度的下降。1979 年春节过后，受各种因素的影响，广东偷渡外逃之风又严重起来。是年 1 月至 6 月初，深圳收容站收容的人已超过 10 万人（包括港英政府 1 月至 6 月初遣送回的 3.3 万多人），比上年全年收容总数增加一倍。5 月 6 日，来自惠阳、东莞、宝安 80 多个乡镇的 7 万群众听信谣传，误以为开放边境，纷纷涌现边境前沿，强冲边防。由于深圳市委事前作了准备，动员大批人员和边防部队一起全力进行劝阻和

---

① 中共中央文献研究室编：《邓小平年谱（1975—1997）》（上），中央文献出版社 2004 年版，第 238 页。

② 参见齐心《仲勋，我用微笑送你远行》和张汉青《习仲勋在广东改革开放中》，《习仲勋革命生涯》，中共党史出版社、中国文史出版社 2002 年版，第 31—32 页、539 页；影视资料《南粤纪事·习仲勋与第三次大逃港》。

教育，事态才得以平息。这次偷渡外逃风潮，在香港引起强烈反响，港英政府动用军警堵截，并向中方施加舆论压力。

对偷渡外逃问题，习仲勋反对以"左"的方法来处理，认为把偷渡的人一律当成犯人对待，是混淆两类不同性质的矛盾。必须清理"左"的遗毒，采取标本兼治的积极态度，从源头抓起，把经济搞上去，才能从根本上解决外逃问题。在习仲勋反复阐述和引导下，省委一班人在思想上实现了"偷渡问题不是敌我矛盾而是人民内部矛盾这一观念的转变"①。

广东的偷渡外逃问题，也引起中央的高度重视。6月10日至13日，国务院和中央军委在北京召集广东省政府、广东省军区和有关部门的负责人开会，紧急研究制止偷渡外逃的措施。13日，李先念、余秋里和王震等国家领导人听取广东省委常委寇庆延的汇报。李先念强调：解决这个问题，一是宣传教育，二是政策上要给点压力，不能一出去就有优待，三是发展生产。要把这个工作摆到党委的议事日程上，书记要下去做工作。当前解放军要上去，把口堵住。李先念指出，到7月5日即华国锋访问英国前，广东要基本刹住偷渡外逃风。② 6月14日，国务院和中央军委发出了《关于坚决制止广东省大量群众偷渡外逃的指示》。广东省委对中央的这一指示极为重视，同时也感到压力很大。6月17、18日，省委连续两次召开常委会议，研究贯彻中央指示，部署反外逃工作，决心当做一场大的战役来打，6月底刹住偷渡风。省委成立了反偷渡外逃十人领导小组，习仲勋任组长，广州军区副司令员黄荣海与寇庆延任副组长。会后，习仲勋、寇庆延到惠阳，吴南生到汕头，坐镇指挥反偷渡外逃工作。

6月21日，广东省革命委员会发出《关于坚决制止偷渡外逃的布告》。6月27日，《南方日报》刊发该布告全文，配发了社论，号召全省人民，特别是边防地区的广大干部和群众，要坚决拥护和模范地执行该布告，立

---

① 访问张汉青谈话记录（2004年7月22日）。

② 《国务院领导同志在听取广东汇报偷渡外逃问题时的插话》，粤办字〔1979〕58号，转引自《习仲勋传》编委会：《习仲勋传》（下卷），中央文献出版社2013年版，第465页。

即行动起来，同偷渡外逃活动作斗争。

6月20日，习仲勋和寇庆延赶到惠州，出席惠阳地委召开的反偷渡外逃工作会议。会上，习仲勋在分析偷渡外逃的严重性和危害性之后指出，解决偷渡外逃问题的方针，要治标治本并举。治本，就是要从物质基础上、精神上和组织上，为巩固社会主义阵地和制止外逃创造牢固的条件，只要生产上去了，收入增加了，就可以大大减少外逃。治标，就是要在边防大力搞好堵截和收容工作，坚决打击煽动、组织策划外逃的坏人，同时大力开展宣传攻势，大造舆论，全力以赴，把偷渡外逃制止下来，刹住歪风。习仲勋要求，以县为单位，节节设防，分工把口，把堵截工作做好。[1]6月23日至24日，习仲勋等人又赶往深圳检查工作。接着又到珠海市参加珠江三角洲反偷渡工作会议。在会议讨论中，习仲勋再次强调宣传工作的重要作用和正确执行对待外逃者的政策。

7月7日晚，习仲勋就关于制止广东群众偷渡外逃问题，用电报向中共中央副主席、国务院副总理李先念并中央做了简要报告。中共中央21日复电中共广东省委，对广东省委和习仲勋贯彻执行中央指示给予了充分肯定，并要求及时总结经验，继续做好防范和堵截工作，防止出现反复。[2]8月27日，省委发出《关于进一步做好反偷渡外逃工作的指示》，再次要求各级党委把反偷渡外逃作为一项长期的政治任务，"贯彻治本治标并举，以治本为主的方针"，切实改进收容遣送工作，帮助遣返人员解决存在的困难。12月7日，习仲勋访问澳大利亚后顺访香港，同港英署理总督姬达就内地居民非法来港等问题进行会谈。1980年1月8日，省政府公布了《关于处理偷渡外逃的规定》。反偷渡外逃从此有了操作性比较强的法律依据。

经广东省、港澳工委反复做工作，港英政府在1980年秋开始，也改变

---

① 《习仲勋同志在惠阳地委反偷渡外逃会议上的讲话要点》（1979年6月20日），转引自《习仲勋传》编委会：《习仲勋传》（下卷），中央文献出版社2013年版，第466—467页。

② 《中共中央复广东省委电》（1979年7月21日），转引自《习仲勋传》编委会：《习仲勋传》（下卷），中央文献出版社2013年版，第468页。

了以前的所谓"人道"的做法。10 月 28 日，港英政府对偷渡人员采取了一些新措施，主要是：凡属偷渡人员全部遣返内地。香港雇主雇用偷渡客者，罚款 5 万元（港币），坐牢一年。11 月份，广东偷渡外逃人员显著下降，只有近百人偷渡。

古语道，民以食为天。广东毗邻港澳、两地人民生活差距大的现实，使省委深刻地认识到，发展生产，改善人民生活，尽快缩短与香港的差距，才能稳定人心，有效地刹住这股偷渡外逃风。广东省委提出设立经济特区的设想，并经中央批准同意。1980 年 8 月 26 日，中国经济特区正式诞生，广大人民看到了希望。没过多久，有些偷渡到港澳去的人见家乡经济发展了，又成批地回来了。1984 年春，邓小平视察深圳、珠海两个经济特区后发表谈话："听说深圳治安比过去好了，跑到香港去的人开始回来，原因之一是就业多，收入增加了，物质条件也好多了，可见精神文明说到底是从物质文明来的嘛!"① 历史证明，广东省委提出的反偷渡外逃，要治标治本并举，以治本为主的方针是正确和行之有效的。

■ 中央与地方互动促成先走一步

广东在全国改革开放的过程中能够先走一步并不是偶然的，有天时，有地利，更有人和，先走一步是广东人民的强烈要求和中央、广东省委及时正确的决策多方面相互结合的产物。

对外开放的内在要求与外部环境

历史上，广东是中国海上丝绸之路的发源地之一，是中国对外开放的重要区域，工商业比较发达，商业意识比较浓厚，对外联系广泛。20 世纪 50 年代至 70 年代，对于总体上处于封闭状态的中国来说，广东是一个"窗口"。新华社香港分社经常派人向广东省委通报工作，许多港澳知名人士也与广东省党政负责人保持往来。从 1957 年起，中国出口商品交易会每

---

① 《邓小平文选》（第三卷），人民出版社 1993 年版，第 52 页。

年在广州举办两届。每年有大量的港澳同胞来内地探亲，也有不少海外华侨回国探亲。与其他地区相比，广东的干部群众对港澳及海外的情况和动向无疑有着更多了解。

从 20 世纪 60 年代初起，中国大陆同东南亚各国、中国内地同港澳的发展水平逐渐出现差距。广东人民比全国其他地区的人民更早，也更强烈地意识到中国落后了。1978 年，广东农村人均收入 77.4 元（当年价），其中人均 50 元以下的"三靠队"占全省生产队总数的三分之一。据当年统计，宝安县农民人均收入为人民币 134 元，而仅一河之隔的香港"新界"农民同期收入为 13000 多元港币。广东与香港两地生活水平日趋悬殊带来严重的社会影响，一些有港澳关系的人开始想方设法移居香港，而一些找不到合法途径又不甘贫困的人则铤而走险偷渡。以毗邻香港的宝安县为例，从 1951 年封锁边境起至 1980 年建立经济特区前，外逃香港的青壮年约 9 万人，耕地丢荒 20 多万亩。[①] 广东和香港两地生活水平数十倍的差距，对广东领导人来说是极大的压力。1978 年 11 月，广东省委第二书记习仲勋在中央工作会议上坦率指出："近十年来，广东农业发展缓慢，农民吃不饱肚子，城市副食品供应紧张，可以说是到了怨声载道的地步。"[②] 强烈的对比使广东人民迫切希望改变本省的落后面貌，也自信有能力改变生活。改革开放前夕，广东干部群众已形成这样的共识：要改变落后面貌，就要发展商品经济，就要实行对外开放。这种共识成为广东积极要求在改革开放中先走一步的社会思想基础。

20 世纪 70 年代末，毗邻广东的香港已发展成国际大都市，正面临着产业调整与升级的任务，这为广东的对外开放提供了十分有利的外部环境和机遇。此时，一方面，广东可以利用香港的资金、信息、市场、管理人才和经营经验，借助香港国际化功能走向国际市场；另一方面，随着国际产业的大调整与国际市场的激烈竞争，香港急需将劳动密集型的产业转移

---

① 方苞：《特区建立初期的农村变革》，《深圳特区报》1995 年 8 月 9 日。

② 习仲勋：《关于广东工作问题的汇报（稿）》（1978 年 11 月），转引自《习仲勋主政广东》编委会：《习仲勋主政广东》，中共党史出版社 2007 年版，第 150 页。

出去，而广东凭着"地利"与"人和"的条件，正好成为香港转移劳动密集型产业的便利之地。

广东对外开放的最初设想与尝试

中国改革开放的决策经过一个从酝酿到提出的过程，广东先走一步的决策也有一个从酝酿到提出的过程，这两个过程几乎是平行的。在党的十一届三中全会之前，在中央领导同志及中央有关部门的支持下，广东已开始调整政策，并采取了对外开放的初步措施。在这些尝试中便酝酿着后来先走一步决策的雏形。

"文化大革命"结束不久，从中央到地方迫切要求改变生产力落后的状况，提出了对外开放、对内进行改革的主张。对外开放、学习外国先进科学技术和管理办法逐渐成为许多人的共识。在 1978 年五六月间，中央领导华国锋、叶剑英、邓小平、李先念等人在对外开放上已下定了决心。[1] 1977 年邓小平重返政治舞台之后，他首先考虑的是如何突破"左"的政策束缚；随后，他又提出党和国家工作重点转移的问题。1977 年 11 月，邓小平为准备即将召开的军委会议来到广州。在听取广东汇报时，他提出中心的问题还是政策问题。[2]

当时，港澳边境地区的偷渡问题引起中央和广东省领导人的高度重视。[3] 为扭转边境地区的被动局面，中央和广东的一些负责人提出要把宝安、珠海两地建设成为供应香港、澳门鲜活农副产品的出口生产基地的设想。1977 年 11 月，叶剑英在听取广东省委汇报谈到边境经济发展时，肯定地说："在珠海、宝安搞出口商品基地比较好。姚依林同志和我谈话时，

---

[1]　中共广东省委党史研究室：《特殊政策和灵活措施在广东》，中共党史出版社 2015 年版，第 3 页。

[2]　中央文献研究室编：《邓小平年谱（1975—1997）》（上），中央文献出版社 2004 年版，第 239 页。

[3]　国家有关部门负责人张劲夫、姚依林、郑拓彬、贾石、李人俊等和广东省的有关负责人刘田夫、王首道、王全国等先后到宝安进行调查研究，察看了深圳河边耕地荒芜的情景，听取了各有关方面的汇报。

他同意在这些地方进口粮食发展养猪、养鸡业……我看，这样做好。"① 叶剑英对在宝安、珠海建立出口商品基地的主张已经非常认同，这对中央后来作出创办经济特区的决策有重要的影响。

1978 年 3 月，国家计委、外贸部工作组到宝安、珠海就建立出口生产基地问题进行调查研究，随后与宝安、珠海共同制定了生产和出口的年度计划和三年、五年规划，并形成会议纪要，上报省政府和国务院审批。② 4 月初，由国家计委、外贸部派遣的经济贸易考察组赴香港、澳门进行调查研究，考察结束后又同广东省党政领导人交换了意见。回京后，考察组写出《港澳经济考察报告》上报中央，其中提出：可借鉴港澳的经验，把靠近港澳的广东宝安、珠海划为出口基地，力争经过三五年努力，在内地建设成具有相当水平的对外生产基地、加工基地和吸引港澳同胞的游览区。6 月 1 日、3 日，中央政治局听取赴港澳经济贸易考察组的汇报。报告中提出，宝安、珠海紧邻港澳，发展出口商品生产，条件十分有利，是任何国家和地区都比不上的。报告第一次提出在设立出口加工区时实行特殊经济政策的设想，并呼吁把它作为工作重点来抓。6 月 3 日，中共中央、国务院主要领导人华国锋听取了考察组的汇报，肯定了他们的建议，表示总的同意，赞成在宝安、珠海两个县搞出口基地，要求"说干就干，把它办起来"。③ 他在听取了谷牧考察欧洲的报告后，又代表中央说，赞成外汇地方分成，明年就搞，对出口基地问题要专门研究一次。这实际上是建立经济特区的最早酝酿。

广东省委迅速落实中央的指示和部署。1978 年 6 月 20 日，习仲勋主持召开省委常委会会议，研究关于迅速开展对外加工装配业务和宝安、珠海两县的建设问题。随后形成了建立宝安、珠海出口基地的初步方案。7 月初，习仲勋到宝安和珠海视察，指示宝安县委下决心发展农村经济，改

---

① 吴健民：《创办珠海特区五年的回忆》，广东人民出版社 1998 年版，第 7 页。

② 方苞：《深圳经济特区初创时期的实践和认识》，深圳市政协编《深圳文史》，2000 年第 1 辑。

③ 王成诚：《华国锋与中共工作重点的转移》，《当代世界社会主义问题》2012 年第 3 期。

善农民生活，尽快缩小与香港的差距，并提出建立供应香港的贸易商品生产基地，引进香港同胞和外商投资办厂，搞厂外加工，恢复边境小额贸易等问题。习仲勋支持和鼓励宝安的同志："说办就办，不要等"，"只要能把生产搞上去的，就干，不要先去反他什么主义。他们是资本主义，但有些好的方法我们要学习。"① 接着，省委、省革委会就举办出口加工区进行了反复讨论和论证。10 月，省革委会向国务院上报了《关于宝安、珠海两县外贸基地和市政规划设想》的报告，提出宝安、珠海的建设目标及相关政策措施。随后，为了加强对这两个地方的领导，广东决定将宝安县改为深圳市、珠海县改为珠海市，并上报国务院批准。

到 1978 年底，广东与港澳同胞和外商签订的协议和合同，共 151 项，98 个品种，总金额 1.549 亿美元。另有 5 个补偿贸易项目，引进技术设备金额共计 8800 多万美元。在当年 11 月召开的中央工作会议上，习仲勋提出：希望中央能给广东更大的支持，允许广东吸收港澳华侨资金，从香港引进一批先进技术设备和技术，还希望中央允许广东在香港设立办事处，授权广东直接与外商打交道，决断处理有关外经外贸业务，以便发展广东经济。② 这些要求，反映了广东省对改革经济管理体制和发展生产力的渴求。

改革开放先走一步决策的形成

1978 年 12 月举行的中共十一届三中全会，作出了把党和国家的工作重点转移到社会主义现代化建设上来的和实行改革开放的战略决策。此后，广东对内改革、对外开放的步伐也明显加快。

1979 年 1 月，邓小平在一份香港厂商要求在广州开设工厂的来信摘报

---

① 王全国、杨应彬、张汉青：《深切怀念习仲勋同志》，《广东党史》2002 年第 4 期。

② 习仲勋：《关于广东工作问题的汇报（稿）》（1978 年 11 月），转引自《习仲勋主政广东》编委会：《习仲勋主政广东》，中共党史出版社 2007 年版，第 150 页。

上批示：这种事我看广东可以放手干。[①] 这一批示对广东很大启示和鼓舞。同月，省委举行常委扩大会议，贯彻党的十一届三中全会精神。会议提出："要充分利用毗邻港澳的有利条件，引进先进技术，吸收外资，大搞加工装配、补偿贸易，发展旅游事业。对这些事情，要解放思想，敢于实践，要大胆地搞，放手地搞，努力增加外汇收入，用以加速广东的现代化建设。"[②] 2月，国务院原则同意广东上报的《关于宝安、珠海两县外贸基地和市政规划设想》，并在批复中指出："凡是看准了的，说干就干，立即行动，把它办成、办好。""国务院深信，经过三、五年的努力，实现中央领导同志的指示，把宝安珠海两个县建设成为具有相当水平的工农业结合的出口商品基地，建设成为吸收港澳游客的游览区，建设成为新型的边防城市，是完全可能的。"此时，广东省委正考虑如何跨出更大一步。

3月3日，省委召开常委会会议，习仲勋主持会议。省委认为：广东发展商品经济有一定基础，加上毗邻港澳，华侨众多，搞外贸和引进，条件比国内哪个省都好；但由于现存经济体制把手脚捆得紧紧的，广东难以发挥自己的长处和优势，这个问题必须加以解决。4月2日，召开省委常委会会议，重点讨论关于开展对外经济技术交流的汇报材料。省委委托分管经济工作的省委书记王全国协调有关部门研究了关于充分利用广东有利条件开展对外经济技术交流的问题。这份汇报材料提议向中央提出几点要求和建议：一是改革现行管理体制，给地方多一些权限。二是外汇收入扩大地方分成比例。三是充分利用外资，搞综合补偿等形式，解决广东电力、燃料、交通等薄弱环节。四是划定贸易合作区，吸收外商来广东投资设厂。会上，习仲勋、杨尚昆、刘田夫、王全国等进行了热烈讨论。这次会议"确认根本的出路还是希望中央给广东放权，抓住当前有利的国际形

---

① 《王全国同志在中央工作会议中南组的发言》（1979年4月10日），来自中共广东省委四届三次常委扩大会议文件，转引自《习仲勋传》编委会：《习仲勋传》（下卷），中央文献出版社2013年版，第447页。

② 《省委召开四届二次常委扩大会议，贯彻三中全会和中央工作会议精神》，《南方日报》1979年1月28日。

势，让广东充分发挥自己的优势，在四化建设中先走一步"。① 作为具体步骤，会议提出在深圳、珠海和汕头可根据国际惯例划出一块地方，单独进行管理，作为华侨、港澳同胞和外商的投资场所，按照国际市场的需要组织生产，并初步定名为"贸易合作区"。会议决定将这一设想在即将召开的中央工作会议上向中央汇报。

4月，中央召开工作会议，习仲勋在中南组会议上向华国锋等中央领导人提出，广东临近港澳，应发挥这一优势在对外开放上做点文章，希望中央给点权，让广东充分利用自己的有利条件，在四个现代化中先走一步。他说，假如广东是个"独立的国家"，可能几年就搞上去，但在现行体制下就不容易上去。稍后，在中央政治局听取各组汇报时，习仲勋代表省委正式向中央提出广东要求实行特殊政策、灵活措施以及创办"贸易合作区"的建议。② 邓小平在听汇报时插话说："广东、福建有这个条件，搞特殊省，利用华侨资金、技术，包括设厂。只要不出大杠杠，不几年就可以上去。如果广东这样搞，每人收入搞到1000至2000元，起码不用向中央要钱嘛！广东、福建两省8000万人，等于一个国家，先富起来没有什么坏处。"③ 华国锋就广东要求"中央给点权"的问题表示：要放给权，明确提出来。当听说加工区名称还定不下来时，邓小平说："还是叫特区好，陕甘宁开始就叫特区嘛"。当谈到解决基础建设资金问题时，邓小平又说"中央没有钱，可以给些政策，你们自己去搞，杀出一条血路来！"④ 在中央和邓小平、华国锋的支持下，这次中央工作会议决定在深圳、珠海、汕头、厦门等地试办出口特区，对广东、福建两省采取特殊政策和灵活

① 《习仲勋文选》，中央文献出版社1995年版，第481页。

② 习仲勋：《在省委四届三次常委扩大会议上的讲话》（1979年5月26日），转引自《习仲勋传》编委会：《习仲勋传》（下卷），中央文献出版社2013年版，第453页。

③ 张汉青：《习仲勋在广东改革开放中》，《习仲勋革命生涯》，中共党史出版社、中国团结出版社2002年版，第549—500页。

④ 中央文献研究室编：《邓小平年谱（1975—1997）》（上），中央文献出版社2004年版，第510页。

措施。

5 月，中央派谷牧带领工作组到广东、福建考察，同两省的负责人一起研究有关问题，指导两省起草文件。6 月 6 日，广东省委向中共中央、国务院上报了《关于发挥广东优越条件，扩大对外贸易，加快经济发展的报告》。7 月 15 日，中共中央、国务院批转广东、福建两个省委的报告（即中发〔1979〕50 号文），并在批示中指出："对两省对外经济活动实行特殊政策和灵活措施，给地方以更多的主动权，使之发挥优越条件，抓住当前有利的国际形势，先走一步，把经济尽快搞上去。这是一个重要的决策，对于加速我国的四个现代化建设，有重要的意义。"[1] 这一批示，标志着广东在全国改革开放中先走一步的决策正式出台。当时，中央确定的对广东实行特殊政策和灵活措施的主要内容是：试办出口特区；外汇收入和财政实行定额包干；物资、商业试行新的经济体制，适当利用市场调节；在计划、物价、劳动工资、企业管理和对外经济活动等方面，扩大地方管理权限等等。

特殊政策和灵活措施的贯彻实施

广东贯彻实施特殊政策和灵活措施、创办经济特区的过程，是一个上下结合、上下互动的过程。一方面，离不开中央的指导与支持；另一方面，也离不开广东的积极探索与实践。虽然，在这个过程中，广东先走一步并非一帆风顺，其间有过争论，也出现过一些偏差；但总的来看，广东先走一步是成功的。

中央决定广东先走一步之后，广东省委为加强对经济工作的领导，成立了由省委书记刘田夫、王全国和吴南生组成的三人小组，负责落实中央50 号文件精神。同时，又成立省经济工作办公会议，成员除上述三人外，还有薛光军、范希贤、黄静波、曾定石等人。其任务是协调解决各经济口各战线的工作关系，及时解决各战线之间不能协调解决的问题；研究和制

---

[1]　广东省档案馆编：《广东改革开放三十年重要档案文献》（上），中国档案出版社 2008 年版，第 15 页。

定贯彻中央 50 号文件的措施，比如经济体制的改革、各项经济政策、扩大出口贸易和旅游事业的规划，拟订对外及对港澳经济活动的方案、法律、条例等。

1979 年 9 月 18 日，刘田夫在省委召开的地委书记会议上，就如何贯彻落实中央 50 号文件特别是如何实行经济体制改革的问题作了发言，代表省委对扩大企业自主权、财政体制、外汇分成等问题提出了改革设想。这些改革措施，打破了过去高度集中统一的计划体制、统收统支的财政体制、统进统出的外贸体制、统购统销的商业流通体制。这些改革虽然是初步的、不成熟的，但当时无现成经验可供借鉴，全靠"摸着石头过河"，已称得上是大胆的尝试了。9 月 21 日，习仲勋在地委书记会议上专门阐述贯彻中央 50 号文件如何对待改革开放先走一步的问题，强调指出："在态度上我看要有'三要'和'三不要'：第一，要有决心有信心，不要打退堂鼓；第二，要有胆识，勇挑重担，不要怕犯错误，怕担风险；第三，要有务实精神，谦虚谨慎，不要冒失，不要出风头，不要怕否定自己。特别是我们各级领导干部，拼老命也要把广东这个体制改革的试点搞好……我相信，在中央的领导下，只要我们认真对待，努力工作，50 号文件一定能贯彻执行好，我们一定会在经济管理体制改革的试验中，走出一条路子来。"①

1979 年 9 月 25 日至 28 日，习仲勋、杨尚昆等人赴京参加中共十一届四中全会。十一届四中全会之后，习仲勋参加由中共中央召开的省、市、自治区党委第一书记座谈会。10 月 3 日，习仲勋向中央汇报了广东的工作，中央领导人都支持广东按中央 50 号文件规定放手搞。会议期间，习仲勋向邓小平汇报了工作。习仲勋回到广东后传达会议精神时说，邓小平"要我们放手搞，不要小手小脚，只要不丧权辱国，能够把经济快点搞上

---

① 《习仲勋同志在地委书记会议上的总结发言》（1979 年 9 月 21 日），转引自《习仲勋主政广东》编委会：《习仲勋主政广东》，中共党史出版社 2007 年版，第 256—257 页。

去，就放手搞。他还说深圳、珠海划两块地方，就叫特区好。"① 还说，将来台湾回来，香港回来，也是特区。邓小平的指示，给广东增添了新的动力。广东省委又进一步对深圳、珠海、汕头三个经济特区作了认真、具体的研究和规划，加快了经济特区建设的步伐。②

1980 年 9 月下旬，中央书记处由胡耀邦主持在北京举行第五十二次会议，听取广东省委负责人习仲勋、杨尚昆、刘田夫的工作汇报，并讨论广东如何实行特殊政策和灵活措施的问题。会上，当广东负责同志提出给广东以更大的自主权、以便加速广东经济发展的建议时，想不到有一位中央书记处书记当场泼冷水说，广东如果这样搞，那得要在边界上拉起 7000 公里长的铁丝网，把广东与毗邻几个省隔离开来。很显然，这位中央书记处书记担心国门一旦打开之后，资本主义的东西会如洪水猛兽一样涌进来，因此，才产生用铁丝网将广东与闽、赣、湘、桂诸省区隔离开来的想法。虽然这位书记处书记不赞成，但大多数中央领导人支持广东的大胆构想。③胡耀邦向大家讲了京剧《孙安动本》的故事，他说定国公徐龙手上有明太祖所赐黑虎铜锤，以此鼓励广东大胆实践。谷牧再次要求广东应学孙悟空翻几个筋斗，在实行特殊政策和灵活措施方面胆子要再大一点。④

这次会议进一步明确了中央要求广东、福建两省先行一步的目的和意义，同时给两省更大自主权，放手让两省去干去闯。会后，中央印发的《纪要》指出：中央要求广东充分利用和发挥本地优势，尽快把经济搞活，闯出一条道路，使广东成为我国在对外联系的枢纽。中央授权广东省，对中央各部门指令和要求采取灵活办法，适合的就执行，不适合的可以不执

① 《习仲勋同志关于十一届四中全会和省市自治区党委第一书记座谈会精神的传达》（1979 年 10 月 24 日），转引自《习仲勋传》编委会：《习仲勋传》（下卷），中央文献出版社 2013 年版，第 472 页。

② 俞惠煜、谭振南：《小平对仲勋说：杀出一条血路来》，《怀念习仲勋》，中共党史出版社、中国文史出版社 2005 年版，第 189 页。

③ 刘田夫：《刘田夫回忆录》，中共党史出版社 1995 年版，第 434 页。

④ 《习仲勋传》编委会：《习仲勋传》（下），中央文献出版社 2013 年版，第 487 页。

行或变通办理。《纪要》强调：中央在广东、福建两省实行特殊政策和灵活措施，目的是要充分发挥广东、福建两省的优势，使广东、福建先行一步富裕起来，成为全国"四化"建设的先驱和"排头兵"，为全国社会主义经济建设和体制改革探索道路，积累经验，培养干部。

1980 年 11 月上旬，叶剑英、邓小平、李先念、胡耀邦等中央领导人先后接见即将到广东任职的任仲夷、梁灵光，并作了具有指导意义的谈话。面对中央嘱托，任仲夷、梁灵光表示：中央要求广东成为全国"四化"建设的先驱和"排头兵"，要求我们发挥创造力和闯劲，要求我们以很大的魄力去打开局面，我们一定尽力而为，尽最大的努力，以达到中央的这些要求。[1] 12 月 24 日，中共中央召开广东、福建两省实行特殊政策、灵活措施座谈会。胡耀邦、赵紫阳、万里、姚依林、谷牧、杨尚昆、任仲夷、项南等出席了会议。邓小平对两省及特区工作再次给予明确的支持。邓小平强调：在广东、福建两省设置几个特区的决定要继续实行下去，打破闭关自守的政策是正确的。1981 年 1 月 21 日，中共中央办公厅转发了这次座谈会的纪要，着重指出：中央在广东、福建实行特殊政策、灵活措施的方针是不动摇的；中央各有关部门要贯彻执行中央有关政策，关照和支持广东、福建的特区建设；广东、福建要千方百计利用外资，坚决打击走私活动。[2]

1981 年 5 月 27 日至 6 月 14 日，国务院在北京召开广东、福建两省和经济特区工作会议。会议由谷牧主持，参加者有广东、福建两省领导人和国务院有关部门负责人及国内知名经济理论家，讨论了两省实行特殊政策、灵活措施和设置经济特区的理论、体制、政策和管理等问题。广东负责同志在会上提出，中央还没有给广东真特殊、真灵活的东西，现在是特殊政策不特殊，灵活措施不灵活，先走一步难先走，要求中央进一步松绑放权。这次会议较好地协调和解决了中央有关部门和两省条块之间的关

---

[1]　梁灵光：《梁灵光回忆录》，中共党史出版社 1996 年版，第 489—491 页。

[2]　卢荻、杨建、陈宪宇著：《广东改革开放发展史》，中共党史出版社 2001 年版，第 36 页。

系；明确了在坚持几条大杠杠的情况下，充分发挥两省发展经济的自主权，放手让两省去干；同意两省继续推进在计划、财政、金融、外贸、物价管理等方面的改革，制订出适合本省情况的法规或条例，以利于两省真特殊，真灵活，真先走。7月19日，中共中央、国务院批转了会议纪要。中央批示指出：广东、福建两省在经济调整、体制改革，扩大对外经济技术交流以及建设经济特区等方面，打开了局面，创造了经验，不仅对两省经济的繁荣，而且对全国经济的发展，都具有重要的意义；在政治上，也有利于稳定港、澳的人心，争取台湾回归祖国。两省在对外经济活动中实行特殊政策、灵活措施和试办经济特区，是一项重大的改革，必然会遇到大量复杂的新情况，需要解决许多新问题。在这种情况下，要把工作做好，必须具有敢于试验、敢于创新的革命精神，凡是符合党的路线、方针、政策，对两省和全国经济调整和发展有利的事，就要大胆放手去干。同时，要有严格的科学态度，力求稳步前进。

1980和1981年，中央的一系列指示和决定，使得在广东实行特殊政策和灵活措施逐步具体化，广东因此能够较为顺利地解决在改革开放先走一步和经济特区建设中所遇到麻烦和困难。在中央作出广东、福建实行特殊政策和灵活措施的决策后，为了正确理解中央的政策、正确运用中央赋予广东的权力，中共广东省委引导各级干部深入学习中央的指示，统一认识。一方面，不断解放思想，清除"左"的思想影响，提高改革开放的自觉性；另一方面，不断端正经济工作的指导思想，根据实践中出现的问题和偏差总结经验教训。

在广东改革开放的起步阶段，省委在经济工作中提出"对外更加开放，对内更加放宽，对下更加放权"的方针；① 在试办经济特区工作中，提出要把视野放宽一些，想得更远一些，步子迈得更大一些，使特区真正"特"起来。为克服当时面临的阻力和困难，1981年春，任仲夷代表省委提出，在不违背党的路线、方针，不偏离四项基本原则轨道的前提下，对不适应现实情况的原有规定，允许灵活变通执行；确实利国利民的改革，

---

① 《任仲夷论丛》（第二卷），广东人民出版社2000年版，第98页。

如果从现有文件中找不到根据，可以试点，在试点中允许突破现有规定。4月20日至5月4日，省委召开学习讨论会，要求进一步肃清在经济工作中"左"的思想影响，破除旧框框，解放思想，使广东更加坚定地迈开改革开放的步伐。9月25日至10月5日，广东省委、省政府在广州召开省三级干部会议，传达国务院召开的广东、福建两省和经济特区工作会议精神，检查总结两年多来经济特区建设情况和经验，讨论如何进一步实行特殊政策、灵活措施，把广东经济搞活，同时加强监督管理。在"变通"处理问题上，任仲夷提出，要一计不成，再生一计，但要计计不离党的政策，计计不离国家、集体、个人利益，计计都要促进生产的发展。

1984年，为推进以市场为取向的改革，省委明确提出"八个破除"，即：破除在社会主义的理解上不符合实际情况的固定观念；破除不敢吸收和借鉴运用世界发达国家先进经营管理方法的思想；破除把发展社会主义商品经济看成是"资本主义"的固定观念；破除把全民所有制的所有权同国家机构直接经营企业混为一谈的错误观念；破除把竞争看成是资本主义特有的现象，因而不敢竞争、满足于独家经营的思想；破除把个体经济看作是资本主义因素的过时观念；破除闭关自守、不敢去开拓省内和省外（包括国外）两个市场、充分利用省内和省外两种资源的思想；破除老一套的领导方法、工作方法和违反给企业自主权的过时的规定和制度，使思想进一步解放。省委还提出用足用活中央给予的特殊政策、灵活措施的三条方针，即：政策规定有许多条，为了办成于国于民都有利的事情，要积极找出对办事有利的政策根据，去扶持、去帮助，而不应找根据去卡；政策规定本身允许灵活的，则应从有利于生产和搞活经济的方面理解，灵活执行，而不是相反；对于国于民确实有利的事，如果从现有文件找不到根据，可以试点，在试点中允许突破现有规定，并及时总结经验。

在先走一步的过程中，广东省委十分重视培育和增强广大干部群众的改革开放意识。从1980年起，省委就多次召开务虚会，举办各种类型学习班、读书班，帮助各级干部从"左"的思想的束缚下解脱出来，解放思想，更新观念。通过这些活动，广大干部群众思想得到解放，形成了理解、支持和参与改革开放的心态和心理承受能力，广东社会逐渐形成了与发展市场经济相适应的思想观念。这为广东改革开放先走一步的顺利进行提供了深厚的干部和群众基础。

广东省实行特殊政策、灵活措施的头三年，经济发展迅速，商品经济活跃，市场调节的范围扩大；人民生活水平明显提高，科技、文化、教育、体育也得到相应发展。但是，在经济迅速发展的同时，也出现了一些缺点和问题。主要是：管理工作跟不上，在基建投资、外汇使用、商品流通、对外贸易、分配制度等方面，管理不够严；综合平衡工作做得不够；进口消费品过多；出现了走私贩私比较猖獗、经济领域犯罪活动明显增加和党政机关热衷经商等问题和现象。

第三章　探索城乡经济体制改革

　　改革是一场深刻的革命，是经济和社会发展的动力。广东不失时机地对传统的经济体制进行改革，以商品和市场为取向，大力推进农村改革，重点抓好商品流通和价格管理、企业经营、财政、投资等体制机制的改革，推动改革配套发展。这些改革有两个突出特点：一是以对外开放促进改革，以改革推动对外开放，对内改革与对外开放相辅相成；二是以发展商品经济和市场为导向，改革从一开始就涉及多个领域，在全国率先进行了经济体制以及配套改革的有益探索。

■ 农村家庭联产承包责任制的推行

　　广东农村改革大体与全国同步，但由于中央对广东实行特殊政策、灵活措施，广大农村干部群众的改革积极性比较高，省委领导思想也比较解放，因此进展速度较快。1978 年 5 月后，广东各地开始探索农业生产责任制，从 1978 年下半年开始实行"五定一奖"生产责任制，调动了农民生产积极性。

　　广东农村较早自发地尝试包产到户、包干到户。最初实行包产到户的是紫金县上义公社光锋大队黄坑排生产队，1975 年大年初一秘密协议实行"包产到户"，实现了增产增收，解决了温饱问题。从 1977 年冬至 1978 年冬，海康县、文昌县、紫金县和从化县先后有部分公社和生产队农民，为了解决吃饭问题，冲破禁区，实行包干到户、包产到户，取得了明显的经济效益。1978 年底，在召开全省农村经营管理工作会议时，与会各级负责同志一致赞成"五边地、屋前屋后、山坡可以直接包到人包到户"，"中山县主张把甘蔗 8 万亩包到户"。[1] 据统计，1978 年，全省借冬闲地给社员耕种达 80 万亩以上。[2] 连南县寨岗公社廻龙大队共产党员张裕古因在 1978 年带头包产到户，被开除了党籍，判处两年徒刑。后来，经中央和广东省委领导人的过问，案子才纠正过来。[3]

由于农村工作长期存在"左"的偏差，受历史惯性和时代局限性的影响，多年来人们对包产到户存有偏见，担心被说成是"复辟资本主义"，因此谈"包"色变，心有余悸，不易把包干到户、包产到户这种社会主义集体经济的责任制形式与"分田单干"、资本主义道路区别开来。广东不少领导干部和党员群众，对包干到户、包产到户的认识，经历了一个逐步提高的过程。

广东一些地方开始出现自发的包产到户后，省委按照中央 1978 年作出的《农村人民公社工作试行条例》（试行草案）关于"两个不许"（即"不许包干到户""不许分田单干"）的规定，要求各地纠正过来。但由于包产到户符合农村的生产实际和农民意愿，因此，不但禁而不止，反而迅速蔓延。从 1979 年下半年起，惠阳、海南、湛江、梅县等地区的农民，纷纷实行家庭联产承包责任制，把经营的责权利直接包干到户。到 1979 年夏秋之间，据初步统计，海南地区包产到户的生产队 2200 个，占总队数的7.7%，包产到户约 5 万户，约占总户数的 6.4%；惠阳地区包产到户37629 户，占总户数的 4%；湛江地区包产到户 27137 户，占总户数的1.5%；梅县地区包产到户 5805 户，占总户数的 0.9%。[4] 广州市农村包产

---

① 杜瑞芝：《关于建立"三定一奖"的生产责任制问题——在全省农村经营管理工作会议上的总结讲话》（1978 年 12 月 23 日）。

② 林若：《回忆八十年代初期湛江地区的农村改革》，《中国农村改革决策纪事》，中央文献出版社 1999 年版，第 330 页。

③ 《领潮——广东改革开放 30 年党的建设》，《南方日报》2008 年 12 月 24 日。

④ 王德：《关于当前农村工作的几点意见——在地、市委书记会议上的发言》（1979 年 10 月 23 日）。

到户的也有 50 多个生产队，甚至分田单干的有 60 多个生产队。①

当时，广东全省也有为数不少的各级干部群众对包干到户、包产到户仍持犹疑、观望甚至反对态度。部分地区还开展了包产到户究竟是姓"社"还是姓"资"的讨论，有的地方还流传两句顺口溜："辛辛苦苦三十年，一朝回到解放前。"有些干部群众认为这样做，是把 20 多年农业合作化运动的成果一笔勾销了，是走"回头路"，是"右了、修了、偏了"，因此要采取"堵""压""纠"的办法。一位地委的领导干部甚至宣布"谁支持包产到户就开除谁的党籍"。

针对农村生产关系发生变化的情况，1980 年 4 月底省委召开常委会议，就广东当前农村形势、政策、人民公社经营管理等问题，进行了讨论研究。会议认为，当前广东农村形势总的来说是好的，但也存在不少问题，其中之一就是全省有二十几个县发生分田单干和变相单干，个别县单干户占总户数的百分之三四十。会议提出：一方面，对分田单干和变相单干，必须引起高度重视，切不可放任自流，任其继续蔓延、扩散；另一方面，对于那些穷困地区的"三靠队"（即当时对吃粮靠返销、生产靠贷款、生活靠救济生产队的简称）要求实行或者已经实行"包产到户"，可以允许在生产队统一经营管理的前提下，实行包产到户。这是临时措施，权宜之计，最根本的措施是要靠发展壮大集体经济。同时，要坚决制止分田单干。②

根据这次常委会议的精神，省委于 1980 年 5 月召开农村工作会议。会上对包产到户和分田单干问题展开了激烈的争论。会议指出，农村工作的中心任务是使农村尽快富裕起来。并强调要切实搞好人民公社的经营管理，稳定生产关系，坚决制止分田单干，加强农村的思想政治工作和党对农业的领导。会议根据讨论意见，决定允许"三靠队"搞包产到户。省委主要领导结合广东农村实际情况，贯彻落实中央有关精神和政策文件，妥善处理和引导农村的多种形式的生产责任制，进行了许多有益的探索。

---

① 冯平主编：《广东当代农业史》，广东人民出版社 1995 年版，第 123 页。
② 《中共广东省委印发〈关于当前农村工作几个问题的讨论纪要〉》（1980 年 5 月 12 日）。

1980 年下半年，家庭联产承包责任制在广东农村形成燎原之势。是年5 月，家庭联产承包责任制得到中央和邓小平的肯定支持。① 9 月，中共中央召开各省、市、自治区党委第一书记座谈会，着重讨论加强和完善农业生产责任制问题。随后印发的会议纪要（即中央 1980 年 75 号文件）初步肯定了包产到户、包干到户等形式的生产责任制，认为这是联系群众、发展生产、解决温饱问题的一种必要的措施。这个文件，打破了多年来形成的包产到户等于分田单干、等于资本主义的僵化观念。这是党在农村政策上的一次重大理论突破。10 月 6 日至 14 日，广东省委在广州召开地、市委书记座谈会，研究如何贯彻执行中央 75 号文件的精神。这时，省委对包产到户采取了较为灵活的态度。10 月 18 日，省委发出贯彻执行中央 75 号文件的通知，要求抓好加强和完善生产责任制这个中心环节，从实际出发，允许多种形式的生产责任制同时存在，由低级到高级，逐步完善。中央 75 号文件和省委通知，对广东农村普遍推行包产到户和发展农业生产，起到了重要的作用。在中央文件精神的鼓舞下，过去"偷偷摸摸"搞了包产到户、包干到户的生产队，纷纷化暗为明；过去想搞包产到户、包干到户而不敢搞的也很快地搞起来了。到 1980 年底，全省有 40% 以上的农户实行了家庭联产承包责任制。其中：梅县地区包干、包产到户的生产队占总队数的 87.8%，汕头地区占 66.1%，惠阳地区包括分田单干占 79.7%，海南行政区、自治州和湛江地区包产、包干到户加上单干占 40%～60%。农村包产、包干到户，不仅在贫困地区，而且在珠江三角洲等富裕地区也迅速推开了；不仅粮食生产包干、包产到户，而且连林业、畜牧业、渔业和乡镇企业也实行了各种形式的承包责任制。部分能人带头拓展生产领域，扩大经营规模，在种植业、养殖业乃至加工业方面，出现了搞雇工经营的专业户②、重点户或承包大户。这是农村大批剩余劳动力新的出路，

---

① 《邓小平文选》（第二卷），人民出版社 1994 年版，第 315 页。

② 所谓"专业户"，一般都是农村中的能人，有专门的生产技能，他们或者承包生产队的车辆饲养场、鱼塘荒山等，或者自己购置一些生产资料，从事某项专业生产。这是农村中首先富起来的人群。随着专业户生产规模的逐步扩大，仅限于家庭的劳动力的参与已经不能满足其生产和经营的要求，雇用一部分雇工已成为客观需要。

也是农业农村农民开始走向市场的一个显著标志。

1981 年 1 月 19 日至 22 日，省委召开地（市）委、县委书记会议，研究农村工作问题。担任省委第一书记不久的任仲夷在讲话中强调："已经实行包产到户的地方，即使是面积大一些，只要群众满意，又能增产，对国家贡献增多，就不要硬改过来。政策一定要稳定下来。凡是有利于促进生产发展，又受群众欢迎的政策，都不要轻易变动。"① 会议强调要进一步解放思想，加强和完善农业生产责任制，更好地调动广大农民的生产积极性，引导农民尽快地富裕起来。要按照中央 1980 年 75 号文件的要求，因地制宜，迅速落实生产责任制；对于已经包产、包干到户的不能硬扭，可引导他们在包产到户后，在专业分工的基础上，实行新的经济联合。

1982 年 1 月 1 日，中共中央批转的《全国农村工作会议纪要》指出："目前实行的各种责任制，包括小段包工定额计酬，专业承包联产计酬，联产到劳，包产到户、到组，包干到户、到组，等等，都是社会主义集体经济的生产责任制。"② 中华人民共和国成立以来，党内外一直对包产到户、包干到户有很大争议。这时，中央文件明确肯定它是"社会主义"的，这在思想认识上是一大突破。

在中央文件精神的鼓舞下，广东农村不仅山区和边远地区，而且连平原地区和城市郊区也迅速向包产到户、包干到户的家庭联产承包责任制发展。到 1983 年 5 月，全省 98％的农户实行了联产承包责任制。接着，国营农场、华侨农场、社队企业和林业企业，也以各种形式全面推行了家庭联产承包责任制。

家庭联产承包责任制实行统分结合的经营体制，在坚持土地等主要生产资料集体所有的前提下，实行土地所有权与经营权相分离，把土地和其他生产资料根据合同交给农民使用。实行这一体制，农民有了土地使用权、产品处理权、收益分配权、劳动支配权，成为相对独立的生产经营

---

① 《任仲夷同志在地、市、县委书记会议上的讲话》（1981 年 1 月 22 日）。

② 中共中央文献研究室编：《三中全会以来重要文献选编》（下），人民出版社1982 年版，第 1063—1064 页。

者。其劳动成果，农民形象地称之为："交够国家的，留足集体的，剩下全是自己的。"这种责任制，把个人、集体、国家三者利益结合起来，极大地调动了农民的生产积极性和主动性，解放了农村生产力，促进了农业和农村经济的发展，农民的收入也增加了。

实行家庭联产承包责任制，是对人民公社"一大二公"的所有制和统一集中的经营体制进行的大改革，在生产关系方面进行大调整，使之与生产力相适应。实行家庭联产承包责任制，既改革了原来集体经济的弊病，又继承了农业合作化以来的积极成果，坚持了发展集体经济的方面。这种责任制，适合广东农村生产力的发展水平，符合广大农民的愿望。1984年9月28日，广东省委规定，土地承包期一般延长到15年以上，允许农民协商转包责任田，对土地追加投资实行补偿制度。广东农村基本上实行了以家庭联产承包为主的责任制，顺利地完成了对人民公社体制的一次大调整和大转换。

随着包产到户的全面推广，部分能人带头拓展生产领域，扩大经营规模，在种植业、养殖业乃至加工业方面，出现了搞雇工经营的专业户、重点户或承包大户。虽然专业户在推动农业由自给、半自给生产向专业化、商品化、社会化生产转变方面发挥了示范带头作用，但是，对他们的认同和正视，却是一个思想解放、认识提高的艰难过程。1980年中央75号文件明确规定"不准雇工"，当时雇工问题是一个严重的"禁区"，甚至可以说是个危险的"雷区"。但是，没有雇工，就很难有专业户或承包大户。在价值规律的作用下，农民在生产实践中势必要冲破这类规定。高要县的"陈志雄事件"就是一个典型例证。陈志雄是高要县沙浦公社养鱼能手。从1978年开始，承包生产队鱼塘。1981年扩大到跨队承包357亩，除了常年雇用5名固定工外，还请了2300天的短工，年收入近4万元。由此，引发了一场姓"社"还是姓"资"的尖锐论争。1981年5月29日《人民日报》发表题为《一场关于承包鱼塘的争论》调查报告，并开辟专栏，展开为期三个月大讨论，在全国引起强烈反响。讨论结束时，发表了署名文章，认为"陈志雄雇工不算剥削"，其收入比其他人高，"主要是多劳多得的表现，是无可非议的"①。但是，广东有两位学者于翌年写了一份调查报告，观点相反，认为陈志雄雇工属"资本主义性质"。新华社某位记者据此写了内参，引起了中央领导人的重视。中共中央总书记胡耀邦、主管农业工作的副总理万里等人的批示，都是温和、商讨的口气。但中央书记处一位领导却措词严厉：认为陈志雄承包"离开了社会主义制度，需要做出明确规定予以制止和纠正并在全省通报"。② 这封信发出后，顿时掀起轩然大波。于是，由省到地，由地到县，层层讨论。省委派人经过认真调查，1982 年 4 月 22 日广东省农委向省委并报国家农委《关于陈志雄承包经营的情况报告》。报告肯定陈志雄开创了专业承包先例，对承包双方均带来好处。省委自始至终对农村雇工经营未作出任何规定予以"制止"和"纠正"，更未向"全省通报"，因而也就未对全省专业大户承包经营和农村商品经济蓬勃发展带来任何负面影响。③

在推行包产到户的同时，广东还大力调整农村生产结构。1979 年后，在全省范围内调整农业发展方针，改变农业"以粮为纲"和农村"以农唯一"的经济格局和产业结构，逐步形成了多层次综合发展的农村产业格局。全省调减了粮食种植面积近千万亩，用于发展经济价值比较高的经济作物和塘鱼的生产，较好地发挥了地区优势，使农、牧、副、渔结构日趋合理。通过大办乡镇企业、发展"三来一补"④ 和"三资"企业（中外合资、中外合作、外商独资企业）、鼓励农民直接进入流通领域搞活农副产品的流通，农村出现了第一、二、三产业并存的结构。广东农业的迅速发展，不仅满足省内需要，还销往外省，逐步形成了南果北运、南菜北运和塘鱼北运的局面。外销的增长，又反过来刺激了广东的农业生产。

---

① 《进一步解放思想、搞活经济——对陈志雄承包有争论的两个问题的看法》，《人民日报》1981 年 8 月 30 日。

② 季音：《鱼塘风波——一次关于鱼塘承包问题的讨论》，《新闻战线》2007 年第 6 期。

③ 杜瑞芝：《怀念兄长任仲夷》，《怀念任仲夷》，广东人民出版社 2007 年版，第 48 页。

④ "来料加工""来件装配""来样加工"和"补偿贸易"的简称。

通过农村经济体制改革和产业结构调整，农民生活水平有明显提高。从1979年起，全省粮食连年增产，1984年比1978年增加12.05%，创造了历史最高纪录，多种经营也大为增产。农民的收入也大幅度增加，由1978年的193.25元（以1980年不变价格计算）增加到1984年的425.34元，6年间增长了120%。大多数农民从生活贫困提高到基本温饱的水平。

■ 价格和商品流通体制改革的初试

价格改革是整个经济体制改革和市场流通的关键。广东的经济体制改革就是以价格改革和搞活城乡商品流通为突破口的。改革之前，广东对农副产品实行统购统销政策，市场商品奇缺，向城镇居民发了40多种限量供应的票证。为尽快改变市场供应紧张局面，广东从1978年底起，根据商品经济的特点，按照先农副产品、后工业产品，先消费品、后生产资料的顺序；按照放调结合、以放为主的方针，逐步把价格放开。同时，在产品流通经营方面，实行国家、集体、联合体、私人多家经营，让农民参与流通，建立起一支庞大的流通队伍。

广东率先在全国进行农副产品价格和购销体制改革。首先是有步骤、分品种放开农产品价格，通过价格杠杆调动农民的生产积极性，刺激生产，以满足市场需要。1978年8月，广州市首先对蔬菜价格进行改革，实行部分大宗品种幅度议价成交、小品种自由议价的购销形式。1978年底，为改变鱼米之乡"食无鱼"状况，广东决定改革水产品流通管理体制，对国家收购计划外的水产品实行产销见面，随行就市，按质论价，议价成交。这些措施打破了长期以来由政府统一制定农副产品价格的局面，迈开了农副产品放开价格的第一步。1980年1月，省政府对农副产品统派购体制进行改革，主要是重新划定了农副产品分类管理范围，把原来实行统派购的118种一、二类农副产品减少为47种，生产者在完成交售任务后可自行处理，三类产品生产单位和个人有权自行处理。① 9月，省政府又印发

---

① 《广东省人民政府关于农副产品采购若干问题的决定》（1980年1月10日）。

《关于疏通商品流通渠道，促进商品生产，搞活市场的几项措施》，将 47
种一、二类农副产品调整为 25 种。此后，又陆续采取了一系列政策措施，
取得了明显成效。1984 年，广东农副产品统派购品种只剩下粮、油等 5 种
农副产品没有完全放开市场。

农副产品购销体制的改革，面临的风险很大。这一改革在全国尚无先
例，牵涉千家万户的切身利益。当时，市场供求矛盾突出，近百种统派购
产品价格放开之后，市场农副产品价格高涨，大大增加了消费者的负担，
群众反映强烈。面对这种情况，省委、省政府认为，按经济规律办事的思
路是对的，长痛不如短痛，与其长期过凭票限量供应的穷日子，不如敞开
市场，运用价值规律来调动农民的积极性，促进农业生产的发展。广东决
心顶住压力，坚持下去。价格放开一段时间之后，生产发展了，农副产品
丰富了，价格也逐步回落，并趋于稳定。例如，塘鱼价格就由六七元降至
二三元一斤。[1] 实践证明，价值规律灵得很，政府放开什么，农民就生产
什么；哪种农副产品价格放开得早，哪种农副产品产量就上得快。结果，
不仅农民增加了收入，消费者也得到了实惠。[2]

对工业消费品和生产资料价格的改革，大致是同时启动的。从 1979 年
起，广东逐步放开小百货、小文具、小五金等小商品价格；接着，又调整
了一大批关系到千家万户的日用工业消费品的价格。这大大刺激了工业消
费品的生产，改善了人民生活必需品的市场供应。1982 年 11 月，广东加
大了工业消费品价格改革的速度，首批放开了 200 个轻工品种价格，由工
商企业产销直接见面，协商定价。1983 年，广东按照国家物价局通知，放
开 510 种消费工业品小商品的价格。1984 年，广东继续扩大市场调节工业
品价格比重。到 1985 年，日用工业品计划收购从 95 种减为 10 多种。广东
还对生产资料价格实行改革，从过去单一计划调拨价转变为调拨价、浮动
价和议价。对非商品和饮食服务价格也作了调整。

广东价格改革分步进行，开始是"放调结合、以调为主"，然后是

---

[1]　刘田夫：《刘田夫回忆录》，中共党史出版社 1995 年版，第 499 页。
[2]　梁灵光：《梁灵光回忆录》，中共党史出版社 1996 年版，第 609—610 页。

"放调结合、以放为主、放中有管、分步推进"。1985 年 5 月，省委提出进一步破除产品经济的观念，明确商品经济是社会主义经济发展不可逾越的阶段，改革必须适应发展社会主义商品经济的要求。短短的几年时间，广东成功地实现了由计划经济走向市场经济的价格闯关。诚然，由于价格改革不彻底，带来一些新问题，比如价格"双轨制"，给不法分子倒买倒卖、贩卖批文等留下了钻营空子。

■ 国营企业管理体制改革的启动

国营企业是国民经济的支柱。从 1978 年底至 1985 年，广东国营企业体制改革主要围绕企业扩权试点、试行经济责任制和实行利改税这三个方面进行。

1978 年 10 月，清远县国营工业企业改革拉开序幕。1979 年 4 月，该县撤销局一级工业机构，县经委统一对县财政实行上缴利润承包，企业则对县经委承包，开创了国营企业承包先河。1979 年，全县工业产值、利润大幅度增长，工业计划利润为 130 万元，实际完成 425 万元，是全省产值利润增长最高的一个县。实践证明，清远实行超计划利润提成奖，利用经济办法有效调动了各方面积极性特别是调动了直接创造物资财富的工人群众的积极性，挖掘了企业潜力，促进了生产发展，改善了经营管理，更好体现了社会主义按劳分配原则。"清远经验"率先在全国实行超计划利润提成奖，为后来的国企改革起到了探路作用。

省委十分重视清远国营企业改革的办法。1979 年 8 月，省委、省革委会肯定和推广了"清远经验"，决定在全省工业交通企业中，选择了 100 家企业作为第一批进行扩大企业自主权的试点，选择 300 家企业试行利润留成，并要求各地县属工业企业中，推广清远超计划利润提成奖的办法。接着，省革委会确定在全省 168 家国营工交企业和韶关市、江门市和高州、东莞、翁源商业系统以及广州市百货行业试行扩大企业自主权、产品销售权及超计划利润提成奖的分配权。到 1980 年 3 月，全省有 46 个县（市）在全部企业中推广"清远经验"，有 50 个县（市）在部分企业推广。在全省 2010 户地方国营企业中，已有将近 1000 户企业推广了"清远经验"，都取得了增产增收的良好效果。① 1980 年 7 月 5 日，习仲勋前往清远调查国营工业企业改革的情况，要求"把'清远经验'总结好、发展完善好、推广好，争取更大的效益。"② 1980 年 7 月 29 日，省委、省政府批转清远县委《关于国营工业企业试行超计划利润提成奖和改革工业管理体制的情况报告》（粤发〔1980〕79 号），要求全省各地学习清远解放思想、勇于创新的精神，在实践中继续探索和创造扩大企业自主权、把经济进一步搞活的经验。

"清远经验"虽还不够完善，但它冲破旧框框框梏以及对国营工交企业管理体制的改革，起了很好的带头作用。《人民日报》在 1980 年 8 月 1 日报道了清远率先试行企业承包制的经验。③ 1981 年 4 月，国务院发出文件提出学习和推广"清远经验"。"超计划利润提成奖"和"利润包干"的创新做法，在全省乃至全国引起了很大反响。全国各地工业部门和经济理论界对此深为关注，省内外前往清远参观考察将近两万人次。就连国际银行组织和美国的专家也前往该县考察。1982 年 5 月 8 日，省政府发出通知，强调各地区、各部门要结合"实际情况，总结经验，统一思想，把推广清远经验深入下去"④。全省推广"清远经验"后，都取得较好的经济效果。据 1981 年底统计，全省 100 个县和县级市，已有 63 个县市仿效清远办法，改革了工业管理体制，48 个县市经委对财政实行包干，22 个县市经委在银行独立开户。到 1983 年春，广东全省有 78 个县市推行了清远"超计划利润提成奖"的经验，有半数以上的县市改革了工业管理体制。全国已有 363 个县和 17 个小城市学习清远体制改革的经验，广西决定全区

---

① 《南方日报》1980 年 6 月 18 日。

② 中共清远市委组织部、清远市党史办公室：《习仲勋粤北调研实录》，中共中央党校出版社编印，第 11 页。

③ 《清远县经济体制改革形势使人振奋》，《人民日报》1980 年 8 月 1 日。

④ 广东省人民政府：《批转省经委〈关于进一步学习推广清远经验的意见〉的通知》（1982 年 5 月 8 日）。

各县推广"清远经验"。①

"清远经验"不仅受到全国各地的关注，而且引起了中央的重视。1982 年 12 月，第五届全国人大五次会议通过的政府工作报告指出："广东省清远县工业上实行'超计划利润提成奖'和试行由县经委统一领导全县企业的经济活动，几年来已取得了很好效果。看来，实行这些改革，不仅有利于精简机构，减少层次，提高效率，而且对促进城乡结合，条块结合，推动企业组织结构和生产力布局的合理化，都大有好处。"②"清远经验"是工业管理体制改革迈出的第一步，对广东乃至全国的经济体制改革的深入发展，起过积极和促进作用。"清远经验"有其成功的一面，但它依然是计划经济模式范围内的改革，国营企业仍然是当地政府和经委的附属物，还没有真正做到政企分开，让企业成为一个相对独立的经济实体。因此，随着经济建设的发展，它的某些不足和缺陷就逐渐显露出来，这就需要开展更深层次的改革，才能适应新形势和市场经济的要求。

在试行扩大企业自主权的同时，1981 年省委提出了"包、联、通、创、学"（即承包、联合、流通、创新、学先进）五字方针，推行以"包"字为主要内容的各种盈亏包干责任制，具体形式：一是实行全行业利润大包干；二是对微利企业实行定额上交包干，超额留成，减收自负；三是任务不足造成利润下降的企业实行计划分成；四是对一部分企业实行利润与福利金、奖金挂钩；五是对集体所有制企业实行从统负盈亏改变为自负盈亏；六是对县级企业推广"清远经验"，实行"超计划利润提成奖"。试行利润大包干后，各行业取得明显的经济成效，大多数企业拥有一定的生产自主权、产品的定价权、自销权和超计划利润的分配权，企业内部进行了一系列的改革，使之适应市场经济的变化，出现了生机和活力。这一年，在原有扩权的基础上，实行民主管理，进一步充实完善改革的内容，并继续抓好独立核算、国家征税、自负盈亏企业的试点工作。到1983 年，广东各县有九成以上的地方国营企业，实行以盈亏包干为主的各

---

① 广东省经济委员会：《关于进一步学习清远经验的意见》（1982 年 5 月）。

② 《国务院关于第六个五年计划的报告》，《人民日报》1982 年 12 月 13 日。

种经济责任制。比如，韶关钢铁厂和广州钢铁厂，原是亏损大户，1980年9月实行"亏损定额补贴、递减包干、超亏不补、减亏留用"的财政包干政策后，两年扭亏为盈：1983年韶钢盈利1000万元，由亏损大户变成盈利大户；广州钢铁厂也成为盈利大户。

在工业企业内部学习和推广"首钢经验"，实行各种形式的经济责任制。1984年广东开始实行岗位责任制。以承包为主的经营责任制，冲破了计划经济管理模式，突破了一些不合理的规章制度，企业开始有了一定的自主权。但这些改革依然是计划经济模式范围内的改革，企业仍然是政府和主管部门的附属物。为了改变政企不分的状况，1984年7月13日，省长办公会议研究决定，将省属企业分批下放，实行政企分开，使企业真正成为经济实体。企业管理体制下放后，省主管部门加强了行业规划及指导、监督、检查工作。各市（地）也用经济办法加强管理，把企业搞活。①

利改税试点在广东开始较早。从1980年10月1日起，在广州缝纫机工业公司等企业和高州县地方国营工业企业中进行独立核算、国家征税、自负盈亏的试点。② 1983年，省政府决定从6月起，对国营企业实行第一步利改税改革；并在中等城市小型企业的划分标准、核定企业留利水平和人均留利额三方面比全国更放宽一些。1984年，国务院决定从10月1日起，国营企业试行第二步利改税改革，从利税并存过渡到完全的以税代利。按照这一精神，广东从当年第四季度起，对国营企业实行利改税的第二步改革。从税利并存逐步过渡到完全征税，较好地发挥了税收杠杆对经济的调节作用，为增强企业活力创造了有利条件。

■ 财政金融体制的初步改革

中央决定对广东、福建两省实行特殊政策、灵活措施之后，开始实施

① 广东省人民政府办公厅：《广东省人民政府常务会议纪要汇编》，第236页。
② 《广东省人民政府印发〈关于财政体制试行收支挂钩增收分成实施办法〉》，《南方日报》1980年10月15日。

广东省的财政体制改革。1979年，中央确定从1980年起对广东实行"划分收支，定额上交，五年不变"的财政大包干新体制。根据中央给予的特殊政策，1980年5月5日广东省政府印发了《关于财政体制收支挂钩增收分成实施办法》，要求各地有计划地进行财政体制改革。同年8月1日，省政府决定广州市在省内首先试行"划分收支，分级包干"的财政体制。1981年2月，省政府决定从1981年起，全省（广州、深圳、珠海、海南除外）实行"划分收支，分级包干，权责结合"的财政管理体制。对深圳、珠海市实行"收入留用"的体制，对广州市实行定额上交的办法。①1982年之后，实行总额分成的办法。这种做法虽比过去"统收统支"的体制有所改进，但一年一定，还不能充分发挥市、县的积极性。

为了与全国财政管理体制改革相衔接，1984年省政府根据国务院关于"划分税种，核定收支，分级包干"的财政体制改革要求，决定从1985年起，省对各市县实行"划分税种，核定收支，一定五年"的财政管理体制。省政府根据各地不同的经济基础和财政状况，采取区别对待、分级包干的办法：广州市实行"核定基数，增收分成"的体制，超过基数的增收部分，上交省财政40%，市留成60%；对佛山、江门、韶关、湛江、茂名等5个收大于支的市，实行"递增包干"的体制，除湛江上缴递增比例为6%外，其余4市为7%；汕头、肇庆、惠阳、梅县和海南行政区实行定额补贴的办法；深圳、珠海市和汕头经济特区继续实行全部留用的办法；对广州市和湛江市经济技术开发区，增收部分免于上交，全部留下作为开发投资；对海南黎族苗族自治州和粤北3个自治县，实行定额补贴每年递增10%的办法；对其他一些收不抵支的县，实行按定额补贴数每年递增5%的办法。②这种"分灶吃饭"的办法，各地认为切实可行。因此，市地对县，县对乡镇，普遍实行层层财政大包干，从上到下建立起既有激励又有

---

① 广东省人民政府：《关于实行"划分收支，分级包干"财政管理体制的实施办法》（1981年2月14日）。

② 广东省人民政府：《关于我省财政管理体制改革的实施方案》（1985年4月19日）。

自我约束的机制。

财政分级包干的办法，扩大了各级政府的自主权，调动了各级财政当家理财的积极性，增强了改革的经济承受能力，促进了生产力的发展。为了培育财源，各地对企业不再采取"竭泽而渔""杀鸡取卵"的办法，而是采取"蓄水养鱼""养鸡生蛋"的政策，从而大大增强了企业的活力。[1] 广东先走一步，中央赋予的特殊政策、灵活措施，最重要的、最大的、影响最深远的就是财政包干政策。[2]

在改革财政体制的同时，广东省根据中央的决策，也对金融体制试行了一系列改革。以往的金融体制有两个特点：一是实行单一的银行体制；二是信贷资金实行统存统贷。这种金融体制靠行政指令办事，统得过死，缺乏灵活性，束缚着经济发展活力。这两个特点其实就是金融改革所针对的两个弊端。

1979 年，广东开始改革统存统贷的管理体制，实行差额控制计划管理体制。1980 年 10 月，为搞活外汇，改善投资环境，经国务院批准，在广州等地建立外汇调剂市场。1982 年，银行系统对信贷业务实行"统一计划，分级管理，余额控制，责权结合"的管理办法，多渠道、多层次、多形式筹集和运用闲散资金，并允许分行利用存款发放各种贷款。与此同时，广东省分行对中央人民银行采取"盈利收入定额包干上缴"的办法，省行对各地分行采取"划分收支，基数包干，增收分成，三年不变"的办法，对基层行实行经济核算，初步改变了企业和职工吃国家"大锅饭"的情况。[3] 为改变高度集中、单一的银行体制，按照中央统一部署，广东也同全国各地一样，从人民银行中分出工商银行、农业银行、建设银行和中国银行，还成立保险公司、信托投资公司、财务公司等。各国营专业银行按照国家金融改革的整体要求，积极向国营商业银行转变。后来，随着经济发展的需要，还建立了地方银行。

---

① 梁灵光：《梁灵光回忆录》，中共党史出版社 1996 年版，第 621—622 页。

② 卢瑞华谈话记录（2004 年 6 月）。

③ 刘田夫：《刘田夫回忆录》，中共党史出版社 1995 年版，第 510—511 页。

■ 外贸体制改革和实行外贸大包干

发展进出口贸易，开拓港澳及国际市场，是实行对外开放的一项基本内容。为克服进出口贸易体制上存在的独家经营、条块分割、产销脱节、统负盈亏、进出口贸易企业吃国家"大锅饭"等弊端，广东从 1980 年起开始，按产销结合、工（农）贸结合、内外销结合的原则，改革进出口贸易经营体制，逐步下放进出口贸易权，建立一批直接面对港澳及国际市场的进出口贸易公司。

全省先后成立了冶金、机械设备等 14 家省属对外贸易公司；成立了一批工贸、农贸、技贸结合的进出口公司；各市（地）、县增设了对外经济贸易机构。进出口贸易系统兴办出口生产体系，建立了 4000 多个出口生产基地。到 1985 年，全省拥有进出口经营权的地方性贸易公司共 733 家，在香港、澳门地区和国外建立了 120 家贸易公司。广东省还授予茂名石油公司等一批具有一定生产规模的企业直接对外经营业务的权限，独立自主经营，直接出口，打破进出口贸易企业独家垄断局面。至 1985 年，可自行直接出口的公司有 283 家。全省初步形成了统一对外、多家经营、多条渠道的贸易出口格局，推动进出口贸易的发展。

1981 年至 1983 年，广东实施以地方为主管理的进出口贸易大包干体制。在出口成本一定三年不变的情况下，以 1978 年广东省货源出口值为基数，每年上缴国家 10 亿美元外汇，超基数出口收汇实行中央与地方倒三七分成，进出口贸易由省自负盈亏。这是改革进出口贸易体制的一种大胆尝试。广东抓住有利时机，采取"以外经促进外贸发展，以外贸发展增强外经实力"策略，积极发展外向型经济，改革了"独家经营"的进出口贸易体制，实行多层次、多形式的进出口贸易结构。此外还相应改革外汇管理制度，使用外汇和创汇相结合，多创汇多用汇。出口形式也多种多样，除了通用的进出口贸易形式外，还有以货易货、代理出口以及联营和来料加工等。

在实行进出口贸易大包干的四年里，虽然国际市场不景气，但是广东进出口贸易仍获得较大发展，出口翻了一番，本省货源出口创汇超过 70 亿美元，其中上缴国家 37 亿美元，广东留成 22 亿美元。1984 年以后，按照中央、国务院的政策规定，广东结束进出口贸易包干制，重新恢复为全国集中经营、统负盈亏的做法。进出口贸易包干制虽然结束，但这次尝试打破了以往进出口贸易独家经营的沉闷局面。

■ 基建投资体制改革的试水

由于广东地处国防前线，不是国家投资的重点，基础设施相对差。改革开放初期，广东的能源、交通、通信全面紧张。在中央对广东实行财政包干体制之后，国家对广东地方基本建设不再投资，广东在自身资金严重短缺的情况下要加大对基础设施的投资力度，只有改革基建投资体制，广开门路，吸引外资及港澳资金。

广东改革基建投资体制思路主要有以下三点：第一，把市场机制引入基建投资领域，由过去无偿投资拨款，改为全部有偿贷款，使基建单位树立投入产出观念，加强基建管理，缩短基建周期，保证工程质量，提高经济效益；第二，简政放权，扩大地、市、县引进外资项目审批权；第三，实行多渠道、多层次、多形式筹集资金，特别是利用外资、利用港澳和海外贷款进行基建投资，形成"谁投资，谁收益"的集资办事、有偿使用的投资机制。

对投资体制进行改革是广东的一个创举，其成效十分显著。广东最早引进的合资、合作项目有白天鹅宾馆、中国大酒店、花园酒店、广（州）珠（海）四桥和沙角电厂 B 厂等。从 1980 年起，省政府先后实行"以电养电""以路养路""以桥养桥""以通讯养通讯"等办法，全省兴起集资兴建电厂、修筑公路和桥梁的热潮。由于改革了投资体制，调动了各方面的积极性，"六五"期间，全省全民所有制固定资产投资总额达 385 亿元，同"五五"时期相比，增长 2 倍多。5 年全省新增发电装机容量 115 万千瓦，还有在建规模 225 万千瓦。铁路方面，衡（阳）广（州）复线、三（水）茂（名）线、广（州）深（圳）复线共完成工作量 297.5 公里。5

年修建等级公路 2348 公里，新建、改建永久性桥梁 490 座，全省公路主干线大多数已实现无渡口通车。全省新增市内电话 14.6 万门，5 年新增通讯能力超过前 30 年总和，一个以广州为中心，连接国内主要大城市和省内主要市县以及港澳地区，并伸延到美国、日本各重要城市的电话通讯网络已经初步形成。① 基础设施的改善，为吸引客商前来投资创造了良好的环境。

■ 发展多种经济成分和建立市场体系

发展多种经济成分和建立市场体系这两个方面是相辅相成的。1979 年至 1985 年期间，广东发展多种经济成分，建立市场体系的探索，为以后培育和发展社会主义市场经济奠定了基础。

改革开放后，广东采取多种优惠政策和措施，鼓励发展各种合作经济、个体经济、私营经济以及中外合资、合作企业、外商独资企业，逐步形成以公有制为主体，多种经济成分和经营方式共同发展的多层次所有制结构，为社会经济发展注入了蓬勃的活力。

广东计划管理体制改革，主要抓简政放权，即给地方各级政府部门下放经济管理权力。一是缩小指令性计划管理范围，扩大指导性计划和市场调节范围，放松对微观经济管理的严格控制，扩大生产经营者的自主权；二是加强宏观管理和指导，以促进整个经济体制的改革；三是下放地方自筹基建、利用外资和技术改造投资审批权；四是扩大地方大部分商品的定价权和管理权等。

1979 年起，广东把大部分农副产品和日用工业品价格放开或实行浮动，对生产资料则实行双轨制。各地在大力发展消费品市场、生产资料市场的基础上，又逐步推进金融市场、劳务市场、人才市场、房地产市场、科技市场、信息市场等要素市场的发育和成长。这些改革措施使得长期以来价格背离价值的状况得到明显改变，广东经济运行开始由产品经济轨道

---

① 叶选平：《关于广东省国民经济和社会发展第七个五年计划的报告——在广东省第六次人民代表大会第五次会议上》（1986 年 5 月 21 日）。

转向市场经济轨道。

除上述各个方面的改革外，广东还对劳动工资体制、交通体制、科技教育体制等方面，进行了改革，并取得了较好的成效。1985年前，广东进行的一些经济体制改革尝试，从全国范围来看是相当超前的，但对开始实行特殊政策、灵活措施的广东来说，却是必须进行的。广东的改革尝试不仅促进了本地区经济社会的发展，也为全国范围的经济体制改革提供了一些有益的借鉴。当然，也应当看到，这一时期在全国范围进行的经济体制改革，对广东也起到了促进作用。

第四章　创建三个经济特区

　　创办经济特区是中国实行改革开放的一项重要实验，也是实行对外开放政策的重要组成部分和突破口。广东三个经济特区按照中央关于试办特区的指示精神，解放思想，大胆试验，努力按照现代商品经济规律办事，在创造和不断完善投资环境的同时，大力开展外引内联，发展外向型经济，快速发展成为我国对内改革、对外开放的窗口和试验场，在计划、价格、流通、金融、基建、劳动、工资、企业管理体制以及政府管理机构改革等多方面进行大胆探索，收到了明显效果，有力推动了广东全省乃至全国的经济体制改革和创新。

■ 经济特区的筹办与成立

蛇口出口工业区的创办

　　正当广东筹建宝安、珠海出口基地与酝酿改革开放先走一步的时候，国家交通部也在考虑香港招商局如何加快经济发展的问题。"文化大革命"结束后，交通部希望招商局重振雄风。1978 年 9 月，交通部派袁庚到香港招商局调查经营情况。10 月 9 日，交通部党组向中共中央、国务院呈送报告，提出充分利用招商局有利条件，"冲破束缚、放手大干"，"争取五至八年内将招商局发展成为能控制香港航运业的综合性大企业"。① 10 月 12

---

　　① 交通部党组：《关于充分利用香港招商局问题致党中央、国务院的请示》（1978 年 10 月 9 日）。

日，党和国家领导人华国锋、叶剑英、邓小平、李先念、汪东兴都圈阅了报告，同意利用香港招商局自己的资金和管理经验，在宝安开发工业区，直接参加国家的"四化"建设。

10 月 28 日，交通部决定由副部长曾生兼任香港招商局董事长，调袁庚任常务副董事长，以加强对招商局的领导。袁庚等人经过反复讨论和实地考察，认为香港是弹丸之地，银行利息高、劳动工资高、地价高，难以扩大业务，于是把目光投向邻近的宝安县。他们酝酿一项富有创意的大举措：充分利用招商局在香港的便利地位，将内地廉价的土地、劳动力与香港乃至国际的资金、先进技术、先进管理经验和原材料结合起来，建立一个立足国内、面向海外的外向型工业区。① 11 月 22 日，袁庚等人到广州，与广东省政府领导刘田夫等人商谈招商局在宝安沿海地带筹建出口工业区，建立一批与交通航运有关的工业企业。袁庚介绍了招商局筹建工业区的构想，刘田夫当即表示鼎力支持。会上双方原则上同意在广东省沿海附近选择适当地方作为招商局发展的工业用地，该工业区将由招商局参考香港的做法进行管理。12 月 18 日，交通部部长叶飞、副部长曾生、国家经委副主任郭洪涛和广东省领导刘田夫、王全国等进一步商谈筹建工业区事宜。最后，双方确定在蛇口兴建工业区。② 1979 年 1 月 6 日，广东省革委会、交通部联名报告国务院，提出招商局在宝安县蛇口建立工业区的申请。申述了在蛇口建立工业区的理由："这样既能利用国内较廉价的土地和劳动力，又便于利用国外的资金、先进技术和原材料，把两者现有的有利条件充分利用并结合起来，对实行我国交通航运现代化和促进宝安边防城市工业建设，以及对广东省的建设都将起到积极作用。"③ 1 月 31 日，

① 香港招商局：《广东省深圳特区招商局蛇口工业区文件资料汇编》（第 2 辑），第 50 页。

② 刘田夫：《刘田夫回忆录》，中共党史出版社 1995 年版，第 446—449 页；香港招商局：《广东省深圳特区招商局蛇口工业区文件资料汇编》（第 2 辑），第 50 页。

③ 广东省革命委员会、交通部：《关于我驻香港招商局在广东省宝安建立工业区的报告》（1979 年 1 月 6 日）。

李先念批示同意该报告，并请谷牧召集有关同志讨论办理。① 2 月 2 日，谷牧召集国务院有关部门负责人开会，批准由香港招商局在蛇口建立中国内地的第一个加工出口区。随后，招商局袁庚到广州向刘田夫、李建安传达李先念、谷牧的批示，并就工业区的供水供电、地租、所得税以及外汇分成等问题进行协商。

1979 年 7 月，蛇口工业区破土动工。蛇口大爆破，被称为中国改革开放的第一声"开山炮"。11 月 18 日，广东省、深圳市与招商局三方代表在广州签订了《关于经营蛇口工业区的内部协议》，指出建立工业区的目的在于吸收外资及港澳资金，引进先进技术、设备和原材料，发展新兴工业，多创外汇，积累资金，为实现我国交通航运现代化、促进深圳工业和城市建设的发展作出积极贡献。

1981 年 2 月 25 日，任仲夷、刘田夫、王全国等听取袁庚关于蛇口工业区当前急待解决的几个问题的汇报。任仲夷在讲话中强调，各部门对建设经济特区都要采取积极的态度，只要能办到的，有利于经济特区建设、符合经济特区管理条例精神的，都要多开绿灯。并表示，只要省委能办到的问题一定帮助解决。属于中央才能解决的，我们共同向中央请示。②

随着改革推进，蛇口工业区碰到的问题越来越多。为了摆脱条条块块的牵制和束缚，蛇口工业区一再要求授予更多的自主权。这些要求得到中共中央、国务院和广东省的大力支持。1984 年 6 月 10 日，任仲夷召集省委书记集体办公，听取梁湘、袁庚关于解决蛇口工业区几个问题的汇报。谷牧出席会议并作讲话。这次会议较好地解决了深圳市与蛇口工业区的团结问题。7 月 14 日，广东省委、省政府发出通知，给予蛇口工业区十大自主权，包括项目审批权、进出口物资审批权、人事权等。③ 这样，蛇口工

---

① 《李先念副主席、谷牧副总理听取关于招商局建立工业区汇报纪要》，中共广东省委办公厅粤办字［1979］14 号文。

② 香港招商局：《广东省深圳特区招商局蛇口工业区文件资料汇编》（第 2 辑），第 11—12 页。

③ 广东省委、省政府批转《深圳市委、市人民政府〈关于解决蛇口工业区几个问题的请示报告〉的通知》（1984 年 7 月 14 日）。

业区可以根据企业的需要独立处理许多事情，不用层层请示，往返周折，同时也可以对管理体制大胆进行改革。

针对国营企业存在的弊端，蛇口工业区一开始就对旧有体制进行改革，采取一系列政策为发展经济和生产开路。在经济体制改革方面，蛇口工业区成立若干个职能机构、13 个专业公司和若干个公用事业单位。职能机构属行政编制，13 个专业公司属企业性质，实行独立核算、自负盈亏。在干部体制改革方面，1980 年蛇口工业区打破老办法，通过考试从全国招聘了一批有各种专长、有潜质的人才。1983 年，蛇口工业区改革领导干部能上不能下的弊端，搬掉"铁交椅"，试行直接无记名民主选举管理委员会和进行信任投票的办法，让群众有权选举和罢免干部。蛇口工业区还在劳动体制、用人制度、工资制度、住房制度等方面进行改革，许多发祥于蛇口的经验、观念，后来辐射到内地，产生广泛影响。

蛇口工业区是由一个企业自筹资金、自承风险开发的地区。它"是我国第一个没有纳入国家计划、没有国家拨款进行国土开发的工业区"①。蛇口工业区的开发，走的是一条前人没有走过的道路，带有很大风险性。当时，很多华侨和港澳商人都持观望态度，不敢贸然投资蛇口。为了吸引华侨和港澳商人前来投资，招商局利用企业留成利润，注入将近 1 亿元资金，先期开发 1 平方公里的荒坡为工业区，兴建了一批工业基地和生活服务设施，开通了国际微波通讯和直通香港的客货运码头。在建设投资环境的同时，蛇口工业区建区伊始便制定了"产业以工业为主，资金以外资为主，产品以外销为主"的方针以及"来料加工、补偿贸易、技术落后、污染环境、占用国家出口配额的项目概不引进"的原则。这一方针和原则，使工业区经济有了一个较高的起点，有利于参与国际市场竞争。随着投资环境的改善，外商纷至沓来。蛇口提出的"时间就是金钱，效率就是生命"的口号，不仅成为人们的座右铭，而且也成为一个时代的文化坐标。蛇口不要国家拨款，自筹资金，自担风险，高速度发展工业的模式，被誉为"蛇

---

① 袁庚：《蛇口——中国开放与改革的试管》（1986 年 5 月 6 日），《广东省深圳特区招商局蛇口工业区文件资料汇编》（第 10 辑），第 217 页。

口模式"。蛇口工业区成为广东改革开放先走一步和经济特区建设的"试管"。

深圳、珠海、汕头经济特区的创办

开办经济特区，国外早已有先例。这些国家和地区设立的出口加工区、自由贸易区，有效地进行对外经济贸易和技术交流。与海外有较广泛接触的广东干部群众，对海外办经济特区的做法，或多或少有一些了解。

1979年3月3日，在省委常委会会议上，广东省的负责同志集体讨论了如何用各种优惠的政策来吸引外资，把国外先进的东西吸引进来。大家商议要选择一些条件便利的地方搞试验，建立出口加工区，吸引外资。4月2日，省委常委会会议同意向中央提出允许广东在四个现代化建设中"先走一步"的意见；并要求将深圳、珠海、汕头三地划为对外加工贸易区，吸引外商来广东投资办厂。在4月召开的中央工作会议上，习仲勋、王全国提出，建议运用国际惯例，将深圳市、珠海市和汕头市划为对外加工贸易区。习仲勋代表省委请求中央允许在毗邻港澳的深圳市、珠海市和重要侨乡汕头市划出一块地方，单独进行管理，作为华侨港澳同胞和外商的投资场所，按照国际市场的需要组织生产，初步定名为"贸易合作区"。中央工作会议随即讨论了这一重大问题，同意广东省和福建省的要求，并决定在广东的深圳、珠海、汕头，福建的厦门等地试办出口特区，作为华侨和港澳商人的投资场所。

中央确定试办出口特区后，广东省成立了出口特区筹备组。在广泛调查研究的基础上，筹备组于5月5日拟出了《关于试办深圳、珠海、汕头出口特区的初步设想》，报广东省革命委员会讨论修改。5月间，谷牧带领工作组到广东，帮助省委起草文件。6月6日，广东省委将报告上报中央，提出："特区内允许华侨、港澳商人直接投资办厂，也允许某些外国厂商投资办厂，或同他们兴办合营企业和旅游事业。"特区的管理原则是，"既要维护我国的主权，执行中国的法律、法令，遵守我国的外汇管理和海关制度；又要在经济上实行开放政策"。同月9日，福建省委的报告也呈送中央。7月15日，中共中央、国务院批准广东、福建两个省委的报告。决

定对广东、福建两省实行特殊政策、灵活措施，要求两省抓紧有利的国际
形势，先走一步，把经济尽快搞上去。决定在深圳、珠海、汕头、厦门创
办出口特区。并指出，"出口特区，可先在深圳、珠海两市试办，待取得
经验后，再考虑在汕头、厦门设置的问题"。"特区的建设，要搞好总体规
划，搞好基础设施……在发展步骤上，要先搞加工装配、轻型加工工业和
旅游事业等，逐步积累资金，再兴办加工程度高的项目"。① 20 世纪 70 年
代末 80 年代初，世界上有 80 多个国家和地区设立了 500 多个出口加工区
和自由贸易区，特别是亚洲"四小龙"在吸引外资，引进技术设备，增加
创汇，促进本地区经济发展的经验，尤其为中央所重视，中央从中得到启
示和借鉴，并吸纳广东提出的富有新意的建议，果断作出在中国沿海地区
创办 4 个出口特区的决策，而且把它作为改革开放、建设中国特色社会主
义的一项重要实验。

　　1979 年 9 月，谷牧再次来广东，听取了习仲勋、杨尚昆以及深圳、珠
海两市委的工作汇报。会上，习仲勋指定由吴南生负责特区筹备工作。9
月 25 日，刘田夫主持召开省经济工作小组第一次办公会议，专门讨论深圳
市和珠海市的经济建设问题。② 9 月 28 日，吴南生等到深圳进行调查研究，
先后听取了市委和海关等部门的汇报，约请了港澳工委叶锋、南洋商业银
行董事长庄世平先生等进行商谈。根据建设需要和发展趋势，吴南生和市
委负责人大体确定了深圳经济区划。③ 吴南生回到广州之后，向省委报送
了《关于加快深圳建设必须解决的几个问题》的报告，提出了关于农业生
产、发展旅游业、建立福田出口加工区、蛇口地租价格、建立沙头角试验
区等 12 个问题。

　　1979 年 12 月 17 日，谷牧在北京主持召开广东、福建两省会议。到会

---

　　① 《中共中央、国务院批转广东省委、福建省委……两个报告》（1979 年 7 月 15
日），载广东省档案馆编：《广东改革开放三十年重要档案文献》（上），中国档案出版
社 2008 年版，第 21—22 页。

　　② 刘田夫：《刘田夫回忆录》，中共党史出版社 1995 年版，第 450—452 页。

　　③ 吴南生：《关于加快深圳建设必须解决的几个问题》（1979 年 10 月 24 日），
《深圳文史》2000 年第 1 期。

的有广东的王全国、吴南生、范希贤，福建的郭超，还有中央各部委办的有关方面负责人。广东提出：建立特区必须采取"一快二宽"的方针。快，就是既然看准了，就要立即动手，不要拖拖拉拉，犹疑不决。要大胆放手，争取时间，奋斗10年，把深圳、珠海、汕头3个特区建设成为初具规模的现代化工业基地，在那里建立一条富线。并提出将"出口特区"改用"经济特区"的名称较好。会上，谷牧对广东先走一步和办特区的相关事宜提出一些指导性意见。

1980年3月24日至30日，谷牧受中共中央、国务院的委托，在广州主持召开广东、福建两省会议。广东省党政负责人习仲勋、杨尚昆、刘田夫、吴南生参加了会议。这次会议检查总结中央1979年50号文件贯彻执行情况，进一步研究试办特区的一些重要政策。会议强调：试办出口特区必须采取既积极又慎重的方针。根据目前两省财力物力的可能，广东应首先集中力量把深圳特区办好，其次是珠海。深圳特区的建设应根据广东省所划定的范围，做好总体规划，分片、分期进行。汕头、厦门两个特区可先进行规划，做好准备，逐步实施。会议明确指出：经济特区的管理，在坚持四项基本原则和不损害主权的条件下，可以采取与内地不同的政策。特区主要是实行市场调节。① 这次会议还采纳了广东省的建议，把"出口特区"改名为具有更丰富内涵的"经济特区"。邓小平说："我说名字叫经济特区，搞政治特区就不好了。"这一称谓的确定，明确地规定了经济特区的性质和任务。②

广东省委对建立特区这场试验非常重视，成立了广东省经济特区管理委员会，代表省政府对各特区实行统一管理，随后又建立省经济特区办公室，经办有关的日常业务工作。在特区筹建阶段，有两项重要工作：一是制定相关的法律法规，二是制定发展规划。1983年6月14日，为了加强

---

① 《中共中央关于〈广东、福建两省会议纪要〉的批示》（1980年5月16日），转引自《习仲勋主政广东》编委会：《习仲勋主政广东》，中共党史出版社2007年版，第261页。

② 《邓小平文选》（第三卷），人民出版社1993年版，第239页。

对经济特区工作的领导，省委、省政府决定：广东试办经济特区的工作，由梁灵光等人主管，有关业务工作，由省政府管理。建立省经济特区办公室，经办有关的日常业务工作，协助省委、省政府贯彻执行党和国家关于对外开放、办特区的方针、政策、法令，督促检查执行情况，协调解决特区的矛盾。

经济特区是我国打破闭关锁国、实行对外开放的产物。它要同国际社会打交道，必须有一套适应其发展而经国家审批的法规，以便做到有法可依，有章可循。早在1979年8月，国务院就着手组织起草法规性文件。先是委托广东起草了《广东省经济特区条例》。1979年12月27日，广东省五届人大二次会议，审议并原则通过了这一条例。1980年8月26日，全国人大常委会第十五次会议批准国务院提出的在广东省深圳、珠海、汕头和福建省的厦门设置经济特区，并通过了《广东省经济特区条例》。至此，中国经济特区正式诞生，并有了法律保障。《条例》集中地反映了经济特区在经济上对外开放的程度和发展经济的特殊办法，它一方面赋予经济特区更大的自主权，特区经济体制要"跳出现行的体制之外"；另一方面对到特区投资的外商，给予优惠的政策。① 与此同时，有关方面还制定了海关法、投资法、土地管理法、治安保护法等一系列单行法规。经济特区对投资外商在经营管理、税收、土地使用、产品销售、外汇管理等方面给予优惠的待遇。并成立经济法庭、法律顾问处和经济仲裁办事处。这些都使经济特区的立法和司法工作进一步完善，投资者的合法权益得到有效保障。

划定特区范围，制定特区发展规划，是筹办经济特区的一项重要事项。

1979年，在国内100多名专家学者的帮助下，深圳市制定了《深圳经济特区社会经济发展规划大纲》，上报省和国务院审批。该规划总面积327.5平方公里，把深圳特区分东、中、西三大片，共18个功能区，总体

---

① 《中华人民共和国广东省经济特区条例》，中共广东省委办公厅编：《中央对广东工作指示汇编（1979年—1982年）》，第80—93页。

布局采取组团式布置，使之成为带状的新型现代化城市，拟综合发展工业、旅游业、房地产业、商业和其他各项事业。①

珠海经济特区位于珠江出海口的西岸，规划面积 6.81 平方公里，分东、中、西三个部分 6 个小功能区。其发展方向是逐步建成一个经济综合发展的经济特区。后来随着珠海经济特区建设的发展，1983 年 6 月 29 日，国务院批准调整为 15.16 平方公里，将东、中、西三部分连接起来。后来，随着珠海经济特区的不断发展，原来规划面积已远远不能适应建设需要，1988 年 4 月 13 日，经国务院批准，将其范围扩大到 121 平方公里。

汕头经济特区选择在汕头市东郊龙湖村西北角，面积 1.6 平方公里，仅是一个出口加工区的规模。1984 年 11 月 29 日，经国务院批准，该特区的区域范围扩大为 52.6 平方公里，分为龙湖、广澳两片。

中共中央、国务院选定在深圳等地试办经济特区，主要是考虑这些地方在地理、人文条件方面具有开展对外经济活动的优势。邓小平指出，"那一年确定四个经济特区，主要是从地理条件考虑的。深圳毗邻香港，珠海靠近澳门，汕头是因为东南亚国家潮州人多，厦门是因为闽南人在外国经商的很多"②。选择这些地方作为经济特区，还有一个重要原因，就是这些地方地处边陲，远离内地和首都，可能引起的风险较小，即使失败，对国家影响也不会太大。实践证明，中央关于 4 个经济特区选址的决策是正确的，经济特区在物质文明建设方面大大缩短了与港澳台的差距。

为了借鉴国际经济性特区的做法，1980 年 9 月下旬，应联合国工业发展组织的邀请，当时担任国家出口管理委员会副主任的江泽民，率领由全国人大常委会、国务院有关部门和广东、福建两省以及深圳、厦门两个经济特区负责人组成的代表团，前往斯里兰卡、马来西亚、新加坡、菲律宾、墨西哥、爱尔兰等 6 国的 9 个加工区、自由贸易区进行考察，并在途经日内瓦时同联合国有关专家进行座谈。这次考察，对搞好中国经济特区

---

① 梁湘：《深圳经济特区的建立和发展》，《前进中的深圳》，红旗出版社 1984 年版，第 20 页。

② 《邓小平文选》（第三卷），人民出版社 1993 年版，第 366 页。

建设提供了不少有益的知识和经验。

　　1981 年 5 月 27 日到 6 月 14 日，中共中央、国务院在北京召开的广东、福建两省和经济特区工作会议。会议检查总结了试办经济特区的情况和经验，参考国外经济性特区的成功做法，从中国实际出发，对举办经济特区的指导思想、基本方针和重要政策措施，提出了较系统的意见。7 月，中共中央、国务院批转了这次会议纪要。纪要指出："特区内全面行使我国国家主权，这和由不平等条约产生的租界、殖民地在性质上根本不同。世界上许多国家的经验证明，特区是扩大出口贸易、利用外资、引进技术、发展经济比较成功的好形式。对我国来说，特区是我们学习与外国资本竞争、学习按经济规律办事、学习现代化经验管理的学校，是为两省甚至全国训练和造就人才的基地。"这次会议根据全国人大常委会批准的《广东省经济特区条例》，拟定了一些政策措施：①特区的规划和建设要因地制宜，注意实效，各有侧重的发展。②海关对特区进口的货物、物品，要给予特殊的关税优惠。③简化入出境手续，方便人员往来。④劳动工资制度要进行改革。特区企业职工一律实行合同制。⑤特区市场需要的国内出口商品，可由特区向有关外贸公司提出订货，以外汇结算。⑥特区的货币目前以人民币为主，外币限制在指定的范围内使用。⑦积极筹措特区建设资金，主要靠利用外资，尽量吸收侨资及港澳的资金。⑧特区的机场、海港、铁路、电讯等企、事业，应允许特区引进外资，由特区自营或与外资合营，自负盈亏。⑨为了加速发展特区的各项事业，必须制定特区的各项单项法规。⑩特区的管理机构，应按照精简、高效的原则设置，并赋予充分的权力，使之能独立自主地处理问题，协调各方面的关系。① 这次会议初步确定了举办经济特区的方针政策架构，对经济特区的建立和今后的发展起了重要的作用。

---

　　① 卢荻、杨建、陈宪宇著：《广东改革开放发展史》，中共党史出版社 2001 年版，第 118—119 页。

■ 广东经济特区建设的初步成就

从 1980 年至 1985 年，广东经济特区集中力量进行以市政工程为中心的大规模基本建设，以形成符合国际惯例的投资环境，为吸引外商前来投资和企业生产经营创造条件。深圳经济特区起步最早，第一期开发罗湖小区 4 平方公里。1982 年后，深圳经济特区开始进行大规模城市建设，到 1985 年底止，全市建筑业总产值累计 70 亿元，全市人口已达 71.65 万人，特区人口 47 万。① 珠海经济特区开发初期，重点放在发展旅游业，通过招引港澳游客，繁荣市场，积累资金；但实践表明，仅靠旅游业很难带动整个经济发展。从 1984 年起，珠海经济特区确立以商业、工业为主的发展方针，展开大规模的基础设施建设。汕头经济特区起步较晚，但讲究经济效益，首先开发 20 万平方米土地，重点举办出口加工业，而生活设施主要依托汕头原有市区。

广东经济特区在开展基础设施建设的同时，按照国家规定的优惠政策，积极吸引外商前来投资。率先前来经济特区投资兴办企业的是与广东有密切联系的港澳客商和华侨商人。广东经济特区对外引进方式有"三来一补"和开办"三资"企业以及租赁等多种形式，经历了从小到大、从低级到高级的演化过程。广东经济特区不仅引进外资及港澳资金，而且还积极引进先进技术设备和管理经验。同时，还与内地省、自治区、直辖市以及国务院有关部门进行广泛的经济技术联合，发展工业和其他经济事业，促使经济迅速发展。

1983—1985 年，随着投资环境的改善，深圳经济特区内联工作进入全面发展阶段，与国务院 27 个部，全国 28 个省、自治区、直辖市和广东省上百个地（市）、县共办起联合企（事）业 2339 家，签订内联项目协议 1900 多个，协议投资 56.83 亿元，实际投资 13.54 亿元，遍及工、农、商、饮食、交通运输、文教卫生等。到 1985 年底，深圳建成新工厂 750 多

---

① 林雨如：《中国经济特区简志》，广东人民出版社 1990 年版，第 7—8 页。

个，工业企业 800 多家。当年工业产值销售额达 26.7 亿元，比 1980 年增长了 30 倍。深圳经济特区人民安居乐业，人员外流已经停止，还有近千名以前外流的人员从香港回来定居。①

珠海经济特区于 1979 年以补偿贸易形式，建立首家引进项目——香洲毛纺厂。到 1985 年底，共与外商签订合同 1673 项，协议投资总额 16.87 亿美元，实际利用外资 2.82 亿美元。合资、合作、独资项目 286 项，已投入建设的项目 218 项。引进各种设备 3300 台（套）。内联方面，珠海发展较慢，1983 年与内地联营企业仅 6 家，而且 5 家为贸易公司。1984 年，内联企业发展到 69 家。

汕头经济特区于 1980 年 11 月开办第一家中外合作企业——汕头地毯厂有限公司。1981—1985 年，汕头特区与外商签订合同 149 项，合同金额 5073 万美元，实际利用外资 1216.7 万美元。汕头特区 1984 年开始兴办内联企业，到 1985 年内联签约企业达 127 家，协议投资总额 16752 万元，其中工业项目 103 个。②

广东经济特区在初创阶段，不仅积极引进国外资金、先进技术和管理经验，而且还不断加强和内地的经济技术联合。经济特区通过外引内联，弥补了技术基础薄弱、技术人才不足、资金短缺等弱点，促进产业结构和布局的合理化。内地在经济特区投资办厂，可获得国际市场信息，吸收国外先进技术和管理经验，并将内地的一些初级产品拿到经济特区，根据外销需要"梳妆打扮"，增值出口。这样既促进了经济特区社会生产力的发展，为经济特区的经济发展打下了初步基础，又为经济特区和内地走向国际市场发挥了桥梁和带动作用。

广东经济特区还积极进行经济体制、行政体制改革的探索，成为全国

① 广东省地方史志编纂委员会：《广东省志·经济特区志》，广东人民出版社 1996 年版，第 56—57 页、第 61—62 页；梁湘：《深圳经济特区的建立和发展》，《前进中的深圳》，红旗出版社 1984 年版，第 24 页。

② 广东省地方史志编纂委员会编：《广东省志·经济特区志》，广东人民出版社 1996 年版，第 238—239 页；罗木生：《中国经济特区发展史稿》，广东人民出版社 1999 年版，第 73 页。

体制改革的一个试验基地。经济特区根据自身的性质、任务和经济活动的特点，冲破了旧的计划体制和行政体制的桎梏，逐步建立起一套与经济发展和对外经济交往相适应的新体制：一是按照精简、高效的原则，改革行政管理体制。精简机构，压缩人员，政企分开，减少层次，实行市、局或总公司、基层单位的三级管理。行政部门普遍推行责任制，职责分明，提高办事效率。二是按照价值规律，发挥经济杠杆作用，用经济办法管理经济的方针，在计划体制、企业体制、价格体制、流通体制、基建体制、财政体制和金融管理体制等方面进行改革，初步建立起一套适应外向型经济发展需要和以市场调节为主的经济体制。三是按照干部能上能下和打破终身制的要求，改革人事组织制度，普遍推行经理（厂长）负责制和采用招聘合同制，实行民主选举制度，选贤任能，大胆提拔和使用能人。四是打破"铁饭碗"和吃"大锅饭"的做法，改革劳动用工和劳动工资制度，推行劳动合同制和浮动工资制，克服平均主义的弊端，实行各尽所能，按劳分配。①

广东三个经济特区从创办之日起，就积极主动履行中央赋予的特殊历史使命，在中国改革开放的前沿阵地上敢闯敢冒，大胆实践，成为中国改革开放的排头兵，较好地发挥了改革开放"窗口"和"试验基地"的作用。

■ 邓小平对经济特区建设的肯定

经济特区是社会主义的新生事物。同任何新生事物一样，我国经济特区这一社会主义的新生事物，也经历了几番风雨、几番坎坷，逐步成长壮大。

在开初那几年，海内外人士对试办经济特区议论纷纷。由于长期的"左"的思想影响，当时从中央到地方，对改革开放尤其是对试办经济特

---

① 梁湘：《深圳经济特区的建立和发展》，刘波：《体制改革的情况》，《前进中的深圳》，红旗出版社1984年版，第21—23页、第70—82页。

区这一创举，疑虑很多，多有非议。有的高层人士说，"深圳除了五星红旗还在飘扬之外，遍地都是资本主义"。还有人说，"特区是国际资产阶级的'飞地'"，是"香港市场上'水货'之源"，是"走私的主要通道"，甚至把经济特区比拟为"旧中国上海的'租界'"。① 在一段时间里，海内外更有人异口同声地说试办经济特区"失败了"。后来，邓小平在会见南斯拉夫政要时说："当时我们党内还有人采取怀疑的态度，香港舆论界不管是反对我们的还是赞成我们的，也都有人持怀疑态度，不相信我们是正确的。"② 1982 年春，经济特区正逢"山雨欲来风满楼"，各种非议之词铺天盖地而来，争论的核心是姓"社"还是姓"资"，经济特区要不要办、该不该办。当时，舆论界掀起了一场不小的有关"租界"的风波。谷牧后来回忆说，全国各地的非议之词，"给特区创办工作增加了困难，建设发展步履维艰。我是分管经济特区和对外开放工作的，深感压力不小。特别是 1982 年上半年，很有些'秋风萧瑟'的味道。"③ 那时，广东的经济特区困难重重，步履维艰，是在"香一年，臭一年，香香臭臭又一年"中过来的。

中共中央对经济特区这一新生事物给予极大的支持。1980 年 4 月底，中共中央副主席叶剑英率先视察深圳、珠海，1981 年 3 月底，叶剑英再次视察珠海。他对经济特区的发展情况表示满意，给予充分的肯定，称赞说："你们办得很好，希望大家努力。"④ 1982 年初以来，叶剑英听到不少对经济特区和广东、福建两省的非议，很担心分管经济特区工作的谷牧的处境。在广东中山，叶剑英关心地询问前来探望的谷牧："现在对办特区有不同的意见啦，谷牧你顶不顶得住？"谷牧坚定地表示能顶住压力，"我一定把特区干出个名堂！"叶剑英说："那就好，那就好！记住，如果再遭围攻，你顶不住了，就来电话。我叶剑英立即调飞机飞回北京，旗帜鲜明

---

① 谷牧：《中国对外开放的风风雨雨》，《半月谈》1998 年第 15 期；罗木生：《中国经济特区发展史稿》，广东人民出版社 1999 年版，第 94—95 页。

② 《邓小平文选》（第三卷），人民出版社 1993 年版，第 239 页。

③ 谷牧：《中国对外开放的风风雨雨》，《半月谈》1998 年第 15 期。

④ 转引自《人民日报》1980 年 5 月 6 日第 1 版。

地支持你搞改革开放！"①

1984 年 1 月 22 日至 2 月 5 日，邓小平在中央政治局委员王震、杨尚昆和广东省党政负责人刘田夫、梁灵光的陪同下，先后视察了深圳、珠海、中山、顺德等地。听取了广东省和深圳市、珠海市的工作汇报。邓小平说，办经济特区是我倡议的，中央定的，是不是能够成功，我要来看一看。他分别为深圳、珠海两个特区作了题词："深圳的发展和经验证明，我们建立经济特区的政策是正确的"；"珠海经济特区好"②。充分肯定了兴办经济特区的决策和实践，并对其发展提出了明确的要求。

邓小平回京后，又同中央几位领导人进一步谈了经济特区的开放政策和怎样进一步开放的问题。后来，他又多次阐述了经济特区的指导思想和方针、政策等等。其要点是：

其一，经济特区是社会主义的新生事物。邓小平肯定经济特区是"社会主义的新生事物"。③ 他以辩证唯物主义的态度对待经济特区存在的问题，认为"一个完全新的事物不允许犯错误是不行的，有一点错误也是很小的"④。由于邓小平在发展方向上及时加以引导，因此，中国经济特区这一新生事物得以健康成长。

其二，经济特区坚持"不是收，而是放"的指导思想。邓小平说："我们建立特区，实行开放政策，有个指导思想要明确，就是不是收，而是放"。"除现在的特区之外，可以考虑再开放几个港口城市，如大连、青岛。这些地方不叫特区，但可以实行特区的某些政策。"⑤ 根据邓小平的意见，中央先后作出进一步开放的决定，逐步形成全方位多层次的开放格局。邓小平提出的"不是收而是放"的指导思想"给那些有关兴办经济特

---

① 《叶剑英：最后十年 满目青山夕照明》，《南方周末》2008 年 12 月 18 日；谷牧：《谷牧回忆录》，中央文献出版社 2009 年版，第 232 页。

② 中央文献研究室编：《邓小平年谱（1975—1997）》（上），中央文献出版社 2004 年版，第 956—957 页。

③ 《邓小平文选》（第三卷），人民出版社 1993 年版，第 130 页。

④ 《邓小平文选》（第三卷），人民出版社 1993 年版，第 239 页。

⑤ 《邓小平文选》（第三卷），人民出版社 1993 年版，第 51—52 页。

区是是非非的议论，基本划上了句号"。①

其三，明确了经济特区的地位和作用。邓小平说："特区是个窗口，是技术的窗口，管理的窗口，知识的窗口，也是对外政策的窗口。从特区可以引进技术，获得知识，学到管理，管理也是知识。特区成为开放的基地，不仅在经济方面、培养人才方面使我们得到好处，而且会扩大我国的对外影响。"② 邓小平提出经济特区是对外开放的窗口和基地，不仅科学地指明了经济特区的地位和作用，而且也指明了经济特区建设的方向与任务。

其四，特区经济要从内向转到外向。深圳经济特区创办时，强调发展商业，搞"万商云集"，一度利用优惠政策进口商品向内地倾销，海内外议论纷纷。为此，中央和广东省要求在三年内将深圳经济特区办成以工业为主、以出口创汇为主的外向型的综合性的出口基地。邓小平强调："我们特区的经济从内向转到外向，现在还是刚起步，所以能出口的好的产品还不多。只要深圳没有做到这一步，它的关就还没有过，还不能证明它的发展是很健康的。"③ 按照邓小平这一指示，经济特区努力调整产业结构，向外向型经济发展，积极打进国际市场，多出口，多创汇，终于闯过了以出口创汇为主这一关。

邓小平这次视察经济特区，肯定了广东的建设成就以及试办经济特区的路子是正确的，对广东以及经济特区给予肯定和支持。进一步澄清了当时社会上对举办经济特区的某些疑虑，明确了经济特区的地位、功能和作用，明确了办好经济特区的指导思想，对广东进一步搞好改革开放和办好经济特区起到了巨大的推动作用。同时，也进一步推动了全国的对外开放工作。

---

① 谷牧：《中国对外开放的风风雨雨》，《半月谈》1998 年第 15 期。
② 《邓小平文选》（第三卷），人民出版社 1993 年版，第 51—52 页。
③ 《邓小平文选》（第三卷），人民出版社 1993 年版，第 133 页。

第五章　遏制经济犯罪活动

正当广东经济逐步发展，对外开放、对内搞活取得初步成绩的时候，1982 年广东经历了改革开放以来第一次严峻考验。广东坚决贯彻执行中央的指示，严厉打击经济领域中违法犯罪活动，总结经验教训，进一步端正对外经济活动的指导思想，更好地实行特殊政策和灵活措施，促进对外经济活动健康发展。

■ 打击走私贩私斗争的开展

对外开放之初，省委、省政府对走私贩私问题就有所警惕。但由于对打击经济领域中严重犯罪活动缺乏经验，防范措施跟不上。无论缉私队伍、缉私装备和管理措施都不适应，加上沿海部分地区有些干部群众对走私贩私的严重性和危害性认识不足，有些人甚至想乘机大捞一把，因此给海内外不法分子以可乘之机，出现了前所未有的走私浪潮。"1980 年至1981 年上半年，沿海有些地方，出现了渔民不打鱼，农民不种田，工人不做工，学生不上学，纷纷搞走私贩私的严重情况。"① 不少地方，人们一窝蜂似的在街头巷尾、公路沿线兜售走私货。针对这种情形，1980 年 7 月省委、省政府发出《关于坚决打击走私和投机倒把活动的指示》，强调要切实加强口岸和市场管理，把打击走私和炒卖进口物品活动作为一项经常性的重要工作来抓紧抓好。据统计，全省 1979 年查获走私和投机倒把案件

---

① 《任仲夷论丛》（第二卷），广东人民出版社 2000 年版，第 71 页。

9000 多宗，比 1978 年增加 4 倍。1980 年第一季度查获走私案件 4000 多宗。① 情况日趋严重，大规模开展打击走私贩私的斗争也日趋紧张。

1981 年 2 月，国务院在福州召开东南沿海三省第一次打击走私工作会议之后，广东省委在这年 3 月和 8 月分别召开两次打击走私工作会议，传达贯彻国务院召开的东南沿海三省打击走私工作会议的精神，组织了两次全省性的打击走私贩私的行动高潮。第一次是集中沿海地区各个方面的缉私艇共 59 艘，分驻在汕头、惠阳等地区的 6 个海区，堵截海上走私；第二次是调集部分缉私艇到香港澳门周围海域巡逻查缉，堵住大规模的海上走私渠道。与此同时，陆上层层设卡检查，并扫荡取缔了沿海 18 个主要私货市场。全省大规模地开展打击走私贩私的斗争，使得走私浪潮得到了一定的遏制。

但是，由于广东向中央汇报不及时，造成中央对广东开展反走私斗争的情况不够了解。1981 年底，中央政治局常委看到中央纪律检查委员会一份《信访简报》，反映广东省一些干部群众利用开放之机，搞走私贩私等严重的违法犯罪行为。中央领导人对此十分关注，先后作了批示。1982 年 1 月 11 日，中共中央发出《紧急通知》，指出"对于这个严重毁坏党的威信，关系到我党生死存亡的重大问题，全党一定要抓住不放，雷厉风行地加以解决。对那些情节严重的犯罪干部，首先是占据重要职位的犯罪干部，必须依法逮捕，加以最严厉法律制裁，有的特大案件的处理结果还要登报"。1 月 14 日，省委常委召开会议，任仲夷宣读了中央《紧急通知》。接着，由中央书记处派来广东的中央纪委副书记王鹤寿传达胡耀邦、邓小平、赵紫阳、陈云、李先念等人和中央书记处的指示精神。省委成立了由李坚真、寇庆延等 6 人组成的领导小组，负责抓好贯彻中央《紧急通知》的工作，特别是抓经济领域大案要案查处的领导和协调工作。1 月 15 日，省委在地、市委书记会议上作了传达。1 月 28 日，在省委召开的地、市委书记和省直局以上领导干部会议上，任仲夷作了关于贯彻执行中央《紧急

① 中共广东省委、广东省人民政府：《关于坚决打击走私和投机倒把活动的指示》（1980 年 7 月 13 日）。

通知》，坚决打击经济犯罪活动的讲话。任仲夷指出：对广东省党风方面的严重问题要有一个清醒的认识，各级党委在贯彻落实中央《紧急通知》这个大的原则问题上，要同中央保持一致，要态度鲜明，立场坚定，不能稍有含糊和手软。要把重点放在打击走私贩私、贪污受贿等经济犯罪上。反对走私贩私、贪污受贿的犯罪行为，纠正党内不正之风，必须坚持以教育为主的方针，并且要制定完善的政策，建立和健全各项规章制度。① 省委先后两次向中共中央上报贯彻《紧急通知》的电报。

■ 中央要求进一步打击经济犯罪活动

1982 年 2 月 11 日至 13 日，中央书记处在北京召开广东、福建两省座谈会。中心议题是：如何更坚决、更有效地贯彻执行中央《紧急通知》，进一步开展打击经济领域中违法犯罪活动的斗争，认真总结经验，端正对外经济活动的指导思想，更好地实行特殊政策和灵活措施，进一步发展两省经济。中央书记处、国务院、中央军委和中央纪委负责同志，中央各有关部门的负责人和广东、福建两省常委共 68 人出席了会议。广东省出席会议的有任仲夷、刘田夫、梁灵光、李坚真等共 18 位党政军负责人。会议由中央总书记胡耀邦主持。会议在极其严肃的气氛中进行，发放了反走私等好几份文件，还有一份中央某部门编的《旧中国租界的由来》。经济特区才刚刚试办，此时提出"租界"问题，耐人寻味。11 日，任仲夷、刘田夫代表广东向中央书记处作了汇报，详细汇报了广东出现走私贩私、贪污受贿的情况，以及广东省委、省政府组织的两次反走私斗争，目前所采取的海陆同时并举的措施，也谈了广东实行特殊政策、灵活措施以来所取得的成绩和下一步打算。任仲夷希望中央不要轻易收回给予广东的特殊政策，提出"中央在广东实行特殊政策的决策是正确的，如果坚持下去，再有几年，广东的面貌就会有显著的变化"。关于对前段反走私斗争的形势如何估计？任仲夷汇报说，经过前段反走私斗争，走私高潮基本上已经过去

---

① 《任仲夷论丛》（第二卷），广东人民出版社 2000 年版，第 254—259 页。

了。但是，必须经常提高警惕，否则，走私贩私之风还会卷土重来。因为香港和内地有些商品物价有很大差距，铤而走险的人总会有的，我们不能麻痹。中央领导人同意广东的看法，认为经过前段有力打击，广东沿海地区走私贩私高潮已经过去，目前正逐步趋向低潮。关于界限问题，广东提出：应当划清因经验不足而造成工作失误和违法犯罪的界限；走私贩私、投机倒把同正确实行特殊政策、灵活措施的界限；在处理罪责时，应划清个人贪污与非个人贪污的界限。基层一些干部出现工作失误，有的跟省的政策有关，应由省委、省政府承担责任。

12 日、13 日，胡耀邦、赵紫阳、胡乔木、谷牧、余秋里、韦国清等先后在会上作了讲话。他们要求广东、福建两省更坚决、更有效地贯彻执行中央的《紧急通知》，进一步开展打击走私贩私、贪污受贿等违法犯罪活动的斗争，总结经验，端正对外经济活动的指导思想，更好地实行特殊政策和灵活措施，进一步发展经济。3 月 1 日，中共中央批转了《广东、福建两省座谈会纪要》。要求广东充分认识经济领域中违法犯罪活动的严重性，坚定不移地打击经济领域中的违法犯罪活动，以促进对外经济活动健康发展，继续把经济特区办好。

2 月 18 日，任仲夷主持召开省委常委第八次会议。任仲夷、刘田夫、梁灵光等向常委传达了中央召开的广东、福建两省座谈会精神，以及胡耀邦、赵紫阳、谷牧、余秋里、胡乔木、韦国清等人在两省座谈会上的讲话和发言。传达之后，任仲夷在讲话中强调：中央召开的广东、福建两省座谈会，非常重要。中央领导同志的讲话，涉及经济政策和物质文明、精神文明建设的许多问题。对中央的指示，我们坚决拥护，要积极、自觉地贯彻执行。中央领导同志肯定了广东的工作，又指出存在的问题。中央领导同志对我们的批评，首先是对省委的，这种批评是非常正确的。我们必须遵照中央领导同志的指示，认真检查我们的工作，总结经验教训，提出改进的措施，并以中央的批评作为我们改进工作的动力。任仲夷表示：我们要按照中央《紧急通知》以及两省座谈会精神，对走私贩私、贪污受贿等经济犯罪活动，要采取坚决、严肃的态度，要把此事摆到各级党委首先是省委的重要议事日程上，下大决心，花大力量，抓紧抓好。

两省会议后，中央书记处向中央政治局常委汇报了会议情况。有的中央政治局常委认为广东对开展打击走私贩私斗争缺乏认识，检查也不深刻，还有些问题没有讲清楚。因此，中央特召任仲夷再度进京，任仲夷请求与省长刘田夫一起前往。2月19日，任仲夷、刘田夫再度赴京。当晚，胡耀邦、赵紫阳先向他们传达中央政治局常委的指示。接着，就广东对开展打击走私贩私斗争认识、在执行特殊政策和灵活措施过程中出现的自由化倾向、充实加强省委抓案件的班子、主要领导干部要变成反腐蚀金刚钻等问题作了讲话。他们还询问许多具体问题，任仲夷一一作出解释。胡耀邦还要求任仲夷向中央写一份检讨。翌日，任仲夷将自我检查送交胡耀邦，在经济自由化问题上主动承担了责任，对"放宽搞活"考虑多，对"管"想得少作了检讨。任仲夷、刘田夫这次进京，就是后来在广东颇为流传的所谓"二进宫"。"二进宫"本是京剧的一个剧目，一些干部借用"二进宫"这个词，意思是指广东负责人两次进京，都挨了中央的严厉批评。[1]

■ 对经济工作既要搞活又要管严

中央领导人的严厉批评，使省委面临很大的压力。怎样解决既要贯彻中央的指示，又要保护干部改革开放的积极性，成为省委面临的一个重大课题。

2月22日，省委召开常委会议，任仲夷、刘田夫传达了19日胡耀邦、赵紫阳和中央政治局常委的指示。省委常委研究了进一步贯彻中央指示的部署，并决定加强反腐蚀斗争的领导，任仲夷亲自抓，刘田夫以更大的精力抓这项工作，其他省委常委、副省长也要抓好各自分管战线的这方面的工作。从2月24日开始，连续四天半时间，省委召开省委常委、党员副省长民主生活会。任仲夷主持了会议。与会者着重检查了个人的思想认识和

---

[1] 《任仲夷谈话记录》（1999年5月）；刘田夫：《刘田夫回忆录》，中共党史出版社1995年版，第473—478页。

经济上应当说清楚的问题，并一致表示坚决拥护和贯彻执行中央的指示，决不辜负中央的期望。

2月26日，省委召开省直局以上单位和参加广东省五届人大四次会议的地、市、县委党员负责干部会议。任仲夷代表省委在会上指出：广东存在的资本主义腐蚀和资产阶级自由化倾向，必须认真解决，要严肃处理经济领域里犯罪活动和纠正自由化倾向，抓紧大案要案的查处，不能手软，不能姑息。对经济工作，既要搞活，又要管严，做到活而不乱，管而不死。3月2日，省委常委听取了各地市负责人关于贯彻中央《紧急通知》的情况汇报。任仲夷要求各地市的负责人回去后要抓好几件事：一是抓好传达中央领导同志的指示；二是抓好大案要案的处理；三是研究建立和健全各项规章制度，完善各项经济政策。必须做到执法更严，纪律更严，管理更严，用"三严"保证"三放"（对外更加开放，对内更加放宽，对下更加放权）的贯彻执行。3月20日至4月3日，省委在广州召开了省、地（市）、县三级党政主要领导干部会议。会议认真学习了《中共中央批转〈广东、福建两省座谈会纪要〉的通知》和中央领导人的讲话，联系广东实际，初步总结了经验教训。对开展打击经济领域中违法犯罪活动的斗争作了进一步研究和部署。并对加强经济管理，克服自由化倾向，进行了具体的讨论，制定了若干政策规定和管理办法。

当省委决定召开三级党政主要领导干部会议时，有些干部就估计，这一定是个杀气腾腾的会议；许多县委书记都准备到会上来作检查，挨批评。在两省会议期间，曾有一位中央领导建议广东省委回去后召开县委书记会议，对存在问题进行大辩论，以统一认识。但任仲夷经过慎重考虑，认为不能这样搞，一搞大辩论，就会像过去政治运动一样，往往是无限上纲，乱抓辫子，乱扣帽子。任仲夷首先就给与会干部吃一颗"定心丸"，指出：这不是一个杀气腾腾的会，而是一个热气腾腾的会。与会者一方面谈思想认识，另一方面总结经验教训，更进一步坚定了先走一步的决心和信心。① 4月1日，任仲夷代表省委对工作中的缺点错误，承担了责任。他

---

① 任仲夷谈话记录（1999年5月）；黎子流谈话记录（1999年6月）。

提出：省委要求各级领导干部振奋精神，努力工作。凡是过去省委、省政府决定和指示过的事情，错了由省委、省政府负责，下边执行者没有责任。只要不搞各种违法乱纪和犯罪活动，工作上还是允许犯错误。对干劲足、闯劲大的干部应予鼓励。他还根据中央的精神，提出两个"坚定不移"的方针：打击经济领域的违法犯罪活动，坚定不移；对外开放和对内搞活经济，坚定不移。为避免"一活就乱，一管就死"的恶性循环，省委按照两省会议精神，提出"对外开放，对内搞活，思想先行，管要跟上，越活越管，越管越活"。①

■ 打击经济犯罪活动斗争的大力开展

1982 年 3 月底，省委从省直机关抽调干部组成 12 个工作组，分赴汕头、惠阳、深圳、珠海、湛江、肇庆、海南等地区检查和督察大案要案的查处工作。后来，又先后抽调了两批共 350 名干部深入基层指导和充实办案力量。这一年，"打击经济犯罪活动办公室"在全省共抽调了 2 万多名干部组成各级办案组。5 月初，任仲夷亲自前往走私贩私一度最为猖獗的海丰县视察检查工作。在听取县委常委汇报之后，他在讲话时，继上述两个"坚定不移"外，又提出第三个"坚定不移"——执行让群众富裕起来的政策，坚定不移。②

中央召开广东、两省会议后，中纪委派出副书记章蕴专门来广东调查打击严重经济犯罪活动情况，经过半个多月调查了解，她给中央写了一份调查报告。邓小平批给中央政治局常委传阅。章蕴这个报告对广东工作基本是肯定的。自从邓小平批示了章蕴的报告之后，广东方面感觉压力减轻了许多。

在省委的领导下，到 1982 年底，全省立案查处的经济犯罪案件共 7211 宗。其中，属走私贩私 540 宗，投机倒把 1796 宗，贪污受贿 3731 宗，

---

① 《任仲夷同志在广东省三级干部会议上的总结讲话》（1982 年 4 月 1 日）。
② 《任仲夷同志在中共海丰县委常委汇报会上的讲话》（1982 年 5 月 3 日）。

其他案件 1144 宗。缴获走私船只及其他赃款、赃物一大批，并依法严惩了海丰县原县委书记王仲、原副书记叶妈坎、广州卷烟二厂原副厂长张英等，因贪污受贿而被开除出党并判处徒刑的还有深圳市委原常委兼政法委主任郝日敏、汕头原地委常委兼秘书长邢建坤、海南行政区原党委常委兼组织部部长林桃森、广州市原外经委副主任谭其芝、广州市化工局原党委书记黄甜和局长邢忠坤等。

1983 年 5 月，省委、省政府向中共中央、国务院上报关于打击走私贩私等经济犯罪活动的情况，截至是年 3 月底止，全省立案查处的经济犯罪案件，共涉及 1.2 万多人，其中党员 5300 人，国家干部 4800 多人。① 同年 8 月下旬，省委召开全省地、市打击严重经济犯罪活动负责人、纪委书记会议，总结打击经济领域犯罪活动斗争的经验和教训。会议指出，到目前为止，全省查处的经济犯罪案件 8000 多宗，沉重打击了严重的经济犯罪分子，挽救了一批失足者，公开的大规模的走私贩私活动已基本刹住。省委副书记王宁强调，要集中力量认真查处大案要案，采取有力措施，加快办案速度，清查"死角"。1985 年 2 月，省委向中央纪委报告，指出：1982 年起至 1984 年 11 月，全省立案查处经济犯罪案件 11124 宗，已结案处理 9763 宗，占总数的 87%。依法判处严重经济罪犯 2315 人（其中死刑 20 人，死缓 7 人，无期徒刑 46 人）。②

在抓打击走私贩私的同时，广东还先后制定《关于处理经济领域中违法犯罪活动的若干政策规定》等 10 个文件，明确划清政策界限，给一些因经验不足而造成工作中有失误的干部以改正错误的机会，从而使广大干部放下包袱，轻装上阵，在先走一步中继续敢闯敢干，大胆实践，大胆探索，使得广东广大干部改革开放的积极性没有因此而受到挫伤，继续保持那么一股锐气，保证广东改革开放沿着正确的轨道稳步向前。

---

① 中共广东省委、广东省人民政府：《关于打击走私贩私等经济犯罪活动的情况和意见的报告》（1983 年 5 月 12 日）。

② 中共广东省委：《广东省三年来开展打击严重经济犯罪活动斗争的情况报告》（1985 年 2 月 18 日）。

1984 年下半年，广东许多地方发生领导机关经商、倒卖进口商品、炒卖外汇的情况，尤以海南倒卖汽车最为突出。广东省委、省政府及时制止了这种不正之风，并教育各级干部端正指导思想，要求各地必须认真研究和充分利用当地优势，在增强企业活力、改善经营管理、进行技术改造、提高经济效益、发展生产上下功夫，不要企图走"捷径"、搞歪门邪道赚钱。此后，广东更加注意发展外向型经济。各地实行"贸—工—农"方针，把过去"生产什么就出口什么"的传统做法改变为"出口需要什么就生产什么"，外向型经济跨出了一大步。

由于注意总结经验，加强管理，20 世纪 80 年代上半期，广东经济总的来看保持着持续健康发展的势头。在进行改革开放和经济建设的同时，广东坚持"两手抓，两手都要硬"的方针，开展丰富多彩的群众性精神文明建设活动，人们的精神面貌发生了深刻变化，整个社会提升了生机和活力。

第二编 改革开放全面展开

　　中共十二届三中全会以后，广东进行以城市为重点的经济体制改革，扩大企业自主权，实行承包责任制与厂长经理负责制，开展股份制改革试点，转变了所有制结构，转变了用工制度，同时，在农村延长土地承包期，不断完善家庭联产承包责任制，使改革向各个方面各个领域逐步推进。1988 年 2 月，国务院批准广东成为综合改革试验区，改革和开放继续先走一步。这一阶段，广东顺势而上，在综合改革试验方面开展新的探索，在重点抓好企业改革、加强培育和发展市场体系的同时，十分重视对金融、投资、社会保障和政府机构等的配套改革，使整个经济体制改革实现重点突破、整体推进。随后，广东还按照中央的部署，进行三年治理整顿，压缩固定资产投资规模，控制消费基金过快增长，加强物价调控和管理，清理整顿公司，整顿经济秩序，同时，继续扩大对外开放，扩大对外经济、贸易和技术的交流和合作，终于使经济逐步渡过困难，走出了低谷。

第一章　城乡经济体制改革的推进

　　广东按照中共十二届三中全会通过的《中共中央关于经济体制改革的决定》，改革开放全面推开，经济体制改革重点由农村转入城市。全省广大干部群众进一步破除产品经济旧观念，明确认识到商品经济是社会经济发展不可逾越的阶段，努力使各项改革顺应发展社会主义商品经济的要求，同时确保中央赋予的特殊政策和灵活措施得到正确执行，实现了改革开放和现代化建设的良好发展。

■ 城市经济体制改革的全面展开

国营企业改革的不断创新

　　1984 年 7 月 11 日，省政府发出通知，决定在广州、湛江、佛山、江门等四个城市进行城市经济体制综合改革试点。试点的任务，是从发展城乡商品生产出发，积极搞活经济，为城市经济体制改革探索路子，为进一步对外开放创造条件，为推进城市体制改革提供经验。

　　1984 年 10 月，中共十二届三中全会通过并发布了《中共中央关于经济体制改革的决定》。这个决定阐明了以城市为重点的整体经济体制改革的必要性、紧迫性，规定了改革的方向、性质、任务和各项基本方针政策。该决定指出商品经济的充分发展是社会经济发展不可逾越的阶段，是实现我国经济现代化的必要条件，并提出社会主义经济是以公有制为基础的有计划的商品经济。11 月 7 日至 12 日，广东省委召开常委扩大会议，传达十二届三中全会的精神和中央负责同志有关经济工作的指示，研究和部署全省下一步经济体制改革工作。此后，广东经济体制改革的主战场由农村转移到城市，在前两年诸个单项改革取得初步成效的基础上，逐步向配套改革和综合改革方向发展。12月下旬，广东省委召开全省市、地委书记会议。省委第一书记任仲夷在讲话中强调："当前的改革，要把对企业充分放权，增加企业的活力，当作一个关键环节来抓。上级对企业和企业内部，都要认真解决吃'大锅饭'的问题，严格实行责任制和'包'的办法，企业工资奖金要和利税挂钩。"① 从1985年开始，广东省的经济体制改革，主要侧重于对企业实行"简政放权""扩权让利""放水养鱼"的政策，为增强企业活力创造条件，并在企业管理上实行多方面互相配合的综合改革。

为了推动闯关破局，推进以市场为取向的改革，要继续破除那些阻碍生产力发展的陈旧思想，过时的观念、规定和制度，用足用活特殊政策、灵活措施。

增强全民所有制大中型企业活力，是以城市为重点的整个经济体制改革的中心环节。为搞活企业，广东进一步扩大企业自主权，发展商品经济，使企业真正成为相对独立的经济实体，成为自主经营、自负盈亏、自我约束、自我发展的商品生产者和经营者。1984年12月，广东在总结推广10家扩权企业试点经验的基础上，扩大企业改革规模，选择广东玻璃厂等70个企业，按照国务院关于扩大企业自主权的"十条"规定以及政企分开，所有权和经营权分开的原则，仿效广州自行车工业公司等10家扩大企业自主权试点单位的办法去进行扩权，赋予试点企业在生产计划、产品购销、产品价格、资金使用、劳动工资管理、机构设置、干部任免、固定资产处理、技术改造和引进项目审批以及对外贸易等十项权力。通过扩大企业自主权，把企业的责、权、利统一起来，使企业既有内在的动力和活力，又有压力，解决企业吃国家"大锅饭"的问题。

1985年9月，国务院批转国家经济委员会、国家体制改革委员会《关

---

① 《任仲夷论丛》（第二卷），广东人民出版社2000年版，第58—59页。

于增强大中型国营工业企业活力若干问题的暂行规定》（即"增强企业活力十四条"），针对大中型企业活力不够的问题，进一步扩大企业自主权。广东积极贯彻国务院的规定，并联系广东的实际，全面铺开扩大企业自主权的改革。省政府先后发出一系列文件，在生产经营计划、产品销售、产品价格、物资选购、资金使用、资产处理、机构设置、劳动人事管理、工资奖金、联合经营等 10 个方面，扩大了企业自主权。这些规定，进一步调动企业和职工的积极性，使企业管理实现从生产型转向生产经营型，作为相对独立的商品生产者，有较大的自主权，提高企业的适应能力和竞争能力，提供了制度保障。1986 年，在全省范围内开展了增强企业活力大检查，针对检查中反映出的问题，省政府"采取措施具体落实企业应有的自主权，保护企业的合法权益，为增强企业活力创造更好的外部条件"。①

1987 年 5 月，省政府发出《关于深化改革增强企业活力若干问题的通知》，从企业内部到企业外部创造条件，进一步扩大了企业的自主权。同年 7 月 5 日至 10 日，省委、省政府在广州召开深化改革会议。会议提出：深化企业改革，必须以增强企业特别是国营大中企业的活力为中心，大力推行多种形式的承包责任制，同时积极为企业改革创造外部条件，完善企业的经营机制。

为了有利于挖掘企业内部潜力，实现党政分开、政企分开，探索所有权与经营权分开的路子，广东在扩大企业自主权的同时，还改革企业的领导体制。1984 年，开始推行厂长负责制的试点工作。1985 年 1 月 13 日，根据中共中央、国务院《关于认真搞好国营工业企业领导体制改革试点工作的通知》精神，省政府发出通知，要求全省国营企业实行厂长（经理）任期制。1986 年 8 月，广东在茂名市召开全省推行厂长（经理）任期目标责任制现场会议，总结和推广茂名市的经验。9 月，中共中央、国务院颁发了《关于认真搞好国营工业厂长工作条例》《中国共产党全民所有制工业企业基层组织工作条例》《全民所有制工业企业职工代表大会条例》。这

---

① 叶选平：《政府工作报告——在广东省第六届人民代表大会第六次会议上》（1987 年 6 月 22 日）。

些文件颁布后，广东企业改革的重点转到完善、深化、发展承包经营责任制为主线的企业内部经营机制改革。到1988年底，全省预算内国营工业企业实行厂长（经理）负责制的企业1919户，占94%；实行厂长（经理）任期目标责任制的企业1549户，占实行厂长（经理）负责制企业的80.72%。① 这两项责任制的实施，确立了经营者在企业中的中心地位和中心作用，使厂长（经理）对生产管理工作享有统一指挥和全面负责的权利。

在扩大企业自主权的基础上，广东全面推行承包经营责任制。广东于1980年起试行各种盈亏包干办法，省和部分市（地）先后在一些行业和企业实行多种形式的承包经营责任制，用所得税和其他税种提留形式代替上缴利润，并实行"税前还贷"和"减税让利"政策，进一步调整了国家同企业的关系。到1988年底，实行承包经营责任制的国营工商业企业已达90%以上，从而较好地处理了国家与企业的关系，调动了企业的积极性。各地围绕完善企业承包经营责任制，还引入竞争机制，择优选择经营者，并在企业内部实行层层承包。② 此外，还实行招标承包和引入风险机制，实行抵押承包，更好地发挥了承包经营的激励作用和约束作用。1990年8月底，省政府召开了全省工交企业承包工作会议，省长叶选平在会上提出，各方面要为承包经营创造条件，使企业这个经济细胞更有活力。会议要求企业新一轮承包要兴利除弊，不断完善承包内容，建立和健全企业自我约束机制，重点抓好厂长负责制、工资总额与经济效益挂钩、企业风险基金、工资后备基金、全员风险抵押承包等工作。③ 8月27日，省政府发出《关于搞好全民所有制企业新一轮承包经营责任制的通知》，规定了新一轮承包的有关具体政策。在各级政府的努力下，全省新一轮企业承包工作进展顺利。至1991年3月，全省19个市的预算内国营工业或市直属工

---

① 广东年鉴编纂委员会：《广东年鉴》（1989年），广东人民出版社1989年版，第37页。

② 叶选平：《政府工作报告——在广东省第七届人民代表大会第二次会议上》（1989年3月2日）。

③ 《南方日报》1990年8月31日。

业企业，已基本上完成了新一轮承包任务。至 4 月下旬，全省国营商业企业基本上完成了新一轮承包。①

在这一阶段，根据中央"发挥优势、保护竞争、推进联合"的方针，广东积极推进横向经济联合，在搞活企业的基础上，一些经济单位按照互利的原则，开始与不同地区、不同部门、不同行业、不同所有制的经济开展协作，组织了一些各种形式的经济联合体。为促进经济体制改革，发展社会主义商品经济，加速现代化建设，广东各地根据国务院文件精神，采取相互参股、联合经营的形式，开展经济、技术等优势联合，取长补短，共同发展。到 1988 年底，全省签订各类经济技术协作合同协议共 19281 项，总金额达 205.6 亿元。全省有 1.5 万多家企业参加了经济联合组织，各地组建的各种经济联合体 7318 个，出现了一批跨所有制、跨地区的企业集团。1985 年至 1987 年，实际执行经济技术协作项目 9167 项，投资总额 30.9 亿多元，完成物资协作合同金额 28.97 亿元。各种优势的横向联合，激发了城乡经济活力，促进了社会主义商品经济发展。②

随着企业横向联合的发展，广东开始组建企业集团。企业集团以公有制为基础，以名牌优质产品或国民经济中的拳头产品为龙头，以一个或若干个大中型骨干企业或独立科研单位为主体，由多个有内在经济技术联系的企业和科研设计单位组成。1985 年，一批以大中型企业为骨干、以名优产品为龙头的企业集团相继组成。1987 年国务院颁布了《关于组建和发展企业集团的几点意见》，对推动企业集团发展起到促进的作用。1988 年 4 月，广州万宝电器集团公司成立，这是中国第一家大型家电横向经济联合体。到 1991 年底，仅广州市就先后组建了 44 个企业集团，并产生了明显的经济效益和广泛的社会影响。

在搞活国营企业的措施中，除了扩大企业自主权之外，广东还开展企业股份制试验，成为全国最早一批试验企业股份制的省市。股份制企

---

① 《南方日报》1991 年 3 月 9 日、4 月 27 日。

② 叶选平：《政府工作报告——在广东省第七届人民代表大会第一次会议上》（1988 年 1 月 20 日）。

业是以发行股票方式吸收社会上分散的资金，集中起来统一使用，合理
经营、自负盈亏，按股份分红的一种经济组织形式，基本特征是企业的
所有权和经营权相分离，在所有权不变的前提下，把使用权转化为集中
的使用权。20世纪80年代初出现了国内最早的一批股份制公司。抚顺、
成都、深圳、北京、上海、广州等地一些企业先后发行一批股票或股金
证。1980年1月1日，抚顺红砖一厂、二厂的股票正式发行，共280万
股，票面金额1万元，200多家企业认购一空。① 这是改革开放以来有记
载的首次股票发行。1980年4月2日，成都市委批准成立成都工业产品
展销股份公司，随后发行股票2000张，每张面额1万元，由入股单位持
有不在市场流通。这些企业发行股票或股权证，极大地推动了股份制改
革的历史进程。

在探索企业股份制改革初期，1982年后，深圳几家公司发行了"股
票"，但不规范。深圳在宝安县搞的股份制改革试验是比较早的，社会影
响很大。当时，宝安经济向大工业转型，他们参考香港地区的方式来试验
股份制。为了筹集建设资金，有关部门于1983年7月成立宝安县联合投资
公司。联合投资公司积极开展各项生产经营活动，经广东省外经委批准，
计划在葵冲与外商合作开发白泥场，引进外资2100多万港元，年产白泥
22万吨出口。在深圳市区开办商场，在西乡、布吉、沙湾开办商场、旅
店、仓库出租等项目，还计划与北京、上海、天津、广州、西安等城市合
作，经营工、商、农、牧业。公司实行"入股自愿、退股自由，保本、付
息、分红"的方式，向社会公开招股集资。7月25日，宝安联合投资公司
在《深圳特区报》上刊登《招股公告》，首次集资1300多万元。公司印制
了股金证作为股权凭证，没有在市场上流通。宝安联合投资公司是第一家
向社会招股集资的股份制企业，当时产生了很大的反响。广州市从1984年
起选择一些条件好的国营企业进行股份制试点。从1984年起广州几家商
业、电力方面的企业搞股票和债券集资，到1985年7月有30多家企业效

① 李幛喆：《终于成功——中国股市发展报告》，世界知识出版社2001年版，
第63页。

仿，但这种行为往往不够规范。1985 年底，广州市政府颁发《广州市企业股票、债券管理试行办法》，同时选择一些条件好的国营企业进行股份制试点，广州绢麻纺织厂等 3 家企业试行股份制，吸收本企业职工投资参股。① 1986 年，广州在工交和商业等系统推开第二批股份制试点，包括天心制药厂、立德粉厂、光华制药厂、广东玻璃厂、油脂化工厂、百花香料厂、敬修堂药厂、中药三厂、冷冻机厂、钢材交易中心、东山百货大楼等。1986 年，广州市共有 44 家企业获批向社会募集 6478 万元，其中除了有一家是公开向社会发行债券 3000 万元之外，其余均为企业内部集资。1987 年东华实业股份有限公司向社会公开发行 1000 万元股票。这样，在广州出现了广州绢麻纺织厂、万宝电器集团公司、南方大厦百货商店、东华实业股份有限公司等有一定影响的股份制企业。同年底，佛山市为特定建设项目筹集资金，也向社会发行"股票"（实为债券）。1986 年 9 月，广东省政府颁发《广东省股票债券管理暂行办法》。1986 年 10 月 15 日，深圳市政府颁发了《深圳经济特区国营企业试点股份化暂行规定》，并在一部分企业中试行。《暂行规定》是我国政府部门颁发的关于国营企业股份化改革的第一个规范性文件，它的颁布与实施，标志着广东经济体制改革进入了一个新的领域。1986 年年底，深圳、广州等地出现了证券交易市场。1987 年，深圳开始了企业股份制试点工作，组建了深圳发展银行等 4 家股份制企业。是年底，全省发行的各种股份、债券超过 40 亿元，并在国外发行了 300 亿日元债券。截至 1988 年 10 月，据统计，广东开办股份制企业 312 家，股金 2.4 亿元。② 1988 年 2 月 28 日，广州融资公司、广州债券公司成立，结束了资金市场只有发行，没有流通的畸形状态。全省主要的中等城市证券（金融）公司也陆续开业。同年 4 月 7 日，深圳发展银行普通股票在深圳证券公司首家挂牌上市。深圳率先按国际惯例向社会公开

---

① 广州市政府办公厅调研室：《广州经济》，中山大学出版社 1987 年版，第 111 页。

② 中共中央党史研究室第三研究部：《中国改革开放史》，辽宁人民出版社 2002 年版，第 179 页。

发行企业股票。1990 年 12 月 1 日，深圳证券交易所试业，成为改革开放后中国第一家运作的证券交易所。1991 年 7 月 3 日，深圳证券交易所经批准正式挂牌营业。

广州、深圳等地在国营企业股份制改造试验中，主要采取了三种形式：一是法人持股的股份制，二是内部职工持股的股份制，三是社会公众持股的股份制。广东试行股份制以来，取得了不少经验与成效：一是有利于转换企业的经营机制，增强企业活力。股份制可以使企业的所有权与经营权相分离，政企分开，使企业真正成为自主经营、自负盈亏、自我发展、自我约束的商品生产者和经营单位。二是有利于筹集社会上的闲散资金，扩大企业的生产规模。三是提高了企业的知名度，增强了产品的竞争能力。四是股份制将认购股票的职工变成股东，与企业休戚与共，增强了企业的凝聚力。

财政管理体制的进一步改革

为了与全国财政管理体制改革相衔接，1984 年，省政府根据国务院关于"划分税种，核定收支，分级包干"的财政体制改革要求，在总结第一个财政包干期经验的基础上，决定从 1985 年始，省对各市县实行"划分税种，核定收支，一定五年"的财政管理体制。省政府根据各地不同经济基础和财政状况，采取区别对待、分级包干的办法：广州市实行"核定基数，增收分成"的体制，超过基数的增收部分，上交省财政 40%，市留成 60%；对佛山、江门、韶关、湛江、茂名等 5 个收大于支的市，实行"递增包干"的体制，除湛江上缴递增比例为 6% 外，其余 4 市为 7%；汕头、肇庆、惠阳、梅县和海南行政区实行定额补贴的办法；深圳、珠海和汕头经济特区继续实行全部留用的办法；对广州市和湛江市经济技术开发区，增收部分免于上交，全部留下作为开发投资；对海南黎族苗族自治州和粤北 3 个自治县，实行定额补贴每年递增 10% 的办法；对其他一些收不抵支的县，实行按定额补贴数每年递增 5% 的办法。① 这种"分灶吃饭"的办

---

① 广东省人民政府：《关于我省财政管理体制改革的实施方案》（1985 年 4 月 19 日）。

法，各地认为切实可行，市、地对县，县对乡镇，普遍实行层层财政大包干，从上到下建立起既有激励又有自我约束的机制。财政分级包干的办法，扩大了各级政府的自主权，调动了各级财政当家理财的积极性，增强了改革的经济承受能力，促进了生产力的发展。为了培育财源，各地对企业不再采取"竭泽而渔""杀鸡取卵"的办法，而是采取"蓄水养鱼""养鸡生蛋"的政策，从而增强了企业活力。①

从 1988 年始，中央对广东的财政管理体制实行递增包干，以 1987 年上缴数为基数，每年递增 9%，一定三年。省将增加上缴的任务数分配落实到各市。在此基础上，进一步完善财政管理体制。全省绝大部分乡镇建立了乡镇一级财政；省对广州市的财政体制由过去的"核定基数，增长分成"体制改为定额上缴，以 1987 年实际上缴数为基数，每年定额增加上缴任务，一定三年不变；根据新成立市的财政经济状况，确定对新建市的财政管理体制。制定新税种开征的实施方案并调整部分地方税的征收方法。把外商投资企业征收工商统一税，改为产品税、增值税、营业税。对企业和企业管理的事业单位，由征收奖金税改为征收工资调节税。广东实行财政包干体制，调动了各级理财、聚财、生财的积极性，1990 年，全省财政收入由 1978 年的 40 亿元增长到 129.55 亿元。

对计划管理体制的继续改革

生产计划方面，农产品指令性收购计划部分产品逐步放开。1985 年，取消基地塘鱼和生猪现行派购政策，放开生猪和全部水产品的经营，把指令性计划改为指导性计划，取消了计划收购、计划调剂、向农户摊派交售任务、对居民（大专院校和部队除外）采取定量供应配给的做法。到 1987 年，仍实行计划管理的只有粮、油、烟、糖蔗和林场木材等 5 种。1988 年 4 月，广东放开食油价格和购销渠道，调整了糖蔗价格，对粮食实行生产资料价格补贴。1992 年 4 月，全省粮食价格全面放开，从而结束了城镇居民购买农副产品必须凭票供应的历史。

---

① 梁灵光：《梁灵光回忆录》，中共党史出版社 1996 年版，第 621—622 页。

　　广东逐步放开生产资料市场，除国家指令性计划分配的品种、数量和范围外，其他物资全部逐步放开，统配物资的品种和比重由 1980 年以前统配的 60 种缩减为 1988 年 10 种。钢材、水泥、煤炭等纳入国家各级计委分配的物资比重逐年下降。计划内生产流通的执行国家定价，计划外生产流通的实行市场价格，实行"双轨制"① 价格。1985 年之后，钢材、有色金属、生铁、汽车、水泥、木材、化肥等 18 类主要物资价格基本放开。

　　广东大胆改革计划投资体制，利用社会多方集资、银行贷款和利用外资等办法，大搞基础设施建设，闯出一条"以路养路""以桥养桥""以电养电"和"以电信养电信"的新路子。1984 年广东首创收取过桥费的办法，积聚资金，加速了公路桥梁的建设。1985 年，又开创了集资办电的路子，通过发行电力债券和增收电力建设费的办法，筹集到当年电力建设总投资的三分之二的资金。

　　广东成为全国综合改革试验区后，进一步缩小指令性计划，建立分层次管理的宏观决策管理体系，将中央给予省的计划管理权限，区别不同情况，下放到市、县和企业。与此同时，相应地制定了行业政策、产业政策和对外经济政策，以加强宏观控制。

金融体制改革的推进

　　1986 年 1 月，国家体改委和中国人民银行在广州召开金融体制改革试点城市座谈会，确定广州市等 5 个城市为我国首批金融改革的试点城市，推动了广州市金融体制的改革，资金市场逐步形成。广州市抓住这一契机，制定金融体制和外汇体制改革的方案。同年 11 月 21 日，中国人民银行经与国家体改委研究，同意广东全省作为全国唯一的金融体制改革试点省。1987 年 1 月 26 日，经国务院负责人批准，中国人民银行、国家体改

---

　　① 价格双轨制是特定历史背景下的特殊产物，其存在具有一定的合理性。价格双轨制是一把"双刃剑"，既有积极的作用，又有消极的作用：一方面，它是实现中国价格模式转换的一种过渡形式，推动了价格形成机制的转换；另一方面，它助长了计划内外的倒买倒卖和权力寻租现象。

委转发了《第三次金融体制改革试点城市工作座谈会纪要》。该纪要明确规定，广东作为金融体制改革试点省，"应根据纪要的要求，按照 13 个试点城市的具体做法，结合全省的实际情况，认真研究贯彻，具体部署"。4月 18 日，省政府批转了省体改委、人民银行省分行《广东省金融体制改革试行要点》。该要点的主要内容有：改革信贷资金管理制度，逐步建立分层次的宏观调控体系；加快专业银行改革步伐，逐步实现专业银行企业化；开拓和发展资金市场，建立资金横向联系网络；发展多种形式金融企业，逐步完善社会主义金融体系。

按照中央关于金融体制改革试点省的要求，广东统一部署，积极、稳妥地开展金融体制改革工作，进一步强化和改善中央银行的宏观调控职能，逐步建立分层次的宏观调控体系，充分发挥金融手段对国民经济的调节作用。实行专业银行企业化，独立经营，自负盈亏，自担风险，自求平衡，逐步实行行长负责制和任期目标负责制。积极发展多种形式的金融机构，有效地利用多种融资工具，开辟多种信用业务和筹资、融资渠道，发展资金市场，建立资金横行联系网络，全省逐步形成了一个以人民银行（中央银行）为中心，工商、农业、中国、建设 4 家银行为主体，以及广东发展银行、交通银行、保险公司、国际信托投资公司、财务公司、信用社等其他金融机构在内的多层次、多形式、多元化的金融体系。到 1988 年底，全省已有近 8000 个金融机构，此外，还批准 17 家境外银行在省内设立分行，30 家境外银行设立代理机构。金融业务范围也在人民币、外币存款的基础上，逐步扩大到为企业办理汇款、进出口贸易结算、外汇担保、进出口押汇、代理外币和外币票据兑换等业务。到 1988 年底止，全省银行、信用社存款余额达 924.84 亿元，比 1978 年增长 11.2 倍。保险业务收入连续多年居全国首位。广东的金融体制改革取得了积极的成果，对搞活金融、搞活企业和为国民经济长期稳定增长服务，发挥了重要的作用。

■ 市场体系的进一步培育和发展

广东建立和健全市场体系起步较早，尤其是深圳、珠海、汕头经济特区，建立伊始就明确规定"以市场调节为主"，要跳出现行体制。长期以来价格背离价值的状况得到明显改变，市场机制、价值作用得到发挥。各地在大力发展消费品市场、生产资料市场的基础上，逐步推进金融市场、劳务市场、人才市场、房地产市场、技术市场、信息市场等要素市场的发育和成长。广东通过探索和改革，逐步"建立起以国际市场为导向，省内和国内、国际市场有机结合的开放式的市场体系；通过省内外市场的调节，使生产要素得到合理组合与配置"。①

第一，生活资料市场。从1979年开始，广东采取"放调结合，以放为主"的方针，把大部分农副产品及日用工业品的价格放开或实行浮动，对生产资料则实行双轨制，到1988年底，全省商品总值中，计划管理价格与市场调节价格的比重是：农副产品收购为25∶75，生产资料30∶70，市场商品零售为20∶80。到1988年，全省共投入市场建设资金6.47亿元，新建、扩建、改建市场面积622.2万平方米，相当于前30年市场建设总面积的4倍，投入资金和建设面积均居全国前列。全省有集市贸易市场3128个，各种专业市场405个。1988年全省集市贸易163亿元，比1978年增长10.2倍，从1981年起连续8年居全国各省市首位。全省社会商品零售总额四分之一来自集市贸易。

第二，生产资料市场。1980年就对物资部门计划外组织的钢材、化肥等实行保本经营价。从1984年起，在国家规定的21种生产资料范围内，计划外物资按保本微利、不超过计划内物资价格20%的幅度作价；从1985年起，计划外物资价格随行就市，自动浮动。至1985年，广东对能源、交通和生产资料普遍实行计划内外的"双轨制"。到1987年，主要生产资料大部分已由市场调节供应，计划外的指导价和市场调节价占生产资料销售总额的比重，已达70%左右。"全省发展各级物资贸易中心、专业市场和

---

① 林若：《搞好综合改革，推进社会主义现代化建设——在中国共产党广东省第六次代表大会上的报告》（1988年5月21日）。

农村物资销售网点，形成了多层次、多渠道的生产资料流通网络。"①

第三，资金市场。广东积极开拓和发展资金市场，到1988年初步形成跨地区、跨系统、多层次、大范围、纵横交错的融资网络，资金市场有较大发展。在国内资金市场方面，短期主要开展金融同业拆借业务，试发行金融同业债券，融通各金融机构的资金。推行商业票据承兑贴现业务，开办金融机构之间的转贴现和人民银行再贴现、外汇抵押人民币贷款等业务。组织企业向社会发行短期融资债券或商业本票，直接在市场上融通资金。1987年全省累计拆入资金120亿元，拆出107亿元，拆入拆出平均比上年增长2.85倍。1988年1—6月，全省累计拆入资金240亿元，拆出158亿元，分别比上年同期增长3.7倍和1.5倍。中长期主要通过发行股票、国库券、金融债券、重点建设债券、企业债券等，在国内外筹集建设资金。到1987年底，全省累计发行债券达40.4亿元。在外汇市场方面，深圳、珠海两个经济特区在全国率先办起了外汇调剂市场。到1987年底，共办理外汇调剂业务4089笔，成交额达4163万美元。省内其他大中城市外汇调剂市场也相继开业。② 资金市场的发展，有力促进了社会经济的全面发展。

第四，技术市场。为适应改革开放和社会经济发展的需要，广东先后兴办了各种科技市场。一是各地相继成立技术开发机构，建立常设的技术市场，形成全省范围内的技术中介服务网络。二是举办多种形式的技术交流集市，开展以科技成果转让、技术服务、科技咨询、人才交流为主要内容的科技贸易活动。如广州市从1981年起，每年都举办技术交易会。1986年2月3日，国内第一个常年营业的技术集市——广东省经济技术贸易市场在广州开业。同年7月30日，广东省人大常委会颁布《广东省技术市场管理规定》，这是我国第一部省级技术市场地方性法规。该规定把技术市场作为科技成果转化为现实生产力的媒介、科学技术与经济建设紧密结合

① 叶选平：《政府工作报告——在广东省第七届人民代表大会第二次会议上》（1989年3月2日）。

② 参见《改革之星》，广东人民出版社1989年版，第57—58页。

的桥梁纳入了法制化的轨道，保障了技术贸易各方面的合法权益，促进了全省技术市场管理和经营体系的建立和完善。此后，全省技术贸易和技术市场稳步发展，加快了科技成果转化为现实生产力的速度。"七五"时期，5年累计，全省登记技术合同1.5万项，合同交易额6.55亿元。①

第五，劳务市场。1982年，深圳经济特区首先在新招收工人中实行劳动合同制，以后逐步在全省普遍推行。到1988年底，全民所有制单位有10.5%的职工实行了劳动合同制。同时逐步建立起以养老保险为主要内容的劳动保险制度。劳动用工制度和劳动保险制度的建立，为劳务市场的发展创造了条件。1987年4月20日，广东省第一个劳务市场——广州市越秀区劳务市场开业。接着，全省开展了形式多样的劳务交流活动，各市、县和70%的乡镇建立劳动服务公司（站）2536个，不少社会团体和单位也成立了家庭服务公司、临时劳务公司等机构。开办劳务市场，把市场机制引入了劳动就业领域，创造了劳动力供需双方互相选择的渠道，有利于劳动力的合理流动。

第六，房地产市场。1979年，广州市东山区引进外资，和港商合作共同开发东湖新村。东山区将其中2万平方米作商品房销售。1980年1月深圳市房地产公司与港商签订合作建房合同，1981年建成了第一个商品房小区——东湖丽苑。东湖新村、东湖丽苑成为广东房地产业的起点。80年代中期，深圳蛇口率先对住房制度进行改革，实行住房商品化。随后，深圳、广州等市进行了城镇国有土地有偿使用的尝试。在80年代后期，广东部分市、县开展了住宅商品化、私有化试点，为全省推行住房制度改革提供了经验。

广东大力培育和发展各种要素市场，使广东的经济运行逐步由产品经济轨道转变到商品经济轨道。市场机制的初步形成并开始发挥作用，有力地促进了城乡商品生产和商品流通。

---

① 叶选平：《政府工作报告——在广东省第七届人民代表大会第四次会议上》（1991年3月7日）。

■ 家庭承包责任制的稳定完善

广东在开展以城市改革为重点的同时，在农村稳定完善家庭联产承包责任制，健全完善统分结合的双层经营体制。农村改革大体可分为两个阶段。

第一阶段，从1981年到1984年，着重解决农村改革后存在的遗留问题，稳定完善家庭联产承包责任制。

广东农村实行联产承包制之后，取得了较好的效果。但由于全省许多地方的联产承包制是农民自发搞起来的，而且发展快，时间短促，方法简单，因此存在不少遗留问题。一些地方在责任田分配、集体财产处理、承包合同的制订、债权债务处理和财产账目的建立，以及干部报酬等方面没有解决好；有些地方特别是山区只注意"分"，而该"统"的没有统起来，除了土地，集体财产被分光；一些地方出现了忽视和放弃集体经济的倾向，把包干到户误认为分田单干、土地还家，不收承包款，集体经济力量严重削弱，基层组织涣散，水利、农田基本建设和农村公共福利事业无人管，经济组织变成"空壳社"，对"五保户"和军烈属的生产生活照顾不周等等。针对这些情况，省委、省政府采取措施，健全和完善家庭联产承包责任制，建立统分结合的双层经营体制，注意发挥家庭、集体两个积极性。各级采取宜统则统，宜分则分的原则，对于那些适宜分散经营的项目，放手让农民承包经营；对于那些适宜统一经营的项目，由乡村统一管理。这样做，既不放任自流，又不搞"归大堆"，较好地处理了"统"与"分"的矛盾。

1982年6月10日至18日，省委召开地委农业书记会议，进一步贯彻中央〔1982〕1号文件精神，研究实行农业生产责任制后出现的新情况新问题，总结新经验，加快广东农业经济的发展。任仲夷在总结讲话中强调，要坚持"三个稳定"（稳定政策、稳定生产责任制、稳定粮食种植面积）。同时要因势利导，抓好"三新"即推广新技术、组织新的联合、开辟新的生产领域，把经济搞活。这次会议提出重点解决以家庭联产承包制为中心，整顿基层组织，建设好党支部，推行合同制，处理好集体的债权债务，发展各种形式的经济联合。随后，全省各地抽调 4.3 万多名公社以上机关干部组成工作队，分期分批深入农村，抓好以完善责任制为中心的各项工作，在坚持集体所有制不变、责任制不变，兼顾国家、集体、个人三者利益的前提下，处理好集体和承包户的责、权、利关系，特别抓好社队财务整顿，处理好集体的债券债务和维护集体所有制，抓好基层领导班子整顿，做到人员、思想、职责、报酬"四落实"，统称"一完善两整顿"工作。

1984 年 9 月 28 日，广东省委发出通知，批转省委农村工作部《关于延长土地承包期，完善联产承包责任制的意见》。该文件规定土地承包期一般延长到 15 年以上，允许农民协商转包责任田，对土地追加投资实行补偿制度。到 1984 年底，全省大部分地区完成了调整土地、延长承包期的工作。1985 年，中共中央在 1 号文件中，重申"联产承包责任制和农户家庭经营长期不变"。广东各地坚决贯彻执行中央关于农村工作的精神，陆续调整责任田，把延长土地承包期 15 年以上的政策落实到户，进一步稳定和完善各种形式的家庭承包责任制。

第二阶段，从 1985 年到 1990 年，重点抓设置和发展社区合作组织，加强集体土地管理，承包合同和财务工作，发展社会化服务体系、壮大集体经济，并制定相应的制度和法规。

随着城市经济体制改革的推开，农村改革也向纵深发展。以往人民公社实行的"政社合一"管理体制，已无法适应农村的发展。中共中央于1983 年 1 月印发了《当前农村经济政策的若干问题（草案）》，提出政社分设的要求。8 月 1 日，广东省委、省政府发出《关于政社分开、建立乡政权的通知》，决定全省在下半年对人民公社的体制进行改革，实行政社分设，以原来的公社、大队、生产队为基础，分别建立区公所、乡政府、村民委员会，单独建立合作经济组织。政社分设工作于 1984 年 5 月完成。至此，经历 25 年之久的人民公社建制撤销了。农村政社分设后，经济合作社、联社和总社成为独立的经济实体，自主权得到了保障，不再是行政领导组织的附属物，有利于经济的发展和新的经济联合。

农村商品经济的繁荣和成千上万专业户的涌现，客观上要求实行农业适度经营，提供社会化服务，以降低生产成本，提高经济效益，同时，促使更多的农民"洗脚上田"，从耕地中转移出去，发展第二、第三产业，加速乡村的城市化进程。农村随着经济商品化、专业化、规模化的加速发展，对生产经营配套服务的要求越来越高。1985 年 9 月中旬，省委、省政府在南海县召开了全省农业合作经济经营管理工作会议，研究设置健全社区合作组织，充分发挥其职能作用，完善统分结合的双层经营体制。会议形成了《关于改革和加强农村经营管理工作的意见》。11 月 13 日，省委将该意见批转各地执行。此后，全省各地都比较重视社区性合作组织的设置和健全工作，已经设置了的地方，主要抓巩固和发挥作用；还没有设置的地方，通过试点，逐步地设置和健全。

1987 年 12 月 24 日，省政府发布《广东省农村合作经济组织合同暂行规定》。该文件就农村承包合同的订立和履行、农村承包合同的变更和解除、违反农村承包合同的责任、农村承包合同的管理等问题作出了明确的规定。1988 年至 1990 年，省委、省政府反复强调要继续抓好社区性合作经济组织的完善工作。经过几年的工作，到 1990 年，广东农村已基本形成了分户承包经营和集体统一经营相结合的新格局。全省农村以原生产队或自然村的联队为基础设置的经济合作社有 17 万个，占应设置数的 91%，以原生产大队为基础设置的经济联合社有 2 万多个，占应设置数的 95%。① 广州、佛山等地区一部分乡镇设置了经济联合总社。按照省里提出的"有牌子、有班子、有印章、有章程、有社址、有集体经济项目、有必要的统一服务"的"七有"要求，农村合作经济组织逐步健全和完善起来。但是一些山区和经济不发达地区的经济联合社，还是个空架子，开展活动缺乏实力，要真正健全并发挥作用，还要做大量艰苦的工作。

为了进一步健全农村社区合作经济组织，完善统分结合的双层经营体

---

① 《广东省农业合作史》编写组编：《广东省农业合作史》，中国农业出版社 1994 年版，第 144 页。

制，1990年5月16日，省政府颁布了《广东省农村社区合作经济组织暂行规定》，把农村社区合作经济组织的健全、完善工作纳入了规范化的管理轨道。此后，全省多数乡村基本上完成了社区合作经济组织的设置工作，各经济联合体和合作社根据当地条件和农民意见，发展集体经济，对农户提供良种、技术、机耕、农田基建等的统一服务，从而完善了统分结合的双层经营体制，使集体统一经营的优越性和家庭分散经营的积极性同时得到发挥。

部分市县为适应农村家庭经营的需要，加强了农业社会化服务体系建设，组织产前、产中、产后服务，办起一批具服务性、示范性、开发性的农村经济实体和生产基地，建立了农业生产服务体系。有72个县建立了农村合作基金会1684个，扩大了农业基金渠道。① 农村综合体制的改革，促进了农村经济的发展。

■ 乡镇企业突起和"珠江模式"形成

乡镇企业的迅速发展

广东农村乡镇企业包括农村的乡镇、村、生产队、联户、个体等单位或个人创办的各类企业。乡镇企业在改革开放前叫社队企业。广东乡镇企业诞生于20世纪50年代农业合作化时期。以后，社队企业逐步发展。到1978年，全省有社队企业8.57万个，从业人员180万人，年总收入30.55亿元。

1978年12月，十一届三中全会通过的《关于加快农业发展若干问题的决定（草案）》提出："社队企业要有一个大发展，逐步提高社队企业的收入占公社三级经济收入的比重。……国家对社队企业，分别不同情况，

---

① 叶选平：《政府工作报告——在广东省第七届人民代表大会第二次会议上》（1989年3月2日）。

实行低税或免税政策。"① 中央这一决定，给广东的乡镇企业带来了巨大动力和生机。此后，广东对农村产业结构实行大调整，农村第二、第三产业有了较大的发展，形成以乡镇企业为龙头的农村经济格局。广东各地特别是珠江三角洲地区，积极帮助发展社队企业，利用邻近港澳的有利条件，大力发展"三来一补"企业。

1984 年 3 月 1 日，中共中央、国务院转发《关于开创社队企业新局面的报告》（中共中央 4 号文），并在通知中再一次强调了发展社队企业的重大意义，指出十一届三中全会以来，社队企业已成为国民经济的一支重要力量，是国营企业的重要补充。各级党委和政府"对乡镇企业要和国营企业一样，一视同仁，给予必要的扶持"。这个报告建议把社队企业名称改称为乡镇企业，并提出了进一步发展乡镇企业的若干政策，以促进乡镇企业的迅速发展。中央这一文件，基本消除了乡镇企业发展中的内部障碍，激发了其内在的活力。

广东乡镇企业在这一阶段，取得较大成绩。但与江苏、浙江相比，却存在一定差距。江苏南部依托上海的技术、设备和加工任务，兴办乡镇企业，形成以乡镇、村两级集体所有制为主的"苏南模式"；浙江在"六五"期间，乡镇企业高速发展，平均年递增50%，以家庭工业为主的"温州模式"，备受全国瞩目。为了学习外省的先进经验，1984 年、1986 年，省委书记林若两次带队分别前往江苏、浙江、福建，学习发展乡镇企业的经验。随后，广东组织省直有关部门的负责人，分期分批前往江苏、浙江等省市学习"取经"。1984 年 7 月，省委、省政府召开全省乡镇企业工作会议。7 月 15 日，省委、省政府发出《关于贯彻执行中共中央〔1984〕4 号文的若干规定》，就乡镇企业的结构、布局、供销、管理、利用外资、扶助山区、技术进步、税收等问题作出 12 项明确规定。其中包括给乡镇企业"松绑"、放权，实行减免税收、税前还贷等一系列优惠政策。

---

① 中共中央文献研究室编：《三中全会以来重要文献选编》（上），人民出版社1982 年版，第 191 页。

1985 年，中共中央又为乡镇企业制定了"积极扶持、合理规划、正确引导、加强管理"的方针，指出发展乡镇企业是振兴中国农村经济的必由之路。1985 年和 1986 年，中央还提出对乡镇企业实行信贷、税收、税前还贷的优惠政策，并作出了严禁平调乡镇企业的财产，同时批准组织实施"星火计划"，支持乡镇企业的技术发展的决定。广东省委根据中央的指示精神，把发展乡镇企业摆到重要战略地位上。自此，乡镇企业异军突起，蓬勃发展，规模不断扩大，内部结构更趋合理。广东农村第一、二、三产业同时并举，形成了镇、村、队、个体、联合体五个轮子一起转，外引内联相结合，以外向型企业为主的发展格局。这些乡镇企业把农村剩余劳动力、能工巧匠、有经营能力者以及农村闲散资金结合起来，主要经营建材、建筑、轻纺、农副产品加工、运输、商业、家具、塑料、饮食、服务等行业，迅速形成新的生产力，使乡镇企业更快发展。1984 年，广东乡镇企业总收入首次突破百亿元大关，达到 126 亿元。1985 年与 1978 年相比，全省乡镇企业从 8.09 万家增加到 68.66 万家，增加了 748.7%，企业人数从 194.56 万人增加到 401.95 万人，增加了 106.59%。

1986 年 8 月 19 日至 23 日，召开全省乡镇企业工作会议。会上总结推广了各地发展乡镇企业的经验，提出全省乡镇企业的奋斗目标，"七五"期间总收入实现 500 亿元。并提出加快乡镇企业发展应实行"三个为主"（以集体企业为主、以工业企业为主、沿海地区以创汇企业为主）、"三个一齐上"（即第一、二、三产业一齐上，大、中、小企业一齐上，集体、联户、家庭企业一齐上）的发展方针。省里号召各地因地制宜、不拘一格地发展各种形式的乡镇企业。企业之间互相竞争，互相促进，互相补充。12 月 8 日，省委、省政府下发了《关于发展乡镇企业若干问题的补充规定》，认为当前农村正转入第二步改革，加快乡镇企业发展，已成为全省的紧迫任务。并对乡镇企业的发展方针、扶持联户和家庭企业、资金筹集、流通分配等 13 项政策问题作了具体规定。这些政策措施，突破了过去对发展乡镇企业的条条框框，调动了各方面的力量，为"七五"期间全省乡镇企业跃上新台阶奠定了基础。在此期间，全省乡镇企业数以每年增长 30%～40% 的速度发展，短短几年时间里就涌现了成千上万各具特色的乡镇企业群，形成了一大批星罗棋布的小城镇。在 20 世纪 80 年代中期，珠江三角洲以学习苏南为主，着重发展集体骨干企业和外向型企业；粤东粤西两翼以学习温州为主，着重发展集体小企业和家庭、联户企业。广东乡镇企业进入全面蓬勃发展阶段。农村第二、第三产业企业的个数和企业人数继续增加，许多企业的素质有所提高，主要表现在骨干企业不断扩大规模，提高产品质量，增加中、高档产品，提高技术设备水平和企业经营管理水平，特别是珠江三角洲，企业素质提高得更快。

各地在发展乡镇企业的过程中，因地制宜，根据不同的地理环境和自然资源优势等条件，逐步形成了各自不同的发展模式。当时广东总结出顺德、南海、东莞、吴川、云浮、军埠六种各具特色的模式，对全省各地都有借鉴作用。吴川模式，以发展联户合作企业、个体企业为主，在生产经营形式上面向千家万户，促进农村商品经济的发展。云浮模式，利用当地大理石、花岗岩资源丰富的优势，发展以石料、建材业为主的商品经济。普宁军埠模式，以合资合作方式横向联营为主，兴办外资企业。此外，还有贸工农一体化，供、产、销一条龙的广州"江高模式"和新兴的"温氏模式"等等。在各种模式的典型示范带动下，全省掀起一股前所未有的兴办乡镇企业的热潮。在这个阶段里，全省企业总数增加了 50.9 万家，主要是经济发展慢的丘陵、山区的小型联户企业、户办企业的个数增加，而乡镇企业和管理区办的骨干企业则不断扩大规模。到 1990 年底，全省出现年产值超亿元的农村企业就超过 20 家，其中顺德县的蚬华风扇厂、容声冰箱厂，年产值接近 10 亿元。南海、中山、番禺、东莞、珠海、宝安、江门等地也出现了一批年产值数亿元的企业。特别是一批农村企业集团的出现，大大提高了产品的市场竞争力，扩大了资本，加速了企业技术改造，有强大的生命力。1990 年，广东乡镇企业的社会总产值达 730.34 亿元，占全省社会总产值的 24.3%，占农村社会总产值的 56.8%；乡镇企业出口产品总值 127.46 亿元，出口创汇 26.74 亿美元，占全省出口创汇总额的 25.3%；上缴税金占全省财政收入的 18.9%，成为全省农村经济名副其实的"半壁江山"。全省乡镇企业占全省工业产值的三分之一，形成"三分天下有其一"的格局。①

　　1989—1990 年，广东乡镇企业在治理经济环境、整顿经济秩序形势下，市场疲软，资金严重短缺，企业生产成本提高，生产增长幅度下降，亏损、停产、半停产企业增加。省委、省政府仍然重视乡镇企业，及时采取果断措施，解决存在的问题，以防止乡镇企业生产下滑。1989 年下半年起，广东乡镇企业发挥机制上的优势，采取了压缩投资规模，调整产业结构，加快轻工业发展，加强企业管理，提高产品质量，着重发展外向型经济，积极发展合资合作企业等措施，关停并转 4 万多家消耗高、效益差、污染严重的小型企业，还有一批企业在市场变化的情况下未能赢得竞争而被自然淘汰，但大多数企业都依靠挖潜革新、改善经营管理和开发新产品、发展出口创汇产品等措施在困难的条件下继续得到发展。同时，重点扶持外向型乡镇企业的发展，全省不仅有 2000 多家乡镇企业由内向型转向外向型，而且新办外向型企业 2300 多家。1989 年，全省乡镇企业在治理整顿中稳步发展，总收入达 656 亿元，比上年增长 16%，向国家交纳税金 22 亿多元，比上年增长 8%。② 1989 年 12 月，省委、省政府在佛山市召开全省农村工作会议。会议重申：引导和扶助乡镇企业健康发展的政策不变。并提出发展以当地原材料为主的加工企业和外资、合资、合作及"三来一补"企业，在引进的基础上，认真搞好吸收、消化，搞好挖潜改造，提高企业素质和产品质量。③

　　1990 年 7 月，省委、省政府发出通知，要求各级政府从稳定农村、稳定经济、稳定大局的高度，继续从政策上扶持乡镇企业，引导其稳定健康发展。④ 10 月 5 日至 8 日，全省乡镇企业在广州召开。会议通过认真总结"七五"期间，特别是治理整顿以来，广东省发展乡镇企业的成绩和经验，

---

　　① 雷仲予：《广东先行一步见闻录》，广东人民出版社 1998 年版，第 242—243 页。

　　② 《南方日报》1990 年 1 月 6 日。

　　③ 《中共广东省委、广东省人民政府关于印发〈全省农村工作会议纪要〉的通知》（1990 年 2 月 1 日）。

　　④ 《中共广东省委、广东省人民政府关于稳定、发展乡镇企业若干问题的通知》（1990 年 7 月 18 日）。

研究了各级党政领导和有关部门如何积极扶持乡镇企业的问题，明确了"八五"期间发展乡镇企业的战略目标及主要措施。各市、县党委、政府结合本地实际，制定了更具体的政策和措施，帮助乡镇企业解决资金、能源、原材料紧缺，生产资料价格上涨，市场疲软等问题，使乡镇企业保持快速发展的好势头。1991 年，广东乡镇企业个数达 123.52 万个（其中个体私营乡镇企业 106.38 万个），从业人员 707.85 万人，总收入 1008.22 亿元，上缴税金 31.13 亿元，纯利润 72.58 亿元，创汇 34.74 亿美元，分别比 1978 年增长了 15.2 倍、3.6 倍、34.3 倍、23.2 倍、16.7 倍、69.35 倍。① 乡镇企业成为广东国民经济的一支重要力量。

广东乡镇企业在发展农村经济中占据重要地位，对促进农村两个文明建设具有不可替代的作用：一是乡镇企业成为农村经济的主要支柱。各地地方财政收入一半以上来自乡镇企业，农村人均收入一半左右也是来自乡镇企业。二是乡镇企业加速农业现代化建设，为解决农村剩余劳动力提供一条很好的途径。另外还吸纳了外省数百万的外来工。三是乡镇企业的发展，为逐步实现"城乡一体化"创造了有利条件。广东乡镇企业蓬勃发展，促进了农村经济向着专业化、商品化、现代化方向发展，带动了农村经济的繁荣，也提高了农民的生活条件，有利于缩小城乡之间、工农之间的差别，加快了农村工业化的进程，改变了原来的工业主要集中在城市的经济格局，有利于促进"城乡一体化"的实现。

"珠江模式"的形成与特点

珠江三角洲位于广东省的中南部，包括佛山市、江门市、东莞市、中山市和顺德、宝安等 13 个市县，是全国著名的侨乡，当地人民与华侨、港澳同胞关系密切，各种信息较为灵敏，群众商品意识较为浓厚，历来是广东商贸活动最为活跃的地区。1978 年以前，与边远山区相比，珠江三角洲商品经济仍然较为发达一些。但由于受到高度集中的计划经济的束缚，经

---

① 潘嘉念：《广东乡镇企业改革开放二十年回顾与展望》，《广东改革开放二十年纪念文集》1998 年版，第 241 页。

济发展缓慢，仍然以传统农业为主，经济结构单一，人文地理优势没有充分发挥出来。广东实行特殊政策、灵活措施后，珠江三角洲的干部群众冲破"左"的束缚，捷足先登，抓住国际上第三次产业大调整的有利时机，发挥本地与港澳地区和海外经济往来广泛的优势，大力发展外向型经济，积极引进海外和港澳的资金、技术和设备，搞活市场，促进经济的快速发展，使珠江三角洲成为广东乃至全国经济发展最快的地区之一。因此，以外向型乡镇企业为核心的珠江三角洲经济发展模式，被誉为"珠江模式"。

"珠江模式"的形成，是由多种因素综合造成的：

一是珠三角具有发展外向型经济的悠久历史和适宜的地理条件。历史上，珠三角地区一直与海外市场保持着经济往来，以广州为首的珠三角地区仍然是中国与海外进行贸易的主要窗口，当地的劳动力素质也较高。珠三角濒临南海且有优良海港，海路运输便捷，临近港澳台、东南亚，并可通达世界各地。珠三角陆上与港澳相连，具有连接国际市场的地缘优势。珠三角还是著名的侨乡，改革开放之初，广东所利用的主要是港澳同胞和华侨的资金。一些比较先进的技术和设备，大多是通过港澳同胞和华侨引进的。

二是国际经济格局的变化有利于珠三角发展外向型经济。20世纪70年代末，日本和"亚洲四小龙"已基本完成工业化，需要产业转型，要开拓新的市场，而劳动力和土地价格的快速上涨则使它们的劳动密集型企业急需找到低成本产地。这就为珠三角的经济发展，尤其是建立大量外向型工业企业提供了契机。

三是中央明确支持和相关政策放开。1979年7月15日，中央赋予广东、福建两省实行特殊政策和灵活措施。根据中央50号文件，广东拥有在计划、财政、金融、物资、商业运作、对外贸易、劳动工资、物价调控等方面的权限。广东启动先走一步之后，中央对广东的发展一直给予关注和支持，为广东改革开放解困、指路。中央相关职能部门也主动为广东发展制定了专门政策。

四是广东农村改革在前期打下了良好基础。改革开放启动后，广东的经济管理体制和农村社会化服务体系不断改善和发展，这是珠三角乡镇企业高速发展的内在动因。广东以家庭联产承包责任制为核心的农村经济体制改革速度快、程度深，珠三角更是如此。当地的农村较早便集中精力来抓土地延长承包期的工作，把土地从零碎分散经营调整为连片经营。在此基础上，珠三角各乡镇成立了大批专门为农村生产服务的社会化组织，为农村经济的专业化和规模化提供了强有力的保障。另外，广东很重视学习温州、苏南的先进经验，促进自身发展。

迅速发展起来的外向型乡镇企业颇具特色，也是"珠江模式"的特点：

一是鲜明的开放性。开放性是珠三角乡镇企业鲜明的特点之一，当时人们将其概括为"两头在外，大进大出"，是指珠三角的乡镇企业，其生产原料、资金和技术大多来自港澳或海外，产品也大多出口外销，只有土地、厂房和劳动力是珠三角当地的。为了最大限度地引进并利用外资和港澳资金，广东积极创新形式。在改革开放初期名噪一时的"三来一补"，就是在珠三角一带兴起的。为了促进外向型经济发展，从省委、省政府到各级地方党委政府创造性地推出了不少政策，如实行"外贸大包干"，率先探索自负盈亏的外贸经营体制；推行外贸出口代理制、外贸承包经营责任制、留成外汇有偿使用制等不少行之有效的崭新举措。

二是动力的多元性。珠三角乡镇企业的发展动力具有多元性，在政府、民众和外资的共同作用下，乡镇企业的发展速度超过了所有人的预期。政府和政策，在广东先走一步中发挥了重要作用。省委、省政府灵活运用中央的财政和外贸包干政策，把财权和外贸权下沉，激发了珠三角基层政府和民众巨大的创业潜力。地方政府还制定了很多灵活有效的刺激机制，吸引华侨和港澳同胞投资创业，激发当地群众动员海外和港澳亲人回乡投资的积极性。建设家乡的热情以及资本逐利的本能，使得众多港澳同胞和华侨积极出钱出力出主意，推动广东的改革开放和经济发展。特别重要的是，珠三角民众的经商创业意识很强烈，他们不断自发地突破计划经济体制和意识形态桎梏，大胆改革创新，比如超计划利润提成奖、扩大雇工经营范围等在当时产生重大影响的创新举措，都是民间自发探索出来的。

三是经营的灵活性。在实践中，珠三角各地和各企业呈现出显著的灵活性和个性，无论是所有制的实现形式、管理方式还是分配形式等，都不拘泥于传统，大胆创新。企业融个体、租赁、中外合资、中外合作等多种所有制形式为一体；资金来源既有外资、银行资本，又有集体经济、民间资本；产业选择既注重差异性，又强调集群化，在珠三角形成了各种各样的专业镇和专业市场。与当时的其他地方相比，珠三角在解决传统"大锅饭"分配模式上力度最大、见效最快，这也是改革开放初期吸引全国的劳动力和人才快速聚集的重要原因。

总体而言，"珠江模式"在所有制结构上，形成了包括以镇办、村办、联户办和股份合作等集体所有制企业为主，以个体和私营企业（包括"三资"企业）为补充的新格局。1990年，镇、村办集体所有制企业在乡镇企业各项指标中的比重、总产值、总收入、上缴国家税金、吸引农村劳动力等，均占了大头。在产业结构上，形成了以工业为主，工业、农业、建筑业、运输业、商饮业五业并举，第三产业发达，第一、二、三产业协调发展的格局，显示了广东乡镇企业地处沿海、依托大城市的鲜明地方特色。在企业发展方向上，以外向型企业为主导，外向型企业与其他企业同时发展。1990年，全省有外向型乡镇企业1.67万家，从业人员达140万多人；年创汇100万美元以上的乡镇企业达400多家，有1000多种产品进入国际市场；出口创汇总额26.74亿美元，占全省出口创汇总额的25.3%，占全国乡镇企业出口创汇总额的22.5%，居全国首位。[①] 1991年，珠江三角洲以占全省四分之一的土地和三分之一的人口，提供了全省国内外生产总值的71%，工业总产值的74%，财政收入的71%，出口总额的79%。这表明珠三角在全省经济发展中具有举足轻重的作用。其中，以外向型乡镇企业为核心的"珠江模式"具有先导性和普遍性，是广东尤其是珠三角在改革开放中崛起的重要原因。

---

① 雷仲予：《广东先行一步见闻录》，广东人民出版社1998年版，第256页。

第二章　经济特区新发展与开放新格局

自广东经济特区创建以来，不断把握机遇创新发展，实现了经济从内向转到外向，产业结构以工业为主，资金来源以外资为主，产品市场以外销为主的战略目标，逐步发展成为外向型的，以先进工业为主、工贸并举、工贸技结合的、综合性的经济特区。根据中共中央的改革开放路径和格局，广东实行"三二一一"开放规划，即三个经济特区、两个开放城市、一个珠江三角洲、一个海南岛，随后又采取梯度发展战略，由沿海到山区，形成全方位多层次对外开放格局。

■ 特区经济从内向转到外向

广东三个经济特区在初创阶段，经过几年的开发建设，取得了显著进展，奠定了基础，得到了中央的肯定。但发展中出现了一些需要着力解决的问题，一方面，深圳过于强调发展商业，搞"万商云集"，深圳有些人一度利用中央给予的优惠政策，到内地抬高价格收购农副产品出口，然后又拿赚到的外汇进口紧俏商品向内地倾销，获利颇丰。因此内地有人挖苦说，深圳只会赚内地人的钱，不会赚外国人的钱。海外对此也议论纷纷。这种做法和造成的不良影响，显然不符合试办经济特区的宗旨。邓小平接到这一信息，针对那些有关经济特区发展的模糊认识，指出："我们特区的经济从内向转到外向，现在还是刚起步，所以能出口的好的产品还不多。只要深圳没有做到这一步，它的关就还没有过，还不能证明它的发展是很健康的。"① 在经济特区发展的关键时刻，邓小平敲响了警钟。另一方面，"近两年特区的基本建设投资规模偏大，投资结构不尽合理；生产布局和产业结构缺乏统筹规划；企业的经营管理水平和干部职工队伍的素质同建立外向型经济的要求不相适应；不少企业出口创汇能力还比较弱，外汇平衡存在困难；特区管理层次较多，办事效率较低，信息反馈不灵；不少单位违法经营，有的案件还相当严重"②。这些问题都需要在实践中不断探索，妥善解决。

1985 年 2 月，在深圳举行的经济特区工作座谈会上，主持会议的中央书记处书记、国务委员谷牧，鉴于深圳前几年着重抓了内向型商业贸易以及工业发展不快的状况，要求深圳市委在发展方向上进行调整，在3 年内将深圳建成"以出口为主，以工业为主，兼营商贸、农牧、旅游，全面发展，形成真正外向型的综合性经济特区"。谷牧要求，集中力量，"爬好一个坡，更上一层楼"。③ 当时，因担心引起外界的误解和不安，谷牧不提调整和转向，而提"爬坡"，广东省和深圳市的负责同志都赞成他这一巧妙的提法。④ 同年 3 月，受国务院负责同志的委托和深圳经济特区的邀请，中国社会科学院副院长刘国光率领 10 位研究人员抵达深圳，对深圳经济特区进行全面深入的调查研究，提出了《深圳特区经济、社会发展战略问题研究报告》。报告认为，经济特区发展的战略目标应该是外向型的，以先进工业为主、工贸并举、工贸技结合的、综合性的经济特区。报告说，经济特区是实行对外开放的产物，只有坚持外向型才能真正起到"窗口"和"枢纽"的作用。经济特区在对外开放方面，不仅与内地一般地区有明显的区别，而且同沿海的开放城市与开放地带相比，其外向程度也应更高一层。报告提出了外向型经济的主要标志：一是资金来源，应积极吸收外资，工业生产可以外商投资举办的工

---

① 《邓小平文选》（第三卷），人民出版社 1993 年版，第 133 页。

② 《经济特区工作会议纪要》（1986 年 1 月 5 日），转引自卢荻、杨建、陈宪宇著：《广东改革开放发展史》，中共党史出版社 2001 年版，第 163 页。

③ 《谷牧同志在深圳经济特区工作座谈会结束时的讲话》（1985 年 2 月 26 日）。

④ 梁灵光：《梁灵光回忆录》，中共党史出版社 1996 年版，第 566 页。

业企业为主；二是产品以外销为主，出口的经济特区产品应逐步达到占特区生产企业商品产值的 70% 以上；三是进出口贸易的外汇收支应有顺差。

随后，广东省委、省政府为了推动经济特区大力发展外向型经济，加强调查研究，进行了具体指导。1985 年 8 月 3 日至 16 日，广东省委在广州召开省委常委扩大会议。蛇口工业区负责人在会上作了发言，介绍蛇口工业区坚持"三个为主"（即"产业结构以工业为主，资金来源以外资为主，产品市场以外销为主"）的方针，受到与会同志的好评，被誉为"蛇口模式"。会议鼓励广东三个经济特区应朝这一方向发展，以便更好地发挥经济特区的"四个窗口"的作用。11 月，遵照国务院负责同志的指示，国务院特区办公室邀请国务院有关工业部门的负责干部和一些专家到深圳，专门就经济特区工业生产如何提高外向度进行座谈，为即将召开的全国经济特区工作会议做准备。在此基础上，1985 年 12 月 25 日至 1986 年 1 月 5 日，谷牧受国务院的委托，在深圳市主持召开了第二次全国经济特区工作会议。参加会议的有四个经济特区，广东、福建两省和国务院 29 个部门的负责人。会议对建立经济特区以来的工作进行了初步总结，着重讨论了经济特区今后发展方向、目标和有关的方针政策等问题，统一了思想，明确了经济特区必须在调整、改革中发展。这次会议充分肯定了四个经济特区建设所取得的显著成绩，同时对经济特区的发展和建设提出了更高的要求，要求经济特区的改革和管理工作要适应特区建设新阶段形势发展的需要。会议提出：经济特区在"七五"期间应当坚决贯彻中央和国务院的指示的精神，努力建立以工业为主、工贸结合的外向型经济，充分发挥"四个窗口""两个扇面"的作用。会议要求：经济特区产业结构以具有先进技术水平的工业为主，工业投资以吸引外资为主。产品以出口为主，瞄准国际市场的需求，开发一批竞争力强、稳定适销的"拳头"产品，争取工业制成品 60% 以上能够外销；外汇收支平衡，并有节余等。会议强调，"要达到以上目标，关键在于特区领导的指导思想和工作重点要从前几年铺摊子、打基础转到抓生产、上水平、求效益方面来"。① 经济特区要围绕建立以工业为主、工贸技结合、综合发展的外向型经济这个目标，做好特区经济中长期发展规划，深入进行经济体制改革，切实加强企业管理，进一步搞好外引内联，提高经济效益，健全经济立法、提高办事效率，加强人才培养等等，使各项工作更上一层楼。2 月 7 日，国务院批转了会议纪要。

■ 经济特区外向型经济的发展

根据邓小平的指示和第二次特区工作会议精神，广东三个经济特区努力调整产业结构，朝着发展以工业为主的外向型经济，开展了卓有成效的工作。

其一，调整产业投资结构，压缩投资规模，保证基础设施和生产性项目的建设。深圳对在建和已批准的基建项目 1532 项进行了重新审查，共停建、缓建 804 个项目（其中 18 层以上的高层楼宇 51 座），占全部项目的 52%，压缩投资 25.7 亿元。珠海经济特区连续两年停建缓建 31 个项目，压缩投资 3.37 亿元。同时，重点扶持符合特区发展外向型经济要求的生产性项目和基础设施配套项目。

其二，着重发展工业生产，抓好产品品种质量。加强对外引内联项目的筛选，引导投资方向。重点接纳和优先安排出口创汇项目和先进技术项目。经过几年努力，产业结构基本合理，各个行业得到了全面发展，工业内部的行业结构也日趋合理。三个经济特区共兴办工业企业 3000 多家，逐步形成包括电子、纺织、机械、轻工、食品饮料、电力、家用电器、建材、服装等 30 多个行业，1000 多种产品，门类齐全的工业体系。1990 年的工业总产值达到 222 亿元，占全省工业总产值 1431 亿元的 15.5%。其中深圳市工业总产值达 161 亿元，珠海市工业总产值 42 亿元，汕头经济特

---

① 《国务院关于批转经济特区工作会议纪要的通知》（1986 年 2 月 7 日），转引自卢荻、杨建、陈宪宇著：《广东改革开放发展史》，中共党史出版社 2001 年版，第 164—165 页。

区 19 亿元（均按 1980 年不变价计算）。①

其三，建立外向型经济，大力拓展国际市场。广东经济特区按照"立足特区，依托内地，走向世界"的方针，一是充分利用国家给予的特殊政策和地理位置上的优势，积极参与国际分工和国际竞争，逐步实现以国际市场为导向，搞好产业结构和经营方式、经营策略的外向型转变，创办出口基地，采取国际标准和流行款式，生产适销对路的出口产品，闯过了以出口创汇为主这一关。1987 年 6 月，邓小平对外宾说："他们自己总结经验，由内向型转为外向型，就是说能够变成工业基地，并能够打进国际市场。这一点明确以后，也不过两三年的时间，就改变了面貌。深圳的同志告诉我，那里的工业产品百分之五十以上出口，外汇收支可以平衡。"② 二是加强与内地的横向经济联合，从内地组织出口货源，并借助内地的资源和技术力量，优化企业组合，建立产、技、贸三结合的企业集团，使之成为出口大户。三是通过"借船出海""租船出海""造船出海"等形式，同海外公司发展合作关系，扩大外销，同时走向世界，兴办海外企业，开辟自己的商情和销售网络，直接进入国际市场，收到较好的效果。从 1986 年开始，到 1990 年，广东三个经济特区外贸进入迅速发展轨道并初具规模。1986 年进出口总额为 217846 万美元，1990 年为 758104 万美元，增长 248%；1986 年出口额为 86982 万美元，1990 年为 390396 万美元，增长 348.82%。

此外，广东三个经济特区还大力发展创汇性农业、旅游业、商业、金融保险等各业，并清理整顿、撤销合并 1000 多家商贸公司，取消数十家的进出口经营权，克服流通领域中的混乱现象。③ 特区经济运行开始进入良性循环。

广东三个经济特区经过十多年建设，取得了举世瞩目的成果。截至 1991 年底，深圳、珠海、汕头经济特区共开发建设了 110 多平方公里的城

---

① 广东年鉴编纂委员会：《广东年鉴》，广东人民出版社 1991 年版，第 95 页。

② 《邓小平文选》（第三卷），人民出版社 1993 年版，第 239 页。

③ 广东年鉴编纂委员会：《广东年鉴》，广东人民出版社 1990 年版，第 85 页。

区面积，兴建了 14 个工业区，先后兴建了能源、交通、通信等基础设施一批配套工程，以及一大批住宅区和旅游、公共设施，共完成基本建设投资 400 多亿元，投资环境日趋完善。实际利用外资 52 亿美元，同外商合作兴办起"三资"企业 4000 家，"三来一补"企业 7000 多家。在 20 世纪 80 年代，广东经济特区同国内 27 个省市与国家 27 个部委广泛开展资金、技术、人才、原材料等方面的联合，合办内联企业 5200 多家，内地实际投入资金 40 多亿元。在这些内联企业中，有的又引进了外资，形成了把外引与内联结合在一起的独特的引进方式，有力地促进了经济特区经济的发展，也推动了内地经济的发展。1991 年，三个经济特区外贸出口额达 38.9 亿美元，占全省的 28.4%，① 较好地发挥了"四个窗口"的作用。

广东三个经济特区经济迅速发展。1990 年与 1979 年相比，各项经济指标每年都有大幅度的递增。例如，深圳市 10 年来地区生产总值年平均递增 47.8%，工业总产值年平均递增 69.2%，农业总产值年平均递增 17.3%，出口贸易额年平均递增 72.5%，预算内财政收入年平均递增 59.9%。② 经济特区已成为广东甚至全国经济最活跃的地区之一。

■ 广州、湛江确定为沿海开放城市

1984 年邓小平视察经济特区后，提出："除现在的特区之外，可以考虑再开放几个港口城市，如大连、青岛。这些地方不叫特区，但可以实行特区的某些政策。我们还要开发海南岛，如果能把海南岛的经济迅速发展起来，那就是很大的胜利。"③ 根据邓小平这一倡议，1984 年 3 月 26 日至 4 月 6 日，中央书记处、国务院在北京召开全国沿海部分城市座谈会。会议确定进一步开放天津、上海、大连、秦皇岛、烟台、青岛、连云港、南

① 林若：《回顾与思考——广东改革开放的轨迹》，《改革开放在广东》，广东高等教育出版社 1992 年版，第 27 页。
② 广东年鉴编纂委员会：《广东年鉴》，广东人民出版社 1991 年版，第 95 页。
③ 《邓小平文选》（第三卷），人民出版社 1993 年版，第 52 页。

通、宁波、温州、福州、广州、湛江和北海 14 个沿海港口城市，在扩大地方权限和给予外商投资者若干优惠方面，实行一系列放宽的政策和措施，改革现行的管理制度，以增强对外经济活动的活力。并允许有些城市可以划定一个有明确地域界限的区域，兴办新的经济技术开发区，引进国外的先进技术，集中举办中外合资、外商独资企业和科研机构，使之成为发展中国对外技术合作的"窗口"和基地。这是加快对外开放步伐的又一战略决策。5 月 4 日，中共中央、国务院向全国批转了这次座谈会纪要，并明确指出，沿海开放城市的建设，主要靠政策，一是给前来投资和提供先进技术的外商以优惠待遇；二是扩大这些城市的自主权，让他们有充分的活力去开展对外经济活动。① 5 月 15 日，国务院总理赵紫阳在六届全国人大二次会议上宣布，国务院决定开放天津、上海、广州等 14 个沿海港口城市和海南岛，实行经济特区的某些特殊政策，扩大它们的权力。"在这些港口城市，外商投资办厂，在税收方面可以按照规定享受更优惠的待遇；放宽利用外资建设项目和引进技术的审批权限，简化外商入境出境手续；允许外商兴办独资企业，适当延长合资企业的合营期限；对确实提供了先进技术的产品，允许在国内市场部分销售。"②

广东省委、广州市委十分重视广州市及其经济技术开发区的建设和对外开放。广州是广东省的政治、经济、文化、交通中心，是祖国的南大门和重要的对外通商口岸。广州被列为沿海开放城市，不仅可促进广州自身经济的迅速发展，而且将可起到全省中心城市和带动整个华南地区经济腾飞的作用。广东省委、广州市委认为这是一次难得的发展机遇。4 月 21 日，广州市委召开局以上领导干部会议，传达中央召开的沿海部分城市座谈会的精神，市委书记许士杰代表市委对广州市如何贯彻作了部署。要求各单位领导认真学习、讨论，提高认识，解放思想，改进作风，跟上形

---

① 《中共中央、国务院关于批转〈沿海部分城市座谈会纪要〉的通知》（1984 年 5 月 4 日），载《新时期经济体制改革重要文献选编》（上），中央文献出版社 1998 年版，第 220—226 页。

② 赵紫阳：《政府工作报告——在六届全国人大二次会议上》，载《十二大以来重要文献选编》（上），人民出版社 1986 年版，第 489 页。

势；坚决进行改革；要加快市区老企业的改造；要尽快制定广州经济技术开发区的规划；要抓好内联工作，促进城市生产的发展。9 月 5 日至 16 日，广州出口商品展销会暨经济技术洽谈会在香港举行。由市委书记许士杰、市长叶选平率领的广州市经济贸易代表团向香港和外国的企业家以及其他人士介绍广州市发展对外经济贸易的现状、前景以及兴办经济技术开发区的情况，回答、解释有关问题，表示"广州进一步开放，来穗投资给予优惠"，"欢迎港澳及外国实业界到广州投资做生意"。① 广州掀起了对外开放的新热潮。

根据国家扩大开放的政策，广州不断加深经济体制的改革，强化企业内部的经济责任制，实行层层承包，把企业对国家的承包分解到车间、班组、职工，由全体职工共担风险，把竞争机制引入企业内部承包，初步建立起以市场为目标、销售为龙头积极参与竞争的企业运行机制。在"宏观调控，微观搞活"理念的指导下，各经济部门对经济的管理，逐步由直接管理转向间接管理。根据广州经济结构轻型化、关系到国计民生重要企业不多的特点，采取减少指令性计划，保留一定数量的指导性计划，绝大多数依靠市场调节的办法。到 20 世纪 90 年代初，工业生产总值，市场调节比重占 77.6%，计划调节比重为 22.4%。② 市场调节已占主导地位。广州冲破纵向、封闭式的流通体制，开始形成了国内开放式、网络式的市场体制，国外市场开拓进展较快。市场开始发挥其对生产的引导作用，价格被扭曲的状态有了很大的改变，价格改革成了市场发育的有力机制，工农业产品的价格随着成本和市场需求的变化而合理调节。此外，生产资料、资金、劳务、人才、科技、信息等各类市场的培育和发展，有效地推动了经济的发展。

在推进经济体制改革的基础上，广州不断调整、优化产业结构。广州

---

① 广州市档案馆：《广州大事记（1949.10—1994.12）》，广州出版社 1995 年版，第 529 页。

② 朱森林：《对计划经济与市场调节相结合的探索》，《南方日报》1991 年 1 月 3 日。

是华南重要的工业中心，工业门类齐全，综合配套能力较强。当时拥有工业企业 4007 家，职工 77.83 万人，工业产值占全省工业总产值的 38.8%。轻工业、手工业历史悠久，规格齐全，品种繁多，素有"广货"之称。机械制造、钢铁、电力、化肥等重工业也有一定的基础，特别是科技人才众多，是省内其他城市无法相比的。但是老企业老设备多，新企业新设备少，生产规模较小，基础薄弱，技术落后。20 世纪 80 年代初期，全员劳动生产率低于全国平均水平。

广东省和广州市多次研究如何改造广州的老企业，调整产业结构，积极发展第三产业和建立新的开放区等问题。省、市明确广州应当向技术密集型、知识密集型方向发展，按照轻型、优质、高效、外向的发展战略目标，通过确定合理的产业政策、产品政策和技术政策，积极引进资金、先进技术设备和管理经验，以建立外向型的经济格局。广州市重点抓好现有企业的技术改造，把科研、引进、生产紧密结合起来，加快技术改造、设备更新的步伐，迅速改变生产技术、工艺设备落后状态。随着沿海地区经济发展战略的实施，广州进一步利用开放的有利条件，对工业老企业进行了较大规模的技术改造。经过技术改造，广州工业的实力和素质在下面几个方面得到了提高：

一是增强了基础实力。广州不断调整、优化产品结构，以发展名优产品、适销产品和出口创汇产品为重点，加快轻型工业上水平、上质量、上规模的技术改造，发展了家用电器、食品、生产机械、药品、化妆用品、钢琴等一批在国内有重大影响的骨干产品。同时，加快发展石油、化工、电力、化纤等基础工业，形成了以轻型加工工业为主，重工业有一定基础，配套能力较强，技术设备较为先进的工业生产体系。经过调整优化，广州初步形成了汽车及摩托车、电梯、家用电器、轮胎、食品、精细化工产品制造等六大支柱行业，增强了经济实力。

二是不断提高新兴产业和高新科技产业的比重。通过引进先进技术设备，广州传统工业产业得到升级换代，高新科技产业和新兴产业迅速崛起。家用电器、计算机、电子通讯设备、新兴材料、医药新产品、精细化工、新型饮料食品、高档服装等工业迅速发展，汽车、摩托车、复印机、电梯、程控交换机、食品机械等一些技术含量高的产品形成了一定规模的生产能力，产值比重不断提高。这些新兴产业和高新技术产业的发展，形成了广州工业的新优势。

三是迅速发展外向型经济，增强了创汇能力。20 世纪 80 年代，广州市确立了以外经外贸为导向的经济社会发展战略，大力发展外向型经济。广州充分利用毗邻港澳、地处商品经济发达的珠江三角洲的经济环境和人文优势条件，根据国内外市场的需求和变化，采取多种方式，积极引进利用外资，发展"三资"企业和"三来一补"企业，同时引进先进技术设备，不断提高质量，增加花色品种，提高技术水平，并引进开发了一批具有 80 年代国际先进水平的新产品，形成了"广货"的新优势，不断扩大产品出口。广州积极引进资金、技术和设备，为经济发展注入新的生机和活力，加快了广州工业向外向型经济的转轨。[①]

广州还利用外资兴建了近百万平方米的旅游宾馆，1987 年全国被评为五星级的宾馆有 5 家，其中广州就占了 4 家，不仅促进了广东旅游业的发展，同时也大大促进了国内旅游服务水平的提高。此外，广州还大力兴建道路、桥梁、天桥、立交桥、邮政、电信等基础设施，科技、文化、教育、卫生等事业也有了较大的发展，较好地发挥了全省中心城市的作用。

在加快广州老城区建设的同时，也加快了广州经济技术开发区的建设。根据国务院关于兴办新的经济技术开发区的决策，1983 年 4 月 26 日，广州市成立了广州经济技术开发区筹备小组，由市委副书记朱森林兼任组长，着手开发区的选址、总体规划、近期计划、引进项目选择以及机构组建等。6 月 19 日，市委、市政府批准成立开发区管理委员会，陆续抽调干部，实施兴建开发区各项计划。经省、市负责同志和经济、金融管理、规划、建筑、工程技术等方面的专家反复比较和论证，确定开发区选在黄埔区东缘、珠江和东江干流交汇处。6 月 8 日，国务委员谷牧视察广州开发区的选址，听取了制订《广州开发区规划大纲》（草案）的情况汇报。6

---

① 顾明主编：《中国改革开放辉煌成就十四年·广州卷》，中国经济出版社 1992 年版，第 84—87 页。

月9日，谷牧在听取广州、湛江两市负责人汇报时作了讲话，指出：广州经济技术开发区不能再搞一般的引进加工业，而要搞技术密集型、知识密集型的工业，"不要急于求成，全面铺开，要一小块一小块地搞"①。7月23日，省政府组织有关部门的负责人到黄埔区东缘现场勘察，审议规划大纲。8月，经省委、省政府批准《广州开发区规划大纲》作为广州市总体规划的一个组成部分上报国务院审批。12月5日，国务院批复广东省人民政府《关于做好广州市对外开放工作的报告》，同意广州市在抓好老企业技术改造的同时，有计划、有步骤地兴办经济技术开发区，位置定于黄埔区东缘、珠江和东江干流交汇处，总面积为9.6平方公里，首期开发夏港两侧，面积2.6平方公里。

开发区兴办宗旨和建设目标是：从广州市经济结构的特点和优势出发，引进国外资金、引进先进技术、引进现代化的管理方法和引进专业技术人才，开发新技术、新产品，为全市、全省和内地企业的技术进步服务。开发区建设项目强调技术的先进性和现代化水平，其目标是要建设一个现代化的花园式的科技、生产、经营相结合的新技术工业城区，成为广州引进、消化、推广和开发新技术的基地。开发区按照不同功能，划分为南围综合区、港前工业区、东基工业区、西基工业区、北围工业区和云埔（东）区等六个小区。为加快开发区建设速度，国家和省、市有关部门陆续在开发区内设置派出机构，为国内外的投资者提供业务上的方便。银行、海关、边防检查、商品检验以及工商登记、税务等在区内设立办事机构，开展业务。根据国家有关扩大自主权的规定，开发区给予前来投资、合作和进行贸易活动的国内外人士、企业提供一系列优惠待遇。开发区管理委员会根据市政府授权，参照经济特区的规定，审批外资引进项目，为投资者提供方便快捷的服务，并按照有关条例、法规保证投资者的合法权益。在省、市有关部门支持帮助下，先后拟订出开发区暂行条例以及技术引进、土地管理、工商税收、企业劳动工资管理、企业登记管理等7个规

---

① 中共广东省委办公厅：《中央对广东工作指示汇编（1983年—1985年）》，第166页。

章草案，上报市政府审批后颁布施行。1984年12月28日，广州经济技术开发区举行奠基典礼，拉开建设序幕。

国家、广东省和广州市对广州开发区的建设十分重视。国家给予2.35亿元开发性贷款；广东省专门从财政拨款3000万元作为开办费，这是全国其他沿海城市开发区所没有的（其他只有银行贷款）；广州市给予1.05亿元的财政补贴（1989年以前的总数）和1.85亿元银行贷款。开发区遵循"开发一片，建成一片，逐片开发"的指导方针，首期开发南围综合区和港前工业区共2.6平方公里，然后滚动开发。到1991年底，经过8年的开发建设，全区累计完成基础设施投资6.93亿元，在已开发的5平方公里的土地上，实现"七通一平"（通路、通水、通电、通信、通气、通排水、通排污、土地平整），基础设施不断完善，为投资者投入建设项目创造了必要的条件。到1987年底，广州开发区累计完成基本建设投资4.65亿元，兴建了一大批厂房及配套设施，共批准各类投资项目合同198个，投资总额6.03亿元，其中外商投资企业48个，投资总额4.67亿元，实际引进外资1.32亿美元。引进比较好的企业有美特容器厂，是全国十家最大的合资企业之一。此外，开发区还批准内联、自营项目。广州经济技术开发区已由昔日只有3间集体小厂的乡村变成了广州对外开放的窗口和试验基地。

湛江市及其经济技术开发区的建设，省委、省政府也大力扶持。湛江市位于祖国大陆南端的雷州半岛东北部，由赤坎和霞山两个区组成，中间相隔好几公里。湛江市是粤西政治、经济、文化、交通的中心，有著名的天然良港，是中国对外贸易港口之一。1984年7月下旬，省长梁灵光带领省直有关部门的负责人前往湛江，和当地党政负责人共同研究湛江的发展规划。湛江原有工业基础较差，技术力量薄弱，海外华侨、港澳同胞较少，这是湛江的弱点。因此，经过研究，决定湛江的发展计划，应根据湛江是国内少有的深水良港，背靠桂、滇、川、黔广大的经济腹地，南海西部石油和油气资源前景良好，西部石油公司和茂名石油公司已有相当雄厚的基础和技术力量，以及正在兴修三（水）茂（名）铁路等情况，打破现有行政区划的界限，按照经济规律和合理流向，充分发挥湛江的优势，把湛江逐步建设成为我国南方大港，成为我国大西南的进出口基地；成为我国南海西部的石油开发、加工和化工基地（包括茂名在内），并以此带动工业、农林牧业、海洋、旅游以及其他经济行业的发展，成为粤西经济文化中心，带动整个粤西经济的发展，并可促进、支援海南岛的开发。

湛江经济技术开发区设在赤坎和霞山之间，总面积 9.2 平方公里，国务院于 1984 年 11 月批准兴办。根据"全面规划，分片开发，建成一片，收效一片"的方针，头三年主要集中力量建设了 0.9 平方公里的起步区，完成基本建设投资 2835 万元，实现"五通一平"，竣工的工业、民用建筑 10 万平方米，初步形成了较好的投资环境。到 1987 年，正式投产的项目有 29 个，其中有 10 家是投资规模较大、技术水平较高、开拓国际市场前景较好的骨干企业。湛江市努力引进外资和先进技术，同时加强国内横向经济联合，使一批老企业得到了更新改造，装备了一批具有国内外先进水平的技术设备，如发展家用电器、复合板等一批技术密集型、外向型的企业。

当时广东省、湛江市虽然对把湛江港建成我国南方大港的重要意义有了一定的认识，但是由于缺乏资金，加上其他条件所限，经济社会发展不尽如人意，与珠三角地区的差距逐渐拉大，尚难起到带动整个粤西经济大发展的作用。[1]

■ 珠江三角洲经济开放区的设立

1983 年 6 月，任仲夷、梁灵光赴京参加中央工作会议，向国务院总理汇报开发珠江三角洲的设想，得到支持。广东随即组织对珠江三角洲经济区的调查研究和规划。同年 12 月，国务委员谷牧视察了珠江三角洲的深圳、江门、佛山等地。12 月 12 日，省委、省政府向谷牧汇报了《珠江三角洲经济区规划的初步设想》和需要请示中央帮助解决的一些问题。谷牧肯定了广东这一设想，并提出修改意见。省长梁灵光在省六届人大一次会议上提出："珠江三角洲是我省最富庶的地区，有临近港澳和著名侨乡的

---

① 梁灵光：《梁灵光回忆录》，中共党史出版社 1996 年版，第 573 页。

优势。我们要运用特殊政策、灵活措施，以广州为中心，以深圳、珠海为窗口，以中小城市为骨干，以广大农村为腹地，以南海油田为依托，形成开放型、综合型的经济网络，加快发展步伐。"要以珠江三角洲支援、带动山区和其他地区，促进全省经济的发展。①

1984 年 11 月，国务院总理视察了广州、佛山、江门、珠海、深圳和南海、顺德、新会、中山、东莞等市、县，听取了情况汇报，肯定了各地改革开放以来所取得的巨大成绩，并提出要加快沿海开放地带经济的发展，以带动内地经济的开发。12 月下旬，省委召开市、地委书记会议，传达贯彻国务院总理视察广东工作的指示和谷牧主持召开的广东、福建两省会议精神。12 月 27 日，任仲夷在会上作了系统的总结，其中在对外开放方面，提出外贸要认真落实国务院领导同志关于珠江三角洲地区鲜活商品出口直来直去以及扩大食品出口等指示。梁灵光提出，建立珠江三角洲经济开放区，走贸工农的路子，进一步发挥优势，把对外引进和对内联合、把沿海的发展和内地的开发结合起来，带动腹地和山区经济的发展。会后，省委、省政府更广泛地听取专家和各市、地、县的意见，进一步完善充实初步设想。1985 年 1 月 25 日至 31 日，国务院在北京召开长江三角洲、珠江三角洲和闽南厦（门）漳（州）泉（州）三角地区座谈会。广东由梁灵光率团参加。会上，传达了中共中央、国务院关于开辟沿海经济开放区的决定和邓小平有关讲话，着重讨论了如何贯彻落实的问题。1985年 2 月 18 日，中共中央、国务院发出通知，决定在长江三角洲、珠江三角洲和闽南厦漳泉三角地区开辟沿海经济开放区。通知指出：这是中国实施对内搞活经济、对外实行开放的又一重要步骤，是社会主义建设中具有重要战略意义的布局。这三个经济开放区应逐步形成贸——工——农型的生产结构，即按出口贸易的需要发展加工工业，按加工的需要发展农业和其

---

① 梁灵光：《开放、改革 努力开创社会主义现代化建设新局面》（1984 年 6 月25 日），载广东省人民政府办公厅：《广东省人民政府政府工作报告汇编》（1979—2016），广东人民出版社 2016 年版，第 455 页。

他的原材料的生产。①

　　珠江三角洲经济开放区包括 4 市 12 县：佛山市及所辖中山市、南海县、顺德县、高明县；江门市及所辖开平县、新会县、台山县、鹤山县、恩平县；广州市所辖番禺县、增城县；深圳市所辖宝安县；珠海市所辖斗门县；惠阳地区所辖东莞县。当时总人口 951 万，总面积 21492 平方公里。1986 年、1987 年，经国务院批准，开放区扩大到"大三角"范围，新增：佛山市所辖三水县；广州市所辖花县、从化县；肇庆市及其所辖高要县、四会县、广宁县；惠州市及其所辖惠阳县、惠东县、博罗县；清远市；珠海市所辖香洲区等，扩大为 28 个市、县及一个郊区，土地面积 4.43 万平方公里，人口 1576.65 万人，分别占全省的 24.9% 和 27.0%。1985 年 4 月中旬，省政府召开珠江三角洲经济开放区规划工作会议，讨论发展鲜活商品出口规划的设想，布置制定发展工业品出口规划的工作，对外贸体制改革和鼓励出口的政策措施交换意见。确定开放区规划分三步走：第一步，制定鲜活商品出口规划；第二步，制定发展工业品出口规划；第三步，制定出经济开放区整体发展规划。为保证开放区健康发展，省政府成立珠江三角洲经济开放区规划领导小组，负责统一规划，组织协调，调查研究和情况综合等工作。

　　根据广东省制定的珠江三角洲开放区规划，选择一些工业基础好、出口能力较强、具有为大中城市生产提供配套产品或加工服务的条件、周围农村经济比较发达、交通运输比较发达的城镇设置重点工业卫星镇。截至1985 年底，经省政府批准，在开放区建立重点卫星镇 118 个，占开放区镇总数的六成；扩大为"大三角"后，增至 242 个。同时建立了出口生产体系项目 429 个。按照国家和广东省有关政策，卫星镇在扩大自主管理权限，拥有更多更大办事权力，并在财政、税收、对外经济贸易等方面享受优惠政策（比如卫星镇企业进口设备免征关税），这对当地工业的发展，起到了重要的推动作用。经过大力扶持，各地乡镇企业如雨后春笋般涌现，

----

① 中共广东省委党史研究室编：《中国共产党广东历史大事记》（1949.10—2004.9）广东人民出版社 2005 年版，第 421 页。

"三资"企业和"三来一补"企业星罗棋布，许多乡镇成为门类众多的工业基地，成为充满生机与活力对外开放的地区。这对吸引外商投资，提高贸易出口能力，加速经济发展和城乡一体化，发挥了重要的作用。

珠江三角洲经济开放区运用国家和广东省给予的优惠政策措施，走贸工农结合的道路，按国际市场需要和国际标准生产，大大提高了市场竞争能力，经济发展取得了可喜成绩：16 个市、县工农业大幅度增长，工农业总产值 1979 年到 1985 年平均递增 16.6%，高于全省平均水平；对外经济贸易发展迅速，对外贸易收购总值，1985 年比 1978 年翻了两番多；建立了一批农业鲜活商品基地，为出口港澳和海外提供了大量货源；乡镇企业大崛起，成为珠江三角洲经济的重要支柱，1985 年开放区乡镇企业总收入 98.88 亿元，比 1980 年增长 3.23 倍。①

■ 海南岛开发建设的加快

海南岛②是中国仅次于台湾岛的第二大岛，面积 3.392 万平方公里，1983 年人口为 570 万，热带、亚热带作物，矿产和盐业资源丰富，是中国少有的一块热带、亚热带的宝地。新中国成立前，海南地区经济十分落后，许多地方长期保留"刀耕火种"的原始生产方式，工业几乎空白，仅有一些民间作坊。新中国成立后，国家对海南岛的开发、建设较为关心，在人力、物力、财力上给予支援。从 1950 年到 1982 年，国家共投资 50 多亿元开发建设海南岛，各项建设有了较大的发展，打下一定的基础。但是，由于各种条件所限，海南岛生产条件落后，加上在政策和工作上的一些问题没有解决好，因而经济发展受到严重制约，发展速度低于全国和全省平均水平。究其主要原因，一是海南地处国防前线，处于半封闭状态，国家没有安排重点投资，基础设施较差；二是强调以粮为纲，要求海南粮

---

① 梁灵光：《梁灵光回忆录》，中共党史出版社 1996 年版，第 585 页。

② 1988 年 4 月，七届全国人大一次会议作出决定，海南从广东省划出单独建省，并建立海南经济特区。

食尽量实行自给，未发挥热带亚热带优势去发展经济价值比较高的热带作物；三是海南每年向国家上交大量的橡胶、优质铁矿石，地方所得利润分成很小，机动财力有限，无法大量投入资金，生产滞后。①

改革开放后，海南岛的开发建设出现新转机。国务院对海南岛的发展十分关心和重视，1980 年 6 月 30 日至 7 月 11 日，在北京召开了海南问题座谈会，参加会议的有中央有关部委和广东省、海南行政区的有关负责人。会议就海南岛今后农业发展方针、发挥海南地区优势、解决海南岛农场和社队之间矛盾、放宽政策、把经济搞活等问题进行了研究。7 月 8 日，万里、余秋里、方毅、谷牧等党和国家负责同志听取了广东省刘田夫、罗天、薛光军等的汇报。7 月 24 日，国务院批转《海南岛问题座谈会纪要》。该纪要明确了海南今后发展农业的方针，提出了国营和社队两条腿走路、加速发展橡胶和其他热带作物生产、恢复和发展森林资源、建立新的生态平衡、放宽政策、搞活经济以及正确解决社场纠纷问题的原则。特别批准海南的对外经济活动可参照深圳、珠海的办法，给予较大的权限。这次座谈会对解决海南岛问题起到重要的作用。1981 年 9 月，广东省政府专门作出《关于加快海南岛开发建设的几个问题的决定》。在中央和广东省的关怀支持下，海南经济状况开始逐步好转，扭转了国民经济多年徘徊不前的局面，对外经济工作也开始有了起色。

1982 年 12 月 12 日，谷牧和王震在北京约请国务委员张劲夫和广东省负责人任仲夷、刘田夫以及国家农村部门有关负责人，讨论如何充分利用国内外的有利条件，采取有力措施，扩大对外开放，加快开发建设海南岛的问题。这次会议研究给海南以比广东、福建两省更为放宽的政策和自主权，让其参照经济特区的办法以及解决海南岛燃料、规划和基础设施建设等问题。② 1982 年底至 1983 年春，谷牧、胡耀邦等先后视察海南，同广东省负责人任仲夷、刘田夫和海南行政区负责人研究加快海南开发建设问题。1982 年二三月，谷牧受中共中央、国务院委托，召集国务院有关部门

---

① 刘田夫：《刘田夫回忆录》，中共党史出版社 1995 年版，第 468 页。
② 刘田夫：《刘田夫回忆录》，中共党史出版社 1995 年版，第 472 页。

负责人对开发海南问题进行研究。4月1日，中共中央、国务院批转《加快海南岛开发建设问题讨论纪要》，指出：海南岛战略地位十分重要。开发建设好这个资源丰富的宝岛，对加强民族团结，实现国家四化，巩固南海国防都有重要的意义。中央决定加快海南的开发建设，在政策上放宽，给以较多的自主权。中央要求国家各有关部门从人、财、物上积极给予必要的直接支持，并要求广东省和海南行政区党政机关都要扎扎实实做好工作，加强并改善对经济建设的领导，发动群众，艰苦奋斗，努力开创海南建设的新局面。[①]该纪要要求海南行政区积极稳妥地利用外资，引进先进技术，发展进出口贸易和旅游事业，以对外开放促进内部开发。海南不作为经济特区，但在对外经济合作方面给以较多的自主权。《中共中央、国务院关于批转〈加快海南岛开发建设问题讨论纪要〉的通知》下发后，海南人民反映非常强烈。1983年5月，海南召开区县委书记、县长会议。广东省省长梁灵光出席了会议并讲话，他要求海南行政区坚决贯彻落实中央文件的精神，认真搞好全面规制，以开放促开发，充分发挥海南资源丰富的优势，把经济搞活，要抓紧机构改革，加强各族人民团结，万众一心，把宝岛建设好。[②]

自中央决定加快海南岛开发建设以来，国务院有关部门和广东省有关部门都到海南调查研究，帮助海南制订各项规划和措施，在人、财、物方面给予很大支持。1984年，国务院及有关部门支持海南的项目投资额共达6亿元。广东省政府及有关部门也拨出专款，大力支持海南解决交通、能源等问题。1984年，海南经济建设显著加快，工农业总产值比上年增长20%以上，外引内联项目以及对外出口大幅增加。人民生活有了改善。但是，海南行政区领导班子在加快经济建设中，贪大求快，急于求成。由于资金短缺，他们便千方百计搞集资。当时中央给海南的政策比深圳还优惠，批准海南只要不出本岛，可以自己进口汽车、家用电器等物资，而且

---

① 中共广东省委党史研究室编：《中国共产党广东历史大事记》（1949.10—2004.9）广东人民出版社2005年版，第369页。

② 梁灵光：《梁灵光回忆录》，中共党史出版社1996年版，第587页。

还免纳关税。于是他们利用这个优惠条件，在 1984 年初批准下属单位进口一批汽车。但一些买车单位却违反规定，把车辆转卖出岛，以牟取暴利。倒卖风迅速蔓延开来。他们冲击国家计划，违反国家外汇管理规定，没有钱就向银行借债，没有外币就到珠江三角洲等地高价抢购港币，致使倒卖风愈演愈烈，出现了全民倒卖进口汽车的混乱局面，也使海南对外开放偏离了方向，走了弯路。1985 年，经中央纪委和广东省纪委组成联合调查组调查，据统计，从 1984 年 1 月至 1985 年 3 月 5 日，海南采取错误的做法，先后批准进口 8.9 万多辆汽车、260 万台电视机和其他物资，然后倒卖出岛，造成了震动全国的"海南汽车事件"。4 月 29 日，广东省委作出决定，对海南有关党政负责人在进口倒卖汽车等问题上所犯错误进行了严肃处理。

"海南汽车事件"后，中共中央、国务院明确宣布，对海南岛开发建设的各项基本政策和方针不变。海南区党委、区政府认真总结教训，迅速组织力量，对全岛的发展战略重新进行调查研究，并在全岛干部群众中广泛进行讨论，制定出立足本岛资源优势，扬长避短，以开放促开发的发展规划。其要点是：

其一，在产业结构上，必须把因地制宜地发展湿热带农业放在首位。首先是大力发展湿热带农业、海产品；其次是积极发展热带农副产品加工工业，并逐步建立起以加工本岛资源为主的工业结构；再次是努力发展旅游业。

其二，积极开展外引内联。参照经济特区的做法，给外来投资者以优惠待遇，吸引外资、侨资，同时加强与国内各地的横向经济联合，使内地的优势与海南岛的资源优势结合起来。

其三，集中资金，加强交通、能源、通信等基础设施的建设。重点发展海上运输，加强岛内公路建设，还要完成海口机场和三亚机场的扩建、改造工程。在能源方面，以发展电力为中心。

其四，加强智力投资，努力办好教育、科技和文化事业。

海南执行以开放促开发的方针，认真执行和遵守国家制定的各项政策和法规，积极发展实业，海南的经济建设在纠正错误后又迈开了前进的步伐，取得丰硕的成果。到1987年底，海南工农业总产值达到45.62亿元，比1982年增长54.9%；外资出口达到1.15亿美元，比1982年增长5.5倍。1987年与1980年相比，全区农民纯收入增长2.8倍，农民所有制职工人均工资增长46%，城乡人民储蓄增加。农业连续获得好收成，交通、能源、通信发展迅速，外引内联比较活跃，地方财政收入增加，商业购销两旺，人民生活水平提高。①

随着对外开放不断扩大，广东拥有三个经济特区，两个沿海开放城市，四个经济技术开发区，六个高新技术区，近四十个经济试验开发区，二十个市都实行沿海开放区政策，形成了多层次、多形式、多功能的全方位对外开放新格局。

---

① 《当代中国》丛书编辑部：《当代中国的广东》（下），当代中国出版社1991年版，第41—42页。

第三章　外贸体制改革与外经贸发展

计划经济下的外贸体制存在政企不分、独家经营、吃"大锅饭"的弊端。出口贸易由外贸专业公司统制；外贸行政部门对外贸经营干预过多，管理过死；专业外贸公司统购包销，统支统收，统负盈亏，造成进口难出口也难的局面。自中央确定广东实行外贸包干体制后，广东抓住有利时机，采取"以外经促进外贸发展，以外贸发展增强外经实力"策略和"两头在外，以进养出"措施，发展对外经济。省委、省政府要求干部走出省门，跨出国门，学会利用国内国外两种资源，开拓国内国外两个市场，学会组织国内建设和发展对外经济贸易两套本领。广东对"闭关锁国"和"独家经营"的对外经济贸易体制进行改革，实行多层次、多形式的对外经济结构。此外，还相应改革外汇管理制度，用汇和创汇相结合，多创汇多用汇。进出口经营也形式多样，除了通用的进出口贸易形式外，还有易货贸易、代理出口、联营、来料来样加工等等。

■ 对外贸易体制的进一步改革

1980 年至 1983 年，广东对外贸易①经营实行大包干，即对对外贸易企业

---

① 按照现行规范，我国对外贸易，是我国对国外的贸易，大陆与台湾之间、内地与港澳地区之间的贸易，是我国国内的不同关境之间的贸易。因此，对港澳台贸易不能称之为对外贸易，港澳台投资企业不能称之为外商投资企业，港澳台资本也不能称之为外资。需要指出的是，作为史学著作，本书在涉及改革开放初期有关对外贸易、外资、外商等方面的表述时，采取尊重当时实际情况的做法，并未将对港澳台贸易、港澳台企业、港澳台资本进行严格划分，而是沿用当时特定语境下的表述。

实行以出口收汇、出口成本、盈亏总额 3 项指标为中心的定额管理和增盈减亏分成的措施。在实行大包干的几年里，广东货源出口创汇超过 70 亿美元，其中上缴国家 37 亿美元，广东按比例留成 22 亿美元。这是外贸体制改革的一次大胆尝试。但这种大包干做法因种种原因，到 1984 年即被终止，改为全额留成。

1984 年 9 月，国务院批转了对外经济贸易部关于外贸体制改革意见的报告后，广东省根据这一文件精神，对广东外贸体制进行了一系列新的改革。

其一，下放外贸经营权，调动地方、部门特别是企业的积极性。国际市场瞬息万变，按照过去那一套外贸体制是不适宜的。为了有利于开展对外贸易，广东按产销结合，工（农）贸、技贸结合，内外销结合的原则，逐步将部分商品的进出口的经营权下放给市、地、县与公司，建立一批直接面对国际市场的外贸公司，初步形成了多渠道、多层次、多形式、多元化的外贸经营格局。到 1985 年，全省拥有进出口经营权的地方性外贸公司 733 家，在港澳地区和国外建立外贸点 120 多个，兴办 500 多家经贸企业，开展代理出口、联营出口以及易货贸易、三角贸易等业务。在巩固提高港澳市场的基础上，重点开拓北美、西欧市场，积极扩大对日本、中东、东南亚等国家和地区出口，发展对苏联、东欧贸易，把生意做到五大洲 156 个国家和地区，形成了"广东——香港——远洋市场"或"广东——远洋市场"的国际销售体系。广东还赋予广州绢麻厂等一批生产企业外贸经营权，使之直接进入国际市场，1983 年全省自营出口的生产企业有 283 家。

其二，积极发展外贸出口基地，建立和完善工贸、农贸、技贸相结合的生产体系。广东实行"以出口创汇为中心，以建立出口生产体系和国际销售体系为重点，两翼齐飞"的方针。围绕出口创汇这个中心，改变过去"生产什么就出口什么"的传统做法，以国际市场"出口需要什么就生产什么"，不断拓展对外贸易的新路。广东投资数十亿元，建成出口生产体系的项目 1445 项，兴办了出口基地 4000 多个，对外贸易有了稳定的货源。珠江三角洲以出口创汇为目标，按照国际市场需求组织生产出口。成千上万家"三资"企业和"三来一补"企业遍布城乡各地。这些出口基地和出口生产体系，实行工贸、技贸、贸工农相结合，形成了以出口为龙头、以出口生产企业为骨干的经济联合体。这些企业直接产销见面，了解国际市场各种行情及信息。为了适应外贸的需要，他们引进先进技术设备和优良品种，努力调整出口商品结构，增加加工制成品的出口，逐步增加"两头在外"产品的比重。它们还改变出口市场结构，在巩固传统市场的同时，不断开拓新的海外市场。

其三，改革外贸体制。1987 年，广东外贸企业引入竞争机制，在全国率先全面实行承包经营责任制。1988 年 4 月，省政府颁发《〈广东省加快和深化对外贸易体制改革方案〉的通知》，就承包方式、外汇留成和补贴政策等，提出了改革方案。随后，逐步推行和完善"统一政策、平等竞争、自主经营、自负盈亏、工贸结合、推行代理制、联合统一对外"的外贸体制。① 广东贯彻国家确定的对外贸易企业实行与出口收汇挂钩等奖励政策和尝试在外贸企业中实行归口承包经济责任制的决定，实行"条条承包，包到企业，条块保证"的做法，把中央下达的出口承包指标层层落实到外贸、工贸企业。在外经贸部门，建立出口量化分析制度，加强了对出口承包指标完成情况的监控。② 实行承包责任制，有效地调动了外贸部门和地方开展对外贸易的积极性，改变了外贸企业长期以来财政统负盈亏的吃"大锅饭"的局面。外贸企业在向国家出口收汇、上交外汇和经济效益指标的情况下，企业实行自主经营、核定核算、自负盈亏的财务管理制度。企业留成外汇及超出收汇归企业使用。省实行地方留成有偿使用政策，限入奖出，并正确引导外汇使用方法，控制某些消费品的进口，加强进出口的管理，合理分配出口额许可证，限制盲目竞相出口。实行外贸承包责任制，出口的经济效益、经营管理水平有了明显的提高，有效地促进了广东对外经济贸易的发展。

----

① 《广东省人民政府关于下达〈广东省十年规划和"八五"计划纲要〉的通知》（1991 年 5 月 3 日）。

② 叶选平：《政府工作报告——在广东省第七届人民代表大会第二次会议上》（1989 年 3 月 2 日）。

其四，增设口岸，提高通过能力。口岸是国家的重要门户，也是我国与世界各地进行友好往来、发展对外贸易、技术合作、文化交流的重要通道。为了方便各地外贸商品特别是针对港澳鲜活商品的出口，促进外经活动和科技文化的交流，广东在海关总署的支持下，增设海关与联检站以及办事处或起运点、装卸点。这些增设机构，一般由地方投资建成海关与边防、商检、防疫、动植物等检查站的办公楼和职工宿舍，无偿交给各单位使用。虽然投资很大，但有利于当地进出口，所以各地都积极兴办。1978年底，广东共设置对外开放口岸9个，到1989年底，全省52个市、县都建立了对外开放口岸，其中一类口岸36个，占全国四分之一，二类口岸128个，占全国的五分之三，广东成为全国口岸最多的省份。全省基本构成了国家对外开放口岸与地方兼有、海空口岸俱全、客货运设施配套的口岸网点，基本适应了广东多层次、多形式开放格局的需要。

广东通过对外贸体制的改革，大大促进了外贸事业的发展。在国际市场不振、竞争日趋激烈、贸易保护主义抬头的情况下，广东出口贸易仍保持良好的发展势头。从1979年至1988年的10年间，广东累计出口总额达335.5亿美元，相当于改革开放前29年的2.6倍，年均递增18.4%，远远高于全国平均水平。1990年，广东出口总值突破100亿美元大关。从1986年起，广东出口总值连续10多年名列全国各省、市、区的第一位，商品出口量占全国四成以上。出口贸易的较快发展，有力地支持了全省国民经济的持续稳定发展。

■ 利用外资和引进先进技术

在利用外资和引进先进技术方面，广东制定了一系列吸引外商投资的优惠政策和涉外法规，创造了一个比较好的投资环境；在引进先进技术设备方面，广东还注重加强宏观指导，取得了明显成效。

其一，简化审批手续，提高办事效率，利用外资成效显著。省政府规定，凡符合国家和省规定的投资方向，外汇收支与配套资金能自行平衡，原材料、燃料、动力等不需要省综合平衡，产品出口不涉及配额、许可证的外商直接投资生产项目，视不同情况，给予市、省直厅局、县 300 万美元至 3000 万美元的审批权限；外商独资企业，产品全部出口外销的各市、县可自行审批。省成立外资投资企业协会和外商投资企业服务中心，组织行业的协调、"三资"企业的交流，接受"三资"企业的投诉并做好服务工作；注意简化审批手续，提高办事效率，逐步做到对外"一个口"，审批"一支笔"，服务"一条龙"。① 从 1979 年至 1990 年，全省实际利用外资 124 亿美元，其中 80% 是侨资；全省同期接受侨胞、港澳同胞捐赠公益事业款物折人民币共计 49 亿元。改革开放头 10 年，广东利用外资年平均递增 44%。到 1988 年底，已登记注册的"三资"企业发展到 8600 家，约占全国总数的一半。广东利用外资，从初期的加工装配、补偿贸易的形式，发展到举办中外合资、合作、外商独资经营企业以及对外借款、发行债券、股票、国际租赁等多种形式；从投资规模较小的项目发展到上千万、上亿美元的大中型项目；从初期投资主要来自港、澳扩展到北美、西欧、日本和东南亚等 29 个国家和地区；利用外资区域从经济特区、沿海城市扩展到内地和山区，形成了一个多层次、多渠道、多元化利用外资，发展外向型经济的格局。利用外资，不仅促进了广东外向型经济的大发展，而且也有效地解决了建设资金的来源问题。②

其二，引进先进技术，提高经济效益。广东把利用外资与增强出口创汇能力和企业技术改造有机地结合起来，做到有计划地引进，充分考虑偿还能力，配套能力与消化能力。引进技术从开始引进单机、装配线从事加工装配、维修服务，发展到引进先进生产线和制造技术，从初期引进一般技术设备，发展到中后期以引进先进技术设备为主，并对引进技术进行消化、吸收、创新，逐步建立起引进先进技术与科研相结合的消化、创新体系，提高零部件国产化的水平，提高经济效益和社会效益。到 1988 年底，广东 10 年间累计引进近百万台（套）技术设备和 2400 多条生产线。这些技术设备七成以上具有 20 世纪 70 年代末、80 年代初的国际水平，使全省

---

① 《广东年鉴》，广东人民出版社 1989 年版，第 39 页。
② 林若：《改革开放与广东经济的发展》，《求是》1989 年第 18 期。

半数以上的老企业的技术设备得到了不同程度的更新改造，促进了地方产品更新换代，提高出口创汇能力。1988年广东国民生产总值已有四分之一是在境外实现的，国民收入总额有四分之一来自境外，建设资金也有四分之一来自境外。广东外向型经济结构已经初露端倪。①

广东对外经济贸易虽然取得较大的成绩，但也存在一些问题，主要是"六五"期间在统筹留成外汇用于技术改造方面仍有偏差，仅占15%，重复引进多，消费品的生产资料引进多，机械部门引进少。省委、省政府发现这些问题后，加强了对留成外汇使用的宏观指导，重点放在引进先进技术、生产性、创汇性项目和老企业的技术改造上，严格控制消费品生产资料的大量进口。

■ "三来一补""三资"企业的发展

广东与香港、澳门地域相连，方言习俗相同。历史上，港澳曾经是广东行政区划的组成部分，其居民大多数是广东籍。由于人缘地缘的关系，粤、港、澳三地经济具有很强的互补性和天然的联系。香港从20世纪60年代开始，经济快速发展，逐渐成为现代化的国际性工商业大都市，被誉为太平洋地区的经济明星和亚洲"四小龙"之一。澳门的经济也有了很大的发展。但香港、澳门是弹丸之地，劳动力报酬高，发展劳动密集型的各种制造业已经没有多大的余地。而广东区域面积广阔，劳动力资源丰富，这就为粤、港、澳三地经济合作提供了可能。

中共十一届三中全会之后，对外经济活动日益活跃，粤港澳三地合作进入快速发展阶段。广东针对资金紧缺无法大量投资发展经济的情况，充分运用中央给予的特殊政策、灵活措施，抓住国际第三次产业大调整的有利时机，发挥广东独特的地缘人缘的优势，实行粤港澳三地优势互补，大胆引进外资和先进技术、设备进行经济建设。起初，广东主要发展投资少、见效快、效益高、风险小的"三来一补"企业，与香港、澳门形成

---

① 《广东年鉴》，广东人民出版社1989年版，第38页。

"前店后厂"关系。然后，积极引导外商向"三资"（中外合资、合作、外商独资）方向发展。珠江三角洲地区用少量投资，兴建工业厂房以及供水供电等设施，"筑巢引凤"，吸引外商前来投资办实业。

广东以吸引港澳的中小厂商到珠江三角洲发展"三来一补"的加工贸易为突破口，带动广东劳动密集型加工业务兴起。刚起步时，以从事加工装配、服务项目为主，外商直接投资项目较少。1981 年至 1985 年，港澳同胞和外商投资项目有较大的增长，共签订合同 3732 宗，实际利用外资 17.7 亿美元，生产性和非生产性项目各占一半，兴办了一批中小生产性项目和旅游服务设施，使全省投资环境有了较大的改善。20 世纪 80 年代中后期，粤港澳三地合作扩展。港澳厂商瞄准内地低工资、低地价、低税率的优势和市场潜力，把制造业中劳动密集型的生产工序及生产线大规模迁入广东。外商投资也从开始以商业、饮食服务业、旅游业、房地产业等非生产性项目为主，逐步转变为以生产性、外向型项目为主，投资规模也由小项目发展到上千万上亿美元的大中型的生产项目，重点投资到基础工业、创汇性企业和老企业技术改造以及交通、能源、通信等基础建设方面。

发展"三来一补"业务是广东利用外资的一种非常有效的方式，发展最快，普及面最广。从 1979 年至 1988 年，全省对外签订"三来一补"合同 7.93 万宗，实际利用外资 11.61 亿美元，工缴费收入共 19.1 亿美元，占全省实际利用外资总额的 14.6%，逾万家"三来一补"企业遍布全省各地，从业人员 100 万人，形成了星罗棋布的对外加工网，带动了乡镇工业的迅速发展。[①] 到 1997 年，全省有"三来一补"企业 5 万家。

兴办"三资"企业，这是广东利用外资的重要内容。1988 年底，全省外商直接投资累计达 39.6 亿美元，占全期全省实际利用外资额 79.29 亿美元的五成，核准登记的"三资"企业 8124 家，占全国"三资"企业总数的六成以上。到 1991 年底，广东共批准"三资"企业达 18537 家，其中

---

① 林若：《改革开放与广东经济的发展》，《求是》1989 年第 8 期；赵君泽主编《岭南星火》，科学普及出版社广州分社 1989 年版，第 54 页。

中外合资企业 8027 家，合作企业 8128 家，独资企业 2382 家。到 1997 年底，全省已批准注册的"三资"企业 7.2 万家，遍及全省各市、县和国民经济各个行业。到广东投资的国家和地区已达 70 多个，300 多家国际跨国公司前来广东投资设厂。外资来源在港澳台投资占主导地位的基础上，日本、瑞典、美国、加拿大、澳大利亚、英国、德国的投资增长较快。①

东莞是珠三角经济发展有突破性成就的地区之一。凭其紧靠国际市场、华侨港澳同胞众多优势，引船入港，借船出海，以对外开放为桥梁，以发展"三来一补"和"三资"企业为突破口，以消化、积聚、拓展、巩固来开发社会生产力，推动经济全面发展。从 1978 年 8 月引进第一家"三来一补"企业开始到 1991 年底，东莞市办起了"三来一补"企业 5000 多家、"三资"企业 700 多家，引进国外先进技术设备 45 万台（套），实际利用外资总额达 13 亿美元，生产加工装配电子、电器、服装等产品超过 15 个行业，4000 多个品种。外向型经济迅猛发展，为东莞带来源源不断的资金，到 1991 年底，全市 10 年来工缴费收入累计超过 20 亿美元，仅 1991 年工缴费收入就达 2.8 亿美元。

广东"三来一补""三资"企业的发展，不仅是社会主义经济必要的有益补充，而且成为广东经济发展的不可缺少的力量，对推动广东经济社会发展起了积极的作用：一是吸纳 700 多万人从业，不但大大减轻广东劳动就业的压力，还为兄弟省份解决了 500 万人员的就业问题，有利于提高人民生活水平，缩小工农差别、城乡差别；二是带动了沿海地区经济发展，有助于广东市场经济的形成，为广东价格改革、搞活流通、培育市场创造了条件；三是通过外商直接投资，大量引进先进技术和设备，推动了广东技术进步，促进社会生产力发展，大大提高了市场竞争能力；四是利用港澳台同胞和外商投资有效地解决建设资金来源的问题，减轻了国家的负担，促使广东产业结构进行合理调整，有利于加强基础产业基础设施建设；五是"三来一补"和"三资"企业以国际市场为导向，引进了对外贸

---

① 黄子强：《广东对外经贸发展与展望》，《广东改革开放二十年纪念文集》（内部资料）1998 年，第 129 页。

易的先进方式、方法、经验等，还引入国际市场竞争机制，为广东国有企业提供了启迪和借鉴，有利于促进广东外向型经济的发展，积极参与国际市场的竞争和交换。

■ 引进先进技术设备改造老企业

广东过去的工业基础差。新中国成立后，国家经济建设长期按照准备打仗这一思路进行布局。广东地处国防前沿，不是国家投资的重点，国家基本上没有在广东安排重大投资项目。广东工业都是靠地方力量搞起来的。因财力、物力有限，到 1980 年，广东预算内的国营企业 2650 多家，地方国营企业 2000 多家，加起来不超过 5000 家。其特点是小、散、旧，大都是中小型企业，设备陈旧，技术落后，生产能力低，经济效益差。广东要走出国门，参与国际竞争，必须引进国外的资金、技术和先进设备，改造老企业，才能提高产品的竞争能力。

省委、省政府经过分析研究，作出一项重大的决策，决定充分利用中央给予广东的特殊政策和灵活措施，大量引进国外先进技术设备，对原有的几千家老企业进行技术改造。通过改造，把原有的老、小、散、旧企业尽快过渡到 80 年代的水平，生产出 80 年代水平的产品投放到市场，使"广货"尽快占领市场，在全国消费者心目中树立起改革开放的良好形象。

中央赋予广东的实行特殊政策和灵活措施，其中一条就是对广东的外汇实行分成，开始是 30% 留给广东，后来广东对中央上缴的外汇实行定额包干，超额部分留给地方。同时，广东"三来一补"企业的工缴费是收取外汇的。广东就利用这些外汇，引进国外先进技术设备，大量改造广东的老企业。

在引进国外先进技术设备的过程中，争论很激烈。有些人还没有摆脱极左思想的影响，讥讽引进先进技术设备是"洋奴哲学""崇洋媚外""爬行主义"，说什么弄得不好要犯大错误。省委、省政府的负责同志顶住压力，在各种场合宣传引进先进技术设备的重要性必要性。先把国外 80 年代的先进技术设备拿过来，改造老企业，在技术上赶上全国、超过全国。

省委、省政府提出各个行业、各地、各市都要有重点地抓紧技术改造和设备更新，力求经过几年的努力，使企业的生产技术达到一个新水平，出现一个崭新面貌。确定技术改造首先要着重抓好提高产品质量，促进产品更新换代；节约能源，节约原材料，改善交通运输条件。同时搞好综合利用，治理"三废"等技改项目。

1982年5月，广东省政府研究编制广东省1983年至1985年重点企业技术改造规划。确定了技术改造规划的指导思想、编制规划的要求、组织机构的组成以及引进技术、项目资金的落实等。决定以广州市及佛山、江门、湛江、汕头等中等城市为重点，充分利用广东毗邻港澳便于引进新技术的有利条件，采用适合本省实际情况的先进技术。逐步克服广东目前存在的能源不足、交通紧张、设备老旧、工艺落后、原材料工业基础差等薄弱环节。提高本省工业生产水平和技术水平，增加适销对路的花色品种，增强产品竞争能力，提高社会经济效益。提出技术改造所需资金，除充分利用各地、市、县及企业自有资金和折旧费外，每年可按5.5亿元人民币和1亿美元外汇编制规划。为保证技术改造规划的实施，省委、省政府决定全省工业技术改造工作由副省长李建安负责抓，并由省经委、计委、外经委等12个单位负责人参加组成企业技术改造工作联席会议，省经委成立一个小组，主持日常工作。同年10月18日，副省长王全国、李建安召开省长办公会议，讨论省经委提出的1983年至1985年工交企业技术改造规划（草案）。会议决定，要以提高经济效益为中心，充分发挥广东的优势，制订出一个切实可行的三年技术规划。1983年的技术改造计划，可按4亿元的规模安排。①

1984年3月25日至4月3日，省政府在广州召开了全省经济工作会议。会议决定：1984、1985两年全省技术引进、技术改造计划，总的规模约5亿美元，配套人民币20亿元，规划了20个行业，60个重点产品、65个配套产品以及三项基础工艺技术，这些都属广东省的优质名牌产品，对

---

① 广东省人民政府办公厅：《广东省人民政府常务会议纪要汇编（1980—1990年）》，第150页。

广东省经济发展将起重要作用。4月10日，省政府办公厅发出通知，要求各地政府、省直属有关单位贯彻执行全省经济工作会议的精神，"要以引进为手段，加快现有企业的技术改造，大力推进技术进步"。①

从1983年始，广东各级政府将80%以上的外汇留成，用于老企业改造。全省出现一个大抓引进和技术改造的热潮。在短短3年多的时间里，广东花了44亿美元，将近100亿人民币，从国外引进生产线，购买先进技术设备，系统地改造了原有的工业企业。到1988年底，全省共引进100多万台（套）技术设备和2400多条生产线，七成以上具有70年代末80年代初国际先进水平。广东这一举措，收到了立竿见影的效果，广东工业面貌发生了巨大变化，综合技术水平有了明显进步，企业的技术、管理和人才等整体素质大大提高，不但恢复了"广货"的声望，一度称雄于国内市场，而且开始参与国际市场的竞争，特别是服装、食品、家用电子电器和建筑装饰材料等产品在全国很有名气。②

------

① 广东省人民政府办公厅：《关于印发李建安等在全省经济工作会议上的讲话的通知》（1984年4月10日）。
② 匡吉：《广东是如何先走一步的》，《同舟共进》1999年第2期。

第四章　综合改革试验区建设与治理整顿

　　1988 年 2 月，中央批准广东成为全国综合改革试验区，赋予广东更大的责任。省委紧紧抓住这一时机，积极谋划如何办好综合改革试验区，为全国改革探路。广东提出 10 项改革内容及措施，在综合改革试验方面开展新的探索，在重点抓好企业改革、加强培育和发展市场体系的同时，十分重视金融、投资、社会保障和政府机构等配套改革，使整个经济体制改革做到重点突破、整体推进。与此同时，开展了为期三年的治理整顿、深化改革工作，取得了明显成效。

■ 确定广东为全国综合改革试验区

　　广东在改革开放中先走一步，广东经济发展快，城乡面貌发生了翻天覆地的变化。到 1987 年，全省初步形成了包括深圳、珠海、汕头三个经济特区，广州、湛江两个沿海开放城市和珠江三角洲在内的大面积开放地带。广东加快了市场体系的发育和成长，迅速扩展了对外经济贸易，发展了社会生产力，增强了经济实力，改善了人民生活。从 1978 年至 1987 年，广东省生产总值由 185.85 亿元增至 846.69 亿元，年平均增长 13.1%，人均地区生产总值由 369 元增至 1450 元，工农业生产总值由 273.98 亿元增至 955.89 亿元，全社会消费品零售总额由 79.86 亿元增至 405.19 亿元，实际利用外资由 0.91 亿美元增至 12.17 亿美元，外贸进出口总额由 15.91 亿美元增至 90.72 亿美元，其中出口由 13.88 亿美元增至 54.44 亿美元，财政收入由 39.46 亿元增至 92.92 亿元，增长一倍多。全社会固定资产投资总额由 27.23 亿元增至 251.01 亿元，超过了 1978 年以前 29 年的总和①。半数以上的老企业得到更新改造，建成了一批设备先进、劳动生产率较高的现代化企业，国民经济各部门的基础得到了加强，社会生产力得到了较大提高。广东经济增长的这种速度，不仅大大高于十一届三中全会前 29 年的增长速度，而且高于亚洲"四小龙"之一的香港在六七十年代经济起飞时的速度。

广东经济社会的发展，除了为全国起到探路的作用之外，对国家也直接作出了较大贡献。改革开放以来，广东上缴中央的收入和外汇不断增加。1979 年，广东省在财政收入、海关关税、银行收入和中央企业收入等几个方面向中央净上缴 12.8 亿元，1988 年则增至 134.5 亿元，增长 9.5 倍。同一时间，广东累计上缴国家外汇达 139 亿美元，超过在此前 30 年的总和②。经济的发展，人民生活的改善，又大大促进了思想解放和观念更新，带来了社会精神风貌的深刻变化。全省科技、教育、文化、卫生、体育事业迅速发展。广大干部群众在实践十一届三中全会路线的基础上，对社会主义的认识产生了新的飞跃，从我国仍处于社会主义初级阶段这一历史特点出发，建设中国特色社会主义的思想不断深入人心，与之相适应的工作方式、生活方式和价值观念逐步形成。全省人民改革开放的意识不断加强，真心实意地拥护党的路线、方针、政策。全省人民从亲身经历和切身利益感到：广东的经济社会发展进入了生机旺盛的"黄金时代"。

20 世纪 80 年代中后期，广东经济发展面临着十分有利的国内国际环境。国际经济关系发生的一系列新变化，使亚太地区特别是香港日益明显地成为世界经济最具活力的地区。这个现实对于广东经济更多地参与国际分工和国际市场竞争，是一个良好的机遇。1987 年后，广东包括外贸出口在内的对外经济活动发展非常迅猛，尤其是沿海地区的"三来一补"业务，更是空前活跃。前来广东洽谈办厂的，不仅有港澳商人，有日、美、

---

① 谢非：《广东改革开放探索》，中共中央党校出版社 1998 年版，第 876 页。

② 蔡东士、尹国强：《辐射与冲击——广东 10 年改革开放综述》，《南方日报》1989 年 5 月 6 日。

加和西欧商人，还有过去从未接触过的东南亚、韩国及中国台湾地区的商人。外商纷纷进入广东，反映了当时国际经济关系的一种新变动：由于日元大幅度升值，韩国、中国台湾地区货币也跟随升值，削弱了其商品在国际市场上的竞争能力。因此，不仅投放在这些国家和地区的国际资本要转移出来，日本、韩国和中国台湾地区自身的资本尤其是劳动密集型等产业也要向中国大陆转移。美、加、欧等西方国家正处于新技术革命前夜，技术设备更新换代的周期缩短，加上高消费所造成的高费用困扰，需将一般的制造业向外转移。而世界上许多不发达国家和地区，不是政局不稳，就是负债累累，因而西方资本都瞩目于香港—内地沿海地区。香港因有特别优越的经济地理条件，加上"前途"问题解决了，政局稳定，港币汇价又低，于是成为世界少有的良好投资场所。1987年，香港经济活动空前活跃，经济增长率达到25%，出口增加47%，订单多而劳工紧缺，港商应接不暇，遂纷纷到毗邻的广东找出路。东南亚地区不少国家也放宽了华人到中国投资的政策，这些华人多数祖籍广东，因而多以广东为首选投资地区。

当时，广东正面临着与20世纪六七十年代亚洲"四小龙"经济起飞时类似的情形。机不可失，时不我待。为了抓住这一难得的机遇，省委、省政府于1987年10月12日向中共中央、国务院报送了《关于充分利用当前机遇加速经济发展的请示》，请求中央重申对广东实行特殊政策和灵活措施；扩大珠江三角洲开放区优惠政策在广东省的应用范围；放宽利用外资、侨资的政策；下放生产性项目的投资审批权；继续让广东省实行财政包干体制。10月16日，中共中央代总书记、国务院总理赵紫阳对广东的请示作出批示，支持广东抓住时机组织经济起飞。10月23日，国务委员张劲夫遵照赵紫阳的指示，主持中央财经领导小组办公会议，讨论广东的请示。会议认为，国务院各有关部门都应积极支持广东省充分利用国际上的有利时机，加速经济发展。对广东省的请示，议定要点如下：其一，重申中央对广东实行特殊政策、灵活措施的原则精神没有改变。1984年前后，国务院有关部门作出了一些具体规定，有些可能限制过多、过死，需要加以改进和完善。其二，扩大珠江三角洲开放地区优惠政策在广东省的应用范围。原则上同意把珠江三角洲开放地区的范围从原来的"小三角"扩大为"大三角"，同时可在沿海开放城市汕头、湛江附近以及惠阳地区，选择条件比较好的县（市），贯彻"贸工农"的方针，列入经济开放区的范围，享受中央相关文件规定的优惠政策。其三，放宽利用外资政策。国家对广东借外债绝对值的限额灵活掌握，但大体上需要有个"笼子"，省借外债要报国家计委。"三来一补"企业继续采用优惠政策。同意将广东省利用外资项目的审批权限从一千万美元扩大到三千万美元。其四，同意总投资规模在一亿元以下的生产性项目，授权广东省自行审批，报国家计委和主管部门备案。其五，利用外籍华人资金的优惠政策，仍按现有内部规定掌握。华侨、港澳同胞捐赠物资的管理问题，仍按中央财经领导小组办公会议确定的意见办。其六，关于广东省财政体制问题，请省同财政部协商，共同提出方案，报国务院审批。① 中央财经领导小组办公会议确定的这些意见，对支持广东利用有利机遇加速经济发展起了很大作用，并解决了广东面临的一些急需解决的问题。

1987年10月，中国共产党第十三次全国代表大会在北京召开，大会认真总结了十一届三中全会以来改革开放的经验，确定了社会主义初级阶段党的基本路线，制订了到21世纪中叶分三步走、实现现代化的发展战略，强调党的中心任务是加快和深化改革，规定了中国今后经济建设及经济体制改革和政治体制改革的方向。大会期间，姚依林、李鹏、田纪云、谷牧、张劲夫等党和国家领导人接见了参加十三大的广东负责人林若、叶选平、杨德元，就如何充分利用当前机遇，加快广东改革步伐和经济发展问题作了指示，提出了把广东作为综合改革试验区的设想。1987年11月21日，国务院正式决定广东为综合改革试验区，要求商品经济进入更深层次，扩大市场调节。28日，又批准广东省珠江三角洲经济开放区的范围，由原来的17个市县的"小三角"扩大为28个市县的"大三角"。同时，把沿海城市的汕头、湛江，以及茂名市和惠阳地区的部分县市，也列入经

① 卢荻、杨建、陈宪宇著：《广东改革开放发展史》，中共党史出版社2001年版，第216—217页。

济开放区范围，享受优惠政策。至此，广东形成了包括经济特区、沿海开放城市、珠江三角洲经济开放区、沿海经济开放区在内的 60 个市县，面积达 8.37 万平方公里的沿海经济开放地带。①

为了进一步落实广东作为综合改革试验区的各项改革措施，广东省政府于 1988 年 1 月 7 日向国务院报送了《关于广东省深化改革、扩大开放、加快经济发展的请示》。请示提出，国际经济关系发生的一系列新变化，使亚太地区特别是香港日益明显地成为世界经济最有活力的地区。这个现实对于广东经济更多地参与国际分工和国际市场竞争，是个良好的开端。但是广东的经济技术基础仍较脆弱，经济结构还不够协调，在政治、经济体制方面还存在着许多不适应生产力发展的因素，经济发展面临着许多新的矛盾和困难，需要在深化改革和扩大开放中加以解决。该请示提出关于金融，外经外贸，价格，劳动、人事、工资，财政，企业，农村，科技，教育，房地产，计划，政治体制等十项改革内容及政策措施。广东走向2000 年社会经济发展的基本战略构想是：以国际市场为导向，以国内市场为依托，依靠科技进步和科学管理，充分发挥三个经济特区的作用，使以广州为中心的珠江三角洲成为以外向型经济为主、内外辐射能力较强的经济区，带动全省，使之成为社会主义商品经济比较发达，对外更加开放的省份。广东要在不断提高社会经济效益的前提下，争取在 1995 年以前实现地区生产总值翻两番，外贸出口增长速度高于地区生产总值的增长，人民生活提前达到小康水平。1988 年 2 月 10 日，国务院原则批准广东省的请示，指出广东省作为综合改革试验区，改革、开放继续先行一步，不仅有利于加快广东经济的全面发展，有助于实现沿海地区发展战略，而且有利于稳定繁荣港澳经济，促进台湾回归，实现祖国统一大业。国务院的批复还强调：广东必须充分发挥地处沿海、毗邻港澳的优势，面向国际市场，大力发展外向型经济。沿海地区企业要按"两头在外"、大进大出、随进随出的方针，发展进料加工出口。进料加工的企业，可以用外汇，按国际

---

① 中共广东省委党史研究室：《广东改革开放大事记》，广东人民出版社 1998 年版，第 277 页。

市场价格购买外贸公司准备出口的原材料或初级产品，进行深加工后出口。推行保税工厂、保税仓库的办法，要完善核销制度。凡所需增加的外汇周转资金，可从地方和企业的留成外汇中筹措，金融部门适当增加贷款指标。国务院希望广东在加快改革、开放过程中，要注意发挥经济特区、沿海开放城市和计划单列城市的作用。要认真总结经济特区改革、开放的经验，运用到全省的其他地区，要认真抓好社会主义精神文明建设，要正确地运用中央给予的政策，坚持勤俭办一切事业的方针，要采取有效措施，控制楼堂馆所的建设，把积累的资金集中用于生产建设。广东要顾全大局，正确处理好广东加快发展与全国经济发展的关系。① 国务院批准广东省作为综合改革试验区，是中央对广东实行特殊政策和灵活措施的再续和发展。

1988 年 1 月底至 2 月初，省委召开工作会议，传达中央领导同志关于抓紧国际机遇，加快发展广东经济的指示，研究广东作为综合改革试验区，改革如何先走一步的问题。省政府在 2 月印发的工作提纲中提出，1988 年的政府工作，必须进一步稳定经济；进一步深化改革，以改革统揽全局的基本方针；进一步解放思想，在深化改革、扩大开放、加快经济和社会发展中，迈出坚实的一步。省长叶选平在省七届人大一次会议上指出：要按照中共中央、国务院的要求，深入进行综合改革，在改革、开放中继续先走一步。深化改革，要以加快建立社会主义市场体系为重点，同时完善企业经营机制、农村经营体制和宏观经济调控机制，争取在 5 年左右，以大中城市为中心，建立起有利于社会主义商品经济发展和对经济运行有效调控的新体制框架。② 5 月 21 日至 27 日，中共广东省第六次代表大会在广州举行。中心议题是如何办好改革开放试验区，为全国探路。林若作题为《搞好综合改革，推进社会主义现代化建设》的报告，指出：为了完成继续为全国探路的任务，必须排除"左"的和右的思想干扰，特别是

---

① 《国务院原则批准广东实施十项措施》，《南方日报》1988 年 3 月 16 日。

② 叶选平：《政府工作报告——在广东省第七届人民代表大会第一次会议上》（1988 年 1 月 20 日）。

僵化思想的干扰，进一步解放思想；必须以社会主义初级阶段理论为指导，提高全党执行党的基本路线的自觉性；必须以改革统揽全局，推进我省深化改革，扩大开放，加速经济发展特别是外向型经济发展的步伐；必须在推进物质文明建设的同时，下力气搞好精神文明建设，探索两个文明建设相互促进、协调发展的新路子。①

1988 年，为贯彻执行中共中央和国务院关于广东深化改革、扩大开放、加快经济和社会发展的各项政策，实施沿海地区经济发展战略，开展改革开放综合试验，广东先后召开了外经贸、高等教育、宣传、侨务、科技、计划、经济、体制改革等一系列工作会议，研究如何适应新形势，部署、深化各条战线的体制改革，广东按照综合改革方案提出的全面改革战略，从经济体制和政治体制两个方面逐步深化改革，并根据中共十三届三中全会提出的指导方针，结合广东的实际，治理经济环境，整顿经济秩序，保证了经济建设的持续发展，科技、教育、文化等社会事业取得新的成就。按照中央关于进一步治理整顿和深化改革的决定，广东对综合改革方案作了局部调整，但改革的基本思路和改革战略并没有改变。

20 世纪 80 年代后期到 90 年代初，广东在综合改革试验方面作了新的探索：进一步稳定和完善家庭联产承包责任制；省对各市、县财政继续实行层层包干。1992 年，广东物价全面放开，价格体制改革走在全国前列，初步建立起与商品经济相适应，以国（营）合（作社）商业为主渠道，多种经营方式、少环节的流通体制。广东还不断加快各类商品专业市场、集贸市场和生产资料市场建设。在巩固完善商品市场基础上，重点培育金融、证券、房地产、技术、信息和劳动力等生产要素市场。证券交易市场、资金拆借市场发展迅速，业务量不断增大。劳动力市场已形成规模，人才市场交流活跃，技术市场蓬勃发展。

国有企业改革，是改革的重点和难点。广东始终围绕增强企业活力这一中心环节来进行。按照所有权和经营权分离的原则，把资产占有权、使

---

① 林若：《搞好综合改革，推进社会主义现代化建设》（1988 年 5 月 21 日），载《中国共产党广东省第六次代表大会文件汇编》。

用权和处理权交给企业，使之真正成为自主经营、自负盈亏、具有自我发展和自我约束能力的商品生产者和经营者。在 20 世纪 80 年代中后期，广东将企业改革的重点转移到以完善、配套、深化、发展承包经营责任制为主要内容的企业内部经营机制改革上来。以推行承包制为主线，进行企业领导体制和企业劳动、人事、分配制度的改革，促使企业由生产型向生产经营型转变。全面推行厂长（经理）责任制，企业内部引入竞争机制，实行层层承包。90 年代初，国有企业改革进入攻坚阶段，主要是以转换经营机制为主线，同时进行企业内部配套改革，促使企业逐步走向自主经营、自负盈亏、自我发展、自我约束的轨道。1993 年以后，国有企业改革进入全面推进阶段。以建立现代企业制度为主线，抓住产权制度、公有制实现形式、结构调整、减轻企业负担、转变政府职能、实行政企分开等重点难点问题进行突破，加快国有企业的改制和原有公司的规范工作，完善法人财产制度和法人治理机构，并同时推进国有资产管理体制、社会保险、要素市场建设的全面改革，使企业成为市场竞争的主体。

1992 年 3 月，省委、省政府作出进一步扩大开放的决策，把惠州大亚湾、珠海西区和横琴岛、广州南沙作为 90 年代进一步扩大开放的重点区域，并制订了一系列促进外贸发展的方针政策。全省各地以国际市场为导向，不断改革外经外贸体制，大力发展外向型经济。形成了经济特区——沿海开放城市——经济开放区——山区的全方位对外开放格局。广东在重点抓好企业改革，加强培育和发展市场体系的同时，还十分重视金融、投资、社会保障和政府机构等配套改革，使整个经济体制改革做到重点突破、整体推进。

广东综合改革试验虽然取得了可喜的成绩，但是，由于外部配套改革不健全，特别是在治理整顿期间，国务院原来批准广东进行综合改革试验而采取的一些政策不能付诸实施，因此使这次综合改革出现了较大的局限性。

■ 在治理整顿中深化改革

1988 年底至 1991 年，广东贯彻执行中央关于治理整顿方针，积极应对经济过热问题，在经济上、行政上采取一系列有力措施，压缩固定资产投资规模，控制消费基金过快增长，加强物价调控和管理，清理整顿公司，整顿经济秩序。同时，把整顿、改革、开放、发展紧密地结合起来，十分注意保护和发展改革开放所取得的成果，坚持行之有效的办法，搞活经济，发展生产，扩大对外开放，扩大对外经济、贸易和技术的交流合作，并相机解决经济生活中多年积累下来的一些突出问题。终于使经济逐步渡过难关，走出了低谷①，顺利地完成了三年治理整顿的任务。

1988 年，广东改革开放进入第十个年头。广东经济发展改变了过去长期低于全国平均增长水平的落后状况。据统计，1978 年广东省地区生产总值为 185.85 亿元，到了 1988 年，增加到 1153.37 亿元，按可比口径，增长了 2.36 倍。1987 年，广东地区生产总值提前三年实现了比 1980 年翻一番的目标。其他反映经济实力的主要综合指标，也都跃居全国前列。这十年的快速发展，为广东改革的深化和国民经济的持续发展，奠定了一定的物质基础。但是，1985 年以来，伴随着改革的深入和经济体制的转轨，许多深层次的矛盾也趋于尖锐。不少地方和部门存在急于求成的情绪，各地都想快上多上，超过了全省财力、物力的负荷。1988 年，广东同全国一样，面临的突出问题是：工业发展速度过快，固定资产投资规模过大，非生产性的基建过多，这不仅使能源、交通和原材料供应重新陷入紧张的状态，而且导致原材料和制成品的价格上涨幅度过大。经济过热，需求过旺，总需求超过了总供给，导致通货膨胀。而通货膨胀助长了流通领域中的违法乱纪问题，流通领域的混乱又推动了物价上涨。物价上涨幅度过大，影响了改革的正常进行，影响生产建设的协调发展，影响人民群众的生活。

广东经济过热主要表现在：

一是固定资产投资规模过大，社会需求过旺，超出全省财力物力的承受能力。1986 年、1987 年，全社会固定资产投资额分别为 216.50 亿元、

---

① 朱森林：《政府工作报告》，载广东省人民政府办公厅编：《政府工作报告（1979—1992）》，第 391 页。

251 亿元，1988 年增到 353.59 亿元。膨胀的投资，有相当一部分是靠举债来支撑的，不少企业离开银行资金就无法维持生产。产出与投入比例高，1988 年，广东地区生产总值 1155.37 亿元，而国家银行贷款余额 979.33 亿元，两者几乎 1：1。过大的投资规模，不仅不利于提高经济效益，而且牵动物价上涨和消费需求的膨胀。

二是工业发展速度过高。1984 年全省工业生产总产值 433 亿元，此后一直以较高速度发展。1987 年为 878 亿元，1988 年为 1318.90 亿元。原因是近几年来全省各地投资和技术改造规模较大，加上实施沿海经济发展战略，"大进大出"，出口任务加大，以及市场通货膨胀，需求过旺，从而刺激工业生产。由于广东基础工业原来就较薄弱，主要原材料大部分依靠外省调进，加上能源、交通较紧张，这样高的发展速度势必加剧资金、电力、原材料供应以及交通运输等的矛盾。

三是工农业生产出现失衡。工业过热，而农业恰恰相反，是过冷，这些年来，农业基建投资比重逐年下降，农业信贷虽有所增加，但许多被转移到第二、三产业中去了。工农业产品的剪刀差不是缩小而是拉大。全省粮食生产的增长不能适应国民经济发展和人口增加的需要。各地开辟的一批工业开发区、加工区，大量占用农田，使缺粮的广东矛盾更加突出，成为制约经济发展的重要因素。

四是明显的通货膨胀，物价上涨幅度过大，这已成为各种矛盾的焦点。1987 年全省社会商品零售物价总指数上涨 11.7%，1988 年上涨了30.2%。这是新中国成立以来所没有的[①]。物价涨势过猛，超越了群众、企业和国家的承受能力，相当一部分城市居民的实际生活水平有所下降，从而影响经济和社会稳定。

五是经济秩序尤其是流通领域的秩序出现混乱，全民经商，公司办得过多过滥。一些单位和个人为牟取私利，非法倒买倒卖，层层盘剥，制造和出售伪劣商品，对物价上涨起到了推波助澜的作用，更加剧了经济秩序

---

① 叶选平：《政府工作报告——在广东省第七届人民代表大会第二次会议上》(1989 年 3 月 2 日)。

的混乱。

1988 年 9 月，中共十三届三中全会提出"治理经济环境、整顿经济秩序、全面深化改革"的方针。全会决定把 1989、1990 年两年改革和建设的重点突出地放到治理经济环境和整顿经济秩序上来。治理经济环境，主要是压缩社会总需求，抑制通货膨胀；整顿经济秩序，就是要整顿经济生活中特别是流通领域中出现的各种混乱现象。1989 年 11 月，党的十三届五中全会通过《关于进一步治理整顿和深化改革的决定》，提出包括 1989 年在内用 3 年或者更长一点的时间，基本完成治理整顿的任务。

中央作出治理整顿的决定后，广东各级党委、政府从 1988 年第四季度开始，贯彻中央关于治理整顿、深化改革的方针，做了大量工作，治理整顿工作取得初步成效，经济形势总体上向好的方向发展。为了贯彻落实党的十三届三中全会、五中全会精神，省委于 1988 年 10 月和 1989 年 11 月分别召开了省委六届二次全会和三次全会，强调要认清形势，加强全局观念，统一认识，统一行动，坚决贯彻执行党中央治理整顿的重大部署，把广东的改革、开放和社会主义现代化建设推向更加健康发展阶段。省委六届二次全会强调，必须采取得力的措施，坚决压缩固定资产投资规模，合理调整投资结构，全面严格清理在建项目，大力压缩和严格控制楼堂馆所等非生产性建设。严格控制消费基金的过快增长，坚决压缩社会集团购买力。引导消费基金合理分流，把部分消费基金转化为生产基金。搞好信贷，稳定金融。认真开展税收、财务、信贷、现金大检查，严肃财经纪律。管好物价，整顿流通。确保物价上涨幅度明显降低。同时，要深化企业内部改革，提高经济效益。努力增加生产，保证必要的有效供给。① 省委六届三次全会通过了《关于贯彻〈中共中央关于进一步治理整顿和深化改革的决定〉的意见》，号召各级党委和政府振奋精神，齐心协力，带领全省人民克服前进中的困难。

1988 年底，省政府先后召开了全省经济工作会议和全省计划、经济、外经贸、体改工作会议，抓紧全面落实各项整治措施。全省经济工作会议

———————

① 《南方日报》1988 年 10 月 14 日。

要求各级政府必须全面负起责任，切实做好以下几项工作：一是要进一步压缩基本建设投资规模，全社会基建规模都要清理、压缩，特别是要坚决地把楼堂馆所建设项目压下来。其他在建项目也要按中央规定的原则进行全面清理，该停的停，该缓的缓，该保留的要按规定办理批准手续。二是要采取果断措施，大力吸收存款，控制贷款，稳定金融，稳定经济。三是清理整顿各类公司，党政机关要带头清理。四是强化物价管理，控制物价上升。实行物价控制目标责任制，实行市长、县长负责制，确保1989年物价上升幅度明显低于上一年①。在全省计划、经济、外经贸、体改工作会议上，叶选平在总结讲话中强调，各级政府面对我省经济生活中的许多困难和矛盾，要恪尽职守，努力做好三方面的工作：一是既要适当控制工业发展速度，又要集中力量抓好生产，稳定经济发展，保障有效供给。特别是要注意抓好农业生产，为夺取1989年农业丰收打好基础。二是要关心市场供应，坚决把上涨过猛的物价压下来。三是要加强形势教育，努力发展安定团结的政治局面，为治理整顿，为实施沿海经济发展战略，创造良好的社会环境。

　　1989年3月2日，叶选平在广东省第七届人民代表大会第二次会议上作《政府工作报告》，指出：全省经济工作要按照压基建，调结构，保生产，抓改革，求效益，上水平的指导方针进行。坚持把治理整顿同深化改革结合起来，同实施沿海地区经济发展战略结合起来，加强宏观调控，努力发展生产，增加有效供给，发展社会各项事业，改善人民生活。报告就全面贯彻落实中央关于治理整顿方针提出如下几项措施：坚决压缩固定资产投资规模，合理调整投资结构；严格控制消费基金膨胀，抑制过旺的需求；继续整顿流通领域的混乱现象，加强管理监督，把各个流通环节纳入正常经营轨道；强化物价管理，控制物价上涨。②

　　正当治理经济环境、整顿经济秩序的工作推进的时候，1989年春夏之

---

① 《南方日报》1988年11月2日。

② 叶选平：《政府工作报告——在广东省第七届人民代表大会第二次会议上》（1989年3月2日）。

交，在北京发生了一场引起极大震动的政治风波。广东部分地区也受到波
及。在广州、深圳等一些大中城市出现了群众围困冲击党政机关，阻断交
通，影响社会正常生产和生活秩序的情况。省委、省政府带领广大人民努
力应对，"稳定了大局，坚守祖国南大门，保障了全省经济建设、改革开
放和治理整顿工作的继续进行"①。

但是，从 1989 年下半年开始，受各种因素的影响，广东经济面临的形
势相当严峻。主要是市场疲软，部分商品积压；企业负担加重，生产成本
大幅度上升，效益下降；资金紧缺，影响正常的生产、流通；中央有关部
门加强控制，对广东的特殊政策、灵活措施有所收缩；受西方国家对中国
实行的所谓经济制裁的影响，有些外商担心改革开放政策要变不敢前来投
资，有些外商把"三资"企业撤走。针对这种情况，广东省委根据中央关
于改革开放总方针不变的精神，明确提出改革开放政策"八个不变"：即
实行家庭联产承包责任制和双层经营体制的政策不变；以公有制为主体，
发展多种经济成分的政策不变；对个体经济和私营企业的政策不变；财政
包干、外贸包干的政策不变；发展乡镇企业的政策不变等等。同时，采取
"走出去"等办法，做好海外华侨、港澳同胞和外商的工作，积极开拓海
外市场，很快稳定了人心，稳定了经济，外经外贸工作得到较快恢复。

随后，广东确定了"顾全大局，立足现实，紧中求活"② 的方针，一
方面贯彻执行中央治理整顿的各项方针政策，统一全省人民思想，继续对
经济实行必要的紧缩和调整；另一方面稳妥处理在治理整顿中出现的各种
新矛盾新困难。采取积极疏导的措施，防止生产出现严重滑坡，保持了全
省经济的稳定。三年治理整顿期间，省委、省政府顾全大局，结合广东的
实际，坚决落实治理整顿的各项措施，通过治理整顿巩固和发展改革开放
的成果，为进一步改革开放创造条件。在治理整顿过程中，主要抓了以下

---

① 叶选平：《政府工作报告——在广东省第七届人民代表大会第三次会议上》
（1990 年 5 月 9 日）。

② 叶选平：《政府工作报告——在广东省第七届人民代表大会第四次会议上》
（1991 年 3 月 7 日）。

几方面的工作：

其一，巩固和加强农业作为国民经济基础的地位，千方百计夺取农业丰收。全省各地在抓紧粮食生产的同时，搞好林牧副渔等多种经营和开发性生产，确保城乡人民生活和市场供应，平抑物价。

其二，在压缩工业生产"过热"的同时，保持适当的增长速度，防止过度紧缩带来的滞胀现象。坚持按国家产业政策要求有保有压，保住一批经营好、效益高的大中型国营企业。各地区各部门在资金、能源、原材料分配上，实行重点倾斜政策，优先安排好重点企业和优质产品生产。1991年开展"质量、品种、效益年"活动，要求各地区各部门切实把全面提高经济素质和效益放在首位。

其三，对进出口规模和结构作合理调整，加强出口产品管理。统筹兼顾内外销的需要，逐步减少资源性产品、初加工产品出口比重，增加机电产品等工业制成品的出口。大力发展进料加工和来料加工，实行"两头在外"，尽量不与内地争原料、争资金，扩大出口创汇。进口优先考虑关系国计民生的重要商品进口，严格控制某些高档消费品进口和重复引进技术、设备。对国内能自行生产供应的商品，则控制或禁止进口。

其四，压缩固定资产投资规模。坚决按照国务院下达的指令性投资规模指标落实，不打折扣。对已宣布的停建缓建项目，坚决停下来。没有许可证的项目，不得施工。加强责任制及宏观调控，基本建设审批权限适当集中。

其五，控制消费需求膨胀。严格控制消费基金过快增长，进一步压缩社会集团购买力。各级政府贯彻艰苦奋斗、勤俭建国、勤俭办一切事业的方针，过紧日子，从紧掌握财政支出。同时切实发挥银行、审计部门的监督作用。

其六，加强物价管理，坚决控制物价上涨幅度。全省各地区各部门落实省政府制定的有关措施，加强物价管理和检查监督，严肃物价纪律。已经放开价格的工业消费品，比较重要的则实行提价申报制度或申报备案制度。坚决实行批零差、进销差的规定，限制和取缔牟取暴利，保护合法经营。

其七，整顿经济秩序，特别是流通秩序。开展清理整顿公司，减少流通环节和中间盘剥，整治和取缔各种违法经营。加强市场组织和建设，健全市场运行规则，建立市场正常秩序。强化工商行政、税务、公安、卫生等部门对各类市场的检查监督，严格管理规则，坚决打击欺行霸市、强买强卖、违法经营等行为。

其八，抓好企业改革，提高企业效益和承受能力。进一步完善企业承包责任制，深化企业内部配套改革。大力推行科学管理，提高经营管理水平。

其九，加强和改善宏观经济调控体系。按照国家制定产业政策的思路，制定符合广东情况的产业政策实施办法。对违反产业政策的进行经济制裁，包括罚款、追缴基金、对负责人追究责任、吊销执照若干时间，等等。加强政府部门的调查研究工作，逐步摸清全省社会经济运行的基本情况，建立省一级宏观经济调控体系，制定覆盖全社会的管理办法和措施①。

广东由于认真贯彻了党中央治理整顿和深化改革的方针，1988年底至1991年的治理整顿取得了较显著成效。通过治理整顿和深化改革，解决了全省经济发展中的突出矛盾，有效地控制了通货膨胀，整顿了经济秩序，使国民经济摆脱了严重的不稳定状态。广东三年治理整顿，取得了以下几方面的成效：

第一，通货膨胀得到有效控制，经济秩序明显好转。广东采取多种措施，紧缩信贷，清理固定资产投资项目、压缩投资规模、控制社会集团消费、加强税收等，抑制过旺的社会需求。有效地控制了社会总需求的过快增长，促进了供求关系的改善。物价涨势过猛的严峻局面得到扭转，全省经济转入了正常运行，总供需保持了基本平衡。1989年物价总水平大幅度回落，涨幅为21%，明显低于1988年30.2%。1990年与上年相比，全省零售物价指数不但没有上升反而下降了4.4%。1991年，全省物价总指数仅上升1%，明显低于年初提出的物价控制指标。

---

① 广东省人民政府办公厅：《广东省人民政府常务会议纪要汇编（1980—1990）》，第511—517页。

第二，经济明显降温，基本恢复到正常发展速度。1985 年至 1988 年，全省经济处于过热状态，地区生产总值平均每年增长 16.1%，工业总产值平均每年增长 27.7%。经过三年治理整顿，基本改变了经济过热的局面。1989 年至 1991 年，广东地区生产总值平均每年增长 10.6%，工业总产值平均每年增长 19.4%，经济增长速度已基本恢复到与现有经济条件相应的正常增长水平[①]。

第三，产业结构调整取得一定成效，固定资产投资结构得到改善，基础产业得到加强，重点建设进展顺利。农业和能源、交通、通信和原材料等重点项目的建设得到了不同程度的加强。基础产业与国民经济发展不相适应的状况有所改善，进一步增强了广东经济发展的后续力。

第四，流通领域混乱现象得到整顿，经济秩序明显好转。至 1990 年底，全省清理收费项目 3.95 万个，对其中 4679 个属于"三乱"（乱收费、乱罚款、乱摊派）的项目进行了初步整改，一年为全省企业和群众减轻负担约 5 亿元。撤并公司 1.3 万多家，大多数公司已和国家行政机关脱钩，实行了企业管理，一大批兼职的国家机关工作人员从公司中退出，公司盲目发展的状况得到控制，流通领域秩序大为好转。价格混乱现象也得到比较有效的治理。

第五，对外经济贸易稳步发展。全省各级政府协调计划、财税、银行、海关、外汇管理等部门，做好出口收汇、跟踪结汇、出口退税和预拨留成外汇等，大力支持出口。外贸企业改善经营管理，降低费用开支，加强工贸结合，积极开拓海外市场，使全省外贸出口保持了较大幅度增长的势头。1991 年，全省外贸出口总值超过 128 亿美元，比上年增长 21.2%[②]。利用外资方面，从 1989 年至 1991 年的三年，广东实际利用外资 68 亿美元，其中外商直接投资持续上升，"三来一补"企业和"三资企业"继续增加，已成为全省外向型经济的重要支柱。

---

① 雷仲予：《广东先行一步见闻录》，广东人民出版社 1998 年版，第 365 页。

② 广东省人民政府办公厅编：《广东省人民政府工作报告（1979—1992）》，第 379 页。

第六，改革开放取得了进展，全省稳步推出了一系列重大改革措施。企业全面完成了第二轮承包工作；全省的股份制试点工作也开始实行；价格改革也迈出了较大步伐，有计划地出台了一些价格改革的措施。金融、财税、社会保险、住房制度和医疗卫生等方面，积极进行了改革试点工作。这些改革措施的推出，收到较好的效果，对促进广东国民经济持续、稳定、协调发展起了积极作用。

第七，人民生活继续得到改善，各级政府通过广开就业门路，调剂企业间的劳动力余缺，逐步缓解了城镇劳动就业压力。1991年，全省城镇居民年人均生活费收入2530元，农民年人均纯收入1125元，扣除物价因素，实际分别比上年增长15%和7.9%左右。年末城乡居民储蓄存款余额达1022亿元，比上年末增加270亿元。从治理整顿全过程上看，基本上达到既控制了通货膨胀，又保持经济适度增长的双重目标，从而为新的大发展打下了良好的基础。

总之，广东经过三年治理整顿，过去经济运行中出现的工业发展速度过快，社会需求过旺、信贷与货币投放过多、物价上涨过猛的严峻局面得到扭转，过高的经济增长速度基本恢复到比较合理的水平。通过治理整顿深化改革，为广东经济发展跨上一个新台阶，创造了良好的条件。

第五章　科教文卫体制改革和精神文明建设

改革开放以来，为了适应社会主义现代化建设的需要，广东对科技、教育、卫生、文化体制进行了一系列的改革，面向社会，面向经济，面向现代化，改变了过去那种自我束缚的模式，不仅增强了自身的动力和活力，促进了广东的科技、教育、卫生、文化事业的迅速发展，而且有力推动了全省经济社会的发展。

■ 科技教育卫生体制改革

粉碎"四人帮"之后，全省科技人员迎来了科学的春天。广东采取了一系列加强科学技术工作的措施：一是加强了科技管理机构的建设；二是调整和配备好研究所领导班子；三是认真落实党对知识分子的政策。在此基础上，广东对科研体制进行了一系列的改革探索，促进科技体制与经济体制结合、促进科研与生产结合，逐步改变科研与经济建设"两张皮"的问题，广东科技事业得到了较快的发展。1980 年广东全省有独立科研机构452 个，科研人员和职工 1.9 万人。到 1987 年止，全省有独立科研机构603 个，有研究人员和职工 4.64 万人，其中科学家和工程师 12123 人。国务院各部门驻粤研究与开发机构和中国科学院广州分院所属研究和开发机构 41 个，此外还有大专院校、大中型工业企业和民办所属的研究与开发机构 550 多个。到 1987 年底，全省拥有一支学科专业较齐全、攻关能力较强的科研队伍。自然科学技术人员从 1978 年的 25.21 万多人增加到约 40 万人，增加将近 60%；另外还有社会科学专业人员 17.60 万人。

以往科技体制存在权力高度集中于行政机关、科研单位没有按照科学规律行事的自主权、科技与生产脱节、成果不能迅速转化为生产力、形成"两张皮"等弊端。广东科研体制改革，围绕科技与经济相结合这个核心问题而进行。

第一，领导体制和经营体制的改革。在运行机制方面，改革拨款制度，开拓技术市场，克服单纯依靠行政手段管理科学技术工作和国家包得过多、统得过死的弊病。1987年2月，省委、省政府根据国务院《关于进一步推进科技体制改革的若干决定》的精神，对科技体制改革作出若干政策规定：放宽政策、搞活科研机构；建立健全承包制，充分发挥科技人员的作用；建立各级技术市场管理机构，放宽技术贸易政策；实行科研所所长负责制；确保科研所在人员、经营、管理等方面的自主权；加强对市（地）、县科技工作的支持；对科研所实行税收优惠政策；放宽科研机构的科技贷款。① 这些政策措施，有力地推动了科技体制改革的开展。一是遵循经济建设依靠科学技术，科学技术面向经济建设的方针，扩大了科研单位的自主权，增强了科研所的活力。全省科研单位普遍实行所长负责制和所长任期目标责任制，陆续进行了对外实行技术合同制和科研成果有偿转让制，对内实行各种层次的承包责任制。到1987年，在全省456个独立的科研机构中，已实现经费自给的有41个。据在452个独立科研机构调查中，技术商品有偿转让不断增多，自己组织收入相当于事业经费的80%。1991年6月，省委、省政府在广州召开工作会议，作出了依靠科技进步推动经济发展的决定，全省干部群众进一步加强科技意识，各级政府都加强了对科技工作的领导，增加了对科技的投入。全省财政用于科技三项费用和科技事业费支出约2.7亿元，比上年增长17.9%。二是改革了科技拨款制度。1986年9月，省政府颁布了《广东省科学技术拨款管理办法》，根据科研机构的不同性质，对省属科研机构实行分类管理，并对本省的多项科研项目，采用不同的拨款办法；实行科研拨款有偿合同制，逐步减少对

---

① 中共广东省委、广东省人民政府：《关于当前科技体制改革若干政策的暂行规定》（1987年2月2日）。

工业开发型科研单位的事业费投入，引导它们走向市场；开通科技信贷渠道，积极支持科技研究，推进科技成果商品化。实行这一改革措施后，既大大减少了财政拨款，又提高了科研成果的推广应用率和商品化程度。在对国家、省重点项目实行计划管理的同时，运用经济杠杆和市场调节，使科研机构具有自我发展的能力和自动为经济服务的活力。

第二，科技投资体制的改革。为了支持科技事业，加大对科技的投入，加速科技成果转化为生产力，广东设立了"广东省自然科学基金"。广州市于 1987 年 10 月成立了广州科技投资公司，这是全国第一家科技金融机构。许多地方政府以及一些大企业也纷纷建立起科技发展基金以及"星火计划""火炬计划"、引进技术设备消化创新、专利实施成果推广、高新技术发展等专项资金。各级政府及有关机构坚持科技投资方向，积极筹集和融通资金，积极参与科技开发、科技成果推广应用，为发展高新技术产业服务。如 1991 年，全省安排的 34 个科技攻关计划重点项目、225 个课题，30 个"火炬计划"和 149 个"星火计划"项目，以及 25 项国家重点科技成果推广计划，都取得了较好的社会经济效益。①

第三，组建科研生产联合体。致力于改变研究机构与企业相分离，研究、设计、教育、生产脱节，军民、部门、地区分割的状况。采取许多措施促进科技与经济的结合，引导和鼓励科研单位与企业组成各种形式的科研生产联合体，发展一批科研、生产、经营一体化的经济实体。1984 年，在全省 6 个地（市）、7 个厅局、6 所高等院校、13 个研究所建立各种形式的科研生产联合体 359 个。

第四，培育技术市场。为适应改革开放和社会经济发展的需要，广东先后兴办了各种科技市场。一是各地相继成立技术开发机构，建立了常设的技术市场，形成了全省范围内的技术中介服务网络。二是举办多种形式的技术交流集市，开展以科技成果转让、技术服务、科技咨询、人才交流为主要内容的科技贸易活动。例如，广州市从 1981 年起，每年举办技术交

---

① 朱森林：《政府工作报告——在广东省第七届人民代表大会第五次会议上》（1992 年 1 月 8 日）。

易会。1986 年，广东省人大常委会颁布了《广东省技术市场管理规定》，这是我国第一部技术市场地方性法规。该规定的颁布实施，把技术市场作为科技成果转化为现实生产力的媒介、科学技术与经济建设紧密结合的桥梁纳入了法制化的轨道，保障了技术贸易各方面的合法权益，促进了全省技术市场管理和经营体系的建立和完善。此后，全省技术贸易和技术市场稳步发展，加快了科技成果转化为现实生产力的速度。"七五"时期，5 年累计，全省登记技术合同 1.5 万项，合同交易额 6.55 亿元。①

第五，发展高新技术产业。为了保持国民经济稳定持续的增长，广东坚持技术改造和技术进步，大力发展高新技术，使经济发展建立在新技术基础之上，以保持经济增长后劲。广东实施以高新技术产业为特征的"火炬计划"，80 年代中后期在以广州为中心的珠江三角洲对外经济开放区和深圳、珠海、汕头 3 个经济特区集中建设了 100 多个高技术、新技术企业和基地。这些企业和基地，以国际市场为目标，主要利用国外资金和原材料，引进国外的先进技术、设备，吸引国内科技人员与先进科技成果发展高技术、新技术产品。1991 年 3 月 6 日，国务院决定，将广东省中山火炬高科技产业开发区、广州天河高新技术产业开发区和深圳科技工业园列为国家高新技术产业开发区。天河高新技术产业开发区按照国家有关政策，通过制定产业开发区规划，理顺领导体制、内联外引等措施，吸引许多高新技术企业和外商投资，加快了产业开发区的步伐。深圳科技工业园占地 3.2 平方公里，由中国科学院、深圳市、广东国际信托投资公司合办，吸引了美、日、西欧等 10 多个国家的跨国公司和金融财团，联合国内 30 多所大学、50 多个大中型科研机构，建立起一批高科技企业，成为国内发展新兴技术产业的一个橱窗。经过 10 多年努力，广东已形成电子信息、新材料、生物工程三大技术领域为重点的新兴产业群，在国际市场取得较强大竞争力和显著的经济效益。

第六，科技人员管理体制的改革。在人事体制方面，逐步扭转对科学

---

① 叶选平：《政府工作报告——在广东省第七届人民代表大会第四次会议上》(1991 年 3 月 7 日)。

技术人员限制过多、人才不能合理流动、智力劳动得不到应有的尊重的局面，创造人才辈出、人尽其才的良好环境。1987 年 12 月 2 日，省政府颁布《广东省放宽科技人员政策实施办法》，鼓励本省科研机构、高等学校、政府机构的科技人员到沿海和山区开发农业、林业、畜牧业、水产业、矿产业等。此外，还分批实行专业技术职务聘任制，合理使用人才，激发科技人员奋发向上的积极性。

教育体制改革也迈出前进的步伐。教育体制在管理、教育结构、教育思想、教育内容、教育方法上存在不少弊病。改革开放后，广东在"教育必须为社会主义建设事业服务，社会主义建设必须依靠教育"的根本方针指导下，制订具体实施方案，采取有效措施，有计划有步骤地进行教育体制的改革。主要从两个方面入手：一是改革学校外部的管理体制；二是改革学校内部的管理体制。

第一，实行分级办学，分级管理。学校外部管理体制改革，即改变"政府部门统得过死、管得过多的弊端，实行加强宏观指导、统筹规划、分级负责的管理体制"。① 1984 年，各地依据省政府批转的《关于改革普通教育的意见》，开始进行教育管理体制改革的试点。1986 年和 1987 年，分别推广湛江市和罗定县的经验，进而全省铺开。省委、省政府颁发《关于普通教育体制改革的意见》后，这项改革进一步落实。1985 年，各地按照基础教育由地方负责、分级管理、简政放权的原则，给区、县特别是乡（镇）下放办学权和管理权，充分发挥各级办学的积极性。一般做法是：完全中学在哪个范围内招生就由哪一级政府主办，在乡（镇）的初级中学全部由乡（镇）政府主办，在乡（镇）所在地的小学由乡（镇）主办，其余由管理区或村民委员会主办。在县的教育计划指导下，乡（镇）政府有权增设学校、班级和确定招生人数；有权通过多种渠道集资办学，建立教育基金并确定其使用原则；有权提名并报上一级教育部门批准聘任校长；有权提高校长、教师的工资和福利待遇。从 1986 年起，全省教育学

① 朱森林：《大力发展广州教育》，载《改革　开放　发展》，红旗出版社 1997 年版，第 383 页。

院、师范（进修）学校也实行省市县分级领导和管理的体制。这一外部管理体制的改革，调动了各级办学的积极性，增强了教育的活力。

第二，调整教育结构。发展专科和中等职业技术教育，从结构比较单一的办学模式，发展成科类比较齐全、多层次、多类型、多形式的教育新体系，逐步形成了高等教育、基础教育、职业技术教育和成人教育协调发展的格局，师范教育也逐步完善了从初等到高等师范的培养网络。例如，广州地区经过几年的努力，到1991年，全日制中等职业技术学校已发展到196所，另有53所普通中学设有职业班。广州中等职业技术学校在校生和普通中学在校生比例为26.88∶73.12。这对提高就业人员的业务素质，较快适应社会需要，起到一定的作用。

第三，加强基础教育，推行九年义务教育。从20世纪80年代开始，广东就把普及小学教育作为提高全民族科学文化水平的重大任务来抓，分批实施普及，逐年验收。经过几年努力，1985年，广东在全国最先基本普及小学教育。1985年10月，省委、省政府下发《贯彻〈中共中央关于教育体制改革的决定〉的意见》决定：加强基础教育，有步骤地实行九年制义务教育；调整中等教育结构，大力发展职业技术教育；改革高等学校管理体制，扩大办学自主权，加速高等教育事业的发展；有计划地发展各级各类成人教育，努力提高教学质量；努力建设一支数量足够合格而稳定的教师队伍；高度重视智力开发，千方百计增加教育投资；切实加强对教育工作的领导。① 这是一个纲领性的文件，对广东教育事业的发展起到了指导性的作用。1986年，遵照《中华人民共和国义务教育法》，广东决定"全省力争按三种不同类型地区，分别于1988年、1990年、1992年基本普及九年义务教育"②。各级政府抓住多方筹集资金、校舍建设（设备配套）、师资培养培训三个环节，加强基础教育工作。到90年代初期，全省

---

① 中共广东省委、广东省人民政府：《贯彻〈中共中央关于教育体制改革的决定〉的意见》（1985年10月9日）。

② 叶选平：《政府工作报告——在广东省第六届人民代表大会第五次会议上》（1986年5月21日）。

建起 1000 多万平方米的教师宿舍，解决了 11 万多户中小学教师的住房问题，为 8 万多名民办教师办理了"民转公"的手续。从 1990 年起，全省共投入 40 多亿元，用于新建和改造中小学校舍，短短两三年间，全省中小学校园焕然一新。"九五"期间，全省 106 个县（市、区）实现了普及九年制义务教育。

第四，发展社会办学。改革高等院校办学体制，充分发挥地方、部门以及学校办学积极性。为适应社会发展和地方经济的需要，广州、深圳、江门、佛山、韶关、肇庆、梅州等兴办了具有地方特色的高等院校。1978—1987 年，广东新办、复办了 19 所普通高校，使普通高校增至 49 所（含海南 4 所），1987 年在校学生 9.3 万人，比 1982 年增长 111%。各地积极发展成人高等教育，到 1987 年，广东高等院校举办的函授大学和夜大学 31 所，独立设置的成人高校 177 所，全省各类成人高校在校学生 11 万人，比 1982 年增长 2 倍多。有 75 万人次参加了高等教育自学考试，有 31.9 万人取得单科合格证书，1 万多人获得大专学历文凭。① 广东还提倡工厂、企业、社会团体、民主党派办学，鼓励私人办学。

第五，学校内部管理体制的改革。各高等院校扩大了办学自主权，按照省的规定，落实了在招生、专业调整、机构设置、经费使用、职称评定、收入分配等方面的自主权。各高校从人事、分配制度改革入手，进行管理体制的改革，开始形成自我发展、自我约束的运行机制。学校还改革了教学制度和科研、后勤等管理体制，调整专业结构，有计划地培养经济建设的急需人才。各类学校实行校长负责制，通过公开招聘和组织考核，选拔了一批思想业务素质较好、年富力强的教师担任校长。建立健全校务委员会和职工代表大会制度，加强对学校的民主管理和监督。与此同时，改革普通高校统一招生、统一分配制度，实行学生缴费上学，毕业后推荐就业，定向就业，择优录用。此外，大力发展教育、科研、生产三结合，加强学校同社会的联系。

---

① 参见黄浩、易振球主编：《改革之星》，广东人民出版社 1988 年版，第 75—76 页。

在科技、教育体制改革的同时，广东卫生体制的改革也有序开展。全省医疗卫生单位在不断提高医疗质量，加强医风医德建设的同时，按照调整政策、改革搞活、服务社会的原则，积极开展卫生体制的改革。一是改革医疗收费标准。自1980年以来，广东卫生部门先后多次调整了医疗收费标准（主要项目有挂号费、住院费、手术费、医疗处理费和检验费等），减少了医院的政策性亏损，增强了自我发展的能力。二是改革医疗单位管理体制，实行院长（站、所、校长）负责制和任期目标责任制，扩大医疗单位自主权；并根据国家确定的卫生工作方针和有关政策，推行各种形式的责权利相结合的承包责任制，有效地调动了医院和医疗卫生人员的积极性，社会效益和经济效益都有了提高。三是对镇（乡）卫生院实行卫生局与镇（乡）政府两级管理，以镇（乡）政府为主的管理体制。

■ 率先试点文化体制的改革

改革开放之前，广东与全国各地一样，没有"文化产业"的概念，文化归属于事业，不列入产业统计的范畴。发展模式十分单一，即政府包管包办。改革开放后，广东解放思想，大胆改革，以繁荣和发展为主题，以改革创新为动力，大力加强文化建设，在发展文化事业、繁荣艺术创作、发展文化产业、活跃和规范文化市场、保护文化遗产以及对外文化交流等方面积极探索，加快建设覆盖城乡基层的公共文化服务设施，初步建立起比较完善的公共文化服务体系；深化文化体制改革，率先形成激发文化生机活力、促进文化繁荣发展的文化管理体制和运行机制，成为中国文化产业的发源地和"领头羊"。

随着经济社会的发展，人民群众的精神文化生活需求逐渐增大，政府包办文化已无法满足这种需求。于是，全省各地大力推进文化体制改革，一些文化单位开始试行有偿服务，实行"以文补文、以文养文"措施，自筹资金开展文化设施建设和文化活动。这实际上是文化事业单位面向市场、把文化和经济相结合的一种探索。它改变了过去文化事业由政府独办的封闭的模式，在全省形成了一个以国营文化事业为主导，各行各业办、集体办、企业办、个体办、中外合资合作办的多体制、多层次、多样式的开放型文化设施网络。仅1985年，全省就兴建了文化馆、图书馆、博物馆346个。丰富多彩的文化活动，适应了人民群众对文化生活的需求，文化市场逐步形成和发展，呈现出一派生机勃勃的景象。

广东社会文化市场的兴起始于1979年，它以广州东方宾馆音乐茶座为先导。这是大陆第一家音乐茶座，成为中国文化娱乐市场兴起的一个标志。与以往观众排排坐的演出场所不同，观众围桌而坐，轻松惬意地边喝茶边听歌，而歌手握着话筒边走边唱，频繁与观众互动。这个音乐茶座是宾馆为招待外宾而设的，观众只限于外宾，没想到这种新的文化娱乐方式刚一露面，便大受群众欢迎，许多观众通过各种途径进场观看。之后，广州的不少宾馆酒店纷纷效仿，随后歌厅、舞厅等营业性娱乐场所在广东如雨后春笋般涌现。一年间，广州全市的音乐茶座便达到75个，座位数超过了当时广州所有戏院座位的总和。不久，全省各地开业的音乐茶座达200处之多，并陆续开办舞会、桌球室、录像放映点、电子游戏室等。这种做法在全国迅速铺开，后来被视为"文化产业的发端"。

当时不少人受旧观念旧思想的影响，一时无法接受这些歌厅舞厅，指责这是资产阶级生活方式，是"黄色"下流的东西，是精神污染，各种非议和要求取缔的声音纷至沓来。但省里的相关部门本着实事求是和开放搞活的态度，允许这些歌厅舞厅的存在和发展。为了使这些文化活动健康发展，1981年中央提出国家、集体、企业、个人一起办文化事业的方针，调动了社会力量办文化的积极性。同年11月省政府批准了关于音乐茶座、群众舞会的暂行规定，通过肯定音乐茶座、群众舞会，肯定了社会各方办文化的新路子。随后，又进一步确定了"提倡有益的，允许无害的，抵制有害的，打击犯罪的"管理原则和对外来文化"排污不排外""外为中用"的指导方针，对文化市场，以社会效益作为管理的最高准则，对外开放与加强监督管理同步进行，吸收外来文化精华，坚持走自己的路，使优秀的传统文化得到恢复和发展，形成有中国特色、地方特色的社会主义文化，使社会文化事业继续健康发展。1981年后，娱乐场所在广东城乡蓬勃发展，一些新的消费项目和文化娱乐方式相继出现。

1983 年 2 月 24 日至 3 月 4 日，省文化局召开地、市文化局长和部分文艺单位负责人座谈会，研究本省文化艺术单位管理体制改革问题。5 月 26 日，省政府发出《批转省文化局〈关于文化艺术单位管理体制改革问题的报告〉的通知》，批转各地执行。报告指出：文化艺术单位管理体制改革，一是必须按照"从实际出发，全面而系统地改，坚决而有秩序地改，有领导有步骤地改，经过试验，分期分批，循序前进"的方针来进行。二是改革先在艺术表演团体、电影发行和放映单位中进行，其他事业、企业单位可先作调查研究，进行某些方面的改革试验，由点到面，逐步推广。三是充分发挥广东实行特殊政策与灵活措施、经济发展比较快、华侨港澳同胞较多的优势，调动社会各方面的力量建设文化事业。实行国家办、集体办，同时鼓励个人办和扶持农民办各种文化事业的政策，以满足城乡人民日益增长的文化生活的需要。四是国家文艺表演团体的各种经费补贴，可采取核定补贴基数或按现行经费包干基数，一定几年，节余留用，超支不补的办法。对电影放映单位仍按现行实现利润国家同企业二八分成办法。①这一文件，有力地推动了全省文化管理体制改革。社会文化市场的开放，调动了国家、集体、个体等各个方面的力量，筹集了大批资金兴建文化设施，到 1987 年，全省社会文化娱乐场地已达 11100 多个，包括音乐茶座、歌舞厅、舞厅、台球室、书报摊、综合性游乐场所等。1988 年，文化部、国家工商局联合发布《关于加强文化市场管理工作的通知》，标志着文化市场地位的合法化。文化市场的开放，使文化活动能够根据不同的消费需求，拉开档次，同时由于引入竞争机制，有效地促进了包括国营文化单位在内的服务态度的改善和文化服务设施的更新，从而使文化领域呈现出新的活力。社会文化市场的开放，推动了文化事业进入社会各个领域，出现了一系列各具特色的企业文化、旅游文化、园林文化、校园文化、街道文化、乡村文化、家庭文化，使广东文化生机勃勃，并

---

① 《广东省人民政府批转省文化局〈关于文化艺术单位管理体制改革问题的报告〉的通知》，《广东改革开放三十年重要档案文献》（上），中国档案出版社 2008 年版，第 245—246 页。

一度风行全国、引领潮流。

广东得开放之先，受外国和港台流行文化影响，流行音乐先声夺人，产生了一大批新人佳作，流行音乐创作领先全国，谱写了中国流行音乐的一段辉煌。广东率先在全国引进歌手签约制度，出现了第一批"包装"的歌手。"中唱""太平洋""新时代"和"白天鹅"成为广东乐坛的四大唱片公司，旗下都拥有一批重量级歌手和重量级的词曲人。广东流行歌曲大规模北上，给内地流行音乐市场带来很大的冲击。有人说，没有广东流行音乐，就没有中国流行音乐。伴随着《请到天涯海角来》《我不想说》《轻轻地告诉你》等一大批脍炙人口的流行曲的传唱，一大批音乐人和流行歌手红遍大江南北。同时，广东新闻电影电视事业发展迅速，日益繁荣。珠江经济广播电台于 1986 年 12 月开播，它是中国第一家大众型、信息型、服务型、娱乐型的新型电台，在国内外广播界和舆论界引起较大反响，特别是受到经济界和广大听众的强烈关注和欢迎。至 1987 年，全省建成电台 56 座，电视台 27 座。由珠江电影制片公司等拍摄的电影、电视剧一枝独秀，《海外赤子》《孙中山》《逆光》《乡情》《雅马哈鱼档》《公关小姐》《外来妹》等一大批影视剧叫好又叫座，在中国电影电视史上留下了浓墨重彩的一笔。《孙中山》被誉为"开创了中国史诗巨片新时代"，《雅马哈鱼档》在广州首轮放映 20 天共 900 场，观众高达 65 万人次。背负着所谓"有政治倾向问题"包袱的《外来妹》，1991 年经中央电视台播出后轰动全国，好评如潮。80 年代中期，省电影公司每年向全省发行影片 100 多部，票房最高年份过亿元，观众超过 10 亿人次。广东图书报刊市场也迅速崛起，《羊城晚报》《广州日报》及各地、市报纸先后复刊，创办一批专业报刊和财经类报刊。《羊城晚报》以其新颖独特的风格而一度成为全国报业市场上的标杆。《广州日报》在 1980 年进行了财务体制改革，逐渐建立起适应市场的经营机制。《家庭》《黄金时代》《花城》《武林》等期刊风靡全国，发行量超过 100 万份，无论发行量、读者量还是影响力，在全国都名列前茅。粤版图书以观念新、装帧美和社会影响大而全国闻名。

■ 社会主义精神文明建设的加强

改革开放以来，广东坚持"一个中心、两个基本点"，坚持"两个文明一起抓"，在进行改革开放和经济建设的同时，开展了丰富多彩的群众性精神文明建设活动，不仅使广东经济得到迅速发展，而且广东人民的精神面貌也发生了深刻的变化，整个社会充满了活力和生机，整体文明素质和人们的思想品德、科学文化素质有了较大提高，社会风气发生了明显变化。

广东精神文明建设，经历起步与发展两个阶段：

1978 年底至 1986 年 8 月，为广东精神文明建设起步阶段。省委按照中央提出的一手抓物质文明建设，一手抓精神文明建设的要求，广泛进行社会主义精神文明的宣传教育，同时进行爱国主义、集体主义的教育，建设精神文明村、文明厂、文明校、文明街，有力地促进了经济建设的发展和社会的全面进步。

一是增强广大干部群众的改革开放意识。改革开放先走一步，既无现成经验可供借鉴，也无固定模式可以仿效，全靠边实践边摸索，"摸着石头过河"。在改革开放头几年，曾遇到各种右的和"左"的思想干扰。省委从 1980 年起，多次召开务虚会、举办各种类型学习班、读书班，帮助各级干部从"两个凡是"的束缚下解放出来。省委召开了专门讨论社会主义商品经济问题的务虚会，帮助各级领导干部认识社会主义条件下商品经济的规律，借以提高自觉性，克服盲目性。① 省委、省政府在贯彻执行特殊政策、灵活措施过程中，创造性地开展工作，凡是符合党的路线、方针、政策，对广东和全国经济发展有利的事，就大胆地去实践探索，大胆放手去干。在风风雨雨、香香臭臭中，广东不搞姓"社"姓"资"的争论，不唯书，不唯上，只唯实，始终坚持以经济建设为中心，以改革推动对外开

---

① 林若：《改革开放与广东经济发展》，《求是》1989 年第 16 期。

放，又以对外开放促进体制改革，因此，促进了经济持续快速地增长。①
广大干部群众思想解放，观念更新，普遍形成了理解、支持和参与改革开放的社会心态和心理承受能力。广州市设立了"市长专线电话"，开展"假如我是市长"、评选"广州十大公仆"等活动，大大调动了广大市民参政议政的积极性。深圳蛇口提出的"时间就是金钱，效率就是生命"等口号，以及敢闯敢干、开拓进取、拼搏向上等一系列与发展市场经济相适应的思想观念，深入人心。这为广东改革开放的顺利进行提供了思想保证和起到了舆论先导的作用。

二是坚持"排污不排外"的方针。广东对外开放，不仅促进了物质文明的建设，而且使人们从闭关锁国、孤陋寡闻的状态中解放出来，开阔了视野，增长了知识，更新了观念。但是随着对外经济交往的扩大，不可避免地带来一些消极的东西，如资产阶级金钱万能、唯利是图、腐化堕落的生活方式。同时，随着商品经济的发展，"一切向钱看"的拜金主义思想在一些人中泛滥起来，出现了走私贩私等严重经济犯罪等情况，省委明确提出在经济工作中改革开放坚定不移，打击经济犯罪也坚定不移；对外交往要坚持有所引进、有所抵制、"排污不排外"的方针。既要积极吸收先进技术、管理经验和进步的文化成果，又坚决地抵制资本主义和封建主义一切腐朽的东西。在1982年沿海地区走私事件和1984年海南汽车事件发生后，省委均多次召开干部会议，总结经验教训，进行反腐蚀教育、法纪教育，端正经济工作的指导思想。

三是加强思想建设。结合经济和各项业务工作，开展思想教育工作，加强思想和纪律教育。运用群众喜闻乐见的形式，宣传先进人物、先进单位的事迹，把社会主义精神文明建设落实到基层。20世纪80年代初期，全省深入开展"五讲四美三热爱"（即讲文明、讲礼貌、讲卫生、讲秩序、讲道德和心灵美、语言美、行为美、环境美，热爱祖国、热爱社会主义、热爱中国共产党）和"一学"（学雷锋树新风）活动。1982年，中共中央决定将每年3月份定为全国"全民文明礼貌月"，广东以开展"全民文明

---

① 梁灵光：《梁灵光回忆录》，中共党史出版社1996年版，第659—660页。

礼貌活动月"为平台，开展了一系列活动。在服务行业，普遍进行职业道德教育，树立"文明经商""顾客至上"等观念。在家庭中，广泛开展"五好家庭""文明家庭"活动。在学校中，制订和推行学生守则，开展评选"三好学生"和"文明校园"等活动。广东的职业道德教育工作，1983年首先在财贸、教育两个系统展开，然后逐步扩展到各个地区、各行各业。通过职业道德教育，各行各业逐步端正经营作风，实行文明经商、文明办厂、文明办一切事业，努力树立企业信誉，讲道德、讲文明、讲礼貌、讲服务精神，逐步形成各具特色的厂风、店风、校风、院风。全省职工队伍的道德风貌不断地更新、进步，有力地推动了改革开放的进程。

四是普及科学文化，提高人民的文化素养。科学文化建设是精神文明建设的重要内容。省委、省政府把提高人民综合文化素质作为一件大事来抓，十分重视发展文化教育事业，注意普及科技知识。随着经济的发展，先进技术设备的引进以及市场和经济结构的不断变化，社会需要各种专业技术人才不断增多，有些热门行业竞争激烈，广东在劳动人事领域中及时引入了竞争机制。为适应社会经济的发展和就业的需要，全省迅速掀起了"读书热""科技热""文化热"，逐步形成多层次、多学科、多形式、多渠道的自学、办学、助学的局面。80年代初开展"振兴中华读书活动"以来，全省参加读书活动的职工达150万人次，占职工总数的20%。广州市1987年被全国总工会评为职工读书自学先进市。

1986年9月至1991年，为广东精神文明建设发展阶段。1986年9月，中共十二届六中全会通过《中共中央关于社会主义精神文明建设指导方针的决议》（以下简称《决议》），提出"社会主义精神文明建设的根本任务，是适应社会主义现代化建设的需要，培养有理想、有道德、有文化、有纪律的社会主义公民，提高整个中华民族的思想道德素质和科学文化素质"。① 这个文件是新的历史时期加强我国社会主义精神文明建设的纲领性文件。1986年10月9日，省委举行学习《决议》动员报告会，省委副书

---

① 中共中央文献研究室编：《十二大以来重要文献选编》（下），人民出版社1988年版，第1176页。

记谢非在会上对当前学习、贯彻《决议》提出：思想要重视，态度要认真；要在认真理解《决议》精神实质上下功夫；要联系思想实际，澄清模糊认识；各级党委的主要领导同志要带头学，亲自抓；要加强对精神文明建设的领导，制订必要的规划、落实措施。① 广大干部群众达成共识，社会主义的根本任务不仅要大力发展生产力，同时，要加强精神文明建设，促进物质文明和精神文明的共同进步。1987 年 3 月 12 日，省委五届全体（扩大）会议在广州举行。会议原则通过了《广东省社会主义精神文明建设规划》。其内容有：制定广东省精神文明建设的规划的指导思想；思想道德建设的主要任务；1990 年以前教育科学文化建设的主要任务；加强领导，全面规划。在此前后，全省各地都结合当地实际，制定关于加强社会主义精神文明建设的决定和规划，开展精神文明建设活动。省委先后在广州南华西街和南海市召开现场会，推广他们创建精神文明的经验。省委提出开展城市学南华西街、农村学南海市的活动。全省广大城乡创建文明单位的活动，已经形成了点面结合、条块结合、城乡互相促进、向全社会覆盖的新局面。② 1989 年初，省委在树立社会文明新风、培育一代"四有"新人工作方面，提出了新的要求，使树文明新风活动向更高的层次发展。9 月 4 日，省委决定成立广东省精神文明建设领导小组，由省委副书记谢非任组长。

1990 年 12 月，广东根据"两个文明一起抓"的方针，在制定"八五"社会经济发展规划的同时，制定了《广东省"八五"期间社会主义精神文明建设规划要点》，提出：社会主义精神文明建设的总目标、总任务和基本路子；抓好党的基本路线教育，理想道德教育，除"七害"、树新风教育，民主法制教育，科学技术教育；抓好阵地建设，充分发挥各种阵地的育人功能；广泛而又扎扎实实地开展群众性的创建文明活动，把全省的社会主义精神文明建设推向新阶段。1991 年 4 月 7 日到 10 日，省委、

---

① 《南方日报》1986 年 10 月 10 日。

② 谢非：《认清形势，总结经验，进一步加强社会主义精神文明建设》（1991 年 4 月 10 日）。

省政府召开全省社会主义精神文明工作会议，讨论实施广东省"八五"期间精神文明建设规划的措施，进一步动员全省各级党组织和人民群众加强精神文明建设。谢非在会上作了题为《认清形势，总结经验，进一步加强社会主义精神文明建设》的报告。经过多年的实践，广东社会主义精神文明建设有了新的进展，其主要表现在：一是各级领导干部通过实践，加深了对社会主义精神文明建设重要性的认识，为克服"一手比较硬、一手比较软"的状况作出积极的努力，取得了明显的成效。二是树立社会文明新风，培育一代"四有"新人的工作，在更广阔的领域和更高的层次取得了进展。三是创建文明单位的活动已经形成了点面结合、条块结合、城乡互相促进、向社会覆盖的新局面。全省创文明的先进单位从 1984 年的 4000 个发展到 1987 年的 2 万多个。四是加强思想文化阵地和科学教育设施的建设，使传播和培育精神文明的"硬件"与"软件"建设配套发展。全省各级党组织和人民政府重视思想、文化阵地建设和教育、科技、体育、卫生等设施建设，充分发挥它们在传播精神文明、培养"四有"新人中的作用。到 1988 年，全省有文化娱乐阵地 11132 个，不少市县的三级文化活动网络已经形成。1991 年，广州市承办第四届全国书市，12 天接待读者 55 万人次，创全国历届书市最高纪录。群众性的体育运动也在城乡蓬勃开展。通过这些活动，引导人们积极向上，不断提高广东人民的现代文明素质。省委、省政府还有计划地普及法律常识，加强社会主义民主、法制、纪律的教育。在城乡积极开展倡文明科学，破除陈规陋习的移风易俗活动，建立各种群众性自治自律的组织，倡导建立文明健康、科学的生活方式。

第三编 增创发展新优势

20世纪90年代，是中国社会主义市场经济建设进程中非常关键的时期。1992年以后，根据邓小平南方谈话提出广东要力争用20年时间赶上亚洲"四小龙"和中共十四大提出的广东力争20年基本实现现代化的要求，广东省委结合本省实际，掀起了新一轮深化改革、扩大开放、加快发展的热潮，制定了力争20年赶上亚洲"四小龙"、基本实现社会主义现代化的奋斗目标，并且明确了在全国率先建立社会主义市场经济体制的构想。中共十五大之后，根据江泽民提出的"增创新优势，更上一层楼"的要求，广东人民以改革开放统揽全局，加快构建社会主义市场经济体制的基本框架，全面实施外向带动、科教兴粤、可持续发展三大发展战略，增创体制、产业、开放、科技四大新优势，推进了经济体制和经济增长方式两个根本转变，交出了物质文明和精神文明建设两份较好答卷。广东综合经济实力跃上新台阶，成为中国经济社会发展最快的地区之一。

第一章　南方谈话后改革新潮的激发

20 世纪 80 年代末 90 年代初，随着苏联解体，东欧剧变，国际共产主义运动处于低潮。国际上，中国面临严峻的挑战，再次引起了人们对中国前途命运的关注。在国内，发生了严重的政治动乱和政治风波。面对复杂的形势，有些人产生思想困惑，有些人对改革开放提出是姓"社"还是姓"资"的疑问，对党的基本路线产生了动摇。1992 年春，在改革开放的关键时刻，邓小平视察南方发表谈话，对建设中国特色社会主义理论作了精辟深刻的论述，科学回答了什么是社会主义、如何建设社会主义等重大理论和实践问题，精辟分析国际国内形势，科学总结十一届三中全会以来的基本实践和基本经验，明确回答了长期困扰和束缚人们品德的许多重大认识问题。在邓小平南方谈话的鼓舞下，中国特别是广东又掀起了新一轮深化改革、扩大开放、加快发展的热潮。

■ 学习贯彻邓小平南方谈话精神

1992 年 1 月 18 日至 2 月 21 日，邓小平先后视察武昌、深圳、珠海、上海等地并发表谈话，对中国特色社会主义理论作了非常精辟、深刻、系统的阐述。其谈话内容，主要有以下几个方面：第一，坚持党的"一个中心，两个基本点"的基本路线，认清改革也是解放生产力。邓小平指出："不坚持社会主义，不改革开放，不发展经济，不改善人民生活，只能是死路一条。基本路线要管一百年，动摇不得。只有坚持这条路线，人民才会相信你，拥护你。"① 第二，阐述了计划与市场的关系及社会主义本质问题。邓小平说："计划多一点还是市场多一点，不是社会主义与资本主义的本质区别。计划经济不等于社会主义，资本主义也有计划；市场经济不等于资本主义，社会主义也有市场。计划和市场都是经济手段。"② 社会主义要赢得与资本主义相比较的优势，就必须大胆吸收和借鉴人类社会创造的一切文明成果，包括当今资本主义发达国家的一切反映现代社会化生产规律的先进经营方式和管理方法。③ 第三，要抓住时机，发展自己，关键是发展经济。发展才是硬道理。科学技术是第一生产力。第四，坚持两手抓，两手都要硬。广东20年赶上亚洲"四小龙"。不仅经济要上去，社会秩序、社会风气也要搞好，两个文明建设都要超过他们，这才是有中国特色的社会主义。第五，正确的政治路线要靠正确的组织路线来保证。邓小平指出，中国的事情能不能办好，经济能不能快一点发展起来，国家能不能长治久安，从一定意义上说，关键在人。中国要出问题，还是出在共产党内部。对这个问题要清醒，要注意培养人，要选人民公认是坚持改革开放路线并有政绩的人，大胆地放进新的领导班子。④ 1992年2月28日，中共中央将邓小平南方谈话以中央文件的形式向全党下发和传达。全国各地迅速掀起了学习贯彻邓小平南方谈话精神的热潮。5月，中共中央制定了《关于加快改革，扩大开放，力争经济更快更好地上一个新台阶的意见》，提出了一系列加快改革和扩大开放的新举措。

邓小平南方谈话，再一次在广东掀起了改革开放的大潮。1992年2月，广东省委召开工作会议，传达贯彻南方谈话精神，研究广东如何进一步扩大开放，加快经济发展步伐，以实现20年赶上亚洲"四小龙"的宏伟目标。省委书记谢非、省长朱森林分别在大会上作了讲话，省委常委、副省长卢瑞华就省委和省政府提交大会征求意见的《关于扩大开放的若干

---

① 《邓小平文选》（第三卷），人民出版社1993年版，第370—371页。
② 《邓小平文选》（第三卷），人民出版社1993年版，第373页。
③ 《邓小平文选》（第三卷），人民出版社1993年版，第373页。
④ 《邓小平文选》（第三卷），人民出版社1993年版，第380—381页。

问题的决定》作了说明。会议分析了广东对外开放的独特优越和巨大潜力，认为抓住扩大开放，就是从广东实际出发，发挥广东省的优越性，就可以推进改革深化、科技进步、商品经济发展。整个 20 世纪 90 年代广东经济能否有大的发展，将在很大程度上取决于全省对外开放能否迈出更大更扎实的步伐。全省必须抓好以下几方面工作：扩大对外开放区域，拓展对外开放的形式；扩大海外市场，放宽开放政策，加强对海外华侨和港澳台同胞的工作；抓紧培养和造就扩大开放所急需的各种人才，切实加强管理。

邓小平南方谈话，给全省人民很大鼓舞。各地各单位干部群众密切联系实际，边学习边贯彻，在较短时间内便取得了初步成效。

一是澄清了重大是非，思想更加解放。许多干部群众认为，这次学习是继 1978 年真理标准讨论后的又一次思想解放运动。其核心是解决姓"社"姓"资"的问题。邓小平提出的三个"有利于"的标准，极大地解放了人们的思想，必将推动生产的大发展、社会的大进步。广东省计划委员会的干部在学习后，突破了把"市场经济"与资本主义画等号的框框，决心转变职能，进一步调减指令性计划范围，灵活运用计划与市场这两种调节手段，搞活经济。

二是增强了建设有中国特色社会主义的使命感和紧迫感，树立了赶上亚洲"四小龙"的信心和决心。省委政策研究室经过调查研究，在较短时间内即为省委、省政府起草了进一步扩大对外开放的决定。省外经贸委提出了广东对外经贸赶超亚洲"四小龙"的发展设想。省经委、农委、科委也分别提出了广东工业、农业、科技赶上亚洲"四小龙"的设想和对策措施。

三是发扬大胆闯、大胆试验的精神，加快改革开放的步伐。深圳经济特区计划在 1992 年内完善一、二线的管理，争取尽快成为一个大保税区。珠海经济特区把开发建设西区作为未来发展的重点。20 世纪 90 年代广东 4 个扩大开放重点区域之一的惠州，则拉开全面开发建设的序幕，大亚湾规划区年内将投资 20 亿元，进行基础设施建设。

四是学习与转变工作作风相结合，各地各单位大兴调查研究、真抓实干之风。例如，广州海关相继派出了 18 个调查组到辖区内的市县进行调查研究，在提供政策业务咨询的同时，征询对海关的要求和意见，写出了 30 多份调查报告，并着手简化手续、提高效能，更好地为改革开放服务。

■ 力争 20 年赶上"四小龙"战略的出台

为了加快广东社会主义现代化建设的步伐，省委、省政府于 1992 年 3 月 12 日就进一步扩大开放的若干问题作出决定，指出：90 年代扩大开放要实现的基本目标，是建立具有较强国际竞争能力、高效、开放的国民经济体系和良好的外向型经济运行机制；经济特区要发挥优势，建立以高新技术产业为先导，以先进工业为基础，以高度社会化的第三产业为支柱的产业结构，发展现代化程度较高的农业，办成科技型、综合型和多功能、高层次的特区；以广州为中心的珠江三角洲开放区要加快高技术产业带的建设，调整和优化产业结构，努力发展成为竞争力较强、吸引力较大、富于活力的经济区；把惠州大亚湾、珠海西区和横琴岛、广州的南沙作为 90 年代进一步扩大开放的重点区域，认真规划，打好基础，加快开发建设；与珠江三角洲相连的东（潮汕地区四市）西（湛、茂、阳三市）两翼，西江走廊，要积极利用外资，发展外向型生产基地，扩大对外贸易和劳务出口；山区市县要加快交通、通信和能源的建设，努力改善投资环境，增强外向能力，力争使山区对外开放在 90 年代有一个新的突破；加快推进对外经济贸易的多元化战略；推动有条件的企业到海外投资，兴办跨国企业；要大胆地利用外资、引进技术，努力提高利用外资的水平；进一步简政放权，扩大市、县审批利用外资的权限；加快金融改革，创造一个更适宜于外资营运的金融环境；进一步改善投资环境，高度重视发展外向型经济所需人才的培养工作，提高人才素质。①

1992 年 4 月 25 日至 5 月 9 日，国务院副总理邹家华带领国务院 10 个

---

① 中共广东省委、广东省人民政府：《关于扩大开放的若干问题的决定》（1992 年 3 月 12 日）。

部委办联合组成的"国务院广东经济发展战略调查组",在广东进行了为期半个月的调查研究,了解广东改革开放以来所取得的成绩和经验,研究探讨如何落实邓小平提出的广东要力争在今后 20 年内赶上亚洲"四小龙"目标的措施。调查组首先听取了广东省和广州、深圳、珠海、顺德等市的汇报,接着又到广州、深圳、珠海、汕头、东莞、中山、佛山、番禺、顺德、惠州、茂名等 11 个市、县进行了实地考察。在总结广东经济发展的经验时,邹家华指出,制订发展战略,广东有四个方面的经验特别值得重视:第一,充分运用了中央所给予的特殊政策和灵活措施,思想解放,观念更新,在经济运行中运用市场手段,在很大程度上加速了商品经济的发展。第二,因地制宜,在改革开放中结合本地的实际情况,充分调动各级政府、人民群众的积极性,创造了多种良性循环、发展经济的形式,形成了一批优势产业。第三,大力加强能源和交通等基础设施建设,不但把能源、交通作为经济建设本身的需要来发展,而且是作为发展外向型经济的一个重要投资环境来建设。第四,外引内联,双向发展,充分开拓国际国内两个市场。对于广东下一步发展战略中需要注意的主要问题,邹家华提出广东今后 20 年的经济发展战略,应该把人均地区生产总值、单位地区生产总值对能源和原材料的消耗、科技进步在经济增长中的含量、进出口总额占地区生产总值的比重和进出口的构成、衡量人民生活水平提高的指标以及精神文明建设方面的指标等内容,作为追赶亚洲"四小龙"的目标来考虑,要从经济整体的水平,而不是简单地从某个产业目标上来追赶亚洲"四小龙"。

　　7 月 1 日,广东向中共中央、国务院报送《关于加快广东发展步伐,力争 20 年赶上亚洲"四小龙"的请示》。其主要内容有:在经济的总体水平上赶上亚洲"四小龙",在精神文明方面要比他们强。20 年分为两个阶段,2000 年前的 10 年为第一阶段,争取在总体上达到亚洲"四小龙"1990 年的经济水平,其中一部分地区达到或接近亚洲"四小龙"2000 年的平均水平;2000 年后的 10 年为第二阶段,全省从总体上达到亚洲"四小龙"2010 年的经济水平。为达到上述目标,全省采取的主要措施包括:其一,紧紧依靠科技进步,促进经济高速发展;其二,大力发展能源、交通、通信，加强石油化工、冶金、建材等原材料工业建设；其三，调整经济布局；其四，积极开拓国内外市场，建立多元化、开放式的市场网络；其五，建立和健全良好的资金筹集、运用、增值转动机制，保持较高的投资率；其六，加速发展第三产业，尤其要大力发展信息产业、金融保险业、房地产业和商业、旅游服务业等；其七，努力发展教育，提高劳动者素质；其八，加强社会主义精神文明建设和党的建设。在全省各地区各部门的通力合作下，经过反复修改，形成了《广东省 20 年经济社会发展纲要（草案）》。纲要草案将广东实现现代化分为两个阶段：1991—2000 年为第一阶段，到 2000 年地区生产总值要实现比 1980 年翻三番多，总体达到中国台湾地区和韩国 1990 年的经济水平；2000—2010 年为第二阶段，到 2010 年，地区生产总值要达到 1.6 万亿元，总体相当于中国台湾地区和韩国当年的经济水平。同时，各项主要经济指标，基本达到中等发达国家水平。9 月 26 日，省政府举行新闻发布会，省长朱森林宣布国务院已批准将韶关、河源、梅州 3 市列入沿海经济开放区，同时将大亚湾、南沙两地开辟为经济技术开发区。

1992 年 10 月 12 日至 18 日，中国共产党召开第十四次全国代表大会。大会通过了《加快改革开放和现代化建设步伐，夺取有中国特色社会主义事业的更大胜利》的报告。这次大会作出三项具有深远意义的决策：一是确立邓小平建设有中国特色社会主义理论在全党的指导地位。二是明确我国经济体制改革的目标是建立社会主义市场经济体制。三是要求全党抓住机遇，加快发展，集中精力把经济建设搞上去。11 月 1 日至 5 日，广东省委召开六届八次全体（扩大）会议，传达贯彻十四大精神，部署进一步加快广东省改革开放和经济建设步伐。谢非代表省委常委作题为《贯彻落实党的十四大精神，加快广东现代化建设步伐》的报告，提出广东要以党的十四大精神为动力和导向，着重抓好五个方面：力争 20 年基本实现现代化；建设和完善社会主义市场经济体制；认真抓好行政管理体制和机构的改革；下大力气抓好社会治安综合治理；加强党的建设。朱森林就广东省如何加快建立社会主义市场经济体制作专题发言，指出：广东应该而且有可能率先建立社会主义市场经济体制的基本框架。广东加快经济体制改革的步伐，抓好五个方面的工作：切实抓好转变企业经营机制的工作，让企业真正进入市场；加快市场体系培育，力争加快与国际市场接轨；深化分配制度和社会保险制度的改革；在改革中大力调整产业结构，优化资源配置，大幅度提高经济效益，保持较快的经济发展速度；切实转变政府职能，完善和改进政府对经济的宏观调控。

1993 年 5 月 21 日至 26 日，中共广东省第七届代表大会在广州举行。省委书记谢非在《为广东二十年基本实现现代化而奋斗——在中国共产党广东省第七次代表大会的报告》中提出："广东基本实现现代化，就是全省经济发展总体上达到世界中等发达国家的水平，精神文明的水平更高。主要体现为科学技术发达，经济实力雄厚，人民生活富足，民主法制健全，社会风气良好。"会议制定"三个三工程"，确定：以建设有中国特色社会主义的理论为指导，以经济建设为中心，以改革开放为动力，以四项基本原则为保证，坚持"两手抓"的方针；强化农业、交通能源通信和科技教育三个基础；建立社会主义市场经济、民主法制和廉政监督三个机制；实现产业结构、生态环境和人口素质三个优化；保持国民经济高速、高效、协调持续发展，不断提高人民生活水平，促进社会全面繁荣进步。[①]会议正式确定在未来 20 年间赶上亚洲"四小龙"、基本实现社会主义现代化为广东的奋斗目标。

■ 转变机制让国有企业进入市场

广东围绕建立社会主义市场经济体制这个目标，全面深化改革，以改革促发展。1992 年 7 月，国务院颁布《全民所有制工业企业转换经营机制条例》（以下简称《条例》），并开始在全国施行。《条例》的制定和颁布，是深化国营企业改革的大事，是实施《企业法》、贯彻邓小平南方谈话精神的重要措施。《条例》公布后，广东根据《条例》的精神，加快了转换

---

① 谢非：《为广东二十年基本实现现代化而奋斗——在中国共产党广东省第七次代表大会的报告》（1993 年 5 月 21 日）。

企业经营机制的步伐。

综合改革试点取得了进展

1992 年初，省政府根据不久前召开的全国经济体制改革工作会议和省七届人大五次会议精神，抓住有利时机，批转省经委《关于搞好国营生产企业综合改革试点的若干意见》，选择了 100 户国营生产企业进行综合改革试点，对试点企业全面落实《企业法》赋予企业的各项经营自主权，允许试点企业参照乡镇企业、"三资"企业的做法和国际惯例，在某些方面突破现行的政策和规定进行探索性的改革。由于各级政府的重视，体改、财政、工商、税务、劳动、物价、银行等部门的大力支持，经过几个月的实践，百户企业综合改革试点初见成效。

第一，促进了企业经营机制的转换，涌现了一批经营机制转换较快，经济效益比较好的企业。例如，广州味精食品厂、广东轻工机械厂、中山威力洗衣机厂、顺德柴油机厂、肇庆蓝带啤酒集团公司等试点企业，已初步建立了面向市场的经营机制，出现了生产与效益同步增长的可喜局面。

第二，促进了《企业法》特别是企业经营自主权的落实。广州市政府以落实企业自主权为重点，制订具体措施，对《全民所有制工业企业转换经营机制条例》规定赋予企业的 14 项自主权一一抓落实，保障了企业应有的权利，增强了企业的活力。韶关市进一步明确了厂长的任免权及企业的用工权、分配权、机构设置权等权利，深受企业的欢迎。

第三，促进了企业改革的深化，调动了企业内部配套改革的积极性。广州市在抓紧省确定的 16 户综合改革试点工业企业方案实施的同时，又在市内增加了 100 户试点企业。在省确定的 100 户试点企业中，有半数要求进行股份制试点，或实行内部职工持股和法人持股的内部股份制。

第四，促进了工业管理体制改革。新会县撤销了县纺织工业等 4 个行政性总公司，组建锦纶等 8 个集团公司和棉纺等 7 个经营公司，减少管理层次，转变了政府的行政职能，进行了"小机构、大服务"的新尝试。

广州市是全省国营企业最集中的地方。为了增强国营工业企业适应市场经济发展的能力，1991 年底，广东省确定广州市的浪奇实业公司、敬修堂药厂等 16 户国有大中型工业企业，于 1992 年初开始率先进行放开经营、综合改革的试点。各试点企业依照上级赋予的自主权，以劳动、人事、分配制度为突破口，带动企业的改革。由于方法对头、措施灵活，这批企业的 3 项制度改革平稳顺利地进行，没有出现大的震荡。其一，这批企业按市场经济发展需要，重新设置了企业内部经营管理机构。据统计，这批企业经营管理机构从改革前的 626 个调整为 406 个，平均每户企业减少近 15 个。经营管理人员（不包括技术人员）从 1465 个减至 1100 人，占厂内职工的比例从 18% 减至 14%。其二，初步建立起工人能进能出、干部能上能下、收入能高能低的"三能"机制。比如，敬修堂药厂打破企业内干部和工人的界限，实行职员责任制，结果有 50 人从管理岗位调到生产一线、二线。实行劳动合同化管理，全厂 750 多名员工和厂长签订合同，和部门负责人签订上岗合约书，员工能进能出。分配上实行岗位职务、岗位技能结构工资，打破平均主义的"大锅饭"，向有贡献者倾斜。其三，配套改革内部福利，保险制度。比如，广州铝材厂实行企业终身服务公积金制度，从每个在职员工每月工资中提取一定金额，而企业按职工的月工资总额拨出一定比例，两者捆在一起积累，存放在企业，等员工退休时连本息一并发还。除了三项制度改革及有关配套改革之外，试点企业还探索利用外资、兼并、组建集团、试行股份制等改革。

1992 年 9 月，省政府对进行综合改革试点的 100 户国有工业企业，提出了要从 5 个方面继续抓好试点工作：第一，进一步提高认识，解放思想，更新观念。要把转换企业经营机制，把企业推向市场作为突破口，切实做到改革有深入，工作有创新。第二，建立严格的试点工作责任制，主要领导要亲自抓，切实做好协调、指导和服务工作，在近期内尽快审批尚未批准的试点企业实施方案，尽快抓落实。第三，综合改革要和企业内部配套改革、基础管理结合。要以搞活分配为突破口，大胆进行劳动、人事、工资制度的改革以及相应的配套改革，调动广大职工的积极性，促进企业各项基础管理工作的落实。第四，落实改革方案中的有关政策规定，各级经委要会同体改、财政、税务、劳动、物价、银行和经贸、建委等部门，做好协调工作，继续制订给试点企业的一些优惠措施，保证政策到位。第五，加强调查研究，及时总结、推广经验，推动企业改革的深化。这 100 户试点企业在 1992 年的综合改革中，普遍在经营自主权、用工制度、人事制度、分配制度、经营机制、会计制度、管理体制及股份制发行等方面有所突破，较好地调动了企业经营者和广大职工的积极性，促进了生产发展和经济效益的提高。据 81 户试点企业统计，1992 年完成工业总产值收入、销售收入、实现利润分别比上年增长 24.24%、33.15% 和 58.5%，分别比预算内国有企业提高 8.97、12.17 和 45.49 个百分点，上交利税和职工工资总额增长 29.56% 和 33.15%。① 综合改革试点，对促进全省企业加快经营机制转换，起到了以点带面的作用。

加快转换企业经营机制

1992 年 9 月，中共中央、国务院发出关于认真贯彻执行《全民所有制工业企业转换经营机制条例》的通知，强调《条例》的制定和发布，是深化企业改革的大事，为转换企业经营机制提供了法律依据和保障。通知作出七项规定：经济体制改革的中心环节是企业改革，企业改革的关键是转换企业经营机制；转换企业经营机制，必须转变政府职能，党政部门不得要求企业设置对口机构，增加人员编制，制止一切向企业摊派行为；转换企业经营机制，重点是落实企业经营自主权，要不折不扣地把经营自主权下放给企业；企业要充分运用《条例》赋予的经营自主权；企业贯彻《条例》，要紧紧依靠广大群众；抓紧制定实施办法；凡与《条例》相抵触的，一律按《条例》规定办事。

同年 11 月，省政府召开全省转换企业经营机制工作会议。副省长刘维明总结了前段时间广东转换企业经营机制的情况，提出了全省当前转换企业经营机制的若干意见。副省长卢瑞华就全省转换企业经营机制工作提出三个方面的要求：一是进一步解放思想，提高对转换企业经营机制的认识；二是抓重点、破难点，下苦功夫转换企业经营机制；三是抓好配套改

---

① 广东省经济体制改革委员会编：《中国广东改革开放纪实》，1998 年 12 月。

革，创造一个转换企业经营机制的良好的外部环境。① 省委书记谢非到会讲话，要求围绕党的十四大提出的建立社会主义市场经济体制的目标，加快转换国营企业经营机制，提出八点意见：充分认识转换国营企业经营机制的迫切性。转换机制的目标是建立适应市场经济运转的机制。要为国营企业参与市场竞争创造公平的条件。国营企业要按市场经济的要求加强内部管理。积极推行股份制。要以质量和规模取胜。帮助企业重新组合。各级政府既要主动放权，又要积极帮助企业搞好改革和发展。会议强调，转换企业经营机制，是一项复杂的系统工程，波及面较广。除了抓好企业自身管理体制和运行机制的改革外，还必须抓好一系列的配套改革。要在市场物价、工商管理、财政税收、金融信贷、劳动人事、审计制度等方面进行改革，支持企业转换经营机制。各级政府要按照"客观管好，微观放开，政企分开，政事分开"的原则，转变职能，做好"规划、协调、监督、服务"等工作②。各级党政部门要遵照《条例》的有关规定，围绕企业进入市场，转变工作作风，提高办事效率。

这次会议后不久，省政府制定了广东贯彻《全民所有制工业企业转换经营机制条例实施办法》。为使企业成为自主经营、自负盈亏、自我发展、自我约束的经济实体，促进全省社会主义市场经济的发展，在落实企业经营自主权方面，允许企业根据国家产业政策，自主决定在本行业、本地区或者跨行业、跨地区调整生产经营范围，并直接向工商行政管理部门申请办理变更登记。企业生产和经营的商品（包括生产资料），除国家和省定价、限价的个别商品外，可自主定价。企业可利用留用资金或自筹资金进行投资。能够自行解决建设和生产条件的生产性建设项目（包括技改和基建项目），由企业自主决定立项。同时，企业在不违反当地城市建设规划的前提下，可自主决定厂内的建设项目，报政府有关部门备案。允许企业

---

① 中共广东省委党史研究室：《广东改革开放大事记》，广东人民出版社 1998 年版，第 409—410 页。

② 中共广东省委党史研究室：《广东改革开放大事记》，广东人民出版社 1998 年版，第 410 页。

在本省城乡范围内自主决定招工的时间、条件、方式和数量，包括招收不迁移户口关系的农民合同工，报当地劳动部门备案。允许企业打破干部与工人、正式工与临时工的界限，自主决定管理人员、技术人员的招聘办法、标准和数量。允许企业实行工资总额与经济效益挂钩的办法，自主确定工资总额和工资分配形式，自主确定和调整工资标准。允许企业在保证实现企业财产保值、增值的前提下，自主决定税后留用利润中的各项基金的比例和用途。企业可以在销售额中按不同档次的规定提取千分之三至千分之十的业务活动费，自主使用。办法共32条，赋予全民所有制工业企业14项自主权，包括经营自主权、财产占有、使用和处分权、自主定价权、自主立项权、劳动用工权、人事任免权、分配权等，都下放给企业，该下放的权基本都下放了。该办法既有广东特色，又反映了广东企业改革动作大，具有一定的超前性。

全面推进国有企业改革

1993年11月，党的十四届三中全会通过了《中共中央关于建立社会主义市场经济体制若干问题的决定》（以下简称《决定》），指出：建立现代企业制度，是发展社会化大生产和市场经济的必然要求，是我国国有企业改革的方向。广东的国有企业改革，从1993年底开始，围绕落实《决定》精神，按照"产权明晰、权责明确、政企分开、管理科学"的要求，全省大面积进行了建立现代企业制度的试点和对企业实施战略性改组，加快国有企业的改制和原有公司的规范工作，推进国有资产管理体制、社会保险、要素市场建设，全面改革，使企业逐步成为市场竞争的主体。

广东根据本省的实际情况，为解决国有企业存在的问题，采取了"改革、调整、重组"三管齐下的做法。改革，就是按照中央的精神，贯彻落实好中央提出的一系列改革措施。总结实践经验，从实际出发，探索公有制的多种实现形式。调整，主要是指在改革企业机制的同时，调整产业产品结构。重组，是指企业打破行业、所有制成分和地区的界限，重新优化组合，通盘考虑如何实现生产要素的最佳配置，实现优势互补，优势结合。① 这一阶段的改革举措主要有：

一是对国有企业进行战略性改组，建立企业集团，实行规模经营。省政府确定 70 家企业集团作为第一批重点发展的对象，制定《关于加快发展我省大型企业的若干意见》，深化企业内部改革，引导大型企业打破地区、行业、所有制的界限，以资本为联结纽带，把企业集团的发展与全省产业结构的调整结合起来。这批大型企业集团按照《公司法》的有关规定进行规范或改建，成为有实力、有应变能力、有自我消化困难能力、有拳头产品、有市场竞争力的企业集团。这批企业集团组建后，经营规模逐步扩大，经济效益不断提高，国有资产得以保值增值，在全省经济发展中发挥了支柱作用。在抓好大型企业的同时，省委、省政府还注意抓好中小企业。广东的中小企业数量庞大，在全省经济中具有举足轻重的作用。省政府在广州、深圳、佛山等地进行优化资本结构试点，制定了放活小企业的具体规划，因厂制宜，一厂一策，明确哪些企业由国家控股，哪些企业可以转让、兼并和破产，从而搞活了大批中小企业。

二是建立新的资产管理体制，真正实现政企分开。企业改制后，既要加强公有资产的管理，保证公有资产的保值增值，又要避免重蹈政企不分、政府直接经营企业的覆辙。因此，必须建立国有资产管理新体制。深圳市在这方面的试验取得了较大的突破。深圳市取消了企业的行政隶属关系，企业由行政部门的隶属管理转向由国有资产产权部门管理，从而切断了原来的政企关系，彻底实现了政企分开。在清产核资的基础上，由政府向国有企业颁发《国有资产授权占用书》，以产权为纽带同企业发生关系，不直接干预企业的经营活动。政府加强对企业的宏观管理和指导，并发挥社会中介组织对企业的约束和监督作用。企业对国有资产承担保值、增值的责任。这一新的国有资产管理体制，较好地调整了政府与企业的关系，基本实现了政企分开。

三是进行产权改革，实现企业自主经营。在产权改革中主要抓三个环

---

① 谢非：《广东改革开放探索》，中共中央党校出版社 1998 年版，第 249 页。

节：其一，对企业进行资产评估、界定产权，从而为处理企业呆账、烂账和各项损失以及划定用于安置离退休人员和被遣散人员的开支、确定改制方案打下基础。资产评估，既实事求是，防止国有资产流失，又按照市场经济规律和价值规律的要求，由市场决定转让价格。其二，按照公开、公正、公平的原则，制定改制方案。将改制企业的资产、负债等数字资料公开，让企业内部和社会各界人士参与改制竞争，将发起人的改制方案公布，广泛征求干部、职工意见，择优选取改革方案和经营者。其三，确定改制方式，转换经营机制。对关系国计民生的大企业、带有专营性质或基础设施的企业以及高新技术企业，改组为股份有限公司或有限责任公司，实行国有全资或控股经营。对一般竞争性企业，多种形式，放开经营。

四是苦练内功，实行科学管理。国有企业存在的许多问题都同管理不善有直接的关系。因此，搞好管理是搞活企业的一项不可缺少的重要工作。建立严格的科学的管理制度，是深化企业改革、建立现代企业制度的一个关键性问题。省委、省政府在1995年2月召开的全省国有企业改革经验交流会上，强调要搞好企业的内部管理，要求全省大的企业集团、中小企业都要从自己的实际出发，在产供销、人财物等方面建立起一套严格、科学的管理制度。通过建立现代企业管理制度，提高员工的劳动积极性，提高产品质量，提高企业经济效益，提高企业整体素质和提高企业的市场竞争力。

五是调整产品、产业结构。部分企业处于困境，一个重要的原因，是由于其产品与市场不对路，或者是市场变化了，而产品没有及时进行调整。因此，在企业改革中，省委、省政府十分重视调整产品、产业结构问题，要求企业要根据市场变化，调整产品和产业结构，加强科研力量，加强信息工作，加强技术改造和技术革新，不断推出适应市场需求的名、优、新产品。扩大"广货"在国内外市场的影响力。提高"广货"的市场占有率。从1995年起，全省重点进行了产业结构调整，省政府有关部门先后制定出台了《广东省重点工业产品结构调整方案》《关于加快结构调整步伐，实施工业经济战略性改组发行的意见》《广东省重点企业结构调整技改项目规划》等方案措施。通过调整优化，进一步巩固和发展了现有的优势产业。在巩固和发展广东原有名牌产品的基础上，继续创立一批高技术含量、高附加值、高市场份额、高效益的有广东特色的名牌产品。

六是抓好企业领导班子建设，解决好企业人才问题。这是企业改革和发展的关键。企业的领导有没有活力，有没有现代化的意识，有没有企业管理的知识，有没有领导能力和水平，对企业的发展有直接影响。省委、省政府始终把领导班子建设，把解决企业人才问题作为一件非常重要的大事来抓。选拔企业人才注意两头结合：一是走群众路线，由群众推荐选举；二是上级部门深入调查，发现人才，把班子配好。企业自身则逐渐形成"优胜劣汰、尊重人才"的机制，真正做到"能者上、庸人下"。坚持党管干部原则，依法选派和推荐国有企业的负责人，充分发挥企业党组织的核心作用和党员的先锋模范作用。

第二章　社会主义市场经济体制的初步建立

建立社会主义市场经济体制，是解放和发展生产力的根本措施。广东推广顺德综合改革试点的经验，围绕建立市场经济体制这个目标，以转换企业经营机制，建立现代企业制度为中心环节，加快培育和发展市场体系，转变政府职能，继续深化包括流通、金融、住房和社会保障、外经贸等各项体制改革；加快农村、科技、社会事业等改革步伐，建立经济法规和监督体系。广东在全国率先建起了社会主义市场经济体制框架，成为全国市场化程度较高、市场体系较完备的省份。

■ 建立社会主义市场经济体制的启动

1992 年 3 月 4 日，省政府召开全省经济体制改革工作会议，贯彻落实国务院在 1 月召开的全国经济体制改革工作会议精神，部署全省经济体制改革的各项工作。省长朱森林针对影响本省经济健康发展的深层问题，提出要抓好几个重点：一是认真抓好转变国营企业经营机制，让企业成为自主经营、自负盈亏、自我发展、自我约束的社会主义商品生产者和经营者；二是加快金融体制改革步伐，多渠道用活用好社会资金；三是完善价格形成机制，深化流通体制改革。①

9 月 17 日，省政府确定顺德市为综合改革试点城市。顺德综合改革的

---

① 中共广东省委党史研究室：《广东改革开放大事记》，广东人民出版社 1998 年版，第 388 页。

目标，是建立适应社会主义市场经济体系的新的社会管理体制和经济运行机制，为全省深化改革探索经验。为此，顺德市在机构改革、企业制度改革以及农村经营管理体制改革等方面作了一系列尝试。顺德市的党政机构从原来的56个减少到29个，机关人员精简了600多人，部门内设机构减少了125个。各镇（区）也相应地进行了机构改革，镇一级部门从19个减为12个。企业改革方面，围绕建立产权明晰、管理科学的现代企业制度，顺德对全市企业逐个进行资产评估和产权界定，实施产权的重组，进行产权制度改革，探索市场经济下公有制的有效实现形式。同时相应地进行了劳动用工制度、人事制度、分配制度、社会保障制度等方面的改革。翌年，顺德以产权制度改革为突破口，实现了政资分离，政企分开，政府转变了职能，实行"小政府大服务"，逐步建立起适应社会主义市场经济的新的社会管理体制和经济运行机制，为全省深化改革提供了经验。改革后的顺德，政府提高了效率、转变了职能；企业转换了经营机制，呈现出蓬勃的生机和活力。顺德市的一些做法，也逐步在全省推广起来。

1992年10月，中共十四大明确提出："我国经济体制改革的目标是建立社会主义市场经济体制。"同时相应地改革政治体制和其他方面的体制，以实现中国的社会主义现代化。大会要求，围绕社会主义市场经济体制的建立，要抓紧制定总体规划，有计划、有步骤地进行相应的体制改革和政策调整。党中央把社会主义基本制度和市场经济结合起来，建立社会主义市场经济体制，这是改革开放10多年来党进行理论探索得出的最重要的成果之一。11月1日至5日，省委举行六届八次全体（扩大）会议，传达贯彻十四大精神。省长朱森林在专题发言中提出：广东应该率先建立社会主义市场经济体制的基本框架。1993年1月29日至2月8日，召开省八届人大一次会议。会议根据广东20年基本实现社会主义现代化的宏伟目标，以及国内外经济形势的变化，对省七届人大会议原则通过的《广东省十年规划和"八五"计划纲要》作了调整。省长朱森林向大会作《政府工作报告》，提出1993年要突出抓好第一项工作，就是围绕建立社会主义市场经济体制的目标，加快各项改革步伐：加快转换国营企业经济机制。加快培育和发展市场体系。加快建立适应市场经济要求的社会保障体系。加快政府管理职能转变，努力健全适应市场经济运行的宏观调控体系。①

1993 年 9 月 23 日至 30 日，中共中央总书记江泽民到广东视察和主持召开中南西南十省区经济工作座谈会。9 月 29 日，江泽民在广州珠岛宾馆接见了广东省五套班子负责人。江泽民强调，要继续深化改革、扩大开放，加快建立社会主义市场经济体制，促进经济建设又快又好地发展和各项事业的全面进步。希望广东在推进改革和发展方面创造新的经验，作出更大的贡献。② 11 月，中共十四届三中全会审议并通过的《中共中央关于建立社会主义市场经济体制若干问题的决定》，从理论、方针和政策上，系统地描述了社会主义市场经济体制的基本框架，并推出了系列配套性的重大改革措施。《决定》是我国建立社会主义市场经济体制的总体规划，是指引全国人民进行经济体制改革的行动纲领。

12 月 9 日至 11 日省委召开七届二次全会。会议传达了党的十四届三中全会精神，结合广东实际，研究如何贯彻落实《决定》，加快改革步伐，保持经济持续快速健康发展。谢非作了题为《加快改革步伐，促进现代化建设》的讲话。全会审议并通过了《中共广东省委关于加快建立社会主义市场经济体制若干问题的实施意见》，对国有企业深化改革、农村股份合作制、政府转变职能、金融体制改革、投资体制改革、价格改革、财税体制改革、建立社会保障制度、扩大开放、市场经济立法等十个重点问题提出了目标要求和具体措施。提出要重点抓住建立现代企业制度、统一开放的市场体系、完善的宏观调控体系、收入分配、社会保障制度和科技教育体制、法律制度等，力争用五年时间在我省建立起社会主义市场经济体制的基本框架，推进我省力争 20 年基本实现现代化。要求各级党委、政府和有关部门要集中力量，尽快制定出本地区本部门的具体改革方案，组织实施。要以中央《决定》为指导，抓住有利时机，有计划有步骤地全面推进

---

① 朱森林：《政府工作报告——在广东省第八届人民代表大会第一次会议上》（1993 年 01 月 29 日），载广东省人民政府办公厅：《广东省人民政府政府工作报告汇编》（1979—2016），广东人民出版社 2016 年版，第 634 页。

② 中共广东省委党史研究室编：《中国共产党广东历史大事记》（1949.10—2004.9），广东人民出版社 2005 年版，第 622—623 页。

改革；根据不同情况，采取局部试验与全面推开相结合、重点突破与整体推进相结合、单项改革与配套改革相结合的方法，促进新经济体制更快顺利建立①。

■ 国企改革转入建立现代企业制度

国有企业改革的再深化，就是进一步转换国有企业经营机制，按照现代企业制度的基本特征，适应形势的变化，由主要依靠放权让利的政策调整，转为致力于明晰产权关系的制度创新，由计划经济下的传统企业制度，转为建立适应市场经济要求，产权清晰、权责明确、政企分开、管理科学的现代企业制度。为此，广东全省大面积进行建立现代企业制度试点和对企业实施战略性改组，加快国有企业改制和公司制的规范，推进国有资产管理体制、社会保障制度改革和要素市场建设，使企业成为市场竞争的主体。

1992 年 7 月上旬，经省政府核准，100 户国营商业企业作为首批进行综合改革试点。其基本思路是：全面贯彻落实《企业法》赋予企业的各项经营自主权，引进"三资"企业和乡镇企业的经营机制，逐步完善企业竞争机制和激励机制；构造新的企业组织形式和经营方式。这是广东省深化流通体制改革、促进商业企业转换经营机制的一项重要措施。11 月 7 日至 8 日，省政府召开全省转换企业经营机制工作会议，传达全国转换企业经营机制的工作会议的精神。副省长卢瑞华就转换企业经营机制工作提出三个方面的要求：进一步解放思想，提高对转换企业经营机制的认识；抓重点、破难点，下苦功夫转换企业经营机制；抓好配套改革，创造一个转换企业经营机制的良好外部环境。会议强调，转换企业经营机制，是一项复杂的系统工程，涉及面较广，除了抓好企业自身管理体制和运行机制改革外，还必须抓好一系列的配套改革。要在市场物价、工商管理、财政税

---

① 《中共广东省委关于加快建立社会主义市场经济体制若干问题的实施意见》（1993 年 12 月 14 日）。

收、金融信贷、劳动人事、审计制度等方面进行改革，支持企业转换经营机制。各级政府要按照"宏观管理，微观放开，政企分开，政事分开"的原则，转变职能，政府主要做好"规划、协调、监督、服务"等四个方面的工作。中共十四届三中全会以后，广东以制度创新为主线，全面推进国有企业建立现代企业制度，同步推进社会配套改革和政府职能转变。

1994 年，广东贯彻落实国务院颁布的《全民所有制工业企业转换经营机制条例》和省政府制定的《全民所有制工业企业转换经营机制条例实施办法》，深化企业"三项制度"改革，全面落实企业 14 项自主权。积极推进企业股份制改革，规范已完成股份制改革的企业。5 月，省政府召开全省股份制企业试点工作交流会，交流总结经验，研究如何利用《公司法》规范股份制试点企业。5 月 25 日，省政府批转了省体改委、省经委《关于加快建立现代企业制度的意见》，明确提出要从广东实际出发，吸收借鉴世界发达国家的有益经验，建立既符合国情，又与国际接轨的现代企业制度，形成广东企业机制优势，促进广东经济发展。10 月 11 日，省政府批转《广东省现代企业试点工作方案》。试点企业共有广州味精食品厂等 250 家企业。各地抓紧现代企业制度试点工作，把明晰产权、理顺国有资产产权关系、确立企业投资主体作为试点的前提和关键工作来抓。尤其是顺德市，以 1993 年开始的产权制度改革为核心，在企业制度改革方面，通过产权制度改革，对全市企业逐个进行资产评估和产权界定，实施产权的重组。大部分企业实行了股份制和股份合作制，建立了产权清晰、政企分开、责权明确和管理科学的现代企业制度，形成了独立自主的决策机制、面向市场的经营机制、自我监控的约束机制、自我发展的行为机制。经过综合改革，顺德市初步建立了市场经济新体制。1996 年，省重新审定 187 家建立现代企业制度试点企业，进行多种形式的改制，加快人事、分配、用工三项制度及内部组织机制的改革。7 月，省政府在顺德市召开全省经济体制改革工作会议，总结推广顺德等地的先进改革经验，引导各地从实际出发，大胆改革探索。省政府还确定了深圳华强等 70 家重点企业集团，对他们提出更高目标。在 187 家试点企业中，绝大部分采取了股份有限公司、有限责任公司、股份合作制等形式进行改制，初步确立了企业投资主体，建立了法人治理结构。1998 年，根据中共十五届一中全会提出的"用三年左右时间，通过改革、改组、改造和加强管理，使绝大多数国有大中型亏损企业摆脱困境，力争到本世纪末使大多数国有大中型骨干企业初步建立起现代企业制度"的精神，广东对全省 1000 多户国有大中型企业进行了认真的调查研究。省政府制定《关于全省国有大中型企业三年改革与脱困的实施意见》，以打好煤炭、纺织、制糖为三个特困行业的脱困攻坚战为突破口，全面推进国有大中型企业改革与脱困工作。广东大力推进国有企业改革和发展，通过抓规划、抓责任、抓政策、抓领导等措施，精心组织脱困攻坚战。经过三年的努力，被誉为国企改革中最难"啃"的煤炭、制糖、纺织三大特困行业，脱困攻坚目标提前完成。至 2000 年底，国有企业改革与脱困的三年目标基本实现。

在企业改革实施过程中，广东采取"改革、调整、重组"的做法。改革，就是探索公有制的多种实现形式；调整，指在改革企业机制的同时，调整优化产业结构；重组，指企业打破行业、所有制成分和地区界限，重新优化组合，实现生产要素的最佳配置和优势互补。省政府实施"抓大放小"战略，调整结构，从整体上搞活国有经济。在"抓大"方面，1995年省政府作出扶优扶强组建大型企业集团的决定，确定了 80 多家重点发展的大型企业集团，促使企业集团在扩大投资权、融资权、外贸权、资产授权经营等方面有新的突破，推动它们向跨行业、跨地域、跨所有制、跨国经营的大型企业集团发展。"放小"方面，各地参照省政府批转省体改委《关于加强我省小企业改革的意见》所提出的八种形式，结合实际，采取改组、联合、兼并、股份合作制、租赁、承包出售、易地改造等形式转换机制，放开放活，从而使小企业增强了活力。1997 年，"抓大放小"步伐加快，省第一批重点扶持的 70 家企业集团在建立母子公司体制、资产重组、结构调整等方面取得初步成效。各市也确定了本地区重点扶持的企业集团，采取多种措施促进企业集团的发展。发达地区采取以存量资产调整为特征的全方位的改革；次发达地区重点推行以注资经营为特征的改革；落后地区则从解决企业困难入手，以股份合作制为主要形式实现企业转制。1998 年以后，"抓大放小"有了新的突破。在"抓大"方面，主要是促进大企业集团建立和完善以资本为纽带的母子公司体制，健全法人治理结构，完善大集团法人治理结构和提高综合竞争能力。"放小"方面，各地从实际出发，坚持多种形式放活小企业，着力解决难点问题，尤其是积极探索搞活困难小企业的办法。通过加大"转"①和"帮"的力度，加大国有中小型企业改革力度。全省列入国家脱困考核目标的企业 490 家，已有脱困企业 355 家，脱困率为 72.4%。煤炭、制糖、纺织三个特困行业脱困和重点亏损企业的扭亏工作取得明显成效，大中型骨干企业建立现代企业制度的步伐加快，初步建立起国有资产监管和营运体系。至 2000 年底，国有企业改革与脱困的三年目标基本实现。省属国有企业资产重组进展顺利。国有中小企业改制进程加快，转制面已达到 75% 以上②。

■ 探索建立农村股份合作制

省委认为，农村股份合作制是广东农村发展市场经济的重要选择。要以此作为明晰产权，保障农民合法权益，促进农村资源的合理流动和优化组合，稳定和完善以家庭联产承包为主的责任制和统分结合的双层经营体制，提高农业经济效益和壮大集体经济实力的重要措施，在全省大力探索推广农村股份合作制。③

广东农村改革主要体现在三个方面：

第一，农村股份合作制的探索推广。随着改革开放的深入和商品经济的发展，广东农村许多地方出现了形式多样的股份合作经济组织。这是农村出现的一种新生事物，是完善和发展社会主义公有制的一种新的形式。广东根据中共十四大关于加快经济体制改革的精神，采取大胆探索、鼓励扶持的态度，积极在全省农村推进股份合作经济的发展。从 1994 年开始，

---

① "转"指注资经营、转让产权、承包租赁、股份合作制、整体出售等形式。
② 《广东省统计局关于 2000 年国民经济和社会发展的统计公报》，《南方日报》2001 年 3 月 14 日。
③ 《中共广东省委关于加快建立市场经济若干问题的实施意见》（1993 年 12 月 14 日）。

广东加快农村股份合作制试点，在全省大部分农村推行股份合作制的试点。农村股份合作制的主要特点是：以解决土地问题为主要内容，以社区合作经济组织为基础，把集体土地、财产、资金等，作价折股量化到人，成立股份合作社或股份合作公司，全面转换农村经营机制。同时，明确集体产权与农户个人产权关系，促进土地流转和劳动力转移，推动农业规模经营及农村现代化建设。到 1995 年，珠江三角洲及一些经济较发达的地区，试行土地使用权入股的形式，组建农村股份合作经营，有的成立股份制企业，农村股份合作制逐渐得到全面推广。

广东农村实行的股份合作经济，形式灵活多样：一是集体与集体、集体与农户、农户与农户以及多种经济成分之间，以集资入股形式，或者采取多种生产经营要素（资金、技术、设备、土地、劳力、信息、销售）合股联办股份合作企业。二是运用股份制改革原有乡镇、管理区、村集体企业，即通过集资扩股，使原有集体企业成为股份制企业，三是把股份制引入私营或个体经济，通过集体或个人参股，使之成为股份合作企业。四是稳步发展社区股份合作经济。

第二，加快全省县级综合改革步伐。1994 年，在全省范围内选定增城、顺德、罗定、英德和信宜作为全省的 5 个县级综合改革试点单位。1996 年 3 月，省政府批转省体改委《关于广东省县级综合改革试点实施意见》，对这 5 个全省县级综合改革试点的指导思想、原则、内容、组织领导与实施步骤作了具体的要求。该意见明确指出，试点内容主要是推进农村股份合作制，深化农村经营体制改革，转换县（市）属企业经营机制，建立现代企业制度；加快建立和完善县域市场体系和社会化服务体系；多途径建设中小城镇，加快农村工业化、城市化进程；转变政府职能，建立新型行政管理体制；积极实施县镇两级多层社会保障体制；进一步扩大对外开放；加快科教文卫体制改革步伐。顺德、增城等 5 个县级综合试点单位，也加大了改革力度和步伐，综合改革逐步开展。同年 11 月，省政府又召开"县级综合改革试点工作座谈会"，交流两年来县级综合改革试点工作的经验，研究部署下一步深化改革的意见，决定将试点期限同"九五"计划结合起来。在省委、省政府领导下，顺德等 5 个试点县（市）的综合改革进展很快。特别是顺德市以产权制度改革为核心，在企业制度改革、机构改革及农村经营管理体制改革方面，作了一系列大胆改革，取得了显著成效。

第三，加快小城镇建设。1995年，省政府下发《关于我省小城镇综合改革试点工作的通知》，要求各地级市选择一个符合条件的建制镇开展试点。1996年，在国家已批准惠州市惠城区小金口镇等4镇为小城镇综合改革试点镇的基础上，广东又确定番禺市石楼等26个镇为省的试点镇。6月，省政府召开"全省小城镇综合改革试点工作会议"，逐步推进各试点镇的改革工作。各地根据自身的实际情况，通过不同的形式推动小城镇试点工作。至1998年底，全省32个试点镇中已有20个镇全面进入试点实施运作。

■ 财税金融体制改革的推进

之前，广东与中央确定财政递增包干、一定五年。1993年12月，国务院决定实行分税制，尽管原定的财政包干还没有到期，广东顾全大局同意从1994年起实行分税制。所谓分税制，即是将各种收入分为中央财政固定收入、地方财政固定收入、中央与地方共享收入，并相应地分设中央与地方税务机构分别收税，建立起中央与地方规范的分配关系，从制度上保证各级政府财权与事权的统一，适当提高中央财政收入的比重，以增强中央宏观调控的实力。广东省财政部门按照中央的统一部署，围绕全面实施新税制和分税制财政管理体制，建立新的财税运行机制中心，开展了新旧体制的转换和各项配套工作，适当调整省对市、县的财政包干体制，确定省对市、县的利益分配，完成省、市、县三级国家和地方税务机构的分设工作，保证新的财税体制的顺利实施。1995年，广东全面推行以增值税为主的新税制，初步规范了企业所得税，并开始其他税种的改革。省、市、县三级国家和地方税务机构进一步建立健全，确保了财税收入在新税制中稳定增长并居全国首位。1996年省政府决定实行分税分成财政管理体制，实施了省对市、县的过渡期转移支付制度，实现了由包干制到分税制的平稳过渡。1997 年，分税分成财政分配新体制进一步完善，形成省与市县各级财政收入同步增长的新分配体制，实现了由分税包干制到完全分税制的过渡，也规范了省与市县财政的分配关系，调动了各地的积极性，保证了财政收入的增长。

在金融体制方面，主要是加快金融市场化，建立统一开放、竞争有序、严格监管，并逐步与国际金融市场接轨的、有地方特色的金融市场体系。1994 年，广东推进金融体制改革，政策性银行分设工作进展较快，农业发展银行做好财务划转工作，各个专业银行实行资产负债比例管理和风险资产管理，逐步走向商业化。1995 年，中央银行金融监管调控职能进一步加强，国有专业银行商业化改革步伐进一步加快，规范金融行为的各项措施得到实施。同时，广东还组织 1300 多个稽核小组，对省内 1680 家金融机构开展一系列稽核活动，促进了各金融机构清理压缩不合格资金占用，提高了信贷资产的质量和效益。在外汇体制方面，实行汇率并轨，结售汇制全面实施，初步形成以外汇指定银行为交易主体的银行间交易市场。1996 年，各专业银行在实行资产负债比例管理的基础上，加速向商业银行的转变步伐，地方各类金融机构也进行改革。广东发展银行、深圳发展银行正逐步成为全国性的金融机构。农村金融体制方面，农村信用社与农行脱钩，由人民银行监管，选择少数经济发达县（市）组建农村合作银行等。

广东充分发挥外汇调剂中心的作用。深圳在 1985 年开办了全国第一个外汇调剂中心，开拓外汇调剂市场，以合法手段调剂外汇资金，沟通人民币资金和外汇资金的联系。从 1986 年 4 月始，外汇调剂中心业务进一步放开，调剂对象扩大到外商投资企业，价格也适当放开，买卖双方可直接见面成交。至年底，又进一步放宽政策，调剂中心只管外汇的来源和用途，价格完全放开，买卖双方可以自由议价，调剂对象扩大到所有企事业单位，交易的货币由单一的美元转为多种外币，交易方式更为灵活。从 1985 年至 1996 年这十余年时间内，由外汇调剂中心调剂的外汇累计达 100 多亿美元。深圳外汇调剂中心，属于深圳金融管理中的一项重要改革，对调剂外币余缺，搞活外汇资金，鼓励企业创汇，以及抑制外币黑市买卖，起到了积极作用，许多企业通过外汇买卖，避免了汇率损失①。

伴随着中国人民银行机构改革，广东也建立了多层次的金融监管体系，形成内有制度、外有监督的金融运行机制，建立一套符合国际惯例和体现中国国情的金融监管制度。

■ 价格体制的进一步改革

"价格机制是市场经济的核心。价格改革风险很大而又不可逾越。"②广东价格体制改革的目标，主要是建立既放得开又管得住的主要由市场调节的价格机制和有效的价格调控体系。中共十四大明确要求"建立起以市场形成价格为主的价格机制"，根据这一要求，广东加快价格改革步伐。1992年4月1日起，广东按照"计划指导、放开价格、加强调控、搞活经营"的原则，对粮食购销管理作进一步改革，放开了粮食购销价格，全部实行市场调节，农产品价格除蚕茧和烟叶实行政府指导价外，其他全部放开。广东由此成为全国第一个没有粮票的大陆省份。与此同时，广东又提高了邮电、货运、教育、医疗等收费价格和水、电、交通费等价格。1993年，受经济过热等因素的影响，一些地方乱消费、哄抬物价，使广东物价涨幅较大。为此，省政府于6月上旬发出通知，要求对市场物价加强调控，积极稳妥地推行价格改革，切实抓好主要食品的生产供应，把关系群众生活的商品价格稳住。针对物价的过快上涨，省政府从五个方面加强价格调控管理。一是严格控制投资规模和消费基金增长；二是发展生产，搞活流通，增加供给，重点抓好"米袋子"和"菜篮子"工程的建设；三是建立价格调节基金和重要商品储备制度；四是加强市场物价调控管理，实行明码标价，完善价格监督机制；五是强化物价部门的管理职能。为解决通货膨胀对经济发展的影响，国家实行物价调控目标责任制。广东将物价调控

---

① 李醉吾：《深圳经济特区体制改革的回顾》，《深圳文史》第二辑。

② 谢非：《为广东二十年基本实现现代化而奋斗——在中国共产党广东省第七次代表大会上的报告》（1993年5月21日）。

目标下达到各市，加强物价监管，治理乱收费。1995 年仅对电价、铁路运输和部分公用事业收费标准进行调整，1996 年对粮食、邮电收费进行调整。1997 年，全省开始加大了对乱收费、乱涨价的监管力度，从而使市场物价开始回落，并于同年 3 月份开始出现了负增长，且下滑速度越来越大，一直延续到 2000 年。

　　1992 年以来，广东价格体制改革突出表现在四个机制的建设上。一是从理顺国家定价商品、放开竞争性商品价格、加快第三产业价格改革、搞好国内外价格对接等四个方面加快价格改革步伐，理顺价格关系，逐步建立起以市场形成价格为主的价格机制。二是加快生产要素价格改革，并与消费品和生产资料价格有机结合起来；物价部门会同有关部门，重点整顿粮食、肉类、蔬菜、房地产等商品的价格秩序，逐渐实现价格运行机制的转换。三是建立价格法规体系，规范政府和市场主体间的价格行为，实现依法治价的目标。四是通过宏观调控，完善政府的价格控制目标责任制，对市场价格实行间接管理，对具有垄断性、保护性的特殊商品和服务价格实行直接动态管理，建立宏观与微观相结合的价格调控机制。[1] 1997 年，广东社会消费品零售总额、农产品收购总额、生产资料销售总额中市场定价的比重分别达到 95％、98％、90％以上。全省已基本建立起了以市场形成价格为主的价格机制和既放得开、又管得住的价格调控体系，初步形成了以政府调控市场、市场形成价格、价格引导企业为特征的经济运行机制。

■ 大力培育和发展市场体系

　　要建立市场经济体制，就必须大力培育和发展市场体系，使市场在国家宏观调控下对资源配置起基础性作用。建立社会主义市场经济，实现我国经济体制的根本改革，是邓小平改革思想的核心。早在 1979 年，邓小平

---

[1]　广东省人民政府研究发展中心、广东经济杂志社：《广东改革开放二十年纪念文集 1978 — 1998》，广东经济出版社 1998 年版，第 93 页。

就指出："社会主义也可以搞市场经济。"1992 年，邓小平视察南方时再次指出，"社会主义也有市场"。① 在邓小平市场经济理论的指导下，广东由 20 世纪 80 年代中期的"有计划的商品经济"过渡到 90 年代的市场经济体制，初步建立起市场经济体制的基本框架。各地全面推进和深化经济体制改革，在国有企业和政府经济管理部门进一步深化改革产权关系、投资机制、财税体制、市场机制等关键问题，建立起较为完善的市场体系。包括以公有制为主体，多种经济成分平等竞争、共同发展的所有制体系；以资本为纽带的国有资产监督管理和营运体系；以市场为基础的价格体系；以商品市场为基础、要素市场为支柱的市场体系；社会共济与个人保障相结合的社会保障体系；以中介组织为主体的社会服务监督体系；适应市场经济需要的国民经济核算和企业财务会计体系；以按劳分配为主，效率优先、兼顾公平的分配体系；以间接手段为主的面向全社会的经济管理调控体系；适应特区社会主义市场经济体制需要的法规体系。各地先后建立了人才、技术、产权、有形建筑、劳动力、土地等要素市场，市场配置资源的基础性作用日益增强。在世纪之交，广东成为全国市场化程度最高的地区之一。

■ 社会保障机制的进一步改革

从计划经济到市场经济转变过程中，原来计划经济体制下的社会保障、医疗、教育、住房等等，已很难适应市场经济条件。因此，加快社会保障机制的改革，是建立社会主义市场经济体制的一个重要环节，是保证企业改革顺利进行的必要条件。"没有比较健全的社会保障制度，企业转换经营机制过程中的劳动就业制度和破产兼并等制度的改革就很难进行。"② 为确保企业改革顺利进行，广东省逐步建立与经济发展水平相适应

---

① 《邓小平文选》（第三卷），人民出版社 1993 年版，第 373 页。
② 朱森林：《努力建立广东经济发展的新优势》；王鼎昌：《2010 年的广东——规划及战略研究》，广东人民出版社 1994 年版，第 53 页。

的市场保障体系。1992 年，广东深化社会保险制度改革，改革社会保险管理体制，成立社会保险委员会，负责研究拟订全省社会保险事业的规划和政策，协调有关问题，对全省社会保险基金管理进行监督，审批全省社会保险基金的年度预算和决算。广东还改革工伤保险制度，改进全省社会养老保险基金的征集、管理和给付手段，同时扩大全省社会养老保险制度的覆盖范围，把养老保险从国营企业、集体企业推广到"三资"企业、乡镇企业和私营企业。此后，广东相继建立了社会养老保险、失业保险、工伤保险、医疗保险等制度，一个覆盖全省的社会保险"安全网"初步建成。至 2000 年底，全省参加社会养老保险的人数达到 998.3 万人，失业保险748.48 万人，医疗保险 350.34 万人，工伤保险 960.65 万人，生育保险231.57 万人，173.70 万离退休人员享受社会养老待遇①。同时，广东还大力推进城镇职工基本医疗保险制度、医疗卫生体制和药品生产流通体制"三项改革"。

住房方面，广东积极推行住房制度改革，逐步建立以货币分配为主要内容的住房分配制度。逐步推进租金改革，稳步出售公有住房。建立和完善住房公积金制度，对各单位和职工已建立的公积金实行专用，并实行银行专户管理。进行住房分配制度改革，改住房实物分配为货币分配。1998年，省政府颁布了《关于加快住房制度改革实行住房货币分配的通知》，明确提出从 1998 年下半年起，全省各党政机关、事业单位逐步实行住房货币分配。从 2000 年 1 月 1 日起，全省一律停止按现行房改政策出售和出租公有住房。到 1999 年底，广东取消福利分房，住房全面走上市场。

另外，广东大力推动政府职能转变。这项改革同机构改革、企业制度改革结合起来，政府以主要精力抓好社会主义市场经济体制各项改革，主要依靠经济、法律手段并辅以必要的行政手段，管理社会经济活动，包括搞好统筹规划、政策制定、信息引导、组织协调、基础建设、提供服务、依法检查监督等。同时，改革办事制度，规范办事程序，接受群众监督。

---

① 《广东省统计局关于 2000 年国民经济和社会发展的统计公报》，《南方日报》2001 年 3 月 14 日。

加强对各类地区分类指导，促进全省协调发展。实施机构改革后，省政府机关机构数减少 13 个，行政人员精简 49.4%，进一步推动了政府职能、工作方式和作风的转变。① 随后，积极推进市、县、镇（乡）三级政府机构改革，机构和人员编制总体精简 20% 左右。干部人事制度改革进一步深化，努力推进干部人事工作的科学化、民主化和制度化。另外，广东还根据市场经济运行的特点，在加强经济立法、完善适应社会主义市场经济体制的法规体系方面，积极进行改革。

至 1997 年，广东建立社会主义市场经济体制的各项改革取得突破性进展。10 月 10 日，中央政治局委员、省委书记谢非在省委七届七次全会上指出，广东整体推进经济体制改革已取得重大进展，社会主义市场经济体制已经初具雏形。主要表现为：第一，建立起以公有制为主体，多种经济形式共同发展的所有制结构。全省国有工业资产随着产权制度改革和"抓大放小"重组，质量和效益提高，活力和对国民经济的主导作用明显增强。同时，广东的集体经济活跃，发展势头强劲。由私营、个体、外商投资企业及股份制企业等构成的其他经济形式发展迅速，对全省经济发展发挥巨大作用。第二，市场机制作用和市场体系不断完善。通过价格改革、流通体制改革，初步建立起统一、开放、竞争、有序的市场体系。全省商品零售总额、农副产品收购总额和生产资料销售总额中市场定价比重分别达到 95%、98% 和 90%，以市场形成价格的机制和既放得开又管得住的价格调控体系基本建立。全省初步建立起商品市场、资本市场、劳动市场、房地产市场和技术市场。第三，新型社会保障体系初步建立。广东社会保障制度改革走在全国前列，建立起全省统一社会统筹和个人账户相结合的职工社会养老保险制度。失业、工伤和女工生育保险制度覆盖范围不断扩大。城镇职工医疗保障制度改革试点工作取得进展；各城市普遍建立起城乡居民最低生活保障制度；住房制度改革在全国率先推出按标准价（后改为按成本价）出售公有住房。推动住房商品化和社会化进程。第四，初步

---

① 卢瑞华：《政府工作报告——在广东省第九届人民代表大会第四次会议上》（2001 年 2 月 11 日）。

实现政府职能转变。通过简政放权、精简机构，政府职能发生很大变化。综合经济管理部门强化了规划与宏观调控、经济发展预测的职能，减少过去那种分钱分物、批项目、批指标的直接管理。专业经济管理部门实行政企分开，开始向行业管理和服务方面转变，着手进行国有和公有资产管理运营体制的改革。第五，农业作为国民经济基础加快市场化和产业化的进程。在1988年广东农产品基本取消了统派购制度的基础上，1992年实现全部农产品价格放开。全省建成农产品专业批发市场200多个，年成交额1000多亿元，形成多元化的市场流通网络。1996年广东农业综合商品率74％，建立农业商品生产基地，出现一批有一定经济实力的农业龙头企业。第六，经济法制建设取得进展。至1996年底，全省共制定地方法规300多项，其中属经济类的法规占半数以上，主要包括对市场主体、市场行为、经济秩序的管理和社会保障等方面。①

在建立社会主义市场经济体制改革中，深圳市和顺德市先走一步，大胆探索，为全省提供了宝贵的经验。深圳市初步建立起社会主义市场经济体制的八大体系：以国有经济为主导，多种经济成分共同发展的多元化所有制结构体系；以资本为纽带的国有资产管理、监督和营运体系；以商品市场为基础，要素市场为支柱的价格体系；以间接调控为主的政府宏观调控体系；以按劳分配为主体、多种分配形式并存的分配体系；新型的多层次社会保障体系；与国际经济接轨的开放型国民经济体系；适应市场经济需要的法律法规体系。1992年9月，为建立适应社会主义市场经济体系的新的社会管理体制和经济运行机制，为全省深化改革探索经验，省委、省政府确定顺德为综合改革试验区。从1993年开始，顺德市以产权制度改革为核心，在全省最早全面铺开对国有和集体企业进行产权转制改革；公有企业产权从竞争性行业退出，向企业经营者和职工转让，实行"靓女先嫁"，在全国引起很大的震动，引发了公有资产是否流失的争议。甚至有人向中央告状。有人说："又一个没有国有企业的县。"有人说："政治局

---

① 《广东改革开放纪事》编纂委员会：《广东改革开放纪事》（上），南方日报出版社2008年版，第11—12页。

委员带头搞资本主义。"最后省委向中央作了说明，这个事情才得以解决。省委对顺德改革方向给予支持，同时帮助其不断完善，坚持改革。1997年中共十五大提出"公有制实现形式可以而且应当多样化"，肯定股份制和股份合作经济之后，顺德改革得到公开肯定。同年11月，《人民日报》连续刊发三篇顺德综合改革的系列报道，为顺德有关公有资产流失的争论画上句号。在行政改革方面，顺德拆庙搬神，改革政府管理体系，较好地实现政企分开，政资分开，使政府进入社会管理者角色。

1998年10月15日，为全面落实中共十五大和省第八次党代会精神以及江泽民关于广东要"增创新优势，更上一层楼"的指示，加快建立社会主义市场经济体制，实现广东率先基本实现现代化的奋斗目标，省委、省政府印发《关于加快建立社会主义市场经济体制增创体制新优势的若干意见》。指出改革的具体目标是：大中型国有企业初步建立起现代企业制度，"抓大放小"取得实质性进展，形成比较有效的国有资产保值增值机制；以公有制为主体、实现形式多样化和多种所有制经济共同发展的格局基本形成；初步建立起职责明确、依法行政、廉洁高效的行政管理体制；以商品市场为基础、以要素市场为主体的、统一开放、竞争有序的市场体系基本形成；建立起比较完善的、覆盖全社会的社会保障体系；农村改革取得新突破，初步建立起适应农业产业化、市场化的新体制；建立起比较规范的社会主义市场经济新秩序，促进文明法治的社会环境的形成。该意见指出：改革的指导思想以"三个有利于"为标准，重点进行经济体制创新、组织管理创新和经营机制创新，在若干领域大胆突破，适当超前；推广深圳建立起现代企业制度的经验和顺德综合体制改革的经验，在重点突破、整体推进、综合配套、规范完善上下工夫；处理好改革、发展和稳定的关系，促进经济的持续快速健康发展和社会的全面进步。该意见就深化国有企业改革、加快行政管理体制改革、调整所有制结构、发展和完善市场体系、建立和完善社会保障体系、深化农村改革、深化科技改革、依法治省等方面提出了具体的改革意见。

在省委的领导下，经过全省人民的共同努力，广东改革开放迈出了新步伐。2002年5月20日，中共中央政治局委员、省委书记李长春在中共广东省第九次代表大会上指出：国有经济结构和布局的战略性调整取得成效，各种所有制经济健康发展。国有企业三年脱困和脱困目标基本实现，大多数国有大中型骨干企业初步建立起现代企业制度。民营经济发展迅速，民营科技企业异军突起。科技体制改革取得新进展，初步走出一条科技和经济紧密结合的新路子。社会保障制度等配套改革同步推进，金融、财税、计划、投资、价格等宏观调控体系改革向纵深发展，市场体系日趋完善。党政机关机构改革稳步推进，行政审批制度改革不断深入，政府职能进一步转变。全省社会主义市场经济体制初步建立。对外开放进一步朝着全方位、多层次、宽领域的方向拓展。对外贸易在逆境中稳步前进；利用外资的规模不断扩大，质量和效益明显提高；实施"走出去"的战略初见成效；对外开放的吸引力和国际竞争力进一步加强。①

---

① 李长春：《以"三个代表"重要思想为指导加快率先基本实现社会主义现代化——在中国共产党广东省第九次代表大会上的报告》（2002 年 5 月 20 日）。

第三章 经济特区的"二次创业"

邓小平视察南方及党的十四大召开以后，全国迅速形成全方位开放的新格局，社会主义现代化建设事业蓬勃发展，为经济特区的发展提供了前所未有的机遇。但同时，经济特区也面临着优惠政策普惠化的新形势，面临着再上新台阶，力争20年赶上亚洲"四小龙"的新任务。进入20世纪90年代中期，深圳、珠海、汕头三个经济特区增强使命感和责任感，继续保持"特"的品格，"特"的地位，"特"的面貌，以"增创新优势，更上一层楼"统揽全局，以特别之为谋特别之位，走在解放思想和改革开放的前列，率先走出一条快速发展的道路，为广东深化改革、扩大开放发挥了更大的作用，作出了新的贡献。

■ 经济特区增创新优势

从1980年经济特区建立到1995年，是深圳经济特区第一次创业阶段。作为中国改革开放的"试验场"和建设中国特色社会主义的排头兵，曾创造了闻名全国的"深圳速度"和敢为天下先的经验。深圳经济特区经过20世纪80年代的奠基和基本成型，到90年代上半期在继续完善成型的同时不断提质，取得了举世瞩目的成就，各方面发生了巨大变化：1994年，全市地区生产总值560亿元，比上年增长27.9%；外贸出口总额183亿美元，比上年增长28.8%；地方预算内财政收入74.4亿元，按可比口径比上年增长 42.3%；① 建立经济特区以来开发了 140 平方公里土地，经济特区内建成区面积达 84 平方公里，进行了大规模的交通、通信、供水、供电等基础设施建设，投资环境日趋完善。短短 15 年，改革逐渐深入，开放不断扩大，社会主义市场经济体制基本框架初步形成。

进入 20 世纪 90 年代后，随着全国沿海、沿江、沿边多层次、全方位开放格局的形成，原先国家给予经济特区的优惠政策和灵活措施已普惠，推广到全国，经济特区的政策优势明显淡化。1994 年，清华大学一位教授提出了"特区不特"论，并对经济特区享有的减、免税等优惠政策进行诘难，提出要取消经济特区，说"特区是特权"，是"国中之国"，是靠"剥削内地""经济寻租""政治寻租"发展起来的。② 此后，引发了一场大争论。

经济特区到底还要不要"特"、能不能"特"？怎样进一步提高经济特区发展的档次？已成为人们关注的焦点。1994 年 6 月，中共中央总书记江泽民视察广东，就经济特区的未来发展作了讲话，指明了继续发展的前途和方向。江泽民代表党中央、国务院重申"特区三个不变"的方针政策：中央对发展经济特区的决心不变；中央对经济特区的政策不变；经济特区在全国改革开放和现代化建设中的历史地位和作用不变。指出经济特区要提高整体素质，增创新优势，通过增创新优势和充分发挥特区的新优势来发展经济特区的新特色。在新的形势下，深圳要继续办好经济特区，继续发挥经济特区的特殊作用，就必须把危机感、紧迫感和使命感转化为推动实际工作的动力，不断解决新矛盾和新问题，要由过去较多的依靠优惠政策和灵活措施转移到主要依靠苦练内功，增创新优势，提高整体素质上来。这是经济特区发展动力和方向的一个重大的转变。③

1995 年 4 月下旬，中共深圳市第二次代表大会召开。会议分析了深圳

---

① 深圳市统计局《关于 1994 年深圳市国民经济和社会发展的统计公报》（1995 年 3 月 22 日）。

② 厉有为：《来深圳就是来拓荒的》，《深圳晚报》2015 年 12 月 11 日。

③ 《江泽民文选》（第一卷），人民出版社 2006 年版，第 374—382 页。

所面临的新形势新问题，明确提出"第二次创业"的口号，再用 15 年或更长一点时间，把深圳建设成社会主义现代化国际性城市，即要在经济体制和运行机制上，成为建立社会主义市场经济体制、按国际惯例运作的先行区。会议提出深圳今后五年总的指导思想是：以邓小平建设有中国特色社会主义理论和党的基本路线为指导，以"抓住机遇、深化改革、扩大开放、促进发展、保持稳定"的方针总揽全局，以增创新优势，提高整体素质为根本措施，以率先健全和完善社会主义市场经济体制和运行机制，优化经济结构，完善城市功能为重点，以建立高新技术产业基地和区域性金融中心、信息中心、商贸中心、运输中心为突破口，以加强党的建设和精神文明建设为保证，把深圳初步建设成为社会主义现代化国际性城市。[①]第二次创业要调整产业结构，高速推进经济发展，发展高端服务业、金融业，发展高新技术产业，保护生态环境。

为了动员广大干部群众积极投身"第二次创业"，1995 年 11 月召开的中共深圳市委二届二次全会审议通过了《关于制定深圳市国民经济和社会发展"九五"计划的意见》。为实现"九五"经济和社会发展的主要目标，强调最重要的是要实现"三个根本性转变"，实行"三个协调发展"的方针，实施"三个一批"的发展战略。"三个根本性转变"即：从传统的计划经济体制向社会主义市场经济体制转变；经济增长方式从粗放型向集约型转变；经济特区发展从主要依靠优惠政策向提高整体素质、增创新优势转变。实行"三个协调发展"的方针：一是三大产业协调发展，贯彻以高新技术产业为先导、先进工业为基础、第三产业为支柱的发展方针；二是经济特区内外协调发展，搞好同富裕工程；三是"两个文明"建设协调发展，重点提高人的素质。"三个一批"的发展战略：一是形成一批支柱产业；二是发展一批大型企业集团；三是争创一批名牌产品。

深圳市围绕把"深圳建成高新技术产业基地和区域性金融中心、信息中心、商贸中心、运输中心、旅游胜地"这一目标，大力调整产业结构，

---

① 厉有为：《为把深圳建设成为社会主义现代化的国际性城市而奋斗》（1995 年 4 月 25 日）。

淘汰落后和低端的"三来一补"企业，发展高新技术产业和金融、贸易、第三产业服务业，经济特区以市场为取向，加快了建立社会主义市场经济体制的进程。通过多年的努力探索，至1997年，深圳市初步形成社会主义市场经济体制的基本框架，在全国率先建立社会主义市场经济十大体系：以公有制为主体，多种经济成分平等竞争、共同发展的所有制体系；以资本为纽带的国有资产监督管理和营运体系；以商品市场为基础、要素市场为支柱的价格体系和市场体系；新型的社会保障体系；适应社会主义市场经济体制需要的法规体系；等等。这些有益的探索得到中共广东省委、国家体改委的重视，分别在全省、全国推广。

1997年9月，中共十五大第一次系统地完整地提出社会主义初级阶段基本纲领，制定了有中国特色社会主义的经济、政治和文化的基本目标和基本政策。这一年，深圳市委、市政府在贯彻执行十五大制定的路线方针政策的基础上，牢牢把握香港回归的历史机遇，采取积极措施，进一步加强深港两地的交流与合作。与此同时，深圳市委、市政府面对亚洲金融风暴带来的严重影响，果断提出以"增创新优势，更上一层楼"统揽全局，加快建设经济中心城市，加快实施科教兴市战略，确保国民经济持续、快速、健康发展。2000年5月，中共深圳市第三次代表大会召开。提出深圳要力争到2005年率先基本实现现代化，到2010年达到中等发达国家水平，到2030年赶上发达国家水平。强调以"增创新优势，更上一层楼，率先基本实现社会主义现代化"为总目标、总任务统揽全局，坚决实施科教兴市和可持续发展战略，继续增创体制创新、扩大开放、产业升级、城市功能、依法治市新优势，努力建设区域性经济中心城市、高科技城市、园林式花园式现代化国际性城市、社会主义法治城市和现代文明城市。

从1995年至2001年，深圳市委、市政府面对全国改革开放前所未有的严峻挑战，确定了第二次创业的战略目标，由过去的政策性调整转向制度创新，以率先建立现代企业制度为突破口，加大改革开放力度，加快改革开放步伐，再创体制、机制新优势，从而使深圳在全国全方位、多层次改革开放新格局中，继续先走一步，依然处于全国改革开放的最高层次。①
7 年间，全市地区生产总值从 1994 年的 560 亿元增长至 2001 年的 2482.49
亿元，地方预算内财政收入从 1994 年的 74.4 亿元增长至 2001 年的 262.49
亿元，外贸进出口总额从 1994 年的 183 亿美元增长至 2001 年的 686.11 亿
美元，连续 9 年居中国大陆大中城市首位。

珠海经济特区、汕头经济特区也在新一轮改革开放大潮中与时俱进，
不断创新，各个方面都发生了显著的变化。从 1992 年始，珠海经济发展进
入以高新技术产业为先导的发展阶段。这一阶段，珠海按照建立社会主义
市场经济的要求，进一步深化改革、扩大开放，加快经济建设步伐，坚持
以工业为主、重点发展高新技术产业和技术含量比较高、附加值大的项
目，把经济建设重点转移到珠海西部地区，各行业综合发展，大力加强基
础设施建设，发展高科技企业。1992 年 1 月，邓小平第二次视察珠海经济
特区，3 次考察科技企业，重申"科技是第一生产力"的观点，对珠海经
济特区发展的战略决策，产生了巨大影响。3 月，珠海在全国首开先河，
对为推动科技进步作出突出贡献的科技人员给予汽车、住房、巨额奖金的
重奖，在全国各地引起了轰动效应。

1992 年 11 月，珠海对城市总规划重新修订，将珠海城市发展目标调
整为：以发展工业为主，同时发展科技、旅游、金融、商贸、运输、农渔
牧等各业，建成综合性、国际性的经济特区，建成科技发达、经济繁荣、
文明富裕、功能齐全、设施完善、环境优美、别具特色的现代化花园式海
滨大城市。产业结构调整方面，珠海市委、市政府确立了"依靠科技进
步，建立以高新技术产业为先导，以先进工业为基础，以高度社会化的第
三产业为支柱的产业结构体系"的战略。在这一战略指导下，珠海经济特
区先后出台《关于依靠科技进步推动经济发展的决定》《关于鼓励为推动
科技进步作出贡献人员的办法》《关于加速科学技术进步的决定》《珠海市
高新技术产业管理办法》《关于调整珠海高科技工业用地价格的通知》等

① 深圳市史志办公室编：《中国经济特区的建立与发展·深圳卷》，中共党史出
版社 2000 年版，第 491 页。

一系列决策措施，为高新技术产业发展提供了优惠政策的支持。1993年2月，珠海国家级高级技术开发区经国家科委批准挂牌，先后和全国130多所高等院校、科研单位建立技术合作关系。1993年珠海全市有70多家高新技术企业，高新技术产品产值26.4亿元，占全市工业总产值的13%。1995年有108家高新技术企业，产值超亿元的企业有13家，高新技术产品产值62亿元，增长68.07%，占全市工业总产值的19.26%。1996年全市有115家高新技术企业，高新技术产品产值124亿元，增长100%，占珠海市工业总产值的31%。在政府积极推动和政策支持下，高新技术产业已成为珠海经济发展的龙头。

1991年4月，国务院批准汕头经济特区区域扩大到整个市区，面积234平方公里。同年11月，汕头地区行政区一分为三，分为汕头、潮州、揭阳三个地级市。汕头经济特区发挥沿海优势、特区优势、侨乡优势、对台优势和商贸优势，发挥经济特区辐射功能，形成以经济特区为主体，南澳岛为前沿，潮阳市和澄海县为两翼的发展新格局，推动汕头整体经济的奋力起飞。2000年，全市地区生产总值477.9亿元，人均地区生产总值10529元，经济社会发展和人民生活水平进一步提升。

■ 经济特区扩大对外开放

对外开放是我国的基本国策。我国对外开放的目标是逐步向经济全球化迈进，更好地发展开放型经济。在对外开放中，经济特区成为重要的基地。

广东经济特区的对外开放，在经历发展"三来一补"加工业和转口贸易阶段、发展"三资"企业和自产产品贸易阶段之后，从20世纪90年代起，特别是1992年邓小平南方谈话以后，三个经济特区的对外开放进入了一个新的发展阶段。广东先后建立了深圳沙头角保税区、福田保税区、盐田港保税区，广州保税区，珠海保税区，汕头保税区。这6个保税区的建立，加快了广东沿海地区开发建设步伐，吸引了外资，提高了利用外资质量。广东的保税区是经国务院批准设立的，由海关实施特殊监管，功能定位为"保税仓储、出口加工、转口贸易"。经过多年建设，已形成电子信息、新材料等高新技术产业链，带动进出口持续快速增长。尤其是保税区与港区开展区港联动试点，使保税区政策优势和港口优势功能叠加，促进保税区仓储功能更加充分得到发挥，成为跨国公司投资、采购、配送物料和分拨产品的重要载体，在体制创新、对外贸易、出口加工、内外市场联结方面，发挥着重要的作用①。1995 年 10 月，深圳市设立了一个统合市外资办、经发局、贸发局、九龙海关等 27 个政府部门于一体、对外商投资实行联合办公的"一条龙服务系统"——深圳市外商投资服务中心，大大改善了投资环境。

此时，广东的经济特区对外开放的特征，是注重引进外资的质量和产品的技术含量，优先引进高新技术和知识密集型产业，促进特区的技术提高和产业升级，缩短经济特区与发达国家经济技术水平的差距。政策上引导更注重促进产业升级，包括调整投资来源结构，增加跨国公司尤其是高新技术产业跨国公司的资本来源；调整投资规模和结构，适当扩大企业规模，争取规模效益；促进企业结构优化重组，增加资金、技术、市场能力等资源的投入，提高企业素质等。

1995 年以来，深圳市政府按行业制定了技术引进的中、长期规划，建立引进外资的协调评审机构，选定效益较好的重点项目，着重引进先进技术与关键设备，不再引进国内已有条件生产的技术设备。这种决策思路，实践了邓小平科学技术是第一生产力，中国要在高科技领域中占一席之地的深刻理论，有效地提高了外向型高新技术产业在全市工业中的比重，高新技术产品产值占工业总产值的比重由 1991 年的 8.1% 迅猛地上升到 1998 年的 35.44%。在对外贸易方面，则把内外两个方面的优势结合起来，形成了内地——深圳——国际市场"三点一线"、"进料——加工——增值——出口"的外向型经济模式，使深圳经济能够比较灵活地适应国际市场的迅速变化，为提高国际竞争力、参与世界经济合作与竞争打下了良好

---

① 《广东改革开放纪事》编纂委员会：《广东改革开放纪事》（上），南方日报出版社 2008 年版，第 702—703 页。

的基础。①

　　从 1996 年底开始，珠海按照"现代出口加工基地和区域性物流中心"的工作目标，大力加速保税区的开发，把发展的基点放在开发建设、招商引资和项目服务上，致力于提供优质、高效、快节奏的"一站式、一条龙"服务，发挥保税区出口加工、保税仓储和国际贸易三大功能以及对内地经济的辐射作用。保税区坚持以欧美、日本等国家以及中国台湾地区和珠江三角洲地区为招商重点，采取多种形式，积极拓展项目渠道和项目源，扎扎实实地做好项目投资促进工作。至2002 年 6 月底，全区开工项目 33 个，项目建设投资 2.34 亿元。这些项目的建设，进一步增强保税区的活力，为保税区的实业经济的发展奠定新的基础。珠海保税区经过几年的开拓创新，专心致志地抓基础设施建设、招商引资和服务工作，经济实现了快速、健康发展，经济总量和整体实力得到明显增强。在 20 世纪 90 年代末期，珠海由于产业结构调整过度，限制劳动密集型"三来一补"工业，强调主要引进技术密集型的工业项目，结果导致珠海工业未能同时实现"质"的飞跃以及"量"的扩张，1993—1999 年，珠海工业增加值增长率由39.19% 不断下降到 11.88%。工业的下滑也严重影响了珠海的财政收入增长，珠海的财政状况一度非常困难。进入新世纪后，珠海重新明确了其城市定位，珠港澳合作水平进一步提升，财政收入得到明显改善，实现了珠海经济的又好又快发展。

　　汕头经济特区在 1991 年扩大到整个市区之后，充分发挥特区优势和侨乡优势，利用国际国内两个市场、两种资源，形成多层次、全方位、宽领域的对外开放格局。大力实施外向带动战略，"以侨引侨、以侨引外、以外引外"，通过海外华侨华人和港澳同胞穿针引线，积极开展对外经济技术交流与合作，发展外向型经济；鼓励企业走出去，积极参与国际国内竞争，推动汕头外向带动战略的实施。与世界上 150 多个国家和地区建立经

---

　　①　倪元辂、吴忠等：《深圳对外开放的实践与思考》，载《光明日报》1999 年 6 月 14 日。

贸关系，有 30 多个国家和地区的近 50 家跨国公司、财团到汕头投资，累计利用外资 70 多亿美元。①

---

① 中共广东省委党史研究室编：《广东建设小康社会的历史进程》，中共党史出版社 2001 年版，第 176 页。

第四章 广东发展新优势的聚集

广东追赶亚洲"四小龙"战略目标提出后,进一步扩大改革开放,主动走出去开展大型经贸活动,大力发展围绕基础设施和高新技术等重点建设项目,着力对电子、机械、钢铁、轻工、化工、医药、食品、饮料、建材等基础产业和制造业领域进行整体改造,打造广东的支柱产业。同时,广东贯彻十四大、十五大精神和中央的各项方针政策,坚持以经济建设为中心,努力推进经济体制和经济增长方式两个根本性转变,实施"外向带动、科教兴粤、可持续发展"三大战略,增创"体制、开放、产业、科技"四大优势,积极扩大内需,努力消除亚洲金融危机的影响,妥善化解地方金融风险,顺利实现了"稳中求进,有效增长"。

■ 率先基本实现现代化总任务总目标的制订

1992 年初,邓小平视察广东,提出广东今后要加快经济发展的步伐,"力争用二十年的时间赶上亚洲'四小龙'"①。同年召开的中共十四大,确定我国经济体制改革的目标是建立社会主义市场经济体制,要求广东力争 20 年基本实现现代化。在邓小平南方谈话和中共十四大精神的指引下,广东围绕经济建设这个中心,加快建立社会主义市场经济体制步伐,改革开放取得了突破性进展。"八五"时期(1991—1995)广东经济社会成就显著:一是国民经济持续快速增长。五年年均增长 19%,比"七五"提高

---

① 《邓小平文选》(第三卷),人民出版社 1993 年版,第 375 页。

6.5%，快于全国同期7.3个百分点。① 1995年，全省地区生产总值达到5733.97亿元，比1991年增长3倍，人均地区生产总值8495元，比1991年增长2.8倍，经济增长速度快于全国。随着经济持续快速发展，全省生产力水平也显著提高，经济规模迅速扩大，大大提高了全省的财政实力，经济总量在全国继续保持领先地位。二是产业结构进一步调整。第一产业比重下降，第二产业比重上升，第三产业保持稳定发展，三大产业结构比重由1990年的26：40：34转变为16：51：33。三是基础设施建设取得突破性进展。"八五"时期，全社会固定资产投资累计完成7590.97亿元，比"七五"期间增长3.9倍。② 随着投资大幅度增加，基础性项目的建成投产速度加快，通过一批重点工程项目的建成投产，全省的能源、原材料、运输、邮电紧张的局面得到明显改观，大大增强了广东的经济实力和发展后劲。四是对外开放向纵深发展。全省形成了全方位、多层次的开放格局。利用外资范围也由加工工业为主向基础产业和第三产业领域延伸。利用外资规模迅速扩大。1991年至1995年累计，全省实际利用外资406亿美元，比"七五"时期增长了3.3倍。来粤投资的国家和地区达70多个。五是科教文卫事业成果丰硕。全省已建立起深圳、广州、中山、佛山、惠州、珠海6个国家级高新技术产业开发区，认定高新技术企业1400家。1995年全省高新技术产业产值达510亿元。全省已有106个县（市、区）实现普及九年义务教育，占全省的86.9%。③ 六是人民生活水平和质量不断提高。在"八五"时期，城乡居民收入稳定增加。1995年全省城镇居民人均生活费收入6849元，农民人均纯收入2669元，扣除物价因素，五年间实际增长11.6%和7.2%。另外，城乡居民消费水平不断提高，居住条件有了很大改善。

1994年7月，省委召开工作会议，提出珠江三角洲地区要成为全省率先实现现代化的一大经济区。10月，在省委七届三次全会上，省委作出了

---

① 《南方日报》1995年12月30日。

② 《南方日报》1995年12月30日。

③ 《南方日报》1995年12月30日。

关于建立珠江三角洲经济区的决议。为加强规划、组织、协调工作，省政府成立了以省委常委、副省长张高丽为组长的珠江三角洲经济区规划协调领导小组，专门负责此方面工作。经过一年多的努力，《珠江三角洲经济区现代化建设规划纲要（1996—2010 年)》完成并开始实施。《规划纲要》以力争广东 20 年基本实现现代化为目标，按照社会主义市场经济新体制的要求，把珠江三角洲经济区建设成生态环境优美，经济快速发展，科学技术先进，产业结构优化，社会分工合理，基础设施配套，服务设施完善，城乡共同繁荣，具有高度文明的大经济区、大都会和城市群，在全省率先实现现代化，达到世界中等发达国家的水平，成为全国外向型经济的重要基地和建设有中国特色社会主义的经济区。

1995 年 9 月 25 日至 28 日，中共中央十四届五中全会在北京举行。会议审议并通过了《中共中央关于制定国民经济和社会发展"九五"计划和 2010 年远景目标的建议》。全会提出"九五"时期国民经济和社会发展的主要奋斗目标是：全面完成现代化建设的第二步战略部署，2000 年，在我国人口将比 1980 年增长 3 亿左右的情况下，实现人均国民生产总值比 1980 年翻两番；基本消除贫困现象，人民生活达到小康水平；加快现代企业制度建设，初步建立社会主义市场经济体制。全会还提出，实现奋斗目标的关键是实行两个具有全局意义的根本性转变，一是经济体制从传统的计划经济体制向社会主义市场经济体制转变；二是经济增长方式从粗放型向集约型转变。11 月 6 日至 9 日，中共广东省第七届委员会第四次全体（扩大）会议在广州举行。会议深入贯彻党的十四届五中全会精神，回顾总结广东"八五"时期的工作，研究提出"九五"时期国民经济与社会发展的奋斗目标与工作方针，进一步动员全省党员和人民群众，为广东到 2010 年基本实现现代化而奋斗。谢非就增创新优势、抓改革促发展、依靠科技进步和加强党的建设作了报告，提出"九五"时期广东国民经济与社会发展的目标与工作方针。"九五"时期，是广东 20 年基本实现现代化进程中的关键时期。根据中共十四届五中全会和省委七届四次全会精神以及 1994 年省政府通过的《广东省二十年经济社会发展规划纲要》的总体战略及阶段性要求，省委、省政府在总结经验、展望未来的基础上，结合广东实际，编制出《广东省国民经济和社会发展第九个五年计划纲要》（以下简称《纲要》）。1996 年 2 月，省八届人大四次会议审议并原则通过了这一纲要。省政府于 1996 年 3 月 5 日向全省下达，并要求各级人民政府、省各部门根据纲要的目标和要求，结合实际情况，制定相应的发展计划和实施办法。

《纲要》明确规定国民经济和社会发展的主要目标是：其一，经济总量和产业发展目标：地区生产总值从 1995 年的 5440 亿元增加到 2000 年的 9167 亿元（1995 年价格），年平均增长 11%。其二，经济体制改革目标：到 2000 年，初步建立社会主义市场经济体制。经济运行机制发生相应的转变，市场在国家宏观调控下对资源配置起基础性作用。其三，人民生活目标：人均地区生产总值从 1995 年的 8020 元增加到 2000 年的 12300 元（1995 年价格），"九五"时期年平均增长 9%。2000 年人均地区生产总值比 1980 年翻三番。其四，科技、教育和社会事业发展目标："九五"时期，科技进步对经济增长贡献率达到 50%。其五，经济效益目标：国民经济的整体素质和经济效益有所提高。《纲要》同时指出"九五"时期国民经济和社会发展的主要任务是：切实加强农业，全面发展农村经济；实施"科教兴国"战略，着力推进科技、教育的发展；加强环境、生态和资源保护，实现可持续发展；进一步扩大对外开放，积极参与国际经济合作和竞争；继续加强基础设施建设；大力振兴支柱产业，努力提高工业、建筑业整体素质和水平；积极发展第三产业；开发利用海洋资源，大力发展海洋产业；促进区域经济协调发展；促进社会事业全面发展；加强精神文明和民主法制建设；初步建立社会主义市场经济体制。[①]

为促进经济的发展，增创广东发展新优势，省委、省政府提出"分类指导、层次推进、梯度发展、共同富裕"的指导思想和"中部地区领先、东西两翼齐飞、广大山区崛起"的区域发展战略目标。在抓好珠江三角洲经济区建设的同时，又大力推进东西两翼的发展规划和实施。为引导东西两翼在原有的基础上更快、更好地发展，到 2010 年形成较为完善的社会主

---

① 《南方日报》1996 年 5 月 13 日。

义市场经济体制，经济发展水平接近或达到全省平均水平，1997 年 6 月，省政府批准了《广东省东西两翼区域发展规划纲要》。根据规划，两翼发展的重点包括产业发展、基础设施建设、城乡建设与环境保护、社会发展和精神文明建设等四个方面。为推进东西两翼区域发展规划纲要的实施，促进两翼经济的协调发展，省政府成立东西两翼区域发展规划协调小组，协调两翼经济发展。

■ 广东增创新优势的提出和推进

广东在"八五"时期虽然取得了巨大成绩，但是，随着国内经济体制改革由局部实验转向总体推进，随着开放重心的转移、开放格局的转变和政策优势、体制优势的弱化，广东面临着前所未有的挑战和考验。广东如何增创辉煌，如何在第二次创业中"更上一层楼"成为一个严峻课题。1994 年 6 月 15 日至 22 日，中共中央总书记江泽民在中共中央政治局委员、广东省委书记谢非，省长朱森林等陪同下，在广东考察了广州、佛山、中山、珠海、深圳、梅州等地，重点是考察经济特区的建设。在深圳，江泽民听取了深圳市委的工作汇报，作了重要指示，并就经济特区增创新优势、更上一层楼问题发表重要讲话。

在谈到要坚定不移地把经济特区办得更好时，江泽民代表党中央、国务院重申"特区三个不变"的方针政策：中央对发展经济特区的决心不变；中央对经济特区的基本政策不变；经济特区在全国改革开放和现代化建设中的历史地位和作用不变。[①] 要把发展经济特区贯穿于社会主义现代化建设的整个过程。那种认为在全国形成全方位对外开放格局的新形势下经济特区的地位和作用可以削弱甚至可以逐步消失的看法是不对的。基本实现国家现代化要多久，经济特区就要搞多久。并指出经济特区要提高整体素质，"增创新优势，更上一层楼。通过增创和发挥经济特区的新优势

---

① 《江泽民文选》（第一卷），人民出版社 2006 年版，第 374 页。

来发展经济特区的新特色。"①

在谈到经济特区如何增创新优势、更上一层楼的时候，江泽民提出了五点具体要求：一是经济特区要为全国加快建立社会主义市场经济体制运行机制，继续积极探索和创造更多的经验；二是经济特区要通过深化改革和扩大开放，保持经济又快又好地向前发展；三是经济特区要为继续发展外引内联，带动和促进全国其他地区共同发展、共同繁荣作出新的贡献；四是经济特区尤其是深圳、珠海经济特区要继续为香港、澳门的平稳过渡和保持香港、澳门长期繁荣发挥更大的促进作用；五是要大力加强经济特区的社会主义精神文明建设，加强和改善党对经济特区工作的领导。②

此后，江泽民继续关心广东的发展。1995 年 12 月 5 日至 7 日，江泽民又一次到深圳市视察，并就以"一国两制"解决香港问题和经济特区"增创新优势、更上一层楼"问题发表讲话。他对深圳高新技术产业的发展表示满意，希望深圳特区增创新优势，更上一层楼。江泽民强调指出，深圳除了要继续发挥对外开放的"窗口"作用，经济体制改革的"试验场"作用，对内地示范、辐射和带动作用之外，还要在恢复对香港行使主权和保持香港繁荣稳定方面起促进作用。③

1997 年下半年，广东和全国各地一样，受到亚洲金融危机的严重冲击，经济出现了动荡，加上全国改革开放已经出现千帆竞发的浩荡局面，广东原有的区位优势和政策优惠弱化，不少方面甚至落后于内陆省市，广东怎样进一步走在全国前列，继续当好排头兵，已经成为广东必须面临与解决的一道难题。

1998 年 3 月 9 日，在九届全国人大一次会议期间，江泽民参加广东代表团全体会议并作讲话。指出，广东是我国最早对外开放的地区之一，进一步搞好广东的建设，对全国的改革和发展具有重要的意义。江泽民就广

---

① 《江泽民文选》（第一卷），人民出版社 2006 年版，第 375 页。
② 《江泽民文选》（第一卷），人民出版社 2006 年版，第 375—380 页。
③ 中共广东省委党史研究室编：《中国共产党广东历史大事记》（1949.10—2004.9），广东人民出版社 2005 年版，第 656 页。

东改革与发展提出了三点希望：第一，要依靠科技进步，加快产业结构调整和优化升级；第二，要进一步扩大对外开放，大力发展外向型经济，提高利用外资水平；第三，要认真贯彻"两手抓，两手都要硬"的方针，促进物质文明和精神文明建设协调发展。江泽民希望广东省的各级领导，高举邓小平理论的伟大旗帜，认真贯彻落实党的十五大精神，自觉服从和服务于全党全国工作大局，团结一致，调动一切积极因素，抓住机遇，深化改革，扩大开放，开拓进取，增创新优势，更上一层楼，交好物质文明和精神文明建设两份答卷。①

1998 年 3 月 31 日，省委、省政府办公厅发布关于在全省范围内开展增创广东发展新优势调研活动的通知。4 月 3 日，省委、省政府发出总动员令。同日，中共中央政治局委员、省委书记李长春带领省委、省政府领导班子在全省开展以"增创广东发展新优势"为主题的大规模调研活动。调研包括关于广东面临的形势和挑战，加快高新技术产业发展，提高对外开放的质量和水平，优化产业结构、推动产业升级，深化改革、发挥新体制优势等 10 个专题，涵盖了经济、政治、文化、社会和改革、发展、稳定等各个方面。这次调研活动历时 3 个多月，形成一批有参考价值的调研成果，为省委、省政府作出深化改革、加快经济社会决策提供了重要依据。

1998 年 5 月，中共广东省第八次代表大会在广州召开，中共中央政治局委员、省委书记李长春代表中共广东省第七届委员会作了题为《增创新优势 迈向新世纪 全面推进广东现代化建设》的报告。大会提出大力推进经济体制和经济增长方式两个根本转变，增创体制、产业、开放、科技教育四大经济发展新优势，突出抓好"外向带动""科教兴粤"和"可持续发展"三大发展战略，促进经济发展五年跃上一个新台阶。② 报告指出：三大发展战略是：外向带动战略，即充分发挥对外开放的优势，大力发展

---

① 中共广东省委政策研究室编：《增创新优势 更上一层楼——广东 1998 十大专题调研（第一卷）》（上），广东人民出版社 2003 年版，第 1—4 页。

② 李长春：《增创新优势 迈向新世纪 全面推进广东现代化建设》（1998 年 5 月 22 日）。

外向型经济，带动全省国民经济持续快速健康发展；科教兴粤战略，就是科技先行，教育为本，贯彻科学技术是第一生产力的战略思想，把高新技术作为今后广东发展第一经济增长点；可持续发展战略，就是使我省经济发展与人口控制、环境和资源保护协调发展。报告还指出：为了实现跨世纪的奋斗目标，必须按照"统揽全局，突出重点，稳中求进，有效增长"的要求，着力增创四大新优势：一是加快建立社会主义市场经济体制，增创体制新优势。经济体制改革要按照重点突破、整体推进、综合配套、完善框架的总体要求，在深化、配套、攻克难点上下功夫，实现所有制结构调整和国有企业改革有新突破，社会保障体系和市场体系继续完善。在建立新的经济体制上先走一步，形成优势。二是调整优化经济结构，增创产业新优势。调整优化经济结构是实现经济增长方式根本转变的重要途径。要强化第一产业，提高第二产业，大力发展第三产业。三大产业都要以市场为导向，以效益为中心，以科技为依托，扶强项、创名牌、扩规模、上水平，在产业结构上形成优势。三是实施外向带动战略，增创开放新优势。扩大开放，发展外向型经济是广东发挥优势的强省之路。全省要进一步发挥毗邻港澳、华侨众多的优势，形成全方位、多层次、宽领域、高水平的开放新格局。四是实施科教兴粤战略，增创科技新优势。综合经济实力的竞争，核心是科技和人才的竞争；教育是科技发展的基础。为迎接知识经济时代的挑战，必须在全省进一步增强"科教兴粤"意识，采取切实可行的措施，开创科学技术领先发展、优秀人才脱颖而出、科教与经济紧密结合、高新技术产业蓬勃发展的新局面；在依靠科技进步、优化产业结构上形成优势。① 省第八次党代会正式启动了广东增创发展新优势的战略部署。

1999 年 3 月，省委、省政府对率先基本实现现代化的工作进行了一系列部署。依据分类指导的原则，作出了经济特区和珠江三角洲率先基本实现现代化的科学决策，7 月，省委、省政府批转《关于确定顺德市为率先

---

① 李长春：《增创新优势 迈向新世纪 全面推进广东现代化建设》（1998 年 5 月 22 日）。

基本实现现代化试点市的意见》，确定顺德市为试点市，为全省起示范带动作用。8月26日至28日，省委、省政府在深圳召开广东省经济特区和珠江三角洲改革开放工作座谈会。会议重点研究了经济特区和珠江三角洲如何率先基本实现现代化统揽全局，探索基本实现现代化的途径，为率先基本实现现代化创造良好条件和提供组织保证等问题。会议确定了经济特区和珠江三角洲地区率先基本实现现代化总体思路。即以率先基本实现现代化为总任务、总目标统揽全局，继续解放思想、开拓创新，实施外向带动、科教兴粤、可持续发展三大战略，增创体制创新、扩大开放、产业升级、科技创新四大优势，率先创建文明法治环境；到2010年左右，率先基本实现现代化，为全省基本实现现代化起示范带动作用。为贯彻落实省第八次党代会的战略部署，全面提高广东经济的整体素质和综合竞争力，9月，省委、省政府颁布《中共广东省委、广东省人民政府关于依靠科技进步推动产业结构优化升级的决定》。《决定》是广东顺应世界科技、经济发展趋势，结合当前改革开放面临的机遇和挑战做出的重要抉择。

　　2000年2月19日至25日，江泽民到高州市指导"三讲"教育工作，并围绕加强新时期党的建设和推进高新技术产业发展，先后到深圳、顺德、广州市视察和调研。25日，江泽民在珠岛宾馆接见广东省、广州市党政领导班子成员，发表重要讲话，首次提出了"三个代表"重要思想，并亲笔为广东题词："增创新优势，更上一层楼，率先基本实现社会主义现代化"。江泽民视察广东的讲话发表后，在南粤大地引起了强烈反响。省委、省政府高度重视，及时贯彻落实"三个代表"重要思想，特别是将贯彻落实活动有机地融入全省增创新优势，率先基本实现社会主义现代化的具体实践之中去，为广东改革开放各项事业在新世纪之初的全面展开奠定了坚实的基础。2002年5月，中共广东省第九次代表大会提出了今后五年继续以"增创新优势，更上一层楼，率先基本实现社会主义现代化"为总目标、总任务统揽工作全局，以提高国际竞争力为核心，实施外向带动、科教兴粤、可持续发展、区域协调发展四大战略，增创开放、产业、科技、体制、环境五大优势，努力建设经济强省；率先建立比较完善的社会主义市场经济体制，率先建立文明法制环境，率先实现富裕的小康；全面加强党的建设，为加快率先基本实现社会主义现代化提供强有力的保证。这次党代会上，省委提出，全省要朝着率先基本实现现代化这个目标继续努力奋斗，珠江三角洲要再用十年左右时间率先基本实现社会主义现代化，在经济发展、社会进步、生态环境和人民生活等方面基本达到现代化标准，其中，人均地区生产总值要达到7000美元以上，为全省率先基本实现现代化发挥先行示范作用。同年11月，中共十六大提出了全面建设小康社会，加快推进社会主义现代化，开创中国特色社会主义事业新局面的奋斗目标。广东按照中共十六大的战略部署以及中共中央总书记胡锦涛视察广东提出加快发展、率先发展、协调发展的要求，树立和落实科学发展观，实施科教兴粤、外向带动、可持续发展和区域协调发展战略，促进城乡、区域、经济与社会、人与自然、国内发展和对外开放协调发展，加快建设经济强省和文化大省，实现物质文明、政治文明、精神文明全面发展，努力在全面建设小康社会、加快推进社会主义现代化进程中更好地发挥排头兵作用。

■ 外向带动战略的实施

广东积极实施外向带动战略，增创开放优势。利用港澳回归历史契机，深化粤港澳台合作，积极搭建对外交流平台，推动对外开放进一步朝着全方位、多层次、宽领域的方向拓展。全省以外经促进外贸发展，以外贸增强外经实力，转变政府职能，优化投资环境，积极发展外向型经济。1999年2月，省委、省政府发出"关于进一步扩大开放的若干意见"，提出建立全方位、多层次、宽领域、高水平的开放新格局；实施"大经贸、以质取胜、市场多元化"战略，努力开拓国际市场；加大招商引资力度，不断提高利用外资的力量与水平；切实加强与发达国家的国际大跨国公司、大企业、大财团的经济技术合作，鼓励跨国公司在广东建立地区总部；进一步加强粤港澳台经济合作，充分发挥海外华侨、华人的桥梁纽带作用；进一步扩大对内开放，推进横向经济合作；进一步优化投资环境，增强招商引资的竞争力；加强和改善对外开放工作的领导。该意见强调，广东实施外向带动，扩大开放要切实抓好三个转变：吸引外资要从主要依赖优惠政策、减税让利向提高办事效率和质量、强化服务意识、做好综合配套服务、完善法制等建设投资软环境转变；从对外单向开放向对内对外双向开放转变；从主要依靠数量扩张向规模、质量和效益并举转变。①1999 年 6 月 1 日，省政府在东莞市召开外贸出口和利用外资工作现场会，李长春强调：全省要坚持实施外向带动战略，坚持不懈地开拓国外市场；各级党委政府要把外贸出口和利用外资工作摆上重要议事日程，党政一把手一起抓，各业务部门主动做好服务工作；各地在贯彻落实国家和省已出台的鼓励外贸政策的同时，也要结合实际制定符合本地情况的扶持政策，鼓励扩大出口；要继续解放思想，不断提高对外开放水平，加速调整出口商品结构和市场结构，扩大对欧美等发达国家和地区的贸易和合作；进一步提高利用外资水平，把吸引外商的直接投资作为利用外资的重点；要进一步改善投资"软环境"，提高管理和服务水平，坚定不移地坚持改革开放，发展外向型经济，坚定不移地打击走私、逃汇、套汇、骗汇等各种违法犯罪活动，制造文明法治的社会环境；把出口创汇与扩大内需紧密结合起来。1999 年初，国家正式赋予私营企业进出口权。是年上半年，广东私营企业出口迅速增长，比上年同期增长 3.6 倍。

广东充分发挥毗邻港澳、华侨港澳同胞众多的地缘与人缘优势，紧紧把握世界产业结构调整的有利时机，全面实施"外向带动"战略，对外经济贸易基本形成"大经贸"格局，外经贸运行的质量和水平显著提高，并加快了由"外贸大省"向"外贸强省"转化的步伐，形成了独具特色的外向带动的经济发展模式，取得了令人瞩目的成就。

第一，深化外贸体制改革和国有外贸企业改革。体制改革是解决国有外贸企业深层次矛盾最有效的途径。1992 年以来，广东加快国有外贸企业的公司体制改造步伐，积极探索建立技工贸结合的外贸公司和中外合资外贸公司，促使国有外经贸企业向国际化、集团化、实业化、股份化的目标

---

① 《中共广东省委、广东省人民政府关于进一步扩大开放的若干意见》（1999 年 2 月 11 日）。

发展。按"抓大放小"原则进行分类指导，推动企业改组、联合，发展规模经营，发展和组建外贸大集团，省纺织品、省机械、省轻工业、省食品等进出口集团公司在兼并联合、盘活存量资产等方面取得了成效，被选入省政府首批70户重点发展大企业集团；放开放活中小外贸企业，市、县一级中小企业通过股份合作、国有控股、注资经营、租赁等方式进行改制。全省各级政府为私营外经贸企业的发展创造良好的环境，促进广东私营外贸企业快速、健康发展，充分发挥其在外向带动战略中的积极作用，全省形成国有、集体、私营、外资企业共同发展的大经贸格局。

推动深化外贸体制改革。1994年1月，国务院作出决定，提出我国对外贸易体制改革的目标是：统一政策、放开经营、平等竞争、自负盈亏、工贸结合，推行代理制，建立适应国际经济通行规则的运行机制。① "九五"期间，广东按照国务院这一目标要求，实行政企分开，理顺了政府与企业之间的关系，逐步适应参与国际竞争。外资工作方面，以下放审批权限、提高工作效率为突破口，大大提高了各地利用外资的积极性和主动性，促进了全省利用外资工作。在深化外贸体制改革和国有外贸企业改革方面：加快国有外贸企业的公司体制改造步伐，建立现代企业制度；大力推行外贸代理制，扩大企业外贸经营权，外贸经营主体进一步多元化。外贸专业公司、自营进出口企业、"三来一补"企业和"三资"企业竞相发展，形成"四路大军"的大经贸格局。到2002年底，全省获得进出口经营权的内资企业达12000多家，其中私营企业6200家。

第二，优化对外贸易结构。省委、省政府借助世界产业结构调整的有利时机，不断改善和优化对外贸易结构。实施科技兴贸，推行品牌战略，坚持以质取胜。加强对传统出口产业的技术改造，扩大深加工、高附加值、高技术含量尤其是具有自主知识产权产品的出口。大力发展高新技术产业，使外向型经济的层次、水平和效益明显提高。努力把国家级和省级经济技术开发区、高新技术产业开发区、开发试验区、保税区和出口加工

---

① 《国务院关于进一步深化对外贸易体制改革的决定》（1994年1月11日），载《新时期经济体制改革重要文献选编》（下），中央文献出版社1998年版，第1090页。

区等各类经济功能区办成吸收外资的主要载体和出口基地。加大政策引导，优化工业结构。以电子信息、电器机械、石油化工三大新兴支柱产业为主体的新的产业优势已初步形成。珠江三角洲高新技术产业带是国家科技部批准的全国三个高新技术产业带之一，其高新技术产品产值占全省总量的93%，集聚电子信息产业的企业5万多家，科技人员约12万人，该产业带已成为世界电子信息产业相对集中的一个重要区域。此外还培育了一大批光机电一体化、新材料、生物医药等高新技术企业。珠江三角洲已成为全国规模最大、发展最快、出口总额最大的高新技术产业带。据统计，2002年，机电产品出口和高新技术产品出口总额分别为726.6亿美元、309.7亿美元，分别占全省出口总值的61.3%和26.1%。广东贸易结构继实现了由初级产品为主向加工产品为主的第一次转变之后，又实现了从一般加工产品为主向机电产品和高新技术产品为主的第二次转变。

第三，实行市场多元化战略，加速市场国际化。在巩固港澳台和东南亚等传统市场的基础上，扩大美国、欧洲、日本等重要市场，拓展东欧、俄罗斯、大洋洲、非洲、南美及中东等新兴市场，形成多元化格局。至2000年底，广东已与世界220个国家和地区建立贸易往来关系，前来广东投资的国家和地区也多达70多个。① 广东进出口总额连续15年居全国首位。

第四，提高利用外资的质量和水平。招商引资工作逐步向"讲规模、求质量"转化，从劳动密集型向技术密集型和资本密集型转移，外商投资规模不断加大。1992—2001年，全省实际利用外资累计1260.68亿美元，多年来一直居全国各省市区的首位。已有80多个国家和地区，250多家世界500强企业前来广东兴办企业或设分支机构。广东"三资"企业中，投资超过1亿美元的企业有140多家。引进先进技术和设备，促进了广东工业整体技术水平的提高，形成了电子信息、新材料、光机电一体化、新能源、生物技术等一批高新技术产业群。广东已成为全国最大的计算机生产基地。

第五，不断拓展粤港澳台合作领域。在"一国两制"的原则下，港澳

---

① 《喜登新高：广东"九五"奠定大经贸格局》，《羊城晚报》2001年2月10日。

回归之后，粤港澳三地经济和社会更走向了全面合作的新阶段。区域经济社会合作逐步开创更高层次更富有成效的合作与发展新格局，粤港澳三地从政府、半官方和民间三个层次推进合作，取得较好成效。建立粤港、粤澳合作联席会议制度。三地高层通过多次会晤，对合作已有广泛、深入的共识。粤港澳按优势互补、互惠互利、共同发展的原则，加强政府间对三地社会、经济发展重大问题的协调沟通，求同存异、互不干预，促进三地的全面合作。1997—2001 年，广东引进香港直接投资项目累计 13020 个，实际引进直接投资累计达 384.4 亿美元。1997—2001 年，广东引进澳门直接投资项目累计 5302 个，实际引进直接投资累计达 11.95 亿美元。香港始终保持第一投资地区的地位。同时，广东通过驻港澳企业，也加大了对港澳的投资力度。粤港澳三方贸易稳步发展，已发展成为一个庞大的加工贸易出口体系。粤港澳三地产业实现互补，形成了"前店后厂"的经济关系。在世纪之交，广东有"三资"企业 5 万多家，"三来一补"企业 3 万多家，成为香港出口产品的生产基地。这 8 万多家企业，不仅解决广东数百万人的就业问题，而且还解决外省 1000 多万外来工的就业问题，加速了农村工业化和城乡一体化的进程，带动了全省外向型经济的发展。

粤台经济合作也有很大发展，台商在广东投资的企业数量和规模不断扩大，世纪之交，总投资在 1000 万美元以上的台资企业超过 300 家，投资额在 1 亿美元以上的大项目不断涌现。截至 2002 年 3 月底，广东省共有台资企业 14416 家，合同利用台资金额 225 亿美元，实际利用台资超过 120 亿美元。广东已成为台商在大陆投资最多的省份之一，台资成为广东外来投资中的第二大资金来源。2001 年，广东与台湾贸易总额达 170 亿美元，超过两岸贸易总额一半以上。

第六，实施"走出去"战略，积极发展外经业务。"走出去"战略是广东"外向带动"战略的一个重要组成部分。"九五"后期，广东积极稳妥地实施"走出去"战略。李长春先后率领经贸团到南美和欧洲招商，卢瑞华率团赴中东等地招商，为广东企业"走出去"当"红娘"①。至 2000

---

① 《喜登新高　广东"九五"奠定大经贸格局》，《羊城晚报》2001 年 2 月 10 日。

年底，广东驻外企业 1000 多家，其中驻港澳企业 730 多家，占驻外企业近七成。随着改革开放的深入，广东一些企业纷纷到境外投资，开拓企业的发展空间。广东实施名牌带动战略和大企业集团带动战略，重点扶持一批境外加工贸易企业，并把符合"走出去"要求的 40 家优势企业作为第一批重点扶持。其中康佳、TCL、美雅、华为、格力等一批优势企业已迈出了"走出去"的步伐。至 2000 年底，全省境外投资企业发展到 624 家，分布于 50 多个国家和地区。

■ 科教兴粤战略的实施

进入 20 世纪 90 年代，世界科技革命出现新的高潮，科学技术对经济、社会发展的推动作用日益显著，已经成为决定国家综合国力强弱和国际地位高低的重要因素。面对国际科技革命的严峻挑战，中共中央制定并实施科教兴国战略。1992 年，国务院颁布《国家中长期科学技术发展纲要》，对面向新世纪的科技发展作出规划。国家科委和有关部门先后在广州等八个城市进行科技体制和经济体制综合配套改革试点，为科学技术服务于经济建设主战场积累了宝贵经验。广东积极实施科教兴粤战略，增创科技优势。重奖科技人才，促进科技人才交流合作，举办国际高新科技成果交易会，利用科技进步不断推动产业结构优化升级，初步走出一条科技和经济紧密结合的新路子。

按照党中央和国务院的要求，广东进一步重视科技在现代化建设中的作用，实施"科教兴粤战略"，坚持科技先行，教育为本，贯彻科学技术是第一生产力的战略思想，把依靠科技进步作为推动经济发展的重要措施。1991 年 6 月，省委、省政府在广州召开工作会议，研究如何依靠科技进步推动广东经济发展问题。7 月，省委、省政府作出《关于依靠科技进步推动经济发展的决定》，提出"第一把手抓第一生产力"的要求。1992 年 11 月，省委、省政府发出《关于加快我省科技队伍建设步伐问题的决定》。1993 年，省委、省政府召开珠江三角洲发展高新技术座谈会，颁发了《关于扶持高新技术产业发展的若干规定》，从政策、税收、资金、人才等方面对高新技术产业进行扶持。1995年7月，省委、省政府作出《关于加速科学技术进步若干问题的决定》，明确指出：依靠科技振兴农业，大力推广良种良法；提高工业技术创新水平，增强产品竞争力；发展高新技术产业，优化经济结构；发展与治理并重，切实加强环境保护；广开技术资源门路，加强成果转化服务；深化科技改革，建立新型科技体制；建设壮大科技队伍，提高全民科技文化素质；扩大科技对外开放，拓展国际合作交流；加强领导，加大投入等，加速科技成果向现实生产力的转化。1997年，省委、省政府颁发了《关于进一步扶持高新技术产业发展的若干规定》，进一步推动高新技术产业的发展。1998年，省第八次党代会提出"科教兴粤"等三大发展战略，把高新技术产业作为今后广东发展的第一经济增长点，并在全省范围内开展"十大专题调研活动"，把依靠科技进步，推动产业结构优化升级作为调研成果转化为决策的重头戏，颁发了《关于依靠科技进步推动产业结构优化升级的决定》，着力解决科技与经济两张皮的现象，努力使广东走出一条科技与经济发展紧密结合的新路子。1999年，省政府制定了《广东省发展四大高新技术产业实施方案》，确定重点发展电子信息、生物技术、新材料和光机电一体化四大高新技术产业。同年10月，中共中央政治局委员、省委书记李长春提出实施科技创新"六个一"工程①。2000年3月20—21日，省委、省政府在深圳市召开全省技术创新工作座谈会，颁发了《贯彻〈中共中央、国务院关于加强技术创新，发展高科技，实现产业化的决定〉的通知》，同时狠抓落实，形成全省第一把手亲自抓第一生产力的局面，使广东的科技工作在推动全省经济社会发展方面取得令人瞩目的成就。

第一，不断深化科技体制改革，促进科技与经济的紧密结合。1994年，广东进行科研机构综合改革试点，鼓励科研机构通过改革，以多种形式、多种渠道推动科研机构和科技人员进入经济建设主战场。同时，广东

---

① "六个一"工程，即主攻十大战略性新兴产业、培育100个创新型企业、实施100项重大高新技术成果产业化项目、建设10个国家级研发平台、办好10个国家级高新技术产业特色基地、组建100个优势科技创新团队。

对省直科研机构重新分类定位，各科研机构都因地制宜制定了改革方案，抓紧进行人事、分配、产权和社会保障等方面的改革；加快工程技术研究开发中心的建设，促进企业成为技术创新的主体。从 1991 年开始，广东依托企业，联合科研机构和高等院校，逐步组建了一批工程技术研究开发中心。到 2003 年，全省共建立国家级和省级工程中心 181 家。省重点扶持的 50 家大型企业（集团）的工程技术研究开发中心组建工作顺利进行，研究开发能力大幅度提高。此外，还促进中介机构建设，完善面向全社会的科技服务体系。

第二，科技创新能力显著增加，科技综合实力明显提高。创新能力是科技发展水平的主要标志。广东加强科技创新，推动国民经济和社会信息化，大力发展以电子信息产业为主的高新技术产业，以高新技术改造传统产业。据《中国区域创新能力报告（2001）》，广东区域创新能力在上海、北京之后，在中国排第三位。其中高新技术产业化排名全国首位。1990—2000 年，广东自主研究开发出一批科技成果和新产品，取得省级重大科研成果 7443 项。① 另外，广东还大力推行专利制度，从 1985 年开始实施专利制度，从 1995 年起，全省高新技术产品产值继续居全国领先地位，申请专利量连续 6 年居全国首位。2000 年高新技术产业增加值占工业增加值比重近 15%。2002 年，全省专利申请量和授权量分别占全国申请与授权总量的 18.3% 和 22.6%。专利制度的实施和知识产权保护工作的开展，为科技创新提供了制度保障。为了促进中国与世界各国的经济技术合作，从 1999 年开始，在省委、省政府的支持下，由深圳市人民政府与外经贸部、科学技术部、信息产业部、中国科学院每年在深圳共同举办的中国国际高新技术成果交易会，成为"中国科技第一展"。

第三，办好高新技术开发基地，建立多渠道、多层次的科技投入机制，促进高新技术产业异军突起，推动全省产业结构的优化升级。政府稳步增加财政对科技的投入，各地财政对科技投入的增长高于财政收入的增长。"九五"期间，全省有 125 家生产传统产品的企业，通过实施高新技

---

① 谢明全：《"科教兴粤"成就瞩目》，《仲夏星火》2002 年第 4 期。

术项目或用高新技术进行渗透，改造发展成为高新技术企业；高新技术产业基地已初具规模。各地加大高新技术产业园区的开发，广州、深圳、珠海、佛山、中山、惠州等地的 10 个国家级和省级高新技术产业园区，2000年实现工业产值达 1300 亿元，其中高新技术产品 900 亿元。珠江三角洲是科技部批准的全国三个高新技术产业带之一，成为世界电子信息产业相对集中的一个主要区域。2002 年，广东高新技术产品产值 4360 亿元，占全省工业总产值的 20%。高新技术改造和提升传统产业效果显著，一批骨干企业、龙头产品和规模化企业初步形成，四大高新技术产业发展迅速，全省已经形成电子信息、生物技术、新材料和光机电一体化等高新技术产业群体，其产品产值占全省高新技术产品总产值的 90% 以上。广东依靠高新技术带动外向型经济的发展。

在发展教育方面，广东加大教育改革力度，建设教育强省。"百年大计，教育为本"，广东重视教育改革与发展，加快各类人才的培养和聚集，注意全面提高国民素质，增强科技创新能力，为产业结构的优化升级、产业增长方式的根本转变提供智力支持和技术保障。

其一，构建终身教育体系。1994 年，广东省委、省政府向全省人民发出了"把广东省建设成为教育强省"的号召，并制定了《关于教育改革和发展的决定》，标志着广东教育进入了一个新阶段。以建设教育强省为目标，重视抓好幼儿教育，提高九年制义务教育，大力发展高中阶段教育、高等教育、职业技术教育和成人教育，形成不同类型、不同层次教育互相衔接，满足人民群众多种学习需要的终身教育体系。广东强化教育的基础地位，"九五"期间，全省基本实现普及九年义务教育和扫除青壮年文盲，同龄人口高等教育入学率达到 11.35%。[①]

其二，深化教育体制改革。进一步完善基础教育"分级办学、分级管理"的体制，健全以省政府统筹为主的高等教育管理体制，逐步调整理顺中等职业教育管理体制，统一规划和整合各类中等职业学校。加大办学体

---

① 卢瑞华：《政府工作报告——在广东省第九届人民代表大会第四次会议上》（2001 年 2 月 11 日）。

制改革力度，制定和完善社会办学准入规则，推动办学主体多元化，形成政府办学为主体、公办学校与民办学校共同发展的格局。进一步扩大办学自主权，深化学校内部管理体制改革，推行校长职级制和教师合同聘任制。在基础教育方面，通过实施跨世纪的"八大工程"（即薄弱学校改造工程、学校评级工程、继续教育和"百千万"拔尖教育人才培养工程、素质教育工程、教材建设工程、教育现代化工程、教育信息化工程、科研促教工程），提高了教师素质，初步实现了教育现代化和信息化，九年义务教育得到巩固和提高，珠江三角洲绝大部分地区和各地级市城区基本普及高中阶段教育。另外，广东省政府还决定从2001年秋季开始，农村人均年收入1500元以下的困难家庭子女免收义务教育书杂费，从2002年秋季开始，全省中小学收费全面实行"一费制"，减轻农民负担，有效控制了中小学生的流失。

其三，建立多元教育投资机制。政府在教育投入中发挥了主导作用，省级财政支出中教育经费所占比例每年都有提高，市县财政也逐年增加教育经费占财政支出的比例。广东省委、省政府历届领导都重视教育的发展，但过去因为经济困难，是"吃饭财政"，没有多少钱投到教育上去。因此，在1992年以前，广东教育特别是高等教育，一直落后于全国。从1993年开始，广东决定从各市第二、第三产业的GNP中抽出1%，筹到9亿元，解决各地的高等教育经费问题。省财政给广州20亿元补助，由广州市把大学城建起来。①

全省还改革投资体制，允许社会办学、个人办学，大力发展民办教育；改革高校招生制度，实行收费上学，并建立国家助学贷款制度，帮助经济困难学生顺利完成学业；改革毕业生分配制度，实行双向选择，自主就业，建立和完善高校毕业生就业市场；加大专业调整改革力度，组织实施教学改革的"五项工程"（即新世纪广东省高等教育教学改革工程、高校实验室建设与改造工程、现代教育技术"151"工程、高校名牌专业建

---

① 《在市场经济大潮中搏击——卢瑞华访谈录》，中共广东省委党史研究室：《广东改革开放决策者访谈录》，广东人民出版社2008年版，第538页。

设工程、高校电子图书馆工程），提高教学质量和办学水平；完善学校区域布局结构，进行"211"工程和大学城建设。到 2002 年，全省 21 个地级市均设立了普通高校。广州、深圳、珠海、佛山和东莞先后进行大学城（园区）建设，初步形成以广州为龙头，深圳、珠海、佛山、东莞为骨干的广东省高等教育战略新布局。到 2002 年，全省有普通高校 70 所，在校生 49.07 万人，是 1992 年的 5 倍。在职业教育与成人教育方面，扩大中等职业技术学校的招生自主权，进一步鼓励高等职业技术学院和民办高校招收中职毕业生；加强重点专业建设，初步形成了"软件蓝领"、数控技术等重点建设的专业群；启动试验中心建设，加强实训基地开发；加强远程教育，制定了全省现代远程教育校外学习中心建设管理办法。职业教育和成人教育有极大发展，2002 年全省技工学校教职工共 11174 人，全年技校招生 81984 人，培训社会劳动者 154536 人次。

■ 可持续发展战略的实施

广东在大力发展经济的同时，注意与人口控制、环境及资源保护的协调发展。为了防止环境质量恶化，全省各地贯彻环境保护基本国策，坚持经济建设、城乡建设与环境建设同步规划、同步实施、同步发展的方针，积极防治污染，保护和改善生活环境和生态环境，取得了较大的成效。

第一，坚持计划生育基本国策，通过着力抓好农村计划生育、切实加强对流动人口的计划生育管理、加强优生优育等措施，适当地有效地控制人口增长，人口素质也有所提高。

第二，综合治理环境污染，实施各级政府任期目标责任制。环境保护是我国的一项基本国策，是推动招商引资、促进地区经济社会和各项事业健康发展的必要条件，是改善民生、优化环境的重要途径。

从 20 世纪 90 年代起，广东贯彻环境保护这一基本国策，坚持经济建设、城乡建设与环境建设同步规划、同步实施、同步发展的方针，积极防治污染，全面实行环境综合整治定量考核制度和各级政府任期环保目标责任制，大力开展以防治废水、废气、固体废物和噪声为主要内容的城市环境综合整治，保护和改善生活环境和生态环境。广东先后颁布《关于加强城市环境综合整治的决定》《广东省城市环境综合整治定量考核办法》《广东省环境保护目标任期责任制试行办法》《广东省区域绿地规划指引》《广东省环城绿带规划指引》等文件，通过定时考核评比，促进各级政府领导对环境保护工作的重视和支持。

全省加强环境生态保护，以保护水源、大气为重点，加强污染综合治理和生态环境建设。各地结合实际，全面实施"青山、碧水、蓝天、绿地"工程，不断提高城市环境质量，创建国家环保模范城市。广州提出"青山碧水蓝天计划"和"一年一小变，三年一中变，2010年一大变"，加大环境综合整治力度。深圳把"蓝天、碧水、绿地"环保工程列为该市实施精神文明"十大建设工程"之一，加以组织实施。珠海是全国首批69个生态示范区建设试点之一，市政府将其列为该市的21世纪行动方案。中山提出了"碧水、蓝天、绿地、花鸟城"跨世纪环保工程计划，要求各部门上下配合，齐抓共管。到2002年底，珠海、佛山分别被联合国授予"国际改善居住环境最佳范例奖""人类居住区优秀范例奖"，珠海、深圳、中山、汕头、惠州被评为国家环境保护模范城市，深圳、珠海、佛山、中山被授予"国家卫生城市"称号。广州荣获国际花园城市称号和建设部城建特别奖，广州和深圳还获得中国人居环境奖。

全省强化污染监督管理，加强工业污染治理。先后制定和颁布了《广东省建设项目保护管理条例》《加强区域开发建设项目和影响环境敏感区建设项目环境保护管理工作的通知》《广东省乡镇企业污染防治技术政策》《广东省乡镇企业矿业环境保护技术政策》《关于我省乡镇工业污染现状和对策的报告》等法规文件，各地实行"预防为主、防治结合"的方针，突出抓好防治水污染和大气污染，加大对重点污染地区、污染行业的整治力度。综合治理水质污染比较严重的江河。加快县级以上城市污水处理和垃圾无害化设施建设。

第三，合理保护和开发自然资源。坚持切实保护耕地的基本国策，严禁无计划批地和越权批地，严格控制农用地转为建设用地，基本实现耕地总量动态平衡。合理先后制定并在沿海地区乡镇企业发展较快的乡镇编制以小型工业区为主要内容的环境规划，明确划定商住区、工业区、农田保护区和环境生态保护区，从而使乡镇企业发展与生态环境建设同步进行。

广东从 20 世纪 80 年代初就把水环境保护列为环境保护的重点工作。先后制定和颁布了《广东省东江水系水质保护条例》《广东省跨市河流边界水质达标管理试行办法》《广东省珠江三角洲水质保护条例》《广东省跨市河流边界水质达标考核暂行办法》《广东省碧水工程计划》《广东省东江流域环境保护和经济发展规划纲要（1996—2010 年)》等法规和文件，实行依法治水，千方百计保护好饮用水源。全省 100% 的市、县城区和绝大部分建制镇都划定了饮用水源保护区，保证饮用水源水质符合国家标准。另外，2000 年 2 月，省政府办公厅印发《广东省蓝天工程计划》，明确了治理大气污染的近、中、远期目标和主要政策措施，加强大气环境保护工作。2000 年 9 月，省政府办公厅转发《省林业局关于加快我省自然保护区建设步伐的实施办法》，加强自然保护区建设。到 2002 年底，全省已建成自然保护区 188 个，总面积 300.9 万公顷；生态示范区 78 个，总面积 268.6 万公顷。

广东注意依法做好水、土地、森林、矿产、海洋等重要资源的保护和合理开发，健全国有资源有偿使用和跨地区利益平衡机制。同时，加强防灾减灾工作。这些可持续发展战略的实施，提高了城镇化水平，保证环境保护和经济建设协调发展，为建设宽裕小康社会提供良好的环境基础。

广东通过实施"三大战略"，推进经济体制改革，调整优化经济结构，实现经济增长方式根本转变，在体制、产业、开放、科技和环境上的优势日益明显：全省各地大力推进产权体制改革，增创体制新优势。围绕激发市场活力，积极推进国企改革，加强私营企业权益保障，鼓励企业自主科技创新，探索建立适应经济发展需求的土地管理制度，为经济健康发展奠定体制基础。体制改革实现从重点突破到全面推进、完善提高的转变，社会主义市场经济体制越来越完善。各地优化经济结构，增创产业新优势。引导农业产业化经营，加强工业园区和基础设施建设，以信息化带动工业化发展，打造"品牌广东"，促进经济结构优化调整。经济增长实现从好到既好又快的转变，产品科技含量大大增加，逐步打造出一批具有国际竞争力的支柱产业、骨干企业和名牌产品。对外开放实现从以引进为主到进出结合的转变，初步形成全方位、多层次、宽领域、高水平的开放新格局。人才和科技利用实现从以引进为主到以培育和自我创新为主的转变，开创出科学技术领先发展、优秀人才脱颖而出、科教与经济紧密结合、高新科技产业蓬勃发展的新局面。环境建设实现从重"硬"到"软""硬"并重的转变，自然、人文、行政、法治和市场环境得以大大改善。①

———————

① 《广东改革开放纪事》编纂委员会：《广东改革开放纪事》（上），南方日报出版社 2008 年版，第 250 页。

第五章　有效应对亚洲金融危机

广东作为全国最早的改革开放试验区，金融改革开放也是先走一步，在支持经济持续、快速、健康发展中发挥了重要作用。但是，由于多方面的原因，金融业在高速发展的同时，也积聚了不少风险，一些深层次的问题逐步暴露出来。1997 年爆发的亚洲金融危机，给广东经济社会发展带来严重影响，引发了地方金融支付风险。广东省委、省政府认真贯彻中央《关于深化金融体制改革，整顿金融秩序，防范金融风险的通知》的精神，沉着应对。在中央支持下，实施"一揽子"解决地方金融支付风险方案，对全省 147 家城市信用社、14 家信托公司及 14 个营业部（办事处）和 843 家农金会实施停业整顿、偿付个人债务和外债。按照国际惯例和我国法律，顺利实施原广东省国际信托投资公司破产，成功进行粤海企业（集团）有限公司重组。广东以坚实的经济基础，妥善解决了超过 1000 亿元的地方金融内外债支付风险，有效抵御了亚洲金融危机的严重冲击。①

■ 亚洲金融风暴对广东的冲击

广东在加快改革和经济发展的过程中，由于一些地方和部门对邓小平南方谈话精神理解不够全面，求急求快，在认识上发生偏差，同时由于旧

---

① 卢瑞华：《政府工作报告——在广东省第十届人民代表大会第一次会议上》（2003 年 1 月 13 日）。

的调控机制逐渐失效，新的宏观调控机制尚未完善，致使出现一些新的问题，影响了经济建设的健康发展。这主要是开发区热、房地产热以及乱集资、乱拆借、乱设金融机构等，投资规模过大，物价上涨和通货膨胀呈现加速之势。根据党中央关于加强宏观调控的决策和措施，广东实行适度从紧的财政政策和货币政策，整顿金融秩序和流通环节，控制投资规模，加强价格监督等。广东稳中求进，经过三年的努力，宏观调控成效显著，过度投资得到控制，金融秩序迅速好转，物价涨幅明显回落，通货膨胀得到抑制。与此同时，依然保持了较高的经济发展速度，实现了从发展过快到"高增长、低通胀"的"软着陆"，避免了大起大落。

然而，正当广东经济社会快速发展之时，1997 年 7 月，突然爆发亚洲金融危机。这场金融危机持续两三年之久，不仅亚洲经济受到了沉重打击，而且影响波及全球。中国的改革开放和经济建设也经受了严峻的考验。广东是中国改革开放的先行地，遭受冲击更是首当其冲。金融危机首先在泰国爆发，迅速在东南亚蔓延，菲律宾、马来西亚、印度尼西亚、新加坡激烈震荡，随后韩国、日本等国家和地区，货币大幅贬值，物价飞涨，失业人员激增。中国的香港、台湾地区也陆续遭到冲击。亚洲金融风暴可以通过香港，从而严重影响到香港的"后院"——广东，并且有向内地逐渐蔓延的趋势。

金融风暴对广东的冲击主要来自两个方面，一个是国际商业银行从香港或通过香港涌入广东的国际资本，特别是通过广东各级政府 40 多家国际信托投资公司、香港上市的红筹企业和上千家"窗口"公司，冲击广东金融业。至 20 世纪 90 年代末，广东有关部门登记的借款总额高达 180 亿美元（实际上，广东企业和机构的海外债务，远远大于这一统计数字）。另一个是从中国其他地区流入广东的大量热钱，兴风作浪。据广东有关部门估计，有上千亿元人民币资金通过各种地方非银行金融机构涌入广东。例如，恩平农村信用社与建设银行支行，以兴建水泥厂项目为名，用高达 30% 以上的高额贴水，从全国各地吸引上百亿元资金。类似的集资奇迹，不同规模、不同程度地发生在全省各地的城市信用社（城信社）、农村金融基金会（农金会）。① 这两股巨大的资金流，为寻求远远高于一般市场收益而来，高度集中在一个狭小地区——珠江三角洲。1997 年，珠江三角洲是世界上最具经济活力的地区之一，从遭受金融风暴冲击的潜在危险看，也是世界上最为脆弱的地区之一，亚洲金融风暴对香港的强烈冲击，直接或间接导致负外债的香港红筹、内地国投和负内债的城信社、农金会等各种地方中小型非银行金融机构大面积发生严重的支付危机。而广东省广泛发生的支付危机，有可能向遍布全国各地同样负债累累，并且正在全面整顿的国投、城信社、农金会以及国有商业银行更大面积地蔓延，从而危及整个中国金融系统的安全和稳定。②

当时，广东在金融改革不断深化和金融业迅速发展的同时，各种深层次的矛盾也逐渐突显：一是国有企业自有资金不足，主要靠银行贷款维持，长期高负债运营，经营发生困难或亏损时，导致银行大量不良贷款。二是随着经济体制转轨，国有企业进行多种形式重组，大批企业尤其是县办中小工业企业关闭破产，使银行贷款遭受损失。三是部分地区在经济建设中盲目上项目、铺摊子，形成开发区热、房地产热。经济结构不合理，经济效益低下，造成大量不良资产，不少成为坏账，无法收回。四是金融机构特别是地方中小金融机构，内控制度监管力量薄弱，人员整体素质不平衡，长期粗放经营和超负荷经营，营运能力和抗风险能力较低。有些甚至违法经营，以致资产质量低下，财务状况恶化，流动性丧失，支付危机频发。此外，金融法制建设滞后，非法设立金融机构、非法从事金融业务，甚至非法集资，企业和个人贷款违约，故意逃废债务情况严重。因此，当亚洲金融危机冲击而来，广东便一度成为全国金融风险的高发地区。③

根据 1997 年全国金融工作会议和《中共中央、国务院关于深化金融

---

① 张继伟：《广东金融业排富》，《财经》2001 年 5 月号。

② 王小强：《砍树救林：广东化解金融危机"三步走"》，《经济观察报》2008 年 3 月 24 日。

③ 《广东改革开放纪事》编纂委员会：《广东改革开放纪事》（下），南方日报出版社 2008 年版，第 727 页。

改革、整顿金融秩序、防范金融风险的通知》的精神，广东省政府为了遏制金融风险的蔓延，于同年 5 月 14 日发出《关于防范和化解我省金融风险的通知》，采取八条措施，积极处理各类企业债券和集资兑现问题，部署全省防范和化解金融风险工作。金融业坚持"依法规范、从严监督、谨慎处理、逐步消化、确保稳定"的方针，紧紧依靠政府，建立金融监管工作报告制度、风险监测预报制度，加强内控制度建设，从多方面防范潜在金融风险。

然而不久，一场突如其来的亚洲金融危机直接导致香港股市楼市崩盘。广东国投和粤海旗下的港股上市公司股价遭遇断崖式下跌 90% 以上。香港贸易和出口加工订单减少，外商投资、贸易和加工订单三个方面冲击广东经济。出口加工工业全面萎缩，欠薪失业的现象开始出现。这种严峻的现实摆在眼前，债权人开始怀疑地方性非银行金融机构承诺的 20%、30% 高额回报，纷纷要求撤资。1998 年关闭海南发展银行的事件，引发了广东全省的存款从非银行金融机构转向国有四大商业银行的大规模转移活动。接着，一些地方发生了取款困难的情况，开始出现限制提现的措施。一场遍布全广东省的支付危机有一触即发的痕迹。

■ 化解金融危机的重大举措

早在 1988 年初夏，广东就开始注意金融风险问题。省长叶选平、副省长匡吉指示省监察厅对几年来全省农业银行贷款造成资金沉淀和商业贷款问题开展比较全面的检查。调查统计，从 1985 年到 1987 年，全省农业银行系统发生贪污、受贿、挪用 2 万元以上的案件达 467 宗。一些党政机构负责人滥权干预、迫使农业银行发放不该发放的贷款，结果所贷的款项全部成呆账。该次检查结束后，省监察厅向省政府写出检查报告，并提出相应的改进工作的建议。

恩平市是广东省较早出现金融风险事件的地方之一。从 1987 年起，该市政府负责人违反金融法律和法规，直接干预金融机构经营活动，违规制定引资奖励办法，鼓励单位和个人高息引资。1996 年 3 月，恩平市政府又成立了由市长任组长的金融工作领导小组，所辖 17 个镇也都分别成立了由镇委书记或镇长任组长的金融工作领导小组，直接干预农村信用社经营，农村信用社的存款筹集、贴水利率高低和贷款的分配运用，都由金融工作领导小组决定。1996 年 7 月 15 日，恩平市市长方振湛主持召开市金融工作领导小组会议，动员以银行和信用社为主高息吸收资金，并决定引入资金的利率以 25% 作为控制标准，对引资人员给予奖励。该市副市长郑荣芳原为建行恩平支行行长，他在担任建行恩平支行行长期间，通过贴水等形式，以高达 29%～36% 的利率吸收存款或拆入资金，全部用于账外经营。恩平市金融机构违规经营，高息吸收资金，同时大笔款项被当地政府违规挤占挪用，企业因高息负债经营而无力偿还，影响了银行的兑付。为保证兑付，政府出面干预，银行高息吸存、高息放贷，形成恶性循环，因此在1995 年 6 月和 1996 年 8 月，恩平市连续出现两次震惊全国的金融风险案。据统计，从 1990 年 1 月至 1996 年 8 月，恩平金融机构高息吸存 136 亿多元，违规发放贷款超过 100 亿元；至 1996 年底止，逾期贷款 46 亿多元，呆滞贷款 8 亿多元，应收未收利息 12 亿元。造成储户到银行挤提，严重影响了社会稳定。1996 年 11 月，国务院办公厅发出《国务院办公厅关于广东省恩平市政府领导人违法干预金融活动造成严重金融风险的通报》。为严肃法纪，稳定金融秩序，国务院决定对恩平市政府干预金融工作造成严重金融风险给予批评，并责成中国人民银行会同监察部、审计署等部门组成工作组，对恩平市政府及金融机构违反法律法规的问题进行全面调查，提出处理意见。广东省政府要积极配合调查组的工作，教育广大干部进一步加强法制观念，认真学习金融法律、法规，支持和督促金融机构依法经营。中国人民银行要切实加强金融监管，采取有效措施，防止出现金融风波，维护社会稳定。① 1997 年 4 月，国务院派出工作组进驻恩平，整顿金融秩序。中央和省紧急调剂资金 50 亿元才平息这一事件。在这两次金融风险事件中，各级纪检监察和政法机关共立案查处违法违纪案件 72 件 75 人，

---

① 《国务院办公厅关于广东省恩平市政府领导人违法干预金融活动造成严重金融风险的通报》（1996 年 11 月），载中华人民共和国政府官网政府信息公开专栏。

移送司法机关处理 19 人。①

　　亚洲金融风暴发生后，1998 年，广东出现金融风险，损失了几百亿元。② 在严峻形势下，广东省委成立了以省委副书记、省长卢瑞华为组长，省委常委、常务副省长王岐山③等为副组长的"化解金融危机五人领导小组"，在中央政府的支持下，用了两年时间，化解了弥漫全省的金融风险。首先采取措施稳住阵脚，遏制住金融风险的发展势头。接着，对广东积累的历史问题进行调查研究，摸底排队，摸清了金融风险的底数，分门别类地找到了一些处理办法。省纪委、省监察厅向省政府作了《关于我省金融风险状况及防范措施的调查报告》，为整顿金融秩序，化解金融风险做了基础工作。对城市信用社和各类基金会存在的内债支付问题，在中国人民银行的指导下，经过各级政府的努力，找到了一些解决的办法。省政府的工作小组，采取"三步走"方法化解金融危机——广东国投破产、粤海重组和关闭近千家中小金融机构。后来有的专家称赞这一举措非常符合"砍树救林"的基本原理：砍出一条防火道，阻止大火向森林纵深蔓延。④

　　顺利实施广东国投破产，是广东化解金融危机第一步。广东国投是仅次于"中信"的中国内地第二大国际信托投资公司，是全国最大的非银行性地方金融企业和对外融资窗口公司之一，在国际金融界曾经具有很高的知名度和一流的商业信誉。广东国投由于公司高管腐败，管理混乱，出现严重的外债支付危机。省财政曾几亿、几十亿元地填补它的资金缺口，但缺口越补越大。广东省政府向国务院求助，国务院不可能拿出巨额外汇来。1998 年 10 月 6 日，中国人民银行宣布关闭清算广东国投，它的资产

---

　　①　中共广东省纪律检查委员会、广东省监察厅编：《改革开放以来广东反腐倡廉史》，广东人民出版社 2007 年版，第 229 页。

　　②　《在市场经济大潮中搏击——卢瑞华访谈录》，中共广东省委党史研究室：《广东改革开放决策者访谈录》，广东人民出版社 2008 年版，第 523 页。

　　③　此时中央特别委派王岐山来粤领导处理金融风险问题。

　　④　王小强：《砍树救林：广东化解金融危机"三步走"》，《经济观察报》2008 年 3 月 24 日。

总额为 214.71 亿元，负债为 361.65 亿元，已严重资不抵债。① 1999 年 1 月 10 日，广东国投申请破产。广东国投破产，是中国历史上最大的破产案，在社会上特别是国际金融界引起极大震动。广东国投数百亿元债务，80% 以上是借自日本、美国、德国、瑞士和香港等地 100 多家银行的。实际上，当时全国还有 329 家满世界借钱的国投，资产 500 亿美元。这些国投官方登记的外债 300 多亿美元，没有登记的国际借款也是 300 多亿美元。② 它们都资不抵债，陷入困境。广东国投破产，表明中国政府不承认广东国投欠下的外债等同于非还不可的国家主权债务。中国政府通过中国第二大国投破产向全世界宣布，中国政府对国投和红筹总额 800 亿美元（甚至更多）的国际债务，不承担直接责任。广东国投破产，对外符合国际惯例，对内符合中国国有企业的改革方向——企业自负盈亏，政府不再直接对企业的经营负责。广东国投破产一案，为其他地方提供了宝贵的借鉴。外国银行原来对中国各地的国投追债不止，广东国投破产后，马上停止追债，同意采取合理的处理办法解决问题，因此，挽救了 100 多家国投（到 2002 年重组保留了 80 多家）。到 2000 年 3 月 11 日，汕尾、韶关、梅州、潮州、湛江、中山、肇庆、汕头、佛山、珠海、江门、茂名、惠州和广州市（4 家）共 17 家市属国投，全部停业整顿。东莞国投经营良好，成为唯一一家获得"规范保留"的市级国投。深圳国投因为深圳市享有副省级待遇而获得"规范保留"。有省政府财政厅背景的粤财信托亦获"规范保留"。省属华侨信托投资公司资不抵债 30 亿元，省政府注资 20 亿元和国际债权人免息削债 30% 之后，退还居民存款，摘去金融牌照，改组成一家实业公司。

广东对出问题的国有企业进行关闭、重组，共处理化解了 1200 亿元的

---

① 《在市场经济大潮中搏击——卢瑞华访谈录》，中共广东省委党史研究室：《广东改革开放决策者访谈录》，广东人民出版社 2008 年版，第 523 页。

② 王小强：《砍树救林：广东化解金融危机"三步走"》，《经济观察报》2008 年 3 月 24 日。

地方金融问题。① 从而稳定了经济秩序，保证经济能健康持续发展。

成功进行"粤海重组"，是广东化解金融危机第二步。粤海企业（集团）有限公司是广东省政府在 1980 年在香港设立的对外"窗口"公司，主要是面向国际，当好广东省各经济机构在香港的总代理。到 1998 年重组前夕，公司账面资产 357 亿港元、净资产 75 亿港元，步入香港五大中资综合性企业集团行列。公司作为广东在香港市场的总代理，在协助省政府对港市场、驻港企业管理，协助引进资金、技术、设备和人才，开创中资企业在港资产经营先例等方面做出了贡献。② 1998 年在亚洲金融风暴的冲击下，粤海经营管理中积累的问题全面暴露。上半年债务支付发生严重困难，陷于濒临清盘倒闭的债务危机。同时，省政府设在澳门的另一个窗口公司南粤集团也出现严重的支付问题。9 月，粤海集团总债务 303 亿港元，账目总资产 212 亿元港元，严重资不抵债。粤海集团欠下的 46 亿美元外债，陆续到了还款期。1998 年 10 月，广东省政府决定，在广东国投破产的同时，对粤海、南粤进行全面重组。粤海重组规模庞大，内容复杂，涉及在粤港澳、内地各省，美、加、法、德、澳等 10 多个国家和地区的 572 家正在运营或持有资产企业及公司属下企业近 60 亿美元的债务，约 200 家银行、300 多家债券持有者、1000 多家贸易债权人，包括 5 家在香港上市企业，业务涉及金融、贸易、地产等 10 多个领域。重组过程中聘请 30 多家世界著名的中介机构，所涉企业均须办理资产、股权转移的法律手续。粤海下属的两家主力企业——粤海投资和广南控股，对香港的股市稳定十分重要。重组粤海的决定，一方面使中国政府避免将国有企业的债务视为主权债，另一方面给香港股市吃了一粒定心丸：会找到一条途径，保持资不抵债的红筹生存下去。

1998 年 12 月，广东省政府宣布聘请高盛（亚洲）有限公司、毕马威

---

① 《在市场经济大潮中搏击——卢瑞华访谈录》，中共广东省委党史研究室：《广东改革开放决策者访谈录》，广东人民出版社 2008 年版，第 524 页。

② 《广东改革开放纪事》编纂委员会：《广东改革开放纪事》（下），南方日报出版社 2008 年版，第 595 页。

等 5 家公司组团为顾问，对粤海和南粤进行重组。由于广东省政府和国际债权人都不愿意看到粤海步广东国投的后尘，经过漫长艰难的谈判，在共同负担经济损失与分享重组成果上达成共识。2000 年 12 月 16 日，国际债权人终于接受粤海重组方案，双方签署框架协议（"12·16"协定）。2001年 1 月，省政府决定撤销省政府驻港办事处。1 月 28 日，省政府批准在原粤海、南粤公司和省东深供水局基础上成立粤港控股公司，实行国有资产授权经营，粤海集团资产管理与架构重组全面展开。8 月，原粤海、南粤集团保留牌子，属下资产转给由省政府控股有限公司持有，新粤海集团有限公司成为新组建的控股有限公司属下一级公司。2000 年 12 月 22 日，历时两年的粤海、南粤债务重组协议在香港正式签署。粤海债务重组交易成功结案。

为重组粤海、南粤，广东省政府与债权人都付出了代价，也吸取了经验教训。省政府共付出 30.2 亿美元，净出资 20.1 亿美元，重组债权共53.06 亿美元。广东省注入的是全省最优质的资产——东深供水项目。根据广东省与香港的长期供水协议，该项目每年坐收 20 多亿港元现金。这笔资产注入粤海，相当于现金抵押的功效。债权人放弃 3.6 亿美元债权，债权面值 49.46 亿美元，削债 21.16 亿美元，削债率为 42.78%，债权回收率为 57.22%。重组后的新粤海总资产大约为 483 亿港元，总负债为 339 亿港元，资产总负债率为 67%，与重组前相比有明显改善。粤海重组被《国际金融法律评估》杂志和"亚洲法律及制度"组织评选为"2000 年亚洲最佳重组交易"，被广泛誉为市场对中国各省、市政府所属公司重拾信心的标志。①

关闭上千家中小金融机构，是广东化解金融危机的第三步。广东国投和粤海涉及的主要是国际债权人。在亚洲金融风暴和香港金融危机中，紧急处理到期国际债务，是无法拖延的当务之急。而当广东国投破产和粤海重组进入操作程序，1999 年底，广东省政府工作小组马上展开化解金融危

---

① 《广东改革开放纪事》编纂委员会：《广东改革开放纪事》（下），南方日报出版社 2008 年版，第 595—596 页。

机的"第三步"——按照中央部署，要求国有独资商业银行按现代商业银行制度深化改革，剥离不良资产，补充资本金，建立风险机制。对股份制商业银行进行完善法人治理结构建设，加强内控制度，限期补充资本金，提高风险抗衡能力。同时，重点对规模小、盈利能力弱、经营管理制度不健全、风险特别严峻的地方中小金融机构（市级国投、城信社、农金会等），进行不同处置：对恩平市20家严重违规经营、不能偿付到期债务的城市信用社实施行政关闭，由广东发展银行成立托管组，托管各社债权债务；深圳、广州、珠海、佛山、汕头、湛江、东莞7市原有城市信用社实行合并，新设7家城市商业银行，原有的118家城市信用社退出市场；17家由省工商银行分行组建的城市信用社，由其负责收回，成为其营业网点；对36家资产质量较好，尚可继续经营的城市信用社，改制为农村信用社，纳入当地农村信用社县（市）联社统一管理。

以上各种分类处置的市场退出方式，初步解决了部分地区和部分机构已暴露的风险，但全省中小金融机构面临的风险仍未彻底消除，尤其是城市信用社和信托公司资产质量不断恶化。1999年6月，不良资产城信社为406亿元、信托公司为267亿元，城信社、信托公司和农村基金会的支付缺口高达866.4亿元，导致挤兑事件频频发生，扰乱金融秩序。对此，省政府和人民银行制定了《地方中小金融机构和农金会处置方案》，提出从解决自然人债务和合法外债入手，对全省面临的金融风险进行统一处理，从1999年11月起正式开始实施。广东成立以王岐山为组长的"广东省地方中小金融机构和农金会金融风险处置工作协调小组"，对处置工作统一领导、统一政策、统一组织。以农村信用社为重点，城市信用社为难点，突出重点，攻克难点，对城市信用社，通过组建城市商业银行，由工商银行收回、建设银行收购、更名改制、停业整顿等方式进行处置；对农村信用社，以分类指导、规范管理、撤并网点、扩大信贷等方式防范化解风险。又对国有商业银行信贷资产质量、信用证、外汇业务等进行专项检查，还对邮政储蓄、农村信用社、外汇市场进行检查和加强管理，取得了较好成效。茂名、湛江、潮州、阳江、东莞等市有关部门解决了社团基金会、城市信用社和农村合作基金会方面存在的问题，化解了当地的金融风险。茂名市和化州市有关部门采取措施，及时平息 3000 多人到 274 个金融网点挤兑 7 亿多元的风波。[1]

广东还严肃处理了广州市商业银行金融案。2000 年，根据时任国务院副总理温家宝的批示，广东组织有关部门，联合对广州市商业银行金融案件进行调查处理。原来，广州市商业银行下属穗丰、汇商两支行，从 1994 年 4 月成立时起，就分别在其控股单位省国威公司和市国商集团的操纵下从事非法高息揽存、账外经营活动。至 1998 年 12 月底，两支行被非法占用未收回资金余额 93.59 亿元，省国威公司、广州市国商集团和广州市拓业集团从两支行套取资金余额 76.77 亿元。在查处过程中，逮捕涉案的犯罪嫌疑人 9 人，追捕 4 人；采取保全资产折合人民币约 20 亿元。避免了更严重的损失。[2]

广东向中央银行"一揽子"借款 350 亿元；同时，国家四大银行向广东增加投放 70 亿元，共 420 亿元，用于解决储户提款。这笔巨款两个来月就用完了，但稳住了群众情绪，保证了经济运行正常。[3] 到 2000 年 10 月，在不到一年时间内，广东省政府对 147 家城信社 1063 个分支机构，16 家国投及 14 家办事处，国投下属 48 家证券营业部，以及 843 家农金会实施停业整顿，并偿付个人债务及外债。对广东华侨信托投资公司和停业整顿的信托投资公司所属 48 家证券营业部实行托管，在其被挪用的股民保证金全部归位后规范转让。广东向中央借款，原计划从 2001 年起分 8 年偿还，每年退款共 43.75 亿元（实际上广东两年时间就全部还给中央）。广东在化解金融风险过程中，发现存在大量金融腐败和金融犯罪，有关部门及时地查处违法违纪案件，打击了一批金融犯罪分子。至 1999 年，根据省内各地出现金融风波的情况，全省纪检监察机关认真开展查处金融机构工作人

---

[1] 中共广东省纪律检查委员会、广东省监察厅编：《改革开放以来广东反腐倡廉史》，广东人民出版社 2007 年版，第 229 页。

[2] 中共广东省纪律检查委员会、广东省监察厅编：《改革开放以来广东反腐倡廉史》，广东人民出版社 2007 年版，第 231 页。

[3] 《在市场经济大潮中搏击——卢瑞华访谈录》，中共广东省委党史研究室：《广东改革开放决策者访谈录》，广东人民出版社 2008 年版，第 525 页。

员违纪违法的案件，并及时化解了一些地方出现的金融风险。在这场查处金融领域的腐败案件的行动中，共处理案件 445 件 500 人，其中，金融机构工作人员违纪违法案件 296 件 336 人，金融风险方面的案件 149 件 164 人。涉及地厅级干部 5 人、县处级干部 47 人；涉案总金额达人民币 62.15 亿元。①

集中力量处理区域性金融风险，是经济转型时期强化金融监管和金融法制建设、化解风险的重大举措。全省退出市场的机构有 400 家，资产规模达 1000 亿元。其数量之多、规模之大，不仅在中国史无前例，在国际上也是罕见的。其阶段性积极效应较为明显，成功化解了系统性支付危机，自然存款人和投资人的权益得到维护，金融"三乱"现象得到有效遏制，社会金融风险意识提高，金融和经济活动趋于理性化，为地方经济发展提供了稳定的金融环境。②

广东还大力加强外汇外债管理，防范涉外金融风险。严格控制提前偿还外债、外债转贷款和国内自营外汇贷款；禁止提前购汇和异地购汇还贷；禁止购汇用于境外股权和债权投资；禁止境内机构未经外管局批准进行外币股票和债券的回购，促进外债的良性循环，做好外汇外债管理的基础性工作。继续打击外汇领域的违法犯罪活动，重点打击逃套汇和骗购外汇行为、外汇黑市和非法外汇期货交易等。外管局广东分局积极配合中央专案组对广东 10 个骗汇大案开展侦查工作，已抓获 31 个重大嫌疑犯，查封资金 9000 多万元，有效地打击了不法企业和个人骗汇活动，促使外汇管理秩序明显好转。

■ 查处特大走私贩私和骗取出口退税案件

广东在化解金融风险的同时，还查处湛江"9898"特大走私受贿案、

① 中共广东省纪律检查委员会、广东省监察厅编：《改革开放以来广东反腐倡廉史》，广东人民出版社 2007 年版，第 229 页。
② 《广东改革开放纪事》编纂委员会：《广东改革开放纪事》（下），南方日报出版社 2008 年版，第 728 页。

"11·20"梁耀华集团走私案与潮阳、普宁两市骗取出口退税案等大批大案要案。

查处湛江"9898"特大走私受贿案

湛江特大走私受贿案（简称"'9898'案"），是新中国成立以来走私数额最大，涉及党政机关、执法部门人员最多的严重经济犯罪案件，也是改革开放以来第一个涉案人100人以上、案值100亿元以上的团伙大案。

20世纪90年代中后期，广东省湛江地区走私活动极其猖獗，走私分子疯狂走私汽车、钢材、成品油、原糖、电器等物资，大肆偷逃国家关税，极大地影响经济发展，危害社会稳定。当地一些党政干部和执法监管部门工作人员在走私分子重金收买、美色诱惑下，为走私活动大开绿灯，使湛江口岸一度成为"黑色通道"。走私犯罪活动和公职人员护私、放私受贿行为，引起人民群众的强烈不满，他们纷纷向有关部门举报；国家有关部门也向中央提供重要线索。江泽民、朱镕基、胡锦涛、尉健行、罗干等时任党和国家领导人先后作出批示，要求严肃查处湛江严重走私受贿问题，严惩犯罪分子。1998年9月8日，由中央纪委常委祁培文，公安部、最高人民检察院和广东省委、广东省纪委的有关负责人组成的查处湛江特大走私受贿案五人现场指挥领导小组成立，负责指挥查处该案。并从中央纪委、最高人民检察院、公安部、海关总署、国家审计署和广东省纪委、省公安厅、省检察院等单位抽调精干人员组成联合工作组。前后有800余人参与"9898"案的查办工作。据统计，此案被查处的涉案人员共有331人，其中公职人员259人。被逮捕的走私分子和公职人员共有130余人，被"双规"审查的有113人，收缴、扣押的赃款赃物及不动产达4.7亿元。

1999年3月到9月，省检察院、省法院依法对80名犯罪嫌疑人进行起诉审判。走私分子李深、张猗、林春华、邓崇安以及湛江海关原关长曹秀康、湛江海关调查处原处长朱向成6人被依法判处死刑。湛江市委原书记陈同庆、湛江市原副市长杨衢青、茂名海关原关长杨洪中、湛江市公安局边防分局原局长邓野、湛江市公安局边防分局原政委陈恩，以及走私分子陈励生、姜连生、李勇、林柏青 9 人被依法判处死刑，缓期二年执行。走私分子张瑞泉和湛江海关港口办事处原主任方鹏、茂名海关原副关长王思源、湛江海关保税处原副处长林光、湛江海警三支队原支队长汤镜新、湛江海关港口办原副主任庞土兴、茂名海关水东办原副主任吴乃周等 11 名公职人员被依法判处无期徒刑。① 省纪委、省监察厅对其他涉案的 200 多名违纪公职人员分别作出党政纪处分和组织处理。

查处"11·20"梁耀华集团走私案

梁耀华原是广州市一名只有小学文化程度的出租车司机，靠走私起家。他通过高价收买、感情投资等手法，承包广州市公安局属下的富广有限公司进出口二部，专门从事机动车走私，还将黄埔海关、广州海关、广州市公安局等执法部门中一批负责打私工作的处长、科长、刑侦队队长聘任到自己公司担任要职，打通珠江口水域一些重要口岸和执法部门，走私货物在广东境内基本畅通无阻。从 1993 年至 1998 年初，该集团疯狂进行走私贩私活动，仅据香港几个大车行的统计，该集团每年购车的数量都在 2000 辆以上。所购车辆全部走私进入内地，大量偷逃关税，给国家造成巨大经济损失。

1998 年 3 月，在中央纪委、监察部的直接指挥下，广东省有关部门依法抓捕梁耀华，由此展开对梁耀华集团走私案（简称"'11·20'案"）的全面调查。同年 8 月，中央纪委、监察部将案件涉及广东省公职人员严重违纪违法的问题线索交由广东省组织查处。接受任务后，省委迅速成立"11·20"案领导小组，负责全案的协调指挥工作。经过连续三年多的艰苦工作，"11·20"案领导小组及办案组全面查清东莞市公安局边防分局部分干部、战士护私放私案，大铲海关部分干部护私放私案，清远市公安局部分领导干部受贿放私案和广州市公安局交警支队部分干警收受贿赂护私放私、私分公款案共四个重大团伙性违法犯罪案件，以及省公安厅原副

---

① 中共广东省纪律检查委员会、广东省监察厅编：《改革开放以来广东反腐倡廉史》，广东人民出版社 2007 年版，第 222—223 页。

厅长刘广润受贿案。据统计，"11·20"梁耀华集团走私案共涉及广东省违纪违法人员近 200 人，其中，移送司法机关处理 50 人，给予党纪处分 82 人、政纪处分 62 人、军纪处分 12 人；涉及厅级干部 4 人、处级干部 37 人、科级及以下干部 60 人。①

查处粤东骗取出口退税案件

20 世纪 90 年代后期，为化解亚洲金融危机对国内经济的负面影响和促进出口的稳定增长，国家连续三次提高出口退税率。汕头潮阳市、揭阳普宁市等地一些不法分子受利益驱动，不惜铤而走险，疯狂进行骗取出口退税犯罪活动，形成虚开增值税专用发票骗取出口退税的违法犯罪团伙。工商、税务、外汇管理、海关等执法监管部门一些工作人员与骗税分子内外勾结，为出口供货企业提供虚假"两单两票"（即出口货物报关单、出口收汇核销单、增值税专用发票、征税专用税票），加上地方党政领导失职渎职，对骗取出口退税的严重问题不闻不问，任其泛滥；少数乡镇政府为增加地方财政收入，充实小金库，操纵财政、税务等部门充当骗税分子的"保护伞"，甚至有的乡镇政府公然开办虚假企业，直接从事骗税活动，致使这些地方的骗取出口退税犯罪活动泛滥成灾，给国家造成严重经济损失。

2000 年 11 月 24 日，广东省政府召开全省打击骗取出口退税工作会议，传达全国打击骗取出口退税工作会议精神，部署打击骗取出口退税工作。同年下半年全省部署开展打击骗取出口退税专项斗争以来，在不到一年的时间里，查处涉嫌骗税额 19.65 亿元，涉嫌虚开增值税专用发票价税 45.53 亿元，27 名基层税务分局局长受到纪律处分。②

2000 年 8 月 7 日，国务院领导同志指示，要像打击走私和骗汇一样，

---

① 中共广东省纪律检查委员会、广东省监察厅编：《改革开放以来广东反腐倡廉史》，广东人民出版社 2007 年版，第 224—225 页。

② 中共广东省纪律检查委员会、广东省监察厅编：《改革开放以来广东反腐倡廉史》，广东人民出版社 2007 年版，第 225 页。

打击骗取出口退税的违法犯罪活动。国务院组成"807"工作组，抽调了国家税务总局、公安部、监察部、财政部、最高人民检察院、最高人民法院、海关总署、中国人民银行总行等13个部门的力量，奔赴粤东地区，掀起打骗风暴。经查，1998年至2000年8月，潮阳、普宁两市从事虚开增值税专用发票骗取出口退税活动的企业共1123家，占被检查企业总数1142家的98.3%。其中，虚假企业827家，有虚开增值税专用发票行为的非虚假企业87家，接受他人虚开增值税发票的企业154家，纯骗税企业55家，共虚开增值税专用发票17.2万份，其中，属伪造的发票8.8万份，属虚开的发票8.4万份，虚开增值税专用发票总金额323.4亿元。涉税金额41.99亿元，其中偷税21.66亿元，骗取出口退税20.33亿元。该案共涉及全国14个省市。查处涉案人员605人，其中党政机关、执法部门公职人员323人；追回被骗税款约9亿元。

省委、省纪委严肃查处骗税犯罪涉及党政干部、执法部门人员的违纪违法案件。据统计，纪检监察机关立案查处涉案地方党政干部、执法部门工作人员323人，其中厅级干部1人、处级干部14人、科级干部66人。给予党纪政纪处分278人，其中给予开除党籍或开除公职处分的95人。移送司法机关处理64人，被判刑的28人。收缴、清退违纪违法金额人民币7232万多元、港币767万多元、美金1.29万元及贵重物品一批。揭阳市委原常委兼秘书长、普宁市委原书记丁伟斌，揭阳市财办原主任、普宁市原市长赖振才，普宁市委原常委、政法委原书记、流沙镇委原书记黄植辉等涉案公职人员分别受到党纪政纪国法的严惩。2001年10月30日，汕头市和揭阳市两家中级人民法院，分别对16起虚开增值税专用发票案件的20名被告人员和7个单位被告作出判决。有30人被判处无期徒刑以上刑罚，19人被处极刑。①

① 中共广东省纪律检查委员会、广东省监察厅编：《改革开放以来广东反腐倡廉史》，广东人民出版社2007年版，第225—226页。

■ 确保经济持续发展的几项对策

亚洲金融危机爆发之后，国际经济环境发生重大变化，我国遇到许多前所未有的困难。针对内需对经济拉动力量不够，经济增长速度减缓的趋势，广东采取了下列几项经济对策：

第一，努力增加出口，推动外向型经济再上新水平。为渡过难关，省委书记与省长、副省长亲自带队到国外广泛开展招商引资推介会，省政府和有关部门多次组织工作队到基层调查研究，帮助解决难题。经上下努力，终于扭转了局面，扩大了对外开放。1998—2002 年，广东实行"引进来"与"走出去"相结合，对外经济贸易持续发展。出口商品结构得到优化，高新技术产品、机电产品和高附加值产品出口比重提高。国有外经贸企业改革进一步深入，经营主体逐步多元化。授予一大批民营生产型企业自营进出口权。加工贸易健康发展，一般贸易稳步增长。多元化出口市场格局初步形成。境外加工贸易、对外承包工程和劳务合作进一步拓展。2002 年进出口总额 2211.05 亿美元，其中出口突破千亿美元，达 1184.65 亿美元，比上年增长 24.2%，五年年均增长 9.7%。投资软环境进一步改善，国际大企业、大财团在粤投资增加，利用外资水平不断提高。2002 年实际吸收外商直接投资 165.89 亿美元，比上年增长 26.2%，五年年均增长 6.8%。粤港澳台经贸合作再上新台阶，举办了五届粤台经贸合作交流会。建立粤港合作联席会议制度和粤澳高层会晤制度，与香港特别行政区联合举办了粤港台经济合作论坛。外事、侨务、台务、旅游工作为广东省的对外开放作出新贡献。创办广东经济发展国际咨询会，扩大了广东省的国际影响。[1]

第二，积极扩大内需，有效拓展国内市场。1998—2002 年，广东连续

---

① 《广东省统计局关于 2002 年国民经济和社会发展的统计公报》2003 年 2 月 28 日；卢瑞华：《政府工作报告——在广东省第十届人民代表大会第一次会议上》（2003 年 1 月 13 日）。

几年分别在华中、华东、东北、西北等地区举办经贸合作会展活动，广货在国内市场的占有率得到巩固提高。省内市场繁荣兴旺，居民消费结构逐步升级。改造农村电网，降低电价，至 2002 年底实现农村住宅到户电价 0.79 元/千瓦时以下的目标，全省各类电价比 2001 年 12 月平均降低 0.128 元/千瓦时，有效扩大了电力需求和家电市场。整治涉农收费，农民负担继续减轻，农村消费环境得到改善。预计 2002 年实现社会消费品零售总额 5013.59 亿元，比上年增长 11.0%，五年年均增长 11.4%。在投资领域，广东实施积极的财政政策和稳健的货币政策，大力加强基础设施建设。增加对交通、能源、水利、环保、通信及城市公共设施的投入。飞来峡水利枢纽工程、广州地铁一号线等一大批大型基础设施项目相继建成投产。2002 年底，全省公路通车里程达 106340 公里，比 1997 年增加 14478 公里，其中高速公路 1850 公里，比 1997 年增加 1065 公里；发电装机容量达 3538 万千瓦。电话普及率由 1997 年的 17.8% 提高到 2002 年的 69.6%。水利建设进一步加强，防洪抗洪能力不断提高，5 年共修建、加固江海堤围 10685 公里，完成水库除险加固 2619 宗，治理水土流失面积 852 平方公里。[①]

第三，深化改革，进一步转变政府职能。1998—2002 年，广东省政府开展了两次行政审批制度改革。对省政府各部门原有的审批事项进行清理和规范，共精简各类审批事项 821 项，占总数的 40%，改革工作仍在不断进行中。政府职能进一步向经济调节、市场监管、社会管理和公共服务等方面转变。实行经营性土地使用权公开招标拍卖，国家投资建设工程、公有资产产权交易、政府采购公开招投标，推行办事程序公开化和规范化。建筑、土地、产权和技术等要素市场加快发展，市场体系不断完善，从源头上预防和治理腐败取得明显成效。

据统计，2002 年广东地区生产总值 11674.40 亿元，比上年增长 10.8%，五年年均增长 10.2%。城乡居民本外币储蓄存款达 13368.7 亿

---

① 《广东省统计局关于 2002 年国民经济和社会发展的统计公报》2003 年 2 月 28 日；卢瑞华：《政府工作报告——在广东省第十届人民代表大会第一次会议上》（2003 年 1 月 13 日）。

元，约是 1997 年的两倍。税收和财政收入大幅增加，2002 年地方一般预算收入 1201 亿元，按可比口径计算，是 1997 年的 2.5 倍，全省可支配财力达 1550 亿元，收支保持平衡，并有适当的储备。对国家的贡献不断增加，1998 年至 2002 年，广东省上划中央"两税"收入年均增长 20.3%。经济结构战略性调整取得显著成效。①

---

① 卢瑞华：《政府工作报告——在广东省第十届人民代表大会第一次会议上》（2003 年 1 月 13 日）。

第六章 区域平衡发展与各项事业推进

从 20 世纪 90 年代中期开始，广东坚持从省情实际出发，实施"分类指导、层次推进、梯度发展、共同富裕"的指导方针，以珠江三角洲地区领先、东西两翼齐飞、广大山区崛起的区域经济协调发展战略，合理进行地区经济布局，着力促进全省不同类型地区经济协调发展。在继续充分发挥广州、深圳两个中心城市和珠三角地区的龙头带动作用的同时，采取有力措施加快东西两翼和山区的发展步伐。广州、深圳两市经济高速发展，消费持续繁荣，科技、教育、文化、信息、金融、商贸、交通和旅游等方面的区域中心地位不断强化，龙头带动作用日益凸现。经济特区和珠三角地区作为广东的经济重心区域，迈向现代化具备了较为坚实的基础。珠三角城市之间，工业化进程整体推进，基础设施建设正在加速网络化、一体化，等级优化、功能互补、布局合理、各具特色的现代化城市群体迅速崛起。粤东、粤西两翼的部分地区，经济发展方向一度出现偏差。省委、省政府帮助当地从实际出发，确定正确的发展思路，加强实业发展，缩小与珠三角的差距。湛江积极采取措施营造和培育经济增长新亮点，突出抓好"三个开发"。粤东则以整治市场经济秩序和社会秩序为重点，"重建信用，重塑形象"，引导民资、侨资、外资办实业、归正途。山区和贫困地区坚持开发式扶贫，以推进农业产业化经营和培育农业龙头企业为重点，全面实施脱贫奔康。

■ 区域经济协调发展战略的制定

改革开放以来，广东实施"分类指导、层次推进、梯度发展、共同富裕"①的区域经济协调发展战略，以珠江三角洲地区作为发展的重点，带动全省经济的发展，实现了从相对落后的农业大省向工业大省与经济大省的转变。进入 20 世纪 90 年代之后，由于不同地区之间的经济水平存在差异，珠江三角洲地区的先期发展，导致了四个区域之间的经济发展不协调，贫富差距越来越明显，使得区域间矛盾和问题不断积累。

造成广东省区域经济发展不协调的原因是多方面的。一是粤东西北地区工业基础比较薄弱，经济结构调整滞后，工业化进程相对缓慢。90 年代中期广东省有 300 多家大型工业类企业，除珠江三角洲地区以外的三大区域的工业企业只有 20 多家，远远低于广东省的平均水平。二是粤东西北地区发展环境存在明显的薄弱环节。粤东西北地区工业发展较慢的原因之一是工业投资成本较高，导致工业固定资产投资不足；市场信用、行政效率和人文环境等投资软环境欠佳，也使粤东西北地区具有的侨乡优势、资源优势得不到充分发挥。三是粤东西北地区基础设施建设不够完善。粤东西北地区与珠三角及周边省份连接的大通道建设滞后，内部路网等级结构不协调，港口与集疏运系统发展不配套；电源建设潜力尚未得到充分发挥；防洪体系尚未形成，资源性和水质性缺水问题十分突出。其根本原因在于粤东西北地区基础设施投入不足。从 90 年代中后期起，粤东西北地区基础设施投资占全省基础设施投资比重呈下降趋势。粤东西北地区基础设施投资占 GDP 比重，远远低于全省平均水平。四是省对粤东西北地区的扶持力度不够，财政转移支付与对贫困县扶持力度不够。广州、深圳等大城市辐射带动作用不够。而粤东西北地区也没有抓住机遇借助珠江三角洲地区的

---

① 广东省人民政府：《关于下达〈广东省国民经济和社会发展第九个五年计划纲要〉的通知》（1996 年 3 月 5 日）。

经济发展优势，反而不断在经济发展方面与珠江三角洲地区拉大差距。①

以广州为中心的珠江三角洲在改革开放20年来，得天时地利人和之便，优势得到比较充分的发挥，成为全国经济活力最强的地方之一。一是珠江三角洲发挥毗邻港澳、华侨众多、对外交通便利的优势，大力吸引外商投资。从1979年至2000年底止，全省累计批准外资项目23.46万个，合同利用外资额1963.88亿美元，实际到位外资1252.48亿美元。登记注册的实有外商投资企业4.99万家。② 这近5万家"三来一补"、"三资"企业，大都投放在珠江三角洲，因此珠三角乡镇企业异军突起，占据广东经济半壁江山。二是珠三角历史上就是广东最富庶最繁华的地方，人文荟萃，工商业比较发达，打下了深厚的经济基础。20世纪80年代，广东花44亿美元从国外引进100多万台（套）先进设备和2400多条先进生产线，使七成老企业得以更新改造产业升级，这些老企业基本都在珠江三角洲，这样更使珠三角经济如虎添翼。而珠江三角洲高新技术产业带是国家批准的全国3个产业带之一，集中了6个国家级、3个省级高新技术产业开发区，2个国家软件产业基地和3个国家级高新技术产品出口基地，41所高等院校，52家省级以上科研机构和59个省级以上重点实验室，12个国家863成果转化基地，1个国家级和4个省级的大学科技园。全省85%左右的科技资源以及75%的省级以上工程技术研究开发中心集中在这一地区。沿珠江两岸，聚集了大量知名的高新技术企业，已成为全国乃至世界电子信息产业相对集中的一个重要区域。

广东省区域经济发展不协调表现在珠三角地区的经济繁荣同粤东、西两翼以及粤北山区经济的相对落后之间的极大反差。广东省50个山区县，2000年土地面积占全省66%，人口占全省40%，但地区生产总值仅占全省的17.5%。财政收入占全省的3.7%，外贸出口占2.9%，珠三角人口

---

① 胡振宇、黄宁生：《广东区域经济不平衡的结构性及人口因素分析》，《华南师范大学学报（自然科学版）》2003年第1期。

② 《广东省统计局关于2000年国民经济和社会发展的统计公报》（2001年3月1日）。

与面积分别占全省总量的 30% 和 23.4%，经济总量却占了全省的 70%，居民储蓄存款占 76.6%，经济增量占 80% 和财政收入占 90%，东西两翼、粤北山区农民与珠三角地区农民的收入差 6 倍。而且这些欠发达地区的经济发展与全省的差距还有逐渐拉大的趋势。珠三角与 16 个贫困县 GDP 差距 1990 年为 10.4 倍；1995 年为 21.4 倍；1999 年为 27.6 倍。[①]

区域经济发展不协调是一种带规律性的现象，区域经济发展协调是相对的，区域经济发展不协调是绝对的。区域发展不平衡成为多年来广东经济社会发展的一大难题。改革开放以后，省委、省政府一直高度重视并力求解决。1993 年，广东省第七次党代会即提出了"中部地区领先、东西两翼齐飞、广大山区崛起"的区域经济发展战略。1994 年 6 月 12 日，省政府召开广东省东西两翼规划工作会议，部署东西两翼规划的编制工作。广东的东翼包括汕头市、潮州市、揭阳市和汕尾市，西翼包括湛江市、茂名市、阳江市。东西两翼发展总体规划主要包括现状和环境分析、发展战略和目标、发展重点和政策措施等。编制东西两翼规划是省政府继珠江三角洲经济区规划、山区"九五"规划后，贯彻落实省委、省政府关于"分类指导、层次推进、梯度发展、共同富裕"指导方针的又一重要举措，是实现省委、省政府提出的区域协调发展战略部署的一个重大步骤。会议明确了规划的思想，提出了规划的要点：一是基础设施建设规划；二是产业发展规划；三是城市建设和环境保护规划；四是社会发展和精神文明建设规划。省委、省政府提出的"中部地区领先、东西两翼齐飞、广大山区崛起"区域经济发展战略目标，其主要内容有：

第一，加强港澳、经济特区、珠江三角洲地区的联系与合作。充分发挥香港贸易中心、信息中心、金融中心的作用，提高合作层次，形成经济优势，增强整体竞争能力，促进粤港澳之间优势互补，互相促进，共同繁荣，成为亚太经济发展最有活力的地区之一。

第二，发挥珠江三角洲地区在实现现代化过程中的"龙头"领先作

---

① 雷比璐：《区域协调发展，建设经济强省——广东社科界"建设经济强省"座谈会综述》，《南方经济》2002 年第 10 期。

用，带动全省经济发展。珠江三角洲要加快产业升级，发展知识密集型产业；形成高附加值农业商品基地；成为全省新技术应用的扩散基地；推进信息产业发展，带动相关高技术产业形成；发挥对外贸易优势，第三产业高度发达。

第三，加快东西两翼发展，培植临海港口经济优势。加快沿海东西两翼的开放和开发，发挥港口与世界经济联系的优势，依托港口，全面振兴经济，力争在20世纪末达到珠江三角洲90年代初的经济水平。

第四，大力开发山区和扶持"老、少、边、穷"地区发展，使之成为广东省现代化进程中新崛起的重要地区。要充分利用山区自身优势，以开发促发展，努力改善投资环境。加快"三高"农业的综合开发，大力发展乡镇企业，加快小城镇建设，转移富余农业劳动力，加快工业化进程。进一步发挥沿海地区对山区的辐射和带动作用。大量接纳港澳台和珠江三角洲向外扩散的产业和资本，不断壮大经济和社会实力。①

省委、省政府这一统筹区域经济协调发展的战略构想，符合广东发展的实际，其后并不断得到深化和细化。全省逐步形成了"珠江三角洲率先领先、东西两翼比翼齐飞、广大山区逐步崛起"的梯度协调发展模式。1996年11月，省委书记谢非提出，全省要以珠江三角洲经济区为"龙头"，带动东西沿海两翼起飞，促进山区腹地崛起。山区和东西两翼应像珠江三角洲经济区那样分别作出社会经济发展规划，使分类指导、梯度发展具体化。经济特区要继续发挥"窗口""试验场"作用，各种不同类型开发区要在两个转变中发挥示范作用。要积极发展与毗邻兄弟省区的经济合作，优势互补，共同发展。广东要发挥区位优势，依托内地，联通港澳，拓展国际市场，成为国家进出口的大通道，成为外向型经济区域。②1998年5月，中共广东省第八次代表大会召开，中共中央政治局委员、广东省委书记李长春提出，在实施三大战略中，继续增强广州作为中心城市

① 《广东改革开放纪事》编纂委员会：《广东改革开放纪事》（上），南方日报出版社2008年版，第248—249页。

② 谢非：《夺取新成就　迈向新世纪》（1996年11月6日）。

的吸引力和辐射力，加快深圳经济中心城市的建设，充分发挥这两个城市发展高新技术产业、带动全省城乡发展的龙头作用；充分发挥经济特区和珠江三角洲经济区的示范和辐射作用；东西两翼扩大开放上新水平；山区腹地特色经济发展加快。四个层次的地区都有各具特色、互相促进的优势产业。①

■ 珠江三角洲的率先发展

珠江三角洲地区是指广州、深圳、珠海、佛山、江门、中山、东莞和惠州的惠城区、惠阳市、惠东县、博罗县以及肇庆的端州区、鼎湖区、高要市、四会市在内的珠江三角洲地区。1992 年，中国共产党第十四次全国代表大会要求广东力争 20 年基本实现现代化。为实现这一目标，省第七次党代会明确指出，广东实现现代化要中部地区领先，珠江三角洲等经济较发达地区要在实现现代化过程中发挥"龙头"作用，带动全省经济发展。

省委、省政府把珠江三角洲地区作为全省区域合作和经济发展的主要支撑点，积极推进珠江三角洲经济区率先实现现代化，建立以广州市为中心的珠江三角洲城市群和现代化经济带，调整和优化珠江三角洲经济结构。珠江三角洲在全省乃至全国的经济发展中都具有明显的比较优势。省委要求珠三角加快改革开放步伐，逐步将珠江三角洲的城市建成各具特色的大中型城市，形成新型的高新技术产业带和国际化的城市群，使珠江三角洲经济区成为经济繁荣、城乡一体、结构优化、布局合理、设施完善、环境优美、秩序良好的一个现代化经济区，成为带领全省基本实现现代化的"龙头"，全国外向型经济的重要基地，建设有中国特色社会主义的试验区。

广州市是全省的经济、政治、文化中心。省委提出要把广州市建成现代化国际大都市，充分发挥其在珠江三角洲经济区的中心城市作用。要按

---

① 李长春：《增创新优势　迈向新世纪　全面推进广东现代化建设》（1998 年 5 月 22 日）。

照国际大都市的要求，加快现代化交通、通信等基础设施的建设，大力发展金融、商贸、房地产、旅游等第三产业，积极发展科技、教育事业，进一步增强其中心城市的功能，提高其对珠江三角洲地区以至国内外的辐射能力。

省委要求继续发挥经济特区的"窗口""试验区"和"排头兵"的作用。经济特区要在已经取得的成就和经验的基础上，加大改革的力度，为加快建立社会主义市场经济体制继续大胆探索，为全省提供经验。同时，在抓好经济结构和产业结构调整，进一步发展外向型经济，发展高新技术产业，提高经济社会管理水平，加强民主法制建设，搞好精神文明建设等方面增创新的优势，形成特区的新特色，把经济特区逐步建成科技型、综合型、高层次的现代国际化城市。积极加强与珠江三角洲和省内其他地区的横向联合，在发挥各自优势的基础上，分工协作，优势互补，带动东西两翼和欠发达地区共同发展。并在推进粤港澳台及大陆其他省区市经济合作中充分发挥区位优势的作用，为保持香港、澳门的长期繁荣作出积极的贡献。

为此，省委、省政府高度重视、精心部署珠三角的经济社会发展。1994 年 11 月，成立了珠江三角洲经济区规划协调领导小组，专门负责规划、组织、协调工作。1996 年，珠江三角洲经济区规划协调领导小组组织编制出《珠江三角洲经济区现代化建设规划纲要（1996—2010 年）》（以下简称《规划纲要》）。《规划纲要》初步分析经济区的现状、环境，制定了发展战略、目标，规划重点，主要政策措施等，为珠江三角洲经济区的发展勾画了宏伟的蓝图。

1999 年 7 月，省委、省政府批转《关于确定顺德市为率先基本实现现代化试点市的意见》，确定顺德市为率先基本实现现代化试点市，允许顺德市根据"三个有利于"标准，从率先基本实现现代化的需要和本市实际出发，大胆进行体制创新的探索和试验，加快社会主义市场经济体制的建立和完善，为我省基本实现现代化提供示范和经验。同月，省政府还制定了《广东省 2010 年珠江三角洲基本实现农业现代化的评价指标体系》，提出了总体目标和基本要求，定出了综合评价指标体系及评估方案，为农业现代化指明了道路。8月26日至28日，在深圳召开了全省经济特区和珠江三角洲改革开放工作座谈会，会议明确提出经济特区和珠江三角洲要以率先基本实现现代化作为总任务、总目标统揽工作全局，到2010年左右，率先基本实现现代化，标志着经济特区和珠江三角洲率先基本实现现代化的战略目标最终确定。并调整、充实了原珠江三角洲经济区规划协调领导小组，成立"经济特区和珠江三角洲率先基本实现现代化协调领导小组"，统一指导、协调率先基本实现现代化的工作和示范市、试点市的工作。

在省委、省政府的部署和领导下，经济特区和珠江三角洲地区各市都全面开展了编制率先基本实现现代化规划的工作，至1999年12月，各市的现代化规划基本完成并上报省有关部门，其中珠海、中山、顺德等市还以市委、市政府文件下发贯彻执行。经过各方面努力，经济特区和珠江三角洲地区率先基本实现现代化步伐明显加快。到2002年底，三个特区和珠江三角洲地区生产总值加起来达到12253.69亿元。广州、深圳两大中心城市的辐射力和吸引力进一步增强，在交通、贸易、金融、信息、科技、旅游、文化等方面成绩卓著。佛山、东莞、中山等珠江三角洲城市的社会经济也取得长足发展，绝大多数指标已接近或达到现代化的标准值。

作为广东率先基本实现现代化试点的顺德市，在全面启动现代化试点工程的工作中，结合本市的实际情况，确定了到2005年的发展目标。明确提出：以建设现代化强市为目标，进一步解放思想，求实创新，推进二次创业，争取到2005年率先基本实现现代化，把顺德建设成三大产业稳步协调发展、民主法制健全、社会全面进步、市民素质高尚、城乡融为一体的现代化花园式河港城市。市委、市政府采取实施产业化等"五化"战略、实现观念创新等"五个创新"、采取投资牵引等五方面的牵引政策等"三个五"强有力措施，确保目标的实现。通过创新，顺德的现代化建设取得了可喜的成就，到2001年，全市实现地区生产总值390.87亿元，工农业总产值934.89亿元，为广东率先基本实现现代化进行了有益的探索，也为全面建设小康社会树立了良好榜样。

■ 粤东西两翼比翼齐飞

省委、省政府多次强调要加快粤东、西两翼经济发展，充分利用两翼沿海的优势，按照全省产业的新布局，在资金、项目安排和政策上适当倾斜，并大力吸引国际资本，加快这些地区能源、交通和通信等基础设施的建设，推动地方经济的发展，把东西两翼办成新兴的汽车、钢铁、电力、重化工业基地和开放式、外向型农业基地。发挥湛江、汕头、茂名等港口城市的作用，进一步提高以汕头经济特区为重点的粤东地区向闽赣台辐射的能力，使以湛江市为重点的粤西地区成为大西南进出口贸易的重要通道。

1996年6月12日，省政府召开广东省东西两翼规划工作会议，部署东西两翼规划的编制工作。1997年5月，省政府发出《印发广东省东西两翼区域发展规划纲要的通知》，要求汕头、湛江等七市和有关部门编制各市规划和各行业规划要与本规划纲要相衔接，并成立了以副省长汤炳权为组长、省计委主任黄伟鸿为副组长的东西两翼规划协调领导小组。《广东省东西两翼区域发展规划纲要（1996—2010年）》包括发展基础和环境、发展思路、发展目标、发展重点四个方面。其中《重点工程项目》包括高速公路工程27个方面的重点发展项目。两翼各市根据纲要要求，分别成立规划协调领导小组及办公室，由市长或主管副市长担任领导小组组长，并结合本市的实际情况，制定修改本市的规划方案。

为了加快东西两翼的建设步伐，2000年2月4日，广东省委、省政府下发《关于推进海洋综合开发的意见》，要求广东充分发挥海洋优势，从当年起，用10年左右的时间，把广东省建设成为海洋经济强省，全省海洋产业增加值占全省地区生产总值的比重在10%以上。在省委、省政府的重视下，东西两翼加快经济发展。其中，东翼地区主要围绕整顿市场经济秩序，防范地方金融机构风险、打击骗汇骗税和制假售假等违法犯罪活动，全面实施"重建信用、重塑信心"新世纪生命工程，集中精力抓整治、建信用、树形象，为经济建设的良性运行奠定了良好的基础。粤西地区主要围绕优化经济结构，大力发展区域特色经济，如海洋渔业和水产养殖业，该地区的水产品产量居全国前列，是"广东的鱼仓"；如"三高"农业，该地区是中国最大的水果生产基地和冬种北运菜生产基地；如石油化工业，茂名石化是中国南方重要的炼油和石化工业基地；如旅游产业，该地区旅游资源丰富，独具特色，海滨旅游、农业生态旅游、工业观光旅游等吸引了大批游客，创造了良好的经济效益。2002年，东西两翼地区地区生产总值共2568.16亿元，其中东翼1309.03亿元，西翼1259.13亿元。人均地区生产总值约7966元（约合960美元），其中东翼约8178元，西翼约7757元。第一、第二、第三产业的比重由1995年的27.3∶39.3∶33.4调整为2002年的22∶42∶36，其中东翼、西翼的三产比重分别为17∶46∶37和28∶37∶35。全社会工业总产值3566.22亿元，其中东翼2170.56亿元，西翼1395.66亿元。民营经济和具有区域资源优势的特色经济进一步发展。外贸出口49.92亿美元，其中东翼30.87亿美元，西翼19.05亿美元。社会消费品零售总额1082.59亿元，其中东翼566.20亿元，西翼516.39亿元。

■ 粤北广大山区逐步崛起

1985年至1996年，省委、省政府先后召开10次全省山区工作会议，商讨和研究发挥山区优势，开发山区资源，发展山区经济的可行办法，总结山区开发的经验教训，部署耕山治山的具体措施。全省各地积极贯彻历次山区工作会议精神，大力开展造林绿化工作，因地制宜地发展"三高"农业和乡镇企业，山区建设取得显著成效。在造林绿化方面，实现了"五年消灭荒山，十年绿化广东"的目标。1992年，被中共中央、国务院授予"全国荒山造林绿化第一省"的光荣称号，山区的生态环境和生活条件明显改善，为山区资源的开发利用和经济的稳步发展打下了良好基础。中共十四大以来，省委、省政府切实加强山区的经济建设，采取大力扶持政策，实行超常规、跳跃式的发展战略，发挥山区物产、矿产和劳动力资源丰富等优势，改善生产条件；加强能源、交通、通信和教育等基础建设，改善投资环境。因地制宜地全面推动"三高"农业的发展，加快工业特别是以资源综合利用和农副产品加工为主的乡镇企业的发展，提高山区的自我积累和自我发展能力，加快脱贫致富步伐。广大山区不仅提前完成了国务院的脱贫任务，部分山区还进入了小康阶段。

1993—2002年，广东山区发展大致分为三个阶段：

第一阶段，基本摆脱贫困，解决温饱（1993—1995年）。

在"七五"时期山区打下的良好基础上，1993年广东省第七次党代会明确指出："山区要发挥原有优势，改善生产条件，争取经济实现超常规、跳跃式发展，加快脱贫致富步伐，成为我省现代化进程中新崛起的重要地区。"同年10月召开的第八次山区工作会议，明确提出要加快发展山区乡镇企业，促进山区经济发展。会议要求全省不同类型的地区，要从各自的实际出发，抓紧使全省乡镇企业上质量、上规模、上水平、上效益，加快发展农村经济，争取20年基本实现现代化。此后，山区加大开发力度。

第一，充分利用自身优势，以开放促开发，坚持"两个两手抓""三个转变"和"四个加快"。两个两手抓：一个是一手抓扩大开放，从山外境外引进资金、技术、人才和市场；一手抓交通建设，促进经济发展；另一个是一手抓发展种养业，走高产、高质、高效的"三高"路子；一手抓发展乡镇企业，走股份合作经济的路子，并重点研究发展山区乡镇企业的问题。三个转变：从重视抓林业和农业转变到同时大力抓第二、第三产业；从局部性开放转变到全方位开放；从常规发展转变到超长规发展。四个加快："三高"农业发展加快；外向型经济发展加快；基础设施建设加快；集体经济发展加快。

第二，组织各种力量，扶持山区发展。首先，组织省直机关的挂钩扶贫和职能部门的对口扶贫，从1987年起，组织省直机关挂钩扶持31个贫困县，9年共投入扶贫资金约25亿元，扶助了一大批经济实体。其次，组织先富的沿海城市对口扶持贫困的山区市县。从1990年12月底，省委、省政府组织沿海富裕地区的广州、深圳、佛山、江门、中山、东莞、珠海7市，分别扶持清远、梅州、汕尾、韶关、阳江、河源6市以及和平县，建立长期稳定的对口扶持关系，开展"富帮穷"活动，5年共投入扶持资金 7 亿多元，扶助了一批"造血型"项目。再次，拓展民间扶贫。广东省委、省政府通过落实侨务政策，宣传先富带动后富，广泛发动社会各界和港澳台同胞、海外侨胞扶贫济困，不断拓展民间扶贫的路子。10 多年来，港澳台同胞捐赠数十亿元，不仅在家乡兴建了大量学校、医院、桥梁、道路等福利项目，还为"希望工程"筹集大量资金，重点扶持贫困山区兴学。省和部分山区县，也成立了各种形式的民间扶贫团体，广泛动员社会各界扶贫。

第三，实施"异地开发，异地安置，异地就业"的开发方针。"异地开发"就是创办扶贫开发试验区，实行体外"造血"。"异地安置"就是将石灰岩地区和山区少数民族地区中缺乏生产条件的，不适合人类居住的地区的特困农户迁移出来，在条件相对好些的地方生产、生活，解决温饱问题。从 1993 年到 1995 年，省安排 1 亿多元资金，扶助粤北石灰岩地区迁出 16 万人，使这些长期不得温饱的人口较快地解决了温饱问题，有的已开始脱贫。"异地就业"就是组织劳务输出，数以百计的山区劳动力到沿海地区务工务农，实行异地就业。

经过努力，到 1995 年，广东 50 个山区县 2800 多万山区农民已基本摆脱绝对贫困，地区生产总值突破 1000 亿元大关，年均递增 24%。山区农民人均纯收入也从 1985 年的 392 元增加到 2200 元左右。全省 50 个山区县中，高州、高要、惠东、潮安 4 市县跨入了全国农村综合实力百强县行列；全省 31 个山区贫困县已先后有从化、信宜、兴宁、海丰摘掉了贫困"帽子"；全省 50 个山区县约有 30% 农民接近或达到小康水平。

第二阶段，加大力度，打好扶贫攻坚战（1996—1997 年）。

"九五"期间，为解决 80 多万贫困农民的温饱问题，省委、省政府按照中央扶贫开发工作会议精神，以《国家八七扶贫攻坚计划》目标为重点，划定了 16 个特别困难的贫困县给予重点扶持，开展扶贫攻坚战。1996 年 1 月，在全省第十次山区工作会议上，省委书记谢非作了《进一步动员起来，为我省山区全面实现脱贫致富而奋斗》的讲话，强调指出：为了使山区同全省经济协调发展，一定要采取更有力措施，加大力度加快步伐，使山区继续保持超过全省平均水平的发展速度，实现脱贫致富目标。① 省长朱森林作总结讲话，强调抓好"两个根本性转变"，即经济体制从传统的计划经济向社会主义市场经济体制转变，经济增长方式从粗放型向集约型转变，是促进山区经济全面振兴，推动社会主义现代化建设的关键。山区经济的振兴，有赖于统一、开放、竞争、有序的市场体系的形成和发展，只有抓好两个根本转变，才能全面振兴山区经济。会议确定"九五"期间全省山区主要发展目标是：消除贫困现象，实现小康，80多万贫困人口两年内基本脱贫，到2000年力争地区生产总值比1995年翻一番。主要措施：

其一，加强领导。1996年3月，省委、省政府专门成立了省特困县经济发展领导小组，省委副书记黄华华任组长，省委常委、副省长欧广源和省政府秘书长游宁丰任副组长，省直24个主要职能部门的主要负责人为领导小组成员。还专门建立了省特困县经济发展领导小组成员单位扶贫攻坚联系点制度。各特困县及其所在市也加强对脱贫攻坚战的领导，建立了层层脱贫责任制，签订脱贫责任书，为特困县脱贫提供了组织保障。为进一步加快广东贫困地区脱贫奔小康步伐，省委、省政府于6月11日召开特困县经济发展工作会议，省委、省政府从全省经济全面发展，山区沿海共奔富裕的战略高度出发，决定集中力量，改变过去扶持山区撒胡椒面的做法，划出16个脱贫奔康难度很大的山区县为特困县（连南、连山、阳山、清新、乳源、新丰、连平、和平、东源、紫金、龙川、五华、大埔、丰顺、陆河、揭西），集中力量重点扶持，采取特殊扶持政策，力争1997年脱贫。全省特困县经济发展工作会议提出抓好两转变、发动攻坚战。省长卢瑞华作重要讲话。省委副书记黄华华作工作报告，就如何推动特困县经济和社会各项事业的发展，早日消除贫困，走向致富道路，提出指导意见。

其二，建立脱贫考评制度和扶贫工作责任制。1996年8月，省委、省政府专门颁布了《广东省特困县脱贫考评办法》《广东省直属单位扶贫工

---

① 谢非：《广东改革开放探索》，中共中央党校出版社1998年版，第381页。

作责任制》和《广东省沿海市对口扶持特困县脱贫工作责任制》，明确了特困县脱贫和沿海市对口扶持特困县及省直机关单位扶贫工作的目标和责任人，提出了具体的考评内容及奖惩办法，从而使广东的扶贫攻坚工作走上了规范化和制度化的轨道。

其三，加大扶贫力度，形成了强劲合力。广东强化了政府扶贫攻坚。1997年1月，省委、省政府决定拿出4亿多元专项资金，集中力量解决60万绝对贫困人口的温饱问题，到年底全省基本消除绝对贫困，提前3年实现党中央、国务院既定的到本世纪末基本消除绝对贫困的战略目标。1998年11月30日，全省贫困县脱贫奔小康工作会议在广州举行，中共中央政治局委员、广东省委书记李长春要求全省各级领导和广大干部从大局高度认识加快贫困县脱贫奔小康步伐的重要意义；贫困地区要进一步树立自力更生、艰苦奋斗的精神，在全社会的大力帮扶下，走产业化开发扶贫的路子，打一场脱贫奔康攻坚战，力争如期实现省委、省政府提出的到2003年16个贫困县基本实现小康的奋斗目标。李长春强调，为确保目标的实现，要动员社会各界力量，加大扶贫力度，省、市直机关，沿海对口扶持市要帮助贫困县改善区位环境和基础设施，创建农业龙头企业，搞好山、水、林、田、路综合治理，向珠江三角洲输送劳动力，培养所缺乏的各种专业技术人才，保证贫困子女都能上学。要实现每个贫困户安排一个劳动力打工、挂上一个龙头企业，找到一条脱贫好路子，每人半亩保命田的"四个一"目标。①

这次会议之后，为了保证实现扶贫开发新的目标，推进贫困县脱贫奔康工作的进程，李长春、卢瑞华亲自深入到贫困县及所在市调查研究，及时提出新阶段扶贫开发工作的目标和思路，并在有关会议上亲自部署和强调做好脱贫奔康工作。省委、省政府还采取了一系列的重大举措：一是建立脱贫奔小康责任制，对贫困县和所在市进行年度考核。二是建立了贫困县脱贫奔康领导联系点制度，安排省委常委和副省长分别挂一个贫困县作为联系点，指导贫困县脱贫奔小康工作。三是对省直单位和沿海市帮扶贫

---

① 《南方日报》1998年12月1日。

困县的力量进行了调整、加强，赋予了更加明确的任务。1999 年 2 月，为加大扶贫力度，加快全省脱贫奔康步伐，省委、省政府发出《关于加大扶贫开发力度，加快贫困县脱贫奔康步伐的意见》。该意见提出了新阶段扶贫开发工作的目标：到 2003 年，贫困县基本实现脱贫奔康。为此，省委、省政府要求各地对贫困县加大扶贫力度，以市场为导向，以效益为中心，扶持创办扶贫农业龙头企业，走产业化开发扶贫的路子；开展以山、水、田、林、路综合治理为中心的"大禹杯"竞赛活动；加快交通、供电、电信建设步伐，进一步改善农业生产和基础设施条件；抓好人才培养和劳务合作工作，促进科技进步。

为了帮助贫困山区加快脱贫致富步伐，广东加大扶贫力度，强化对口扶贫。1996 年下半年起，从深圳、中山、东莞、顺德、南海 5 个市选出 100 个经济比较发达的珠江三角洲农村管理区与 100 个山区贫困管理区结对子，实现一帮一。沿海 8 市把扶持特困县全面脱贫作为一项政治任务来抓，做到机构、人员、资金、项目"四个落实"。1996 年 6 月确定了第一批扶持特困县项目 71 个，扶持金额 1.82 亿元，实际到位 2.61 亿元。[①] 广州、深圳、珠海、汕头、佛山、中山、东莞、江门等市主要领导都亲自带队到对口扶持的特困县实地调查，落实扶持项目和基金。通过结对子活动，进一步加大了扶贫力度。广东还强化了社会扶贫，在全省范围内开展 "'96 国际消除贫困年"活动，共筹到扶贫捐款 1.6 亿多元。

其四，扶贫到户。省委、省政府认真贯彻落实党中央、国务院扶贫攻坚到村到户的决策，实行"六个到户"（即对象认定到户、资金结算到户、干部挂扶到户、项目落实到户、服务到户、检查验收到户），组织开展扶贫攻坚战。全省共组织了 10 多万名干部与 126776 户重点扶持对象结成帮扶对子，在全省掀起"一对一"结对扶贫热潮。省财政，加上市县两级、沿海对口扶持市等渠道提供的资金支持，全省绝对贫困户每户所得的扶持资金达到 1898 元，增强了自我发展、自我脱贫的活力。全省落实扶持生产

---

① 广东年鉴编纂委员会编：《广东年鉴（1997）》，广东年鉴社 1997 年版，第 129 页。

项目 22 万多个，做到每户至少 1 个项目，多者 2 至 3 个项目。

经过各方努力，广东扶贫开发取得了明显成效：1997 年底，广东 60 万贫困人口，年人均纯收入达到 1386 元，有 58.3 万贫困人口年人均纯收入达到 1000 元，越过了温饱线。贫困发生率下降到 0.04%，全省各县都实现了基本消除绝对贫困。省扶贫攻坚取得了历史性的突破，1997 年广东省基本解决绝对贫困人口温饱的目标已经胜利实现，提前 3 年实现党中央、国务院既定的到本世纪末基本消除绝对贫困的战略目标。与此同时，山区贫困县管理区集体经济得到发展壮大。1997 年底，50 个山区县有 11086 个管理区集体经济纯收入达到或超过省定 3 万元标准，达标率达到 94.6%，山区贫困乡镇机动财力明显增加。1997 年底，山区县的乡（镇）机动财力达标率为 99.2%。根据脱贫达标考评结果，1997 年底全省 50 个山区县中，已有 40 个山区县实现脱贫达标。

第三阶段，加快脱贫致富奔小康（1998—2002 年）。

基本解决温饱问题后，广东省着手贫困县的脱贫奔小康工作。1998 年 3 月，全省扶贫开发工作会议要求巩固扶贫成果，加快致富步伐。11 月，全省贫困县脱贫奔小康工作会议在广州举行，会议提出到 2003 年 16 个贫困县基本实现小康的奋斗目标，并建立了广东省贫困县脱贫奔康领导联系点制度，省委常委、副省长各联系一个贫困县，指导贫困县的脱贫奔康工作。

第一，加强山区基础设施建设。2002 年 8 月，省委、省政府召开全省加快山区发展工作会议，9 月发出了《关于加快山区发展的决定》，提出山区建设五年打基础、十年上台阶的目标任务，制定了一系列强有力的政策措施。重点支持欠发达地区的道路、供电、供水、通信等基础设施建设。计划 5 年内共投入 375 亿元扶持山区。山区各市县和省直有关部门迅速行动起来，掀起了新一轮山区基础设施建设、招商引资、办工业园区、建设山区的热潮。第二届"山洽会"（珠江三角洲地区与山区经济技术合作洽谈会）山区与珠江三角洲地区签约经贸合作项目投资总额 499 亿元，比第一届"山洽会"增加了 9 亿元。山区的投资环境、生活环境都有改善，为快速发展奠定良好基础。省加大财政转移支付，16 个扶贫开发重点县一般性转移支付递增比例由 10% 提高到 14%，其余享受新增转移支付补助的市县年递增比例由 8% 提高到 12%。在省级防范化解金融风险准备金中安排 100 亿元重点用于减轻山区和困难地区"中央专项再贷款"的还贷负担。①

第二，创办龙头企业，推进产业化进程。先后下发了《关于继续扶持山区和革命老区乡镇发展"三高"农业，开展"一乡一品"活动的实施办法》《关于下达 2002—2004 年开展"一乡一品"活动开发项目安排计划的通知》《广东省重点发展 100 家农业龙头企业实施方案》，扶持山区创办龙头企业。各贫困县在省直单位、沿海对口市和贫困县所在市市直单位的大力支持下，紧紧抓住"立足本地资源，确立主导产业，创办龙头企业，建立商品基地，辐射带动农户"五个环节，积极兴办扶贫农业龙头企业，推动农民形成产业化经营，取得了很大的成绩。2002 年，由省扶持的 29 家扶贫农业龙头企业和 28 家培育对象，年销售收入 20 亿元，出口创汇 1322 万美元，带动农户 12 万户，农户增收 4.37 亿元，户均增收 3642 元。各地以扶贫龙头企业为主体，带动当地大力调整产业结构，优化布局，形成一大批地区特色产业和加工产业。全省各类产业化组织共带动贫困农户 40 万多户，年户均增收 1977 元。产业化扶贫初见成效。

第三，开展两大会战。2000 年下半年，省委、省政府筹措 16 亿元，在全省山区、贫困地区开展行政村通机动车、通电话、通邮、通电的"四通"和贫困户"四个一"（贫困户人均半亩"保命田"、每户输出一个劳动力、每户挂上一个龙头企业、每户掌握一门致富技术）的扶贫两大会战，重点解决贫困地区基础设施问题和贫困农户"保命田"问题。"两大会战"的全面胜利，有效地巩固了 10 多年来广东省扶贫开发的成果，为贫困地区在 21 世纪初实现脱贫奔康、广东省 2010 年率先基本实现现代化打下了良好的基础。

第四，组织教育、卫生、劳务等全方位扶贫开发。为推动贫困地区经济发展和社会全面进步，省委、省政府推动教育、卫生、劳务等方面扶

---

① 卢瑞华：《政府工作报告——在广东省第十届人民代表大会第一次会议上》（2003 年 1 月 13 日）。

贫。在教育方面，2001 年 8 月下发《关于我省农村困难家庭子女免收义务教育阶段书杂费的通知》，决定从 2001 年起省政府每年安排财政专款，建立免收农村年人均纯收入 1500 元以下困难家庭子女义务教育阶段书杂费制度，2002 年安排 4.4 亿元，全省已有 103 万名农村困难家庭子女享受全免费教育。省政府安排 3 亿元改造老区山区 1000 所农村学校，筹措 20 亿元解决中小学教育历史欠账问题。① 在卫生方面，重点扶持 14 个经济欠发达市的卫生事业发展，省安排 6000 万元帮助近 3000 万农村人口参加农村合作医疗，安排 1000 万元支持山区建立县级农村合作医疗保障救助基金。劳务方面，安排 5000 万元资助 5000 名贫困家庭子女接受技校教育并推荐就业。同时，按"每户输出一个劳动力"，支持山区劳务输出。据统计，2002 年山区县有 280 万劳动力在外就业，劳务收入达 168 亿元，相当于山区县当年地区生产总值的 8%，有效缓解了山区、老区读书难、看病难、就业难的问题。

另外，进村到户扶贫、省直单位挂钩帮扶、沿海市对口帮扶和社会扶贫工作有突破。省委组织部组织"百局扶百村"活动，省委、省政府启动"千村扶贫"工程，省直 80 个单位组成 16 个扶贫工作队开展扶贫工作。由于领导重视，措施得力，工作扎实，山区的经济社会发展开创喜人的新局面。2002 年，全省 50 个山区县（市）地区生产总值 1996.38 亿元，财政收入 44.35 亿元，农民人均纯收入从 1985 年的 392 元增加到 3509 元。16 个扶贫开发重点县地区生产总值 308 亿元，财政收入 7.75 亿元，农民人均纯收入 3357 元。山区的面貌有了很大的改善，山区人民的生活水平有了很大的提高。

但是，广东区域经济发展仍不平衡。2002 年全省还有年人均纯收入在 1500 元以下的贫困户 88 万多户、410 多万人，其中 240 万人年人均纯收入在 1000 元以下，脱贫奔康难度依然较大。全省集体经济年纯收入 3 万元以下的贫困村还有 4711 个，占行政村总数的 21.3%。广东要全面建设小康

---

① 卢瑞华：《政府工作报告——在广东省第十届人民代表大会第一次会议上》（2003 年 1 月 13 日）。

社会，率先基本实现社会主义现代化，难点和重点在山区和农村。

在实施区域协调发展战略的同时，广东还大力推进与港澳台以及周边省区的经济合作。随着香港、澳门地区的相继回归，粤港澳三地唇齿相依的经济关系更为明显。随着台湾省对外经济策略的不断调整，粤台之间的经济合作前景也日见广阔。广东通过市场体制的对接，大力推进与港澳台地区更紧密的合作。抓住机遇，进一步扩大合作的领域，改进合作的方式，提高合作的层次。粤港澳的金融、贸易、航运、信息、旅游等功能逐步联为一体；广东省的高速公路、铁路、机场、港口、通信等基础设施的主骨架建设也逐步与港澳对接，形成三地纵横交错的网络，逐步把包括港澳在内的珠江大三角的现代化城市连成一片，联运发展，使整个珠江三角洲成为华南经济区的核心点之一和未来亚太自由贸易区多极发展格局中重要的一极，增强广东省经济的辐射力和发展后劲。

广东还大力推进周边省区的经济合作。高度重视和积极推进与福建、海南、湖南、江西、广西等周边省区和西南、中南、西北、东北地区的合作关系，逐步形成一块宽广的腹地，建设共生型经济体系。遵循市场经济规律，充分利用周边省区的丰富资源和广阔市场，通过相互融通资金、举办经济实体、共同开发资源、协调基础建设、建立流通网络、交通技术和人才等方面的紧密合作，互补互利，互相促进。毗邻外省的各市（县），也发挥省区衔接的地理优势，加强与周边省区的合作，促进当地经济的崛起。

广东实施区域协调发展战略，至新世纪之初，取得初步成效。山区经济增长呈现出快于全省平均水平的良好势头。东西两翼临海优势得到初步发挥，临海工业发展势头良好。广州、深圳辐射带动能力进一步加强。珠江三角洲地区整体实力进一步提高。粤港澳合作在 CEPA 框架下全面地展开。

第四编 争当科学发展排头兵

　　党的十六大以后，广东的改革开放事业不断向纵深发展，但也面临着不少问题和挑战。2003年初"非典"疫情爆发，在一定程度上暴露出了广东经济社会发展存在的突出问题。在广东抗击"非典"的关键时刻，中共中央总书记、国家主席胡锦涛视察广东，提出了新的发展观问题。10年间，广东争当科学发展排头兵，加快新型工业化建设，推动产业转型升级，不断完善社会主义市场经济体制；大力促进社会建设、社会改革和社会转型，加快"和谐广东""幸福广东"建设；全力推进区域城乡互动协调发展，逐步推动全省形成"珠三角率先发展，东西两翼比翼齐飞，广大山区逐步崛起"的梯度协调发展模式。在转变政府职能、加强文化强省建设、建设"绿色广东"等方面也不断前进，取得显著的成效。通过对一系列重要领域和关键环节的突破，广东全面步入科学发展轨道，在改革开放的创新和深化中充分发挥出践行科学发展观排头兵的示范作用。

第一章　贯彻落实科学发展观

跨入新世纪，中国进入全面建设小康社会，加快推进社会主义现代化的新的发展阶段。经过20多年的改革开放，广东既积累了一定的物质基础，又积累了在对外开放和市场经济条件下推进社会主义现代化建设的宝贵经验。广东发展的机遇前所未有，面对的挑战也前所未有。中央要求广东"增创新优势，更上一层楼，率先基本实现社会主义现代化"，围绕中央的要求，广东省召开了第九次党代会，绘制了广东新世纪初改革开放和社会主义现代化建设的蓝图。

■ 广东抗击"非典"的斗争

2002年5月，广东召开新世纪第一次全省党代会——中国共产党广东省第九次代表大会。会上，中共中央政治局委员、广东省委书记李长春代表中共广东省第八届委员会作题为《以"三个代表"重要思想为指导，加快率先基本实现社会主义现代化》的报告。大会分析了发展变化的国际国内形势对广东的影响，以及广东面临的机遇和挑战，提出"三个高度重视""四个充分"①。大会提出：今后五年全省要继续以"增创新优势，更

---

① 高度重视加入世贸组织后我们所面对的国际形势的新变化，不断增强应对能力；高度重视长江三角洲地区迅猛发展的经验，取长补短，加快发展；高度重视全省经济社会发展中存在的突出问题和薄弱环节，反骄破满。充分发挥我省改革开放先行一步，经济外向型比重和市场化程度较高的优势；充分利用我国加入世贸组织的历史机遇；充分把握国家继续实行扩大内需方针和加快西部开发的有利时机；充分挖掘20多年改革发展形成的巨大潜力。

上一层楼，率先基本实现社会主义现代化"统揽全局，以提高国际竞争力为核心，深入实施外向带动、科教兴粤、可持续发展、区域协调发展四大战略，努力增创开放、产业、科技、体制、环境五大优势，建设经济强省。大会确定了广东要率先建立比较完善的社会主义市场经济体制，率先建立文明法治环境，率先实现宽裕小康，全面加强和改进党的建设，为加快率先基本实现社会主义现代化提供强有力的保证等目标。

2002 年 11 月，中共十六大召开，这次大会明确了新世纪新阶段中国共产党举什么旗、走什么路、实现什么样的发展目标等重大问题。按照党的十六大的要求，以及省第九次党代会的部署，广东开始大力推进改革开放和社会主义现代化建设各项事业。但是，2003 年初，一场突如其来的非典型肺炎（以下简称"非典"）疫情灾害在广东爆发，给广东的改革发展带来了严峻考验和严重冲击。

2003 年 1 月 2 日，广东省卫生厅首次接到河源市报告，称有 2 名特殊肺炎患者，将 8 名医务人员感染。随后，广州、中山、肇庆等地也分别上报发现此类病例。在随后一个多月的时间里，这种新型传染性疾病，肆虐十多个城市，数百人被感染，数名患者因此丧生。这一前所未有的疫情引起省委的高度重视。2 月 7 日晚，中共中央政治局委员、广东省委书记张德江，广东省委副书记、省长黄华华对救治工作作了重要部署。

2003 年春节过后，"非典"在广东的蔓延范围迅速扩大，蔓延速度也迅速加快，感染人数不断上升。一时间，关于"夺命怪病"的流言四起，恐慌升级。广东多地药店的板蓝根、普通白醋价格飙升，罗红霉素、抗病毒口服液等药在短时间内脱销。广州及周边地区还刮起了大米、食盐、食油等日用品抢购风。为应对这一紧急形势，省委、省政府迅速召开会议并派 10 个工作组分赴全省；新闻单位也全面报道，刊文辟谣不实言论；省公安厅快速部署，严厉打击用手机短信等造谣的不法分子。很快，抢购风得以平息。

在省委、省政府领导下，广东抗击"非典"各项工作紧张有序开展起来。省委成立非典型肺炎防治协调领导小组、医疗救护专家指导小组、预防控制技术指导小组和病原学检测技术指导小组，邀请全国著名专家，组成权威防治机构，指导防治工作。4月6日，省委、省政府召开了全省"非典"防治工作会议，会议要求在全省城乡掀起开展防治"非典"知识普及运动、全民爱国卫生运动和全民健身运动"三大运动"的高潮。4月14日，省政府成立省疫情处理工作领导小组，统一指挥全省"非典"等重大疫情的处理工作。4月20日，张德江主持召开省委常委会扩大会议，进一步研究落实防治"非典"工作领导责任制，决定从21日起每天在新闻媒体上通报疫情。4月22日，省政府决定派出5个工作组，分赴全省各地开展"非典"防治督导工作。5月9日下午，省委召开专题会议，发出"为人民健康而战"的号召，明确提出当前的主要任务是突出抓防疫，切断"非典"传染途径，努力争取半个月内日新发病例降到个位数，争取出现日新发病例零报告。

5月中旬以后，全省抗击"非典"斗争转入攻坚战阶段，广州作为攻坚战的主战场，率先取得突破。5月12日，广州首次出现新发病例零报告的良好势头。5月13日，全省首次报告新发病例为零。到5月23日，全省已经实现连续6天无新发病例，广州更是创下两周内10天"零非典"纪录。6月6日，全省创下连续20天无新发病例、无输出病例的纪录，广东得以"落榜"世界卫生组织重症急性呼吸综合征（SARS）疫情"黑名单"。全省抗击"非典"的斗争迎来了阶段性重大胜利。

在抗击"非典"时期，广东涌现出了叶欣、邓练贤、范信德、陈宏光等医疗战线的英雄模范，铸就了"临危不惧、沉着应对，实事求是、尊重科学，无私奉献、顽强拼搏，万众一心、敢于胜利"的"抗非"精神。与此同时，"非典"疫情的发生、蔓延及在抗击"非典"过程中的严峻考验，也引起了人们对于经济社会发展的突出矛盾和社会治理的思考，引起了人们对于"实现什么样的发展、怎样发展"这一根本问题的思考和关切。

■ 胡锦涛视察广东提出要坚持全面的发展观

2003年4月，在抗击"非典"攻坚战的关键时刻，中共中央总书记、国家主席胡锦涛来到广东，先后视察了湛江、深圳、东莞、广州4市的企业、农村、社区、港口码头、市民活动场所等20多个地方。4月15日，胡锦涛在听取广东省委、省政府工作汇报后发表讲话，特别强调："在发展问题上，我们始终要坚持两条。一是发展是硬道理，是解决中国所有问题的关键，必须抓住一切机遇加快发展，首先要把经济建设进一步搞上去。二是发展要有新思路，必须实施科教兴国战略和可持续发展战略，实现速度和结构、质量、效益相统一，经济发展和人口、资源、环境相协调，同时要促进中国特色社会主义经济、政治、文化全面发展。"胡锦涛还指出，广东要紧密结合新的实际和新的条件，努力增创新优势，开拓新局面，实现新发展；要积极探索加快发展新路子，通过完善发展思路不断增创新优势；要着力深化改革，通过制度创新不断增创新优势；要进一步发展外向型经济，通过扩大对外开放不断增创新优势；要大力实施科教兴国战略和人才战略，通过科技创新和发挥人才效应不断增创新优势；要坚持全面的发展观，通过促进三个文明协调发展不断增创新优势；在全面建设小康社会、加快率先基本实现社会主义现代化的进程中，努力在社会主义物质文明、政治文明、精神文明建设方面都交出优异的答卷。① 实际上，胡锦涛在这里明确提出了具有科学发展内涵的思想②。

2003年4月16日，张德江主持召开省委常委会会议，传达学习胡锦涛视察广东的讲话精神，结合广东实际抓落实。5月29日，省委、省政府召开会议贯彻落实胡锦涛视察广东讲话精神，动员全省干部群众在全面建设小康社会、加快推进社会主义现代化进程中更好地发挥排头兵作用；要按照新的发展的要求，实现加快发展、率先发展、协调发展，交出物质文明、精神文明两份优异的案卷。会后省委发出《关于认真学习贯彻胡锦涛总书记视察讲话精神的决定》。

---

① 《胡锦涛文选》（第二卷），人民出版社2016年版，第39—45页。

② 2003年8月底至9月初，胡锦涛在江西考察时明确使用"科学发展观"的概念。2003年10月，党的十六届三中全会通过《关于完善社会主义市场经济体制若干问题的决定》，第一次在党的正式文件中完整地提出了科学发展观，要求"坚持以人为本，树立全面、协调、可持续的发展观"，按照"五个统筹"的要求，完善社会主义市场经济体制。

按照科学发展思路，广东进一步深化改革，破除体制性障碍，做出完善社会主义经济社会体制的决策部署。为此，广东不断推进国有资产管理体制改革和国有经济布局调整，取消行政审批，深化行政管理体制改革，发展要素市场、整顿市场秩序，大力推进以税费改革为重点的农村改革，坚持以养老、失业、医疗保险为重点，稳步推进多层次的社会保障体系建设。比如，为加快民营经济发展，广东制定相关配套措施，着力解决民营企业融资难、用地难、审批难等问题，推动民营经济发展。又如，为加快县域经济发展，广东出台决定，着力于提高县域工业化水平和加快城镇化进程，发展效益农业，提高农业产业化水平，培育农业龙头企业，扩大县（市、区）管理权限等。再如，为推进文化建设，广东作出加快建设文化大省的决策，深化文化体制改革、做强文化产业、加强文化基础设施建设，繁荣文化事业。在社会领域，广东积极部署实施"十项民心工程"，更好地解决人民群众的切身利益问题。

■ 强化落实科学发展的组织保障

按照中央统一部署，广东开展保持共产党员先进性教育活动，从2005年1月到2006年6月，全省17万个基层党组织、351万名党员开展了以实践"三个代表"重要思想为主要内容的保持共产党员先进性教育活动。此外，广东通过多项举措，不断增强党的执政能力，为贯彻科学发展提供坚强的组织保障。

一是创办并定期举办广东学习论坛。省委常委带头学习理论，带头到基层讲课、过组织生活，带头到学校作形势报告。省委中心组理论学习坚持每月举办一期"广东学习论坛"，邀请中央、国家部委的有关领导，国内知名专家学者，围绕国际国内政治经济形势、广东改革发展稳定等重大问题作报告，为广东领导干部构筑一个高层次、多视角、宽领域的接受知识和信息的学习平台。坚持把开展专题学习与专题调研活动结合起来，2003年及之后的一段时间，先后围绕实施"十项民心工程"、加强党的执政能力建设、构建和谐广东和维护社会稳定等专题进行深入调研，及时把学习调研的成果运用到省委的决策中来。

二是深化干部人事制度改革。全省开始普遍推行领导干部公开选拔、任前公示、竞争上岗、干部考察预告和常委会、全委会票决等制度，建立健全党政领导班子和领导干部综合考核评价体系。从 2003 年起，广东先后制定出台了《干部任用条例》等十多项配套政策，规范了干部选拔任用工作制度和程序。加强干部联合公选实践，大力实施"种苗工程"。此外，广东还健全和完善了常委会、全委会票决制，在全委会闭会期间，省委常委会讨论地级市和省直机关党政正职人选时，一律由口头表决改为无记名投票表决。为使这一改革形成制度，广东专门制定了《省委常委会投票表决地级市党政正职和省直机关党政正职拟任（推荐）人选暂行办法》。全省 21 个地级以上市和 121 个县（市、区）党委讨论干部任免均实行常委会票决制，对重要干部的任免实行全委会票决制。

三是深入推进固本强基工程。2003 年 3 月召开的省委九届三次全会通过《关于实施固本强基工程全面推进党的基层组织建设的决定》，决定从 2003 年 3 月起，集中三年时间，在全省实施固本强基工程，全面推进党的基层组织建设，坚持不懈地固为民之本，强执政之基。省委 14 位常委和 6 位党员副省长分别建立联系点，定期到实地调查指导工作。按照省委的要求，各级党委坚决落实定期讨论基层党建工作制度、党政领导干部联系点制度和责任追究制度，加强对贯彻情况进行督促检查，对不重视、不得力的党委提出批评。全省共建立党政领导干部固本强基工程联系点 22510 个，以"班子建设好、工作业绩好、群众评价好"为目标，建立了 556 个固本强基示范点，以点带面，典型引路，有力地推动了固本强基的全面实施。胡锦涛到广东视察工作时，高度评价固本强基工程，认为这项工作抓得准、抓得好。

四是构建科学发展服务保障机制。2005 年，省委、省政府提出 2007 年初步建立起具有广东特色的惩治和预防腐败体系基本框架，到 2020 年建成完善的惩防体系。此后，广东把反腐倡廉纳入经济社会发展总体规划，融入业务工作，列入领导干部考核评价范围。在构建科学发展服务保障机制方面，广东更是将经济发展方式转变、《珠江三角洲地区改革发展规划纲要》和建设现代产业体系、提高自主创新能力等重大政策措施的贯彻情况作为惩防体系监督检查重要内容。2008 年，广东还专门出台《市厅级党政领导班子和领导干部落实科学发展观评价指标体系及考核办法（试行)》，运用科学发展考核体系和评价标准，从工作效能、实绩、民主测评和群众满意度等方面对党政领导班子和领导干部进行考核评价，考核评价意见和结果作为领导班子调整和干部任用、奖惩、培训的重要依据。

第二章 推进建设经济强省战略

中共十六大至十七大期间，广东牢固树立和全面贯彻落实科学发展观、努力践行科学发展观，以建设经济强省为目标，进一步完善社会主义市场经济体制，构建区域经济新格局以促进区域经济协调发展，大力推进县域经济发展和民营经济发展，加快推进新型工业化。其中，广东经济一直保持快速稳定增长，全省 GDP 总量由 2002 年的 13502 亿元增加到 2007 年的 32114 亿元，年均增幅约 27.5%，稳步迈向科学发展道路。

■ 社会主义市场经济体制的进一步构建

2003 年 10 月，中共十六届三中全会通过《关于完善社会主义市场经济体制若干问题的决定》，省委召开九届四次全会贯彻落实中央部署，通过了《中共广东省委关于贯彻〈中共中央关于完善社会主义市场经济体制若干问题的决定〉的意见》。该意见分为十个部分，共 33 条，在总结 20 多年来广东省经济体制改革成就、分析面临问题的基础上，按照"五个统筹""五个坚持"的总要求，在六个方面提出了具体的任务目标。在具体实践中，广东围绕完善社会主义市场经济体制的各项改革不断取得突破，亮点纷呈。

在国有企业改革方面，广东不断推进国有资产管理体制改革和国有经济布局调整，表面上看，国有企业数量减少了，但实际上国有企业实力大为增强，国有经济影响力和控制力明显增强。2004 年 6 月，广东省国有资产监督管理委员会成立。广东正式建立包括国资委——国有资产经营公司——国有企业在内的三个层次的国有资产管理体制，完善了国有资产监管体系制度框架，改变了省属国有资产、国有企业长期存在的出资人缺位状况。2008 年，广东 21 个地级以上市中的 19 个成立了国有资产监督管理机构。2005 年，广东出台《中共广东省委　广东省人民政府关于深化国有企业改革的决定》，明确"十一五"时期广东深化国有企业改革的主要目标是完成新一轮国有经济的战略性重组，努力打造若干营业收入超千亿元的国企"航母"，培养一批营业收入超百亿元的企业群体和具有核心竞争力的"单打冠军"。[1] 推进省属 24 户企业集团资源整合，突出主业、做大做强。比如，广业公司把分散的 463 户企业调整为 137 户持续经营的企业，将其他劣势企业逐步退出市场，把 16 个产业调整为四大主业并重点发展环保工程装备、清洁再生能源两大主业。[2] 又如，经过结构调整，广晟公司将 40 多个产业整合成有色金属、电子信息、酒店旅游、工程地产四大主业，形成了一业为主、适度多元、关联发展的局面，国有资产布局明显优化。

在深化行政管理体制方面，广东理顺部门职能分工，实现政府职能、机构编制法定化，不断依法取消对经济运行中一般投资、经营行为的审批管理。2003 年 4 月，省政府公布第二轮省直部门行政审批事项的清理结果，决定取消和调整 603 项，占审批事项的 1/3。[3] 同时，各市县也积极开展了行政审批制度改革工作。广东还大力发展电子政务，转变审批方式，积极推行"网上审批"和"并联审批"，颁布《广东省社会投资项目备案登记暂行办法》，对社会资金投资的国家鼓励的一般竞争性基本建设投资项目，改为登记备案制。仅 2003 年底，全省使用网上登记备案的项目就有

---

[1]　《中共广东省委　广东省人民政府关于深化国有企业改革的决定》（2005 年 10 月 28 日），广东省档案馆：《改革开放三十年重要档案文献（下）》，中国档案出版社 2008 年版，第 1649 页。

[2]　广东省广业资产经营有限公司：《改革调整　打造绿色环保产业》，广东省国有资产监督管理委员会编：《脊梁，使命》（省属国企篇），广东旅游出版社 2005 年版，第 2 页。

[3]　广东年鉴编纂委员会：《广东年鉴（2004）》，广东年鉴社 2004 年版，第 144 页。

3363 个，总投资 254.3 亿元。① 按照管理中心下移原则，广东理顺了省与市县政府的经济社会管理职能。属于全省性和跨市的经济社会事务，由省政府管理；属于市县的经济和社会事务，由市县政府管理。另外，还合理划分了市县与乡镇政府之间的经济社会管理权限和责任。

在构建应急管理体系方面，2003 年"非典"过后，省委、省政府提出"用三年左右的时间，建成覆盖全省城乡、功能完善的疾病预防控制体系"，把建立健全公共卫生体系列为"十项民心工程"之一，不断加大投入，推进应急机制的建设，补齐应急体系建设短板。2003 年 9 月，省人大常委会审议通过《广东省突发公共卫生事件应急办法（草案）》，提出了"分级负责制"。一旦突发公共卫生事件，省人民政府和发生地县级以上人民政府立即成立突发事件应急处理指挥部，由本级人民政府主要领导担任总指挥，负责该辖区的医疗救治工作，并明确了应急指挥部的工作范围、权限和人民群众的相应义务。到 2006 年底，基本实现了构筑保障人民群众身体健康"防疫大堤"的战略目标。2006 年，广东包括疾病控制、卫生监督和医疗急救三大体系的公共卫生体系建设基本完成，总投资超过 100 亿元。2006 年 5 月，成立了全省突发公共事件应急委员会，统筹指挥、协调全省应急管理工作的开展。据不完全统计，截至 2006 年底，广东省各类应急预案总数已达 9 万多个，初步形成覆盖省、市、县（区）、镇、村、企事业单位和重大活动等多层次、多领域的应急预案体系。②

在完善社会主义市场体制方面，广东大力发展资本和要素市场，以资本、土地、人才、产权等要素市场为重点，以中心城市为依托，加快建设覆盖全省的要素市场体系。同时，支持广州、深圳建成区域性要素市场中心。广东省内与全国银行间同业拆借中心联网的金融机构达到 116 家，占全国的 8.25%，基本上覆盖了省内所有金融机构类别。③ 全省土地使用权公开交易范围进一步扩大。以 2003 年为例，全省共以招标、拍卖、挂牌方

---

① 广东年鉴编纂委员会：《广东年鉴（2004）》，广东年鉴社 2004 年版，第 144 页。
② 《民营经济报》2007 年 5 月 10 日。
③ 广东年鉴编纂委员会：《广东年鉴（2004）》，广东年鉴社 2004 年版，第 144 页。

式出让土地 3939.9 公顷，成交价款 145 亿元，比上年有大幅提高。① 广东还积极整顿和规范市场秩序，打破地区封锁和行业垄断，严厉打击各种经济违法犯罪活动。全省在价格收费、走私、制售假冒伪劣商品、传销、金融市场、土地市场、建筑市场、旅游市场、税收等领域进行了专项整治，并全面推进食品、药品放心工程和肉类、酒类放心工程，使得重要商品储备充足，粮油、食品等生活必需品市场供应情况良好，粮、油价格平稳，市场秩序稳定。

在推进农村改革方面，广东把农村税费改革工作作为农村头等大事、"十项民心工程"之一，实施"五取消、一改革、一种税"②。2003 年 6 月，省委、省政府召开全省农村税费改革试点工作动员大会。7 月，农村税费改革在全省范围内全面开展。10 月，黄华华主持召开省农村税费改革领导小组会议，审议并原则通过广东省农村税费改革六个配套改革文件，下发各地执行。2004 年起，各地加强对改革的跟踪研究，针对改革中暴露出来的问题，如计税产量核定不合理、计税面积和实有面积不相符、税负不公等情况，秉着实事求是的态度，制定补充措施，保证了税费改革的健康发展。通过农村税费改革，广东确立了新的农村税费制度框架，规范了农民与国家、集体之间的分配关系，形成了农民负担的刚性约束机制，从制度上消除了乱收费、乱罚款、乱摊派、乱集资等加重农民负担的行为，大幅减轻了农民负担。据初步统计，改革后，全省农民人均负担由改革前的 106.93 元减少为 17.40 元，人均减负 89.53 元，减负率达 83.73%。③

在完善就业服务体系方面，广东不断完善市场导向的就业机制，健全规范覆盖全省的就业服务体系。通过实施积极的就业政策，广东大力开发

---

① 广东年鉴编纂委员会：《广东年鉴（2004）》，广东年鉴社 2004 年版，第 144 页。

② "五取消"，即取消乡镇统筹费、农村教育集资等专门面向农民征收的行政事业性收费和政府性基金、集资；取消屠宰税；取消面向农民征收的农业特产税；取消劳动积累工和义务工；取消村提留，不再随农业税征收附加。"一改革"，即改革村级经费筹集和管理，实行村内事务"一事一议"制度。"一种税"，即对农民只征收农业税。

③ 广东年鉴编纂委员会：《广东年鉴（2005）》，广东年鉴社 2005 年版，第 106 页。

就业岗位，进一步发挥非公有制经济、中小企业和劳动密集型企业吸纳就业的主渠道作用，积极发展劳务经济，推行灵活多样的就业形式，健全就业援助制度。以 2003 年为例，全省城镇净增就业岗位 96.59 万个，完成年度计划的 138%；国有企业下岗失业人员实现再就业 37.4 万人，完成年度计划的 106.9%；全省共培训失业人员和国有企业下岗职工 36 万人，培训后再就业率达 65%；城镇登记失业率为 2.9%，比上年下降 0.2 个百分点，就业形势保持稳定。①

在完善社会保障体系方面，广东以养老、失业、医疗保险为重点，推进多层次的社会保障体系。截至 2003 年底，全省参加企业养老保险、失业保险、基本医疗保险人数分别达 1145.8 万人、954.1 万人、877 万人，比上年分别增长 5.8%、7.2%、22.2%，养老、失业、医疗参保人数继续居全国首位。② 在 2004 年全省实现养老保险市级统筹的基础上，创造条件推进基础养老保险省级统筹。此外，广东还加强农村社会保障制度建设，探索推进农村养老和大病医疗保险，先在珠三角地区开展试点，然后在全省广泛推开。

■ 内源型经济的做大做强

20 世纪 80 年代中后期，通过实施外向型经济发展战略，广东一跃成为外贸第一大省，外经外贸成为促进经济发展的强大"引擎"，奠定了外向型经济发展格局。然而，广东投资主体来源于国内，市场依赖于国内，技术根植于国内的内源型经济发展却相对滞后，在较长一段时间里呈现出"一短一长"的不协调格局。随着改革开放向纵深发展，尤其是 2001 年我国加入世贸组织后，广东逐渐丧失了地缘优势和先发优势，外向型经济面临贸易保护主义抬头等外部风险。外向依存度偏高、产业发展处于国际产业链的中低端、区域经济发展不平衡、经济发展模式粗放等问题日益成为

---

① 广东年鉴编纂委员会：《广东年鉴（2004）》，广东年鉴社 2004 年版，第 402 页。
② 广东年鉴编纂委员会：《广东年鉴（2004）》，广东年鉴社 2004 年版，第 139 页。

制约广东经济高速发展的瓶颈。只有大力发展内源型经济，根植于本土，资本、技术和销售渠道都掌握在自己手里，抵御风险的能力才能提高，经济发展才能更协调更强劲。

2003 年 2 月，省委、省政府召开全省民营经济工作会议，出台《中共广东省委　广东省人民政府关于加快民营经济发展的决定》（以下简称《决定》），提出"政治平等、政策公平、法律保障、放手发展"的方针，不限发展比例、不限发展速度、不限经营方式、不限经营规模，努力营造民营企业从业人员在社会上有地位、政治上有荣誉、经济上有实惠的良好发展氛围。并从政治待遇、扶持重点、资金支持、企业改革、人才队伍建设、发展环境和组织领导等各个方面提出明确要求，提出要重点扶持科技型、外向型、吸纳下岗人员再就业型、农产品加工型民营企业，不断优化法制环境、政策环境、政务环境、市场环境、舆论环境，为民营经济发展营造公平公正的环境。为推动民营经济发展，省财政五年拿出 20 亿元资金用于扶持民营经济发展。①

全省民营经济工作会议召开后，扶持民营经济发展的新举措相继出台。一是积极推进法制建设。贯彻落实《中华人民共和国中小企业促进法》和省委、省政府《决定》，制定印发《广东省贯彻实施〈中华人民共和国中小企业促进法〉指导意见》，指导各地加大《中华人民共和国中小企业促进法》贯彻实施力度。围绕《决定》出台了《广东省关于放宽民营资本投资领域的实施办法》等 12 个配套文件，从经营领域、市场准入、土地使用、人才吸纳、资金扶持、税收优惠、对外交流、做强做大等方面为民营经济发展提供有力的政策支持。二是不断推进信用担保和服务体系建设。进一步拓宽民营企业投融资渠道，完善民营企业服务网。2004 年，广东制定了《关于加快我省中小企业信用担保体系建设的意见》和《关于加快我省中小企业服务体系建设的意见》。三是积极推进企业制度、技术、

---

①　《中共广东省委　广东省人民政府关于加快民营经济发展的决定》（2003 年 3 月 19 日），广东省档案馆：《改革开放三十年重要档案文献（下）》，中国档案出版社 2008 年版，第 1367 页。

管理创新。认真落实财政专项资金扶持项目，省财政下达导向计划项目750多项，总投资近80亿元。此外，广东还通过扶持中小企业服务中心建设，举办技术培训、技术专题研讨会、专家咨询等活动，积极为中小企业和民营企业提供优质高效服务。

在省委、省政府大力推动下，广东的民营经济出现新的发展高潮。至2006年末，全省在册民营经济305.8万户，比2005年末增加27.5万户，总数稳居全国各省市之首。其中，私营企业55.1万户，同比增长22.8%；个体工商户245.8万户，同比增长8.1%。私营企业户数分别超国有企业、集体企业、外商投资企业50.5万户、47.1万户、48.8万户。注册资金在1000万元以上的私营企业1.9万户，1亿元以上的587户，两项指标均在全国居首。[①] 2006年，广东民营经济实现增加值首次突破万亿元，达10396亿元，占全省生产总值的40%。私营企业出口490.1亿美元，同比增长63.2%；民营经济上缴税金1414亿元，同比增长19.4%。[②]

■ 加快推进新型工业化步伐

党的十六大把基本实现工业化作为21世纪头20年我国经济建设的主要任务之一，明确提出要坚持以信息化带动工业化，以工业化促进信息化，走出一条科技含量高、经济效益好、资源消耗低、环境污染少、人力资源优势得到充分发挥的新型工业化道路。从1978年到2003年，广东工业年均增长超过20%，与同期全国和世界年均增长率相比，分别高出4个和10.1个百分点。[③] 广东虽然成为世界上工业发展最快的地区之一，但是新型工业化发展程度仍不足。从全国范围来看，广东工业化水平和现代化进程尽管处于前列，但其领头羊的地位也面临严峻挑战。从全球范围看，

---

① 广东年鉴编纂委员会：《广东年鉴（2007）》，广东年鉴社2007年版，第335页。
② 广东年鉴编纂委员会：《广东年鉴（2007）》，广东年鉴社2007年版，第335页。
③ 向晓梅：《广东新型工业化发展道路研究》，广东人民出版社2006年版，第127页。

广东工业的现代化水平与发达国家的差距更是明显。

首先，广东启动九大产业竞争力调研。2003年初，省委领导提出，广东要参照浙江省的做法，邀请国家权威部门，认真开展工业产业竞争力研究。同时，省委领导对广东省工业产业竞争力研究工作也作出指示，要求做到"摸清情况、找出差距、提出对策、制定政策"。为全面客观准确把握工业产业竞争力状况，更好地指导广东省工业发展，根据省委、省政府部署，由省经贸委牵头，会同省直有关部门，组织邀请了国家权威部门承担广东省九大产业竞争力研究课题。

2003年4月初，广东组织邀请了中国纺织工业协会、中国轻工业联合会、中国机械工业联合会、中国电子信息产业发展研究院、石油和化学工业规划院等八个国家权威机构，分别承担广东省电子信息、电器机械、石油化工、纺织服装、食品饮料、建材、造纸、医药、汽车九大产业共10类竞争力研究课题；另外，由暨南大学工业经济研究所承担广东省工业产业竞争力研究总报告。由于研究工作量浩大，从2003年4月开始，共召开21次论证会，在各课题组和有关部门共同努力下，至2003年11月底全部完成了研究报告。

研究总报告认为，广东在21世纪初基本实现了由农业省向工业省的转换，处于工业化中后期阶段。从整体上看，广东九大产业工业产品市场占有率为15.06%，连续多年居全国首位[1]；市场占有率前三的产业分别是电子信息（36.73%）、电器机械（20.94%）、森工造纸（15.69%）。从结构上看，广东拥有一批兼具较强市场占有优势和竞争优势的工业行业。从进出口来看，广东是我国第一出口大省。从变化趋势看，浙江、山东、江苏和广东工业产品市场占有率呈上升趋势，但广东上升速度最慢。广东工业经济效益状况不断改善，但改善幅度小于浙江、上海。从重点行业的企业利润总额来看，广东排在浙江、山东之后。[2]

---

① 朱卫平：《广东省工业产业竞争力研究总报告》（内部资料）。

② 向晓梅：《广东新兴工业化发展道路研究》，广东人民出版社2006年版，第146—147页。

为促进研究成果转化应用，2004年2月底，省委、省政府专门召开报告会，邀请课题组专家对研究成果进行宣讲，张德江、黄华华到会，对转化应用工作进行了具体部署。基于研究成果，省经贸委、省委政研室、省发展改革委先后制定了《中共广东省委、广东省人民政府关于大力提高工业产业竞争力的意见》《广东省工业九大产业发展规划（2005—2010年)》《广东省工业产业结构调整实施方案（修订版)》及十个分行业方案等大量成果转化应用文件。

其次，广东大力推动高新技术产业持续快速发展。2004年，广东按照提升工业产业竞争力、实施名牌带动战略、推进区域协调发展、深化企业信息化四大专题和加快发展装备制造业的要求，先后安排两批结构调整和三批装备制造业专项重点技术改造项目，共计123项。累计安排省财政挖潜改造资金4亿元，有效地引导和带动了企业和社会资金对技术进步的投入。此外，全年还安排了中小企业技术改造和技术创新项目341项，带动技改资金投入43.5亿元。全年全省更新改造投资达到759.42亿元，同比增长19.7%。① 同时，广东以电子信息产业为龙头的高新技术产业持续快速发展。2004年，全省高新技术产业实现增加值2220亿元，同比增长30.1%；高新技术产品出口664.6亿美元，同比增长38%，占出口总额的34.7%。电子信息产品总产值7454亿元，同比增长30.9%，连续14年居全国首位。② 2005年，广东高新技术产业增加值2564.48亿元，占规模以上工业增加值比重32.1%③；编制出台了《广东省培育名牌产品指导目录》，对列入创名牌产品的企业，在技术进步、产品出口等方面给予大力支持；召开了全省实施名牌带动战略工作暨名牌产品表彰电视电话会议，对新获得中国名牌产品和中国驰（著）名商标的企业给予重奖，确保名牌带动战略取得实效。

再次，广东大力推动重化工业发展。依托产业基础和资源优势，广东

---

① 广东年鉴编纂委员会：《广东年鉴（2005)》，广东年鉴社2005年版，第109页。
② 广东年鉴编纂委员会：《广东年鉴（2005)》，广东年鉴社2005年版，第109页。
③ 广东年鉴编纂委员会：《广东年鉴（2006)》，广东年鉴社2006年版，第141页。

不断加快汽车、石油化工、钢铁等重工业发展，促进工业结构调整。2004年，广东积极贯彻省委、省政府《关于加快发展装备制造业的意见》，制定《广东省装备制造业重点企业认定管理办法》，认定广东省装备制造业20家重点企业，大力推进重点工程项目建设。其中，广州石化1000万吨炼油扩建工程全面展开；本田汽车扩建项目建成投产；丰田30万台发动机项目主体结构基建基本完成，轿车项目开始施工建设；[1] 惠州南海石化80万吨乙烯项目完成工程的90%；茂名石化乙烯80万吨扩改工程正式开工；茂名至云南输油管线（西南管线）工程进展顺利。[2] 仅2004年，全年重工业就完成增加值4060.47亿元，同比增长23.1%，重工业增速比轻工业高4.1个百分点。[3]

■ 县域经济的加速发展

2004年4月8日，省委、省政府召开全省加快县域经济发展工作会议，推动县域经济加速发展。会议讨论制定了《关于加快县域经济发展的决定》，要求提高县域工业化水平和加快城镇化进程；大力发展效益农业和提高农业产业化水平；加大招商引资力度和大力发展民营经济；推进体制改革和制度创新；促进经济社会协调发展和物质文明、政治文明、精神文明同步发展。

一方面，调整结构改善质量，县域经济发展加快。全省各县加大力度推进农业生产和农村经济结构调整，充分发挥区域、资源优势，加快农业布局的调整和优化，大力发展高效农业，农产品价格上升，农民种养积极性提高，农业和农村经济持续发展。2004年，县域第一产业增加值达1050亿元，同比增长5.1%，第二产业增加值1676亿元，同比增长15%，同比提高三个百分点。其中规模以上工业增加值756.2亿元，同比增长

---

① 广东年鉴编纂委员会：《广东年鉴（2005）》，广东年鉴社2005年版，第241页。
② 广东年鉴编纂委员会：《广东年鉴（2005）》，广东年鉴社2005年版，第238页。
③ 广东年鉴编纂委员会：《广东年鉴（2005）》，广东年鉴社2005年版，第234页。

17.80%。第三产业的发展成为经济增长的新动力。2004年县域第三产业增加值1349亿元，同比增长12.7%，提高两个百分点。① 县域基础设施建设加快。2004年，全省共安排农村公路建设补助资金8.85亿元，涉及项目2400多个，建设里程9000多公里。截至2004年11月底，全省通村公路路面开工里程7000多公里，其中路面完工里程5000多公里，完成投资约17亿元。一批能源项目相继投产，有力推动了县域经济发展。2004年台山电厂二号机、罗定电厂一期、连州电厂四号机、梅县电厂五号机等能源项目相继投产，电网建设和农网改造继续加强，起到了缓解用电紧张、增强县域经济实力的作用，推动了当地经济的发展。2004年，县域完成固定资产投资954亿元，同比增长21.6%。与此同时，县域财政收入较快增长。2004年，广东实施新财政激励政策，促进了全省县域地方财政收入的增长。全年县域地方财政一般预算收入92.83亿元，同比增长16.05%。随着一系列政策措施效应的显现，一些县（市）财政收入增长明显。②

另一方面，制定县域经济发展重点规划。为推动县域经济发展，广东加大体制改革和制度创新的力度，营造良好的发展环境。一是改革行政审批制度，扩大县级管理权限。按责权统一、运转协调和"能放都放"原则，赋予县更大的自主权和决策权。贯彻省政府《关于促进县域经济发展财政性措施的意见》，增强县域经济发展动力。改革和完善土地承包经营权的流转机制。深化县镇行政管理体制改革。二是改善和优化投资软环境。县级职能部门进一步转变职能，改进作风，增强服务意识，公开和规范办事程序，提高办事效率。此外，广东还提出，县域经济要走可持续发展道路，促进经济社会协调发展；要坚持科教兴县，切实加强科技、教育、文化工作；要大力发展具有地方特色的旅游服务业；要加强环境保护和生态建设。

---

① 广东年鉴编纂委员会：《广东年鉴（2005）》，广东年鉴社2005年版，第108页。
② 广东年鉴编纂委员会：《广东年鉴（2005）》，广东年鉴社2005年版，第108页。

第三章　启动泛珠三角区域合作

区域经济体长远持续稳定健康发展有赖于纵深广阔的经济腹地和强大的经济辐射力。中共十六大后，广东着力进行泛珠三角区域（以下简称"泛珠"）合作，坚持区域协调发展和可持续发展，充分发挥各方的优势和特色，互相尊重、自愿互利，按照市场原则推进区域合作，拓宽合作领域，提高合作水平，形成合作互动、优势互补、互利共赢、共同发展的格局，拓展了区域发展空间。在"泛珠"合作的推动下，广东开放型经济水平得以日益提升。

■ "泛珠"合作形成的时代背景

一是经济全球化与区域经济一体化的时代潮流。在融入经济全球化过程中，各国及地区间由于经济发展水平和发展条件不平衡，利益诉求不尽相同，势必会导致在重大问题上存在分歧。因此，国家、地区经济发展中的竞争优势和话语权尤为重要。这一趋势，客观上加速了地缘相邻、人文相近、利益相关的国家和地区求同存异，形成战略合作关系。21世纪初，欧盟、北美自由贸易区、东盟"10＋3"、澳新自由贸易区等区域经济一体化组织已达40多个，所包含及正在申请的国家达100多个。世界全球化的大潮下，中国要跻身世界前列，必须在区域一体化发展上领先一步，而抢占国内区域合作先机是其中关键一步。伴随着这一时代潮流，长三角、珠三角和环渤海三大经济区域合作体不断向纵深发展，并逐步探索以国际大都市圈为目标的区域经济一体化模式。

二是贯彻落实内地与港澳经济更紧密联系的必然要求。作为中国南部经济发达地区，广东早已在经济社会发展的各个领域与港澳地区形成了紧密的依存关系。2003年6月29日，中央政府和香港特别行政区政府签署《内地与香港关于建立更紧密经贸关系的安排》（全称 Closer Economic Partnership Arrangement，简称 CEPA）。这一协议既是中央为刚刚经历了亚洲金融危机和SARS双重打击的香港经济所注射的一剂"强心针"，也是新时期下中国区域经济合作的一个范本。CEPA的签署，对广东而言，同样是重大发展机遇。进入新世纪，从"珠三角"到"大珠三角"，以港澳—深圳—广州为轴心的庞大区域经济格局已然成型。在此背景下，广东要进一步发展，这一格局势必向更为广阔的内地扩充，以争取更大范围的经济腹地，发挥更大的市场辐射力。因此，在CEPA落实过程中，"泛珠"合作构想应运而生。

三是广东突破发展瓶颈的必由之路。2003年春，胡锦涛视察广东，希望广东加快发展、率先发展、协调发展，在全面建设小康社会，加快推进社会主义现代化进程中更好地发挥排头兵作用。作为"经济第一大省"的广东，面对长江三角洲迅猛的追赶势头，经受着前所未有的挑战。省委九届二次全会提出"追兵就是标兵""对手就是老师"的口号。2003年3月，张德江会见来广东作珠江三角洲城市群规划调研的国家建设部部长汪光焘，规划组对珠三角进行全面"体检"，最后诊断出珠三角腹地局限、产业遭遇升级瓶颈等九大"病症"，九大"病症"首推腹地狭小。拓展腹地成为广东"突围"的重中之重。2003年7月，他在一份请示报告的批示上提出加强省际合作，召开泛珠三角地区发展座谈会的设想。从整合"小珠三角"到推进包括香港、澳门在内的"大珠三角"到谋划辐射华南、西南乃至东南亚的"泛珠"合作，这"三级跳"将大大拓展珠三角的辐射空间，充分发挥广东作为华南地区经济中心、中南地区对外联系门户和大西南地区出海通道的作用，构筑一个优势互补、资源共享、市场广阔、充满活力的区域经济体系。

在选择"泛珠"合作成员时，最先考虑的是溯珠江而上的四个省区——粤桂黔滇，后来扩展到与广东相邻、文化相近、经贸关系比较密切的八个省。最初，四川并没有被考虑纳入，但鉴于川粤经贸关系极为密切，且之前划定的成员里，云南、贵州两省与四川也联系密切，加上四川省自身加入意愿也十分强烈，最终被纳入。"泛珠"合作区域的成员最终确定为闽、赣、湘、粤、桂、琼、川、黔、滇9省（区）和香港、澳门2个特别行政区，简称"9+2"。这一合作区域地域辽阔，拥有全国五分之一的国土面积、三分之一的人口和三分之一以上的经济总量，形成了我国最具活力和发展潜力的又一区域经济体。

■ "泛珠"合作的形成与发展

针对以往区域合作往往流于表面形式的通病，"泛珠"合作起步阶段就明确了"虚实并举，重在务实"的思路。"泛珠"区域着重贸易与投资、科技、能源、交通、信息产业、旅游、环保等领域的合作。

召开省（区）发改委主任联谊会

2003年8月，由广东省发改委倡议并主办的9省（区）发改委主任联谊会在广州召开。时任广东省发改委主任陈善如解答了先在发改委系统推动"泛珠"设想的缘由，指出"泛珠"合作作为新构想，范围很大，领域很广，而达成深度合作共识需要一个长期过程，基于原有省（区）间经贸往来的基础，先从发改委着手，开局较易。时任广东省委常委、常务副省长钟阳胜指出：在建立定期的各省（区）发改委主任联席会议制度的基础上，建立区域合作与发展论坛，建立政府联席会议制度；要争取中央有关部门支持，推进与港澳的交流与合作，为9省（区）经济合作提供更为广阔的空间。会议提出，要在港澳穗三地举办首届"泛珠三角区域合作与发展论坛"。这次会议获得很高评价，被认为是一个良好开端。与会者均认为下一部要从"虚""实"两个方面推进"泛珠"合作。简言之，"虚"就是组织各种理论研讨会或论坛，目的是达成共识；"实"就是落实各项工作，实现互利共赢。这样，"泛珠"合作就以发改委主任联谊会的形式打响了区域协同发展的"第一枪"。

部门开展实质性商讨

广东有关部门和地区积极行动，对区域合作的领域进行了积极探讨，通过各种有效的渠道和形式，积极谋求与其他省（区）之间的经济合作，交通、科技、旅游、信息、社科等部门对深入开展区域合作进行了实质性的商讨并提出了具体意见。2003 年 10 月，首届"泛珠江三角洲经济圈信息产业厅局长联会"在广州举行。9 省（区）及香港负责信息产业的主管部门负责人在决议中承诺：在信息产业领域的投融资、市场拓展、技术配合、应用等多个层面开展广泛的合作，设立由 9 省（区）及港澳参加的"泛珠"信息化联席会议。11 月，"泛珠"科技创新合作会议召开，来自 9 省（区）的科技厅厅长在广州达成协议："9 + 2"将建立"泛珠"科技联席会议制度，并将联合开展区域科技发展战略研究，制定涵盖整个区域的科技发展战略及中长期科技发展和创新体系的建设规划。会上，草签了《泛珠三角区域科技创新合作框架协议》。同月，交通发展研讨会在广州召开，"泛珠"9 省（区）和重庆市在会上签订《泛珠三角经济圈九省区暨重庆市道路运输一体化合作与发展 2003 年议定书》，与会的 10 省（区、市）一致同意，改革行政审批方式，取消省级客运班车对等对开的经营原则，取消省际旅游包车区域限制和景区限制，推动区域旅游客运发展；10 省（区、市）建立道路运输协调与合作会议制度，每年举办一次协调会，由轮值主席所在省区召集。从 2003 年下半年开始，各类涉及泛珠三角合作协同的研讨会陆续召开，一直未间断。

高层推动从务虚走向务实

"泛珠"是开放的区域经济体，更是利益共同体，成员间的合作，应当基于互惠、平等、发展的基本原则，遵循政府推动、市场运作的发展模式。"泛珠"合作进程加快推进，还表现在区内各省（区）高层领导对"泛珠"的广泛认同，以及相互之间高层的频繁互访和相互之间投资与经贸合作的加强。据广东省经贸委统计：1999 年至 2002 年，广东在湘投资共签订协作项目 1297 项，实际到位资金 86.4 亿多元，而 2003 年一年就签订 998 个项目，到位资金 125.74 亿元。① 2004 年 2 月，广西党政代表团考察广东，两广签署了一揽子合作协议。代表团成员均表示，支持广东提出的推进"泛珠"合作构想。2004 年，"泛珠"区域内政府合作掀起第一次高潮。4 月，张德江率广东党政代表团到广西和湖南学习考察，就加强省际交流合作、推动"泛珠"经济合作和协调发展达成广泛共识。与此同时，由数百名粤商组成的广东省经贸代表团也先后抵达广西和湖南，与两省区企业开展洽谈，并签下总额达 844 亿元的经贸合作项目。有媒体把广东代表团的出访称为"探路之旅"，指出湘桂出访初尝胜果，标志着"泛珠"的宏伟画卷已徐徐在人们面前展开、"泛珠"合作迈出了实质性步伐。

举办"泛珠"合作发展论坛和经贸洽谈会

"泛珠"合作作为区域品牌，更重要的是在政府搭建合作平台的基础上优化区域合作环境，打破地区壁垒，实现区域内资金、人流、物流通畅无阻，增进区域经贸往来，拓展区域发展空间。在"泛珠"合作中，广东积极牵头提出合作构想、促成合作决策，且积极协调各方，促进各项政策落地实施。2004 年 6 月，首届泛珠三角区域合作与发展论坛分别在香港、澳门和广州举行。张德江作"合作发展，共创未来"的主题报告。国家发改委、商务部、国务院港澳办、铁道部、交通部、国家旅游局等国家有关部门领导出席并发表专题演讲。香港掀起泛珠三角热，刮起了"9 + 2"旋风。各省（区）行政首长签署了《泛珠三角区域合作框架协议》。首届"泛珠"合作与发展论坛的举行，标志着"泛珠"合作从构想到实践的深化。7 月中旬，内地和港澳产业、学术等各界人士共 1.6 万人出席了"泛珠"经贸合作洽谈会。洽谈会签约项目共 847 个，总金额 2926 亿元。② 洽

---

① 首届泛珠三角区域合作论坛与洽谈会组委会编：《合作发展　共创未来——泛珠三角区域合作与发展报告（2005）》，人民出版社 2005 年版，第 92 页。

② 首届泛珠三角区域合作论坛与洽谈会组委会编：《合作发展　共创未来——泛珠三角区域合作与发展报告（2005）》，人民出版社 2005 年版，第 113 页。

谈会的签约项目主要有六大特点。一是以基础设施项目为合作主流；二是产业投资类项目上升，"9＋2"省区之间的合作已从以往商贸购销为主向投资实业特别是工业投资类项目转变；三是商贸购销仍占一定比重；四是沿海地区向中西部地区产业转移明显；五是规模大、档次高的合作项目多；六是国有企业和民营、"三资"企业及港澳企业各有千秋，都签订了金额数目可观的合同。至此，"泛珠三角区域合作与发展论坛"和"泛珠三角区域经贸合作洽谈会"两大实施平台已建立起来，并形成了多层次的泛珠三角区域合作五大新机制，包括行政首长联席会议制度、行政首长联席会议秘书处工作制度、政府秘书长协调制度、部门衔接落实制度和日常工作办公室工作制度。

按照《泛珠三角区域合作框架协议》规定，论坛和洽谈会每年举办一次，按照"共同主办，轮流承办"的原则由"9＋2"政府轮流承办。从2004年首届开始，泛珠三角区域合作论坛暨经贸洽谈会在泛珠三角各个省区陆续召开，并取得一系列成果。下面是历届"泛珠"论坛成果一览表。

表4.1　第二届到第八届泛珠三角区域合作论坛暨经贸洽谈会①

	承办方	签约项目（个）	签约金额（亿元）	论坛通过的决议
第二届（2005年）	四川省	4473	4535	《泛珠三角区域合作发展规划纲要》《泛珠三角区域合作经济工作意见》和《泛珠三角区域首长联席会议纪要》，会议决定成立泛珠三角区域合作行政首长联席会议秘书处，奠定了"泛珠"区域合作的制度框架。

① 本表资料来源于泛珠三角合作信息网，部分年份资料不全。

（续表）

	承办方	签约项目（个）	签约金额（亿元）	论坛通过的决议
第三届（2006 年）	云南省	1019	1981	邀请东盟商务官员参加，通过了《泛珠三角区域综合交通运输体系合作专项规划》《泛珠三角区域能源合作"十一五"专项规划》《泛珠三角区域旅游合作指导性意见》等区域性专项规划，"泛珠"区域合作务实推进。
第四届（2007 年）	湖南省	1254	3376.2	《关于务实推进泛珠三角区域合作专项规划实施的工作意见》《关于进一步加强泛珠三角区域市场环境建设工作的实施意见》《泛珠三角区域合作行政首长联席会议章程》和《泛珠三角区域合作与发展论坛暨经贸洽谈会承办方产生办法（修订稿）》，共同签署了《劳动力市场信息网络平台建设建议书》等。大会进一步明确了合作各方今后将在产业转移、市场对接、劳务输出及金融等方面加强合作。
第五届（2009 年）	广西壮族自治区	600	2261	《关于进一步完善泛珠三角区域合作机制的意见》《泛珠三角区域合作行政首长联席会议议事规则》等，签署了《"9+2"交通合作框架协议》《泛珠三角区域"9+2"旅游合作框架协议》和《进一步深化泛珠三角主流媒体合作框架协议》。

（续表）

	承办方	签约项目（个）	签约金额（亿元）	论坛通过的决议
第六届 （2010年）	福建省		2831	《加强泛珠区域综合交通大通道建设合作备忘录》《泛珠三角区域旅游合作福州宣言》《泛珠三角各省区"一程多站"精品旅游线路》等10个合作框架协议或备忘录，涉及交通、工业、农业、信息、物流、旅游、民生等多个领域的合作，"泛珠"区域合作领域进一步拓展。
第七届 （2011年）	江西省	1544	4512.83	《社会信用体系共建协议》《泛珠三角地区跨省流动人口社会抚养协作协议》《第七届泛珠三角旅游深度合作协议》《严厉打击食品生产加工环节非法添加和滥用食品添加剂违法行为合作协议》等近10项合作协议，举办了澳门面向葡语国家"泛珠三角区域与葡语国家经贸合作"等近10场专题推介会。
第八届 （2012年）	海南省	202	2772	突出"绿色发展，合作共赢"的特色，明确了加强跨省区基础设施建设合作等七项下年度重点工作。签署了《全面推进泛珠三角区域旅游协调发展合作协议》等17份省（区）间合作协议、备忘录及共识。

　　"泛珠"合作战略提出和实施后，得到了中央的充分肯定和支持。2004年底，胡锦涛在广东视察工作时指出："积极推动泛珠三角区域合作与发展对各方都有利，要搭建并利用好这个平台。"① 到2016年3月，《国

---

　　① 《特稿：广东酝酿发展模式之变》，《人民日报》2005年10月25日。

民经济和社会发展第十三个五年规划纲要》中明确提出要深化"泛珠"合作，"泛珠"的内容首次写入国民经济和社会发展五年规划。同月，国务院正式发布《关于深化泛珠三角区域合作的指导意见》，泛珠三角区域合作上升为国家战略。

■ 助推广东提升开放型经济发展水平

随着"泛珠"合作的深入推进，广东着力深化粤港澳经贸合作及外经贸转型升级，不断提升自身开放型经济水平，同时，也为港澳地区的经济繁荣和"一国两制"的成功实践发挥着重要作用。

一是粤港澳合作领域不断拓展。2006 年至 2010 年间，粤港澳合作从产业发展拓展到经济转型、社会民生等各个领域。"泛珠"合作这一坚实基础，为粤港澳三地在 2008 年携手应对国际金融危机，以合作凝共识、应危机、促发展，着力合作发展现代服务业，大力支持在粤港澳资企业转型升级，粤港澳经贸合作逆势上扬，提供了有力支撑。在深化经贸合作的基础上，三地以共建大珠三角优质生活圈为目标，着力推动合作领域从经贸合作向经济、社会、文化等全面合作转变，便捷通关、科技教育、医疗卫生、环境保护、供水供电、文化体育等方面的合作不断深化，为三地民众跨境工作生活提供便利和服务。

二是基础设施建设合作进一步加强。基础设施建设项目合作是"泛珠"合作重要内容，自 2004 年"泛珠"合作正式实施以来，基础设施建设项目的合作也是各方着力最多、成绩最大的合作。2004 年至 2007 年，仅仅 3 年时间，粤港澳之间的大西南水运通道、港深"西部通道"等大型合作项目分别启动并完成。

三是推进了公平开放的市场环境建设。根据《泛珠三角区域合作框架协议》的要求，"泛珠"各合作方协同行动，在全面清理特殊保护性法规、开设跨地区投资"绿色通道"、跨省区联合执法等方面达成协议，并不断推出务实举措推动营造公平、开放、规范的市场环境。

四是粤港澳国际影响力日益扩大。2004 年 10 月，粤港和粤澳政府联合分别在伦敦和里斯本举办经济技术贸易合作交流会联手推介"泛珠"合作。粤港和粤澳分别在会上全面介绍了"泛珠"合作的背景、现状和发展态势，介绍了泛珠三角地区的资源、产业特点和优势，介绍了"泛珠"各成员方增进国际合作的愿望和条件。通过这两次会议，大大提升了泛珠三角区域合作的国际影响。在2006年的第三届"泛珠"论坛暨经贸洽谈会上，"泛珠"合作的高层官员又与东盟十国商务部部长（副部长）进行对话，实现了"泛珠"合作与东盟十国的首次直接对话。

第四章 构建和谐广东和幸福广东

党的十六大以后，广东按照中央的部署和要求，将社会建设提升到一个更加重要的位置，先后提出构建"和谐广东"和"幸福广东"的总体目标。在十多年的实践中，广东围绕科学发展，着力推进社会建设、社会改革和社会转型，使之不断与经济建设、经济改革和经济转型相适应，取得了较为显著的成效。

■ 构建"和谐广东"目标的提出

新世纪之初，广东除了承受经济转型的巨大压力以外，掩盖在经济高速增长之下的深层次社会矛盾也日益突出。一方面，在初步建立社会主义市场经济体制的同时，社会舆情越来越复杂，公共服务供给和社会建设的不足，造成社会矛盾频繁爆发；另一方面，由于社会结构的不合理和社会组织建设的滞后，造成城乡、区域之间的隔阂不断加大，为经济社会发展和维护社会稳定带来不少压力。

党的十六大后，特别是"非典"爆发以后，随着中央日益把构建社会主义和谐社会作为全党、全国的工作中心之一，广东把构建"和谐广东"和推进社会建设提到了前所未有的高度。2004年9月28日，中共中央颁布《关于加强党的执政能力建设的决定》后，广东省委在第九届委员会第五次全体会议上出台《关于贯彻〈中共中央关于加强党的执政能力建设的决定〉的意见》，提出要"增强构建社会主义和谐社会的能力，建设和谐广东"，从分析和谐社会本质入手，对构建社会主义和谐社会的能力提出具体要求。2005 年 9 月 3 日，省委、省政府颁布《关于构建和谐广东的若干意见》，明确提出构建"富裕、公平、活力、安康"的"和谐广东"，并就建立经济协调发展机制、民主法治机制、先进文化培育机制、创造激励机制、利益协调机制、矛盾疏导机制、安全保障机制和切实加强党的领导等方面提出一系列具体要求。①

2006 年 10 月 11 日，中共中央在第十六届中央委员会第六次全体会议上通过《关于构建社会主义和谐社会若干重大问题的决定》。随后，广东召开省委九届九次全会，通过《中共广东省委关于贯彻〈中共中央关于构建社会主义和谐社会若干重大问题的决定〉的实施意见》（以下简称《实施意见》）。《实施意见》不仅解读吸收了中央相关文件的规定，而且结合广东两年来构建和谐社会的实践经验，进一步细化了构建"和谐广东"的九大具体内容，主要包括：坚持科学发展，为构建和谐社会奠定坚实物质基础；加快发展社会事业，促进社会公平；坚持为民务实，解决人民群众切身利益问题；加强民主法制，保障人民群众合法权益；加强社会管理，保持社会安定有序；加强平安建设，切实维护社会和谐稳定；加强和谐文化建设，巩固社会和谐的思想道德基础；加强社会和睦团结，充分激发社会创造力；加强党的领导，强化建设和谐社会的政治保障。②

■ 以建设"幸福广东"总揽改革发展

从 2007 年起，广东在做好构建"和谐广东"各项工作的基础上，进一步贯彻中央号召，积极转变发展思路，摒弃旧的发展模式，更加把改善民生、增强公众幸福感当作工作的重中之重。2007 年至 2012 年，广

---

① 中共广东省委、广东省人民政府：《关于构建和谐广东的若干意见》（2005 年 9 月 3 日）。

② 中共广东省委：《中共广东省委关于贯彻〈中共中央关于构建社会主义和谐社会若干重大问题的决定〉的实施意见》（2006 年 10 月 20 日）。

东不仅延续以前一些行之有效的改善民生之举，将其常态化，而且进一步提出建设"幸福广东"的口号，大力创新改善民生幸福的制度和措施。

2007 年 5 月，广东省第十次党代会召开，这次会议总结了十六大以来全省各项工作的成绩和不足，分析了当时所面临的主要形势及问题，并在此基础上提出了下一个五年的主要工作目标和努力方向。在改善民生，开创社会和谐局面方面，会议提出："要按照构建社会主义和谐社会的总要求，以维护公平正义为核心，以提高人的素质为根本，以解决人民群众最关心、最直接、最现实的利益问题为切入点，最大限度地增加和谐因素，最大限度地减少不和谐因素，开创全省人民共建共享和谐社会的新局面。"①

广东省第十次党代会提出开创和谐社会新局面的目标以后，民生问题受到省委、省政府更多的重视。在 2008 年 6 月召开的省委十届三次全会上，省委、省政府作出了《关于争当实践科学发展观排头兵的决定》，文件专门写到了民生问题，比如，"以打造宜居城乡为载体，建设美好家园""以增加城乡居民收入为重点，全面提升民生质量"等。在省委十届四次、五次、六次和七次全会上，着力改善和保障民生都被特别强调，并作为中心任务之一。

2010 年 12 月 16 日，省委制定"十二五"规划建议珠三角地区征求意见座谈会在广州举行。会上，时任中共中央政治局委员、广东省委书记汪洋提出：要真正抓住"十二五"期间广东工作的关键和核心，加快转型升级、建设幸福广东。转型升级是手段，幸福广东是目标。② 汪洋提出一个极具民生意味的词汇——"幸福广东"，把它视为"十二五"期间广东的发展目标。2011 年 1 月初，省委召开十届八次全会，汪洋再次谈到"幸福

① 张德江：《坚持科学发展　促进社会和谐　为率先基本实现社会主义现代化而努力奋斗——在中国共产党广东省第十次代表大会上的报告》（2007 年 5 月 21 日），载广东省档案馆编：《广东改革开放三十年重要档案文献》（下），中国档案出版社 2008 年版，第 1816 页。

② 《汪洋：加快转型升级　建设幸福广东》，《南方日报》2010 年 2 月 17 日。

广东",指出"幸福广东"就是要坚持以人为本,维护社会公平正义,保护生态环境,建设宜居城乡,改善社会治安,保障人民权益,畅通诉求表达渠道,满足人民群众文化需求,从而强化转型升级的目的依归和价值导向,使转型升级成果更好地转化成人民群众福祉。[①]"幸福广东"概念的提出,预示着广东有了更高层次的发展追求。

■ 围绕"和谐广东""幸福广东"推进社会建设

2004 年至 2012 年,是广东围绕构建"和谐广东"、建设"幸福广东"着力推进社会建设的时段。在这一段时间里,广东的社会建设全面展开,从社会管理到公共服务、从民生问题到社会矛盾、从体制机制到政策法律等,进行了全方位、多角度的实践。

不断夯实社会建设的法制化基础

从 2004 年起,广东出台了一系列有关民生和社会方面的法规。以社会保障为例,2002 年至 2007 年,省委、省政府先后召开了 10 多次全省性会议,专题研究部署社会保障工作,出台了 20 多个社会保障方面的重要文件,实现了"两个大的扩展,三个根本性转变"——在保障对象上,实现了从国有单位职工向包括非正式就业群体在内的所有劳动者扩展;在覆盖范围上,实现了从城镇向农村扩展;在制度体系上,实现了从单一制度向多层次保障体系转变;在工作机制上,实现了从主要依靠行政手段向法制化转变;在服务方式上,实现了从粗放管理向规范化、信息化、社会化管理转变。在全省范围内,建立起覆盖城乡的社会保障体系。据 2006 年统计,全省基本养老、失业、医疗、工伤保险的参保人数均超过 1000 万人,连续三年居全国首位。[②]

---

① 《广东省委十届八次全会开幕》,《广州日报》2011 年 1 月 7 日。
② 中共广东省委党史研究室:《执政广东纪要》(2003—2007),中共党史出版社 2015 年版,第 65—66 页。

2011 年 7 月，省委十届九次全会召开。会议学习贯彻中央关于加强社会建设的重大决策，总结广东社会建设实践经验，对下一步工作进行部署，并通过了《关于加强社会建设的决定》。文件规定：广东的社会建设要达到六大目标，即民生福祉显著增加、文明程度显著提高、社会服务更加完善、管理格局更加健全、公平正义更加彰显、社会大局更加和谐。遵循五大原则，即注重民生、服务为先；依法建设、规范管理；统筹兼顾、分类推进；改革创新、先行先试；动员群众、共建共享。文件还要求从加快发展社会事业、加强基层服务管理、培育壮大社会组织、创新社会服务管理、营造民主法治环境、加强思想道德建设、深化社会体制改革、加强统筹协调等 8 个方面对广东未来的社会建设进行全面、系统的制度安排。这是一个既贯彻了中央精神，又融合了幸福广东内涵，充分立足南粤实际，具有鲜明广东特色的有关社会建设的行动纲领。

《关于加强社会建设的决定》颁布后，广东又连续出台《关于加快推进社会体制改革 建设服务型政府的实施意见》《关于培育发展社会组织的实施意见》《关于加强实有人口服务和管理的实施意见》《关于加强社会工作人才队伍建设的实施意见》《关于加强社会建设信息化的实施意见》《关于加强城市社区居民委员会规范化建设的实施意见》《关于加强和改进村民委员会建设的实施意见》7 个配套文件。此外，广东还加大了民主法治建设的力度，着力推行"依法治省"的"广东模式"，为社会建设营造公平公正的氛围。广东在全国率先推行立审分离及书记员单列管理制度、率先依法实行政府采购、率先开展"刑事和解"改革、率先设立中小学校法制副校长、率先成立法律援助中心等。① 大量法规的出台和法治活动的进行，标志着广东逐步形成社会建设政策和运行体系，也意味着伫立于坚实制度基础之上的社会建设实践越来越扎实。

---

① 王先胜、柏萍：《广东加强社会建设学习读本》，广东人民出版社 2011 年版，第 124 页。

立足民生加快社会事业发展

解决好民生问题，是社会建设的根本，也是党的执政基础。为此，广东省委、省政府将社会建设立足点放在不断解决老百姓关注的民生难点热点问题上，推动各项社会事业快速发展。

一是扎实解决"三个民生"问题，办好"十件民生实事"。实践中，广东摸索出一条卓有成效的民生发展思路，即要搞好"基本民生"，加快建立人人可及的基本公共服务体系；要保障"底线民生"，更加关心困难群众的生产生活；要关注"热点民生"，着力解决群众反映强烈的热点难点问题。广东在全国率先建立"零就业家庭"就业援助制度，帮助城乡就业困难群体实现就业及再就业，仅 2005 年就帮助 12766 名下岗失业人员实现再就业。到 2006 年，共成功扶持 20 多万名就业困难人员实现再就业。[①]为解决城乡贫困问题，广东出台《农村五保供养工作规定》和《城乡特困居民医疗救助办法》，加大农村五保供养工作推进力度，全额资助城乡低保对象、五保对象、城镇"三无"对象参加城镇居民社会医疗保险和新型农村合作医疗，为城乡特困居民筑起牢固"生命线"。党的十七大后，针对房价、治安、食品安全和环境保护等人民群众反映比较强烈的问题，广东在全国率先组织开展以"打击欺行霸市、打击制假售假、打击商业贿赂，建设社会信用体系、建设市场监管体系"为内涵的"三打两建"专项行动，对净化社会环境，改善营商环境起到很大的促进作用。面对房价增长过快问题，各级党委、政府除了不断根据市场情况，出台限价、限购、限贷等必要的经济、法规干预措施以外，还着眼于长远，大力推动建立健全新型住房保障体制。2007 年至 2012 年五年间，一共开工建设保障性住房 66.3 万套，基本建成 30.8 万套。[②] 2011 年初召开的省十一届人大四次

---

① 中共广东省委党史研究室编著：《执政广东纪要（2003—2007）》，中共党史出版社 2015 年版，第 64—65 页。

② 朱小丹：《政府工作报告——2013 年 1 月 25 日在广东省第十二届人民代表大会第三次会议上》，载广东省人民政府办公厅：《广东省人民政府政府工作报告汇编》（1979—2016），广东人民出版社 2016 年版，第 995 页。

全会上，省政府宣布：2011 年将集中力量为人民群众办好"十件民生实事"①。省委、省政府作出办好"十件民生实事"的承诺以后，各地党委、政府和相关部门立即行动起来，不仅出台了全省性的实施方案和保障措施，而且还确定了各地市的实施规划和保障措施。是年底，在省委、省政府严格督促下，各级政府、各部门周密部署，科学安排，最终确保"十件民生实事"圆满完成。

二是出台《广东省基本公共服务均等化规划纲要（2009—2020年）》。根据党的十七大提出的要实现基本公共服务均等化的目标，广东率先编制和实施规划纲要。2009 年 12 月，广东出台《广东省基本公共服务均等化规划纲要（2009—2020 年）》（以下简称《纲要》）。《纲要》提出："到 2020 年，全省基本建成覆盖城乡、功能完善、分布合理、管理有效、水平适度的基本公共服务体系，实现城乡、区域和不同社会群体间基本公共服务制度的统一、标准的一致和水平的均衡，全省居民平等享有公共教育、公共卫生、公共文化体育、公共交通、生活保障、住房保障、就业保障、医疗保障等基本公共服务。力争做到率先实现基本公共服务普遍覆盖，率先建立城乡统一的基本公共服务体制，率先实现省内各地区基本公共服务财政能力均等化，率先建立基本公共服务多元化供给机制，基本公共服务水平在国内位居前列，在国际上达到中等发达国家水平。"② 按照《纲要》要求，广东将分四个阶段完成基本公共服务均等化，到 2012 年，必须完成第一阶段的任务。第一阶段任务主要包括：大力推进基本公共服务覆盖工作。重点调整财政收支结构，增加对公共教育、公共卫生、公共文化体育、公共交通四项"基础服务"以及对生活保障、住房保障、就业保障、医疗保障四项"基本保障"方面的投入，

---

① 即向特殊困难群众发放临时性价格补贴、加大扶贫开发力度、千方百计促进就业、推进基本公共教育服务均等化、完善城乡基层医疗卫生服务体系、扎实做好社会保险和社会求助工作、加快城乡防灾减负和环境工程建设、加强城乡文化设施建设、加快保障性住房建设、发送农村生产生活条件。

② 广东省人民政府：《印发广东省基本公共服务均等化规划纲要（2009—2020年）的通知》（2009 年 12 月 11 日）。

坚持投入向农村、基层、欠发达地区和困难群体倾斜，建立健全城乡、不同地区和社会群体间多层次、差别化的基本公共服务体系，使基本公共服务加速覆盖广大居民。经过两年多努力，广东顺利实现第一阶段目标。据统计："2009—2011年全省财政民生投入累计约9845亿元，占全省一般预算支出的比重从57.1%提升至63%。根据2010年广东省基本公共服务均等化考评结果，2010年上述八项基本公共服务目标任务完成率达96.3%，全省均等化系数达到0.9624，公众满意度总体评分接近80分的较为满意水平，满意度不断提升。"①

三是建立民生幸福考核机制。为了确保《广东省基本公共服务均等化规划纲要（2009—2020年)》和建设"幸福广东"所提出的各项民生举措得以贯彻落实，省委、省政府除了制定出不少相关的配套制度以外，还创造性地出台建设"幸福广东"的考核机制，将民生幸福细化成为一项项"摸得着，看得到"的具体指标。2011年1月，省委十届八次全会提出要制定"幸福广东指标体系"；10月，广东省人民政府正式公布全国第一个省级幸福指标体系——《建设幸福广东评价指标体系》。"幸福广东指标体系"分为客观指标和主观指标两个部分。客观指标体系，即"建设幸福广东评价指标体系"，旨在评价各级政府围绕建设幸福广东改进有关工作的成绩。根据《珠江三角洲地区改革发展规划纲要（2008—2020年)》及各市实际情况，客观指标部分将全省21个地级市按珠三角和粤东西北分为两类地区，分别设置类别指标和差别权重。具体指标设置共包含两级，一级指标分就业和收入、教育和文化、医疗卫生和健康、社会保障、消费和住房、公用设施、社会安全、社会服务、权益保障、人居环境10类，下设二级指标49个，其中共同指标44个，类别指标（地区独有指标）5个。主观指标体系，即"广东群众幸福感测评指标体系"，主要反映群众对幸福广东建设实现程度的感受，一级指标分个人发展、生活质量、精神生活、社会环境、社会公平、政府服务、生态环境7类，下设二级指标35个。

---

① 广东省人民政府办公厅：《印发深入推进基本公共服务均等化综合改革工作方案（2012—2014年）的通知》（2012年4月17日）。

"幸福广东指标体系"颁布以后，强化了党委、政府改善民生的紧迫感和责任感，有利于其找出薄弱环节，明确努力的方向，有利于形成倒逼机制，促使改善民生被党委、政府所重视。实践证明，这一考核机制对民生和社会事业建设产生了一定的促进作用。据广东省统计局和国家统计局广东调查总队于2013年10月23日发布的《2012年建设幸福广东指标体系客观指标评价报告》和《2012年广东群众幸福感测评调查报告》，从建设幸福广东综合指数看，珠江三角洲地区从2011年的81.90上升到2012年的83.77，粤东西北地区从80.94上升到82.97。[1]

创新社会管理模式推进社会体制改革

在具体解决各类民生问题，推进社会各项事业稳步发展的同时，广东还坚持先行先试，鼓励探索创新，通过改革传统的社会管理体制，为社会建设增添动力。通过各地实施的一系列改革举措，不仅进一步增强了政府的社会管理和公共服务能力，而且激发出整个社会的活力，在社会上形成团结和谐的良好氛围。

一是加强基层服务管理。2005年10月，省委、省政府召开社区建设工作会议，提出"创建'六好'[2]平安和谐社区，共筑安居乐业美好家园"的口号，同时下发《关于全面推进平安和谐社区建设的意见》。2007年1月，省政府印发《关于加强和改进我省社区服务工作的意见》，提出加强和改进社区服务工作的指导思想、总体要求、目标任务。此后5年，广东基本建立起以地域为基础，以社区构成基本要素为依据的城市社区居委会，对城市的基层社区实现了全覆盖。在基层民主建设方面，广东从2002年起便在全省城市的社区实行居委会民主选举制度。在居委会运行机制方面，广东厘清了街道办事处与社区居委会的工作职能，并在探索"议行分开"模式方面取得较大突破，深圳市推行的"居站分

---

① 黄应来：《粤85.7%地市居民感觉"比较幸福"》，《南方日报》2013年10月24日。
② "六好"，即自治好、管理好、服务好、治安好、环境好、风尚好。

>>> 327

离""一站多居"等机制更是走在了全国前列。在推广项目管理和购买公共服务方式及引导、培养社工参与解决社会问题的改革方面，广东的实践在全国具有典型意义。广州市以政府购买服务，社会化运营方式推出的社区平安通呼援服务，深圳和东莞、佛山等地由财政出资为符合条件的老人购买个性化服务，都是在国内开先河的举措。除在城市社区管理方面推进改革外，广东在农村基层社会服务和管理方面也进行了卓有成效的改革。从 2006 年起，广东积极响应民政部号召，在全省选择若干条件成熟的县（市）参照城市社区建设的做法进行农村社区建设实验工作，在健全村民自治组织、改善农村基本服务设施、提高村民自身素质、维护农村公共秩序等方面取得了较大进展。2008 年 12 月，广东社区建设工作领导小组下发《关于开展农村社区建设实验工作的意见（试行）》，明确提出农村社区建设实验工作的目标是要创建"党建好、自治好、服务好、治安好、环境好、风尚好"的"六好"和谐农村社区。其后几年，各地大胆尝试，涌现出不少成功案例。广州市黄埔区大沙街大沙东和泰景社区作为直选试点社区，率先由全体符合资格的登记选民一人一票直接选举产生新一届社区居委会成员，在全省起到示范作用。中山市三乡镇探索村务公开新形式，通过出版"村报"来公开村务，努力搭建联系村民的"连心桥"，产生很大的影响。佛山市南海区丹灶镇石联社区，按照"社区居委会成员和社区党支部书记不再兼任经联社社长"的原则完成经联社换届选举，率先为广东农村基层管理改革作出"政经分离"的示范。

二是培育壮大社会组织。广东充分利用毗邻港澳的优势，积极借鉴先进经验，创新社会组织管理方式，出台扶持社会组织政策，使全省社会组织朝着发展有序、门类齐全、层次不同、覆盖广泛的格局稳步前进。为扶持、规范社会组织，广东先后颁布了一系列政策法规。2006 年 2 月，省委、省政府下发《关于发挥行业协会、商会作用的决定》。2008 年 9 月，省委办公厅、省政府办公厅出台《关于发展和规范我省社会组织的意见》；紧接着，省委、省政府出台《关于加强社会组织管理的实施意见》。2012 年 5 月，省委、省政府出台《关于进一步培育发展和规范管理社会组织的方案》。后面这 3 个文件，是党的十七大以后广东发展、规范社会组织的指导意见。从 2005 年开始，广东社会组织的"去行政化"和"去垄断化"不断取得突破。2005 年 12 月，省人大常委会通过《广东省行业协会条例》，为社会组织的"去行政化"改革提供法律上的依据。2006 年底，深圳组建民间组织管理局，实行行业协会直接由民政部门登记的管理体制，是中华人民共和国最早也最彻底实现行业协会民间化的尝试。到 2011 年，广东社会组织改革进入"五自四无"① 的快车道，"去行政化"进程日益加快。除了力推社会组织的"去行政化"和"去垄断化"以外，在"社工＋志愿者"模式、社会组织孵化基地、培育枢纽型社会组织、政府向社会组织转移职能等方面，广东的改革都称得上是开风气之先。由于政策对路，执行得力，到 2012 年，广东在培育壮大社会组织方面取得显著成绩。据 2012 年 4 月统计的数据：在之前 5 年左右的时间，广东省社会组织年均增长 10% 以上，截至 2011 年底，全省依法登记的社会组织有 30535 家，从业人员达 42 万余人。② 全省基本形成了一个门类齐全、覆盖广泛的社会组织体系。2012 年的数据显示，广东有 11% 的社会组织承接了政府转移职能，9% 的社会组织有政府购买服务，仅 2011 年，全省社会团体就承担政府委托转移职能 394 项，获政府补助 12489 万元。2011 年，广东成立全国首个省级社会组织团工委，是年底，全省社会组织中已有党组织 3400 个，管理的党员达到 40550 名。③

三是改善社会服务管理。变社会管制为社会服务，是关乎社会建设整体成败的重要举措。2002 年至 2012 年，广东主要从人口服务管理、综治信访维稳、社会治安防控、公共安全应急、虚拟社会管理、社会信息化管理六大领域入手，在创新社会服务管理方面取得不少成绩。

在人口服务管理方面，广东根据自身实际情况，坚决贯彻中央和省委

---

① "五自四无"，即民间自愿发起、自选会长、自筹经费、自聘人员、自主会务和无行政级别、无行政事业编制、无行政业务主管部门、无现职国家机关工作人员兼职。

② 索有为、奚婉婷：《广东社会组织年均增长逾 10%》，广东新闻网 2012 年 4 月 24 日。

③ 朱小丹主编：《广东年鉴（2012）》，广东年鉴社 2012 年版，第 98 页。

作出的关于人口服务管理的指示，坚持"寓管理于服务之中，在改进服务中加强管理"的工作原则，逐步构建起实有人口一体化服务管理新格局。修订《广东省流动人口服务管理条例》，把外来人员纳入基本公共服务范畴，并推行"一证通"制度，同时，建立了人口动态管理机制。各地在实践中摸索出不少行之有效的做法。这些做法有：以推行居住证"一卡多能"为核心的"一证通"制度，还有向外来务工人员敞开大门的公务员招考改革等。

在综治信访维稳方面，党的十七大以来，广东综治信访维稳最大的亮点是狠抓资源整合，推进镇街综治信访维稳中心建设，构建起县、镇、村三级综治信访维稳工作平台。这种以三级平台运作为特色的综治信访维稳机制，被中央综治委誉为综治信访维稳的"广东模式"。2011年，人民网刊文予以肯定："三级综治工作平台的创立，改变了过去基层社会管理存在的条块分割、力量分散、单打独斗等问题，通过集中综治办、司法所、信访办等职能部门一块办公，实行'四个一机制'（一个窗口服务群众、一个平台受理反馈、一个流程调处到底、一个机制监督落实），并以矛盾纠纷联合调处为突破口，设计'调解扇形流程图'，实行'五步调解法'（现场调解→部门调解→综治办主任调解→综治委主任调解→裁中或诉中调解），对每一群众诉求和工作流程实行规范化运作、信息化管理、全方位跟踪，并统筹推进社会治安联合防控、突出问题联合治理、重点工作联勤联动、基层平安联合创建、特殊人群联动服务等'六联'工作，形成了'一条龙'服务群众、'一竿子到底'解决问题的全新工作模式；成为宣传党的方针政策的重要阵地，了解社情民意的重要窗口，面对面服务群众的重要场所，普法宣传教育的重要渠道，维护社会和谐稳定的重要平台。"①

在社会治安防控方面，通过深化平安创建活动，建立起人防、物防、技防相结合的立体化治安防控体系，通过加快社会治安图像采集系统建设和资源整合，构建起省、市、县级治安卡口监控系统"三道防线"。此外，还在不同时期，根据不同的形势和要求，有针对性地开展治安整治活动，

---

① 吴冰：《广东综治信访维稳平台工作3年3大步》，人民网2011年12月20日。

如"平安广东""平安亚运""平安大运"等。随着防控体系日益科学化
制度化，治安整治日益常态化，广东的治安形势大大好转，公众安全感和
公众治安满意度也逐步上升。

在公共安全应急方面，广东狠抓食品药品安全和安全生产，特别是针
对人民反映强烈的热点问题，着力进行整治。为避免重蹈以往运动式的反
复整治，广东将健全制度视为公共安全治理头等大事，分别从食品药品质
量管理、明确生产者和监督者的职能、加大问责和惩罚力度等方面出发，
从生产、经营、使用、监督各个角度坐实了公共安全的制度基础。此外，
广东还吸收国外的先进经验，创新了对食品药品安全、公共卫生、生产事
件、群体性事件、大规模灾难等危机的预警和应对机制，并在全国率先建
立起省级突发公共事件应急管理专家库。"十一五"期间，广东安全生产
事故四项指标均有较大幅度下降，重特大事故发生起数、发生频率、死亡
人数等指标都得到有效控制。2010 年各类事故死亡人数下降到 6976 人，
死亡人数平均每年下降约 10%；每亿元 GDP 生产安全事故死亡率为
0.153，比 2005 年下降 69.8%。①

在虚拟社会管理方面，虚拟社会管理是社会管理在网络领域的延伸。
2010 年底，广东网民达到 5324 万，居全国首位。在网络领域，现实社会
中的很多问题和矛盾同样存在。广东以实施《广东省国民经济和社会信息
化"十一五"规划》为契机，大力加强云计算、物联网、无线城市、智慧
城市等信息化手段和理念在社会建设领域的应用，建立起全面覆盖、动态
更新、联通共享、功能齐全的社会管理综合信息服务体系。其中，一些具
体做法，在全国都具有典型示范意义。比如，在 2011 年举办的"2010 年
中国优秀政府网站推荐及综合影响力评估"活动中，广东省政府门户网站
荣获"2010 年度中国互联网最具影响力政府网站"和"2010 年度中国政
府网站领先奖"。又如，广东率先在全国建立起政务信息资源共享框架体
系，创造性地将信息共享工作纳入行政部门依法行政的监察范围，并制定

---

①　广东省人民政府办公厅：《印发广东省安全生产"十二五"规划的通知》
（2011 年 6 月 13 日）。

依法履行信息共享职能的考核方法和考核评分指标，开展信息共享的电子监察工作。广东形成的重大政策、协调机制、支撑平台、行政监察相互配合、相互衔接、特色明显、成效显著、立体式推进的模式，多次在全国性会议上作为经验推广，中山市更成为国家的市级信息共享评估试点。为加强对虚拟社会的管理，广东以构建文明和谐、活力有序的虚拟社会为目标，健全网络发言人和新闻发布制度，力推网络问政，欢迎网民"拍砖"，掀起网络民意释放的高潮。此外，广东还通过健全网上网下结合的综合防控体系，依法打击、有效防范利用或针对信息网络进行的违法犯罪活动，以科技和法律手段来净化网络环境。

第五章　加速产业转型升级

中共十七大以后，广东以科学发展为引领，以新一轮思想大解放推动新一轮大发展，以技术进步和创新为基本动力，坚持集约型的经济发展方式，坚持信息化与工业化相融合，走出具有广东特色的产业转型升级之路。尤其是，广东针对经济发展方式、产业结构等方面所存在的与新形势、新任务不相适应的一些突出问题，力推"腾笼换鸟"，加快转型升级，全力破解制约长远发展的瓶颈。

■ 思想大解放推动大发展

2007 年 10 月，中国共产党第十七次代表大会在北京召开，会议旗帜鲜明地指出，要贯彻落实科学发展观，必须坚定不移地继续解放思想。广东以省委十届二次全会为契机，迅速投入到贯彻落实科学发展观的实践中，并通过开展新一轮思想大解放学习讨论活动，进一步为广东科学发展创造有利条件。

2007 年，广东省 GDP 突破 3 万亿元，连续 19 年位居全国首位，同时，全省财政收入也已连续 17 年位居全国首位。此外，在对外贸易、固定资产投资、消费品零售总额等各项主要经济指标上，广东同样稳居全国前列。但与此同时，作为改革开放的"试验田"，"先行一步"的广东也面临着严峻挑战和制约。一是社会改革滞后，公共服务和文化发展成为制约经济社会长远发展的短板。二是行政体制改革和干部考核机制滞后，一些干部仍沉浸在过去的辉煌中，改革开放之初那种敢于改革、敢于试验的创新精神和改革气质日渐式微。三是传统高投入、高消耗、高污染、低效益的粗放型发展模式依然没有改变，广东在产业竞争力、可持续发展、环境保护、区域协调发展等方面出现了一系列的问题。如产业竞争力方面，高新技术的对外依存度高达70%以上，而研发投入所占比重低于全国平均水平。在可持续发展方面，广东单位GDP的能耗比美国、日本、英国分别高2.3倍、6.2倍和3.2倍，随着矿产、土地等不可再生性资源的不断减少，粗放型的发展路子势必日益无以为继。①

2007年12月1日，汪洋出任广东省委书记。在与广东领导干部的"见面会"上，汪洋指出：接过广东改革发展的"接力棒"，既有压力也充满信心。目前广东正经受着工业化、城市化、国际化新一轮浪潮的深刻洗礼，正处于推动经济社会全面转入科学发展轨道的关键时期，面临着一系列新的挑战。他强调：广东既是解放思想、改革开放的先行者，也是解放思想、改革开放最大的受益者。改革开放是广东的魂。广东靠改革开放起步，也靠改革开放起飞；靠改革开放赢得今天，也只能靠改革开放开创未来。说到底，真正约束科学发展的是我们自己。广东要继续走在全国的前列，首先必须走在思想解放的前列，走在改革开放的前列。② 12月19日，汪洋专门到省委宣传部调研。其间，他谈到了广东在改革开放初期的风云岁月，再次引出了如何在科学发展的道路上继续解放思想的问题。

经过20多天的预热与酝酿，新一轮思想大解放的舆论氛围逐渐成熟。在2007年12月25日召开的省委十届二次全会上，"解放思想"成为全场热词，也成为全省乃至全国各大媒体关注的主题。会上，汪洋作题为《继续解放思想　坚持改革开放　努力争当实践科学发展观的排头兵》的发言。发言开宗明义指出：广东要以当年改革开放初期"杀出一条血路"的

---

① 汪洋：《继续解放思想　坚持改革开放　努力争当实践科学发展观的排头兵——在省委十届二次全会上的讲话》（2007年12月25日），广东省档案馆：《改革开放三十年重要档案文献》（下），中国档案出版社2008年版，第1872页。

② 《中共广东省委召开全省领导干部会议》，《南方日报》2007年12月2日。

气魄，努力在实践科学发展观上闯出一条新路。发言毫不讳言，直指广东在实践科学发展观上的五大困难和不足，认为广东要争当实践科学发展观的排头兵，首先必须争当解放思想的排头兵，深刻审视所处环境变化，深刻分析优势和不足，深刻反思思想精神状态，把思想从不适应、不利于科学发展的认识中解放出来，以新一轮思想大解放推动新一轮思想大发展。他还特别提出，广东：一要克服自满思想，增强忧患意识。推进科学发展如逆水行舟，不进则退，否则，不但不能当好科学发展的排头兵，反而连原有的地位和优势也会丧失。二要克服狭隘视野，树立世界眼光。只有树立世界眼光，甘当学生，当好学生，才能变成"先生"，才能参与竞争规则的制定，抢占更加广阔的市场。必须认清国际产业与科技发展大势，瞄准国际上现代产业的最高水平进行结构调整，真正抢占现代产业发展的先机。三要克服"见物不见人"的观念，坚持以人为本。在考虑经济社会发展时不仅要看结构怎么调整，产业如何升级，公共服务怎样改善，还要研究作为生产者和消费者的人。广东能产生经济特区，就是解放思想的产物。在新的历史时期，广东还能不能"特"，关键看自己。广东的"特"，从来都是靠广东人自己创出来的。如果现在的广东不能"特"，缺少"特"，那就是我们自己的思想束缚了自己。因此，面对土地制约、技术瓶颈、结构难题，再不解放思想，锐意进取，用改革创新来解决这些问题，广东排头兵的位置将难以自保，全面实现小康的目标将难以实现，小平同志托付的任务将难以完成。广东要争当实践科学发展观的排头兵，必须以解放思想为"纲"，推动各项工作开展。① 在发言的最后，汪洋提出：要以纪念改革开放 30 周年为契机，在全省广大党员、干部和群众中开展解放思想学习讨论活动。

2007 年 12 月，汪洋履职广东后地方考察的首站即选择了经济发展滞后的粤北山区清远。他指出，最富的地方在广东，最穷的地方也在广

---

① 汪洋：《继续解放思想 坚持改革开放 努力争当实践科学发展观的排头兵——在省委十届二次全会上的讲话》（2007 年 12 月 25 日），广东省档案馆：《改革开放三十年重要档案文献》（下），中国档案出版社 2008 年版，第 1873—1877 页。

东，区域发展很不平衡是多年来广东经济社会发展的一大短板。2006年，广东省地区发展差异系数为0.77，高于全国平均水平的0.67，也高于江苏的0.71、山东的0.67、浙江的0.38，其中东西两翼和粤北山区人均GDP只有珠江三角洲的1/4。[①]面对"最富的地方在广东，最穷的地方也在广东"的严峻形势，汪洋对广东的区域协调发展提出了专门的指导性意见。

省委于2007年12月底下发《关于开展"继续解放思想，坚持改革开放，争当实践科学发展观的排头兵"学习讨论活动的通知》，号召全省各级党员干部和广大干部群众积极开展继续解放思想的学习讨论活动。学习讨论活动从2008年1月开始启动，到5月底结束，为期5个月。其间，分学习宣传、讨论调研、决策部署三个阶段进行。学习讨论和调研活动，为"双转移"战略的提出，营造了实践的契机。2008年1月初，汪洋到揭阳、潮州、汕头三市调研，针对思想解放过程中可能出现的问题，提出了针对性要求。1月7日，省政府办公厅举行解放思想学习讨论动员大会，黄华华出席会议并讲话。黄华华强调新一轮思想大解放要大力更新观念，做到"六个克服"，增强"六种意识"：克服骄傲自满情绪，增强忧患意识；克服因循守旧观念，增强改革创新意识；克服无所作为的精神状态，增强奋发有为的意识；克服急功近利思想，增强打基础增后劲的意识；克服安逸享乐思想，增强艰苦奋斗意识；克服片面狭隘思想，增强顾全大局意识。[②]同时，各位省委常委也分别就解放思想发表讲话，以推进学习讨论活动深入开展。在高层领导带动下，广东广大党员干部们很快行动起来，结合自己的工作展开学习检查。

2008年2月，省委召开全省领导干部会议，着手部署第二阶段的讨论调研工作。在这一阶段，各级领导干部纷纷走出办公室，到基层、到省外、到国外，到一切能够总结和吸收经验的地方，获取大量一手资料和直观体会，让民间声音和智慧直接上升为主流声音和重要决策。2008年春节

---

① 汪一洋主编：《建设幸福广东的路径》，广东人民出版社2012年版，第214页。
② 《以新一轮思想大解放推动新一轮大发展》，《广州日报》2008年1月8日。

前后，一系列以破解广东发展难题为主要目的的调研活动在广东拉开序幕。在连续三个月的时间里，广东连续开展了"深化粤港澳合作""建设现代产业体系，提高产业国际竞争力""加快中心城市发展，发挥深圳辐射带动作用""社会保障问题""节能降耗和资源环境保护问题""关于建立落实科学发展观的评价指标体系和完善干部政绩考核评价方法""大力发展现代服务业，增强广州聚集辐射和综合服务功能""城乡居民收入问题""文化与社会事业发展问题""推进社会和谐稳定，打造平安广东""自主创新"等专题调研活动，形成了材料扎实、分析透彻、体系严密的调研报告。这些报告直指发展沉疴，直面区域发展不协调问题，为推动广东新一轮科学发展奠定了基础。[①]

经过学习调研，全省上下认识到，为破解科学发展难题、加快经济转型，必须进行产业结构优化，加快建立现代产业体系步伐；必须促进区域协调发展，将低端的劳动密集型产业转出去。特别是，在解放思想学习讨论活动中，汪洋对接东莞联系点，东莞的劳动密集型企业转移引起他的关注。尤其是在全省人口计生工作会议后，关于东莞产业转移和劳动力转移的思路更明确了。2008年3月，汪洋到东莞寮步镇调研，提出：如果今天不积极调整产业结构，明天就要被产业结构所调整。[②] 东莞由此被视为珠三角产业转移升级的桥头堡和试验田，珠三角进行的产业转移也被形象地称为"腾笼换鸟"。"双转移"战略的思路，在实践调研中，在思想和现实的碰撞中，日渐成熟。

■ "双转移"战略的提出

经过近30年的急速发展，广东特别是珠三角地区取得了举世瞩目的经

① 中共中央党史研究室：《科学发展　成就辉煌——从党的十七大到十八大》（下），中共党史出版社2016年版，第835—836页。
② 《汪洋五年18次莅莞 数十次批示 为转型升级鼓劲》，《南方日报》2012年6月28日。

济成绩，不仅探索出了以广东"四小虎"为代表的经济发展模式，而且创造了"深圳速度"和"珠海现象"。同时，长期粗放型的发展模式也累积了诸多问题，珠三角地区产业转型升级势在必行。作为省委十届二次全会思想大解放的突出成果，"双转移"战略登上改革开放的历史舞台，开启了广东改革开放又一个征程。

"双转移"战略提出的时代背景

进入新世纪，传统发展模式的弊病在珠三角逐渐显现。一方面，发展方式和产业结构落后的局面没有改变，反而日趋严重。比如，珠三角的家具制造、皮革、服装鞋帽等行业占据了全省用工的25%，但却只创造出8.5%的增加值。另一方面，高能耗、低产出、低附加值的劳动密集型产业聚集，使得土地资源、环境承载力不足，弊病日益严重。由此，珠三角面临四个难以为继——土地告急、资源短缺、人口超负、环境透支，经济发展后劲乏力逐步显现。如果延续以往投资拉动和资源消耗的发展模式，珠三角将很快陷入到无地可用的土地资源枯竭困境。对于如何解决制约经济社会发展的土地资源匮乏、环境压力加大、发展空间受限等突出问题，广东探索出的解决路径在于尽快转变经济发展方式，进一步优化产业结构、提升产业层次、增强产业竞争力。

早在2000年，广东已开始探索区域产业转移对接。广东第一届"珠三角地区与山区经济技术合作洽谈会"由清远市承办，其目的是通过"政府搭台，企业唱戏"，引导企业到山区投资。此后，"山洽会"每年举办一次。到第四届时，"山洽会"出现珠江三角洲的产业向山区转移的倾向，由此，正式更名为"广东省珠江三角洲地区与山区及东西两翼经济技术合作洽谈会"，区域间产业转移合作业已初具雏形。

2004年6月27日，省委九届五次全会上明确提出，要推动珠三角地区加强资源整合，提升发展层次，在努力建设世界级制造业基地和城镇群的进程中，不断增强对全省经济的带动和辐射能力。东西两翼地区和北部山区要积极创造条件，主动对接珠三角产业转移，大力发展特色经济，加快发展步伐。2004年6—7月间，省长黄华华在东莞、韶关和清远等地调研时提出用"产业转移园区"的办法解决招商引资问题的设想，提出了"产业转移开发"的思路。

在此背景下，按照省委、省政府的统一部署，省经贸委牵头会同有关部门成立调研组，对推进珠三角产业向山区及东西两翼转移问题进行了为期近半年的调研。根据调研成果，2005年3月，省政府出台《关于我省山区及东西两翼与珠江三角洲联手推进产业转移的意见（试行）》（以下简称《意见》），正式拉开广东省产业转移工业园建设序幕。《意见》指出：产业转移是推动经济结构调整，促进产业优化升级的客观要求；是推进全省土地资源共享，实现珠江三角洲资金、管理、信息、品牌与山区及东西两翼土地、自然资源等方面优势互补的有效途径。按照《意见》要求：由山区或东西两翼地区政府在批准设立的开发区、工业园区、高新技术产业开发区和土地利用总体规划确定的建设用地中，整体或部分划出一定面积土地，设立产业转移园区，由珠江三角洲地区政府负责组织规划、投资、开发、建设和招商引资等工作，并按商定比例在一定时期内进行利益分成。双方建立"联手建设产业转移园区联席会议"制度，对产业转移园区给予土地、基础设施建设、用电、企业用工培训等政策扶持。与此同时，珠江三角洲和粤北山区结成帮扶对子：广州帮扶梅州、深圳帮扶河源、佛山帮扶清远、东莞帮扶韶关。

"双转移"战略的明确提出

2008年5月，省委、省政府召开全省推进产业转移和劳动力转移工作会议，出台《中共广东省委、广东省人民政府关于推进产业转移和劳动力转移的决定》。该决定旨在"深入贯彻落实科学发展观，推动产业优化升级，建立现代产业体系，促进区域协调发展，构建和谐社会，加快全省率先基本实现社会主义现代化步伐"。在指导思想中，该决定明确提出，要以新一轮思想大解放为动力，着力优化区域产业布局，大力提高劳动力素质，提升珠三角地区产业竞争力，带动东西两翼和粤北山区加快发展，推动广东经济发展方式转变，不断提高城乡居民生活水平，促进广东经济社会又好又快发展。① 此后不久，省经贸委、劳动保障厅、发展改革委、教育厅、公安厅、财政厅、建设厅、外经贸厅、扶贫办、农民工工作联席会议办公室、海关广东分署等有关单位分别制定8个配套文件。"1＋8"文件的内容被称为"双转移"战略，即珠三角劳动密集型产业向欠发达地区转移；欠发达地区较高素质劳动力向当地第二、第三产业和珠三角发达地区转移。"双转移"战略作为广东在新一轮解放思想学习讨论活动中所产生的第一个重大决策，强调将产业转移、劳动力转移结合起来，以此作为撬动广东经济社会转型的杠杆和着力点。"1＋8"文件的出台代表着"双转移"战略的明确出台。

"双转移"战略的主要目标和任务是：力争到2012年，使珠三角地区的功能水平显著提高，产业结构明显优化。东西两翼和粤北山区在办好现有产业转移工业园的基础上，再规划建设一到两个大型的产业转移园，通过把珠三角劳动密集型产业转移到东西两翼和粤北山区，实现"腾笼换鸟"，提升珠三角产业竞争力，同时带动东西两翼和粤北山区发展。通过实施"双转移"战略，力争到2012年，转移本省劳动力600万人，组织技能等级培训360万人，全社会非农就业比重达到80%。5年内，将农村600万劳动力转移出来，让他们在第二产业、第三产业就业。珠三角地区的劳动密集型产业比重显著下降，人均GDP增长率高于GDP增长率2个百分点，力争做到3年初见成效，5年大见成效。②

自"双转移"战略提出后，从2008年起的5年内，全省共安排产业转移资金400亿元，通过电力优惠减少企业负担90亿元，合计投入接近500亿元。在吸取珠三角发展过程中村村点火、户户冒烟，导致污染扩散的教训的基础上，大力推进发达地区与欠发达地区共建产业转移工业园，每年安排欠发达地区产业转移园区专项支付资金15亿元；每年补助省内

---

① 《中共广东省委 广东省人民政府关于推进产业转移和劳动力转移的决定》（2008年5月24日）。

② 汪一洋主编：《广东"双转移"战略——广东经济转型之路》，广东经济出版社2010年版，第62页。

14 个欠发达市和江门市 1 亿元；每年安排劳动力培训转移就业专项资金 10 亿元以上；每年 5 亿元奖励、补贴企业从珠三角转到欠发达地区产业转移园区内。①

为推动"双转移"战略这一重大决策的实施，2008 年 6 月，省政府还专门成立了以常务副省长黄龙云为组长的省"双转移"工作领导小组，全省地级以上市均成立"双转移"工作领导小组或相应机构。7 月 8 日、8 月 19 日、12 月 10 日，省政府相继召开了 3 次"双转移"工作领导小组会议。

■ "双转移"战略在艰难中实施

广东"双转移"战略提出后，曾遭到外界的不少质疑。据香港中华厂商联合会 2008 年 4 月的报告，仅有一成左右的公司表示会积极考虑搬迁，持观望态度的占四成多，而表示不予考虑的高达 40%。② 随后发生的金融海啸席卷全球，广东实体经济遭到重大冲击，最严重的是进出口增速大幅度回落，珠三角地区不少外向型的劳动密集型企业应声而倒。

2008 年 12 月，《人民日报（海外版）》刊登汪洋专访，其中谈到广东进行的"腾笼换鸟"。汪洋指出，在推进产业结构调整的过程中，"双转移"要坚决，"腾笼换鸟"要坚决，促进传统产业转型升级要坚决的"三坚决"。决不能盲目地去救落后生产能力。千万不要因为要保增长，不管什么都继续上。广东应对金融危机投入的每一分钱，都要立足于科学发展，坚持摒弃高消耗、高污染项目，坚决不再回到传统发展老路上去，坚决避免把"保持经济平稳较快增长"与"促进传统产业转型升级、促进建设现代产业体系"对立起来。那种为了保速度而把本已淘汰的落后产能重扶上马的做法，无异于饮鸩止渴。③ 然而，发展形势却不容乐观。2009 年

---

① 《中共广东省委 广东省人民政府关于推进产业转移和劳动力转移的决定》（2008 年 5 月 24 日）。

② 刘熠：《从怀疑"腾笼"到欣然"换鸟"》，《南方日报》2012 年 5 月 9 日。

③ 汪洋：《金融危机给广东上了生动一课》，《人民日报（海外版）》2008 年 12 月 10 日。

第一季度，广东主要经济指标均低于全国，进出口贸易额增速大幅度跳水跌至－31.1%，经济增长速度急剧下滑到改革开放以来最低点的5.8%，境外媒体纷纷开始炒作珠三角企业的"倒闭潮"。① 在2009年3月召开的全国"两会"上，多名港澳委员建议，在金融危机下"双转移"应缓行。

此时，广东对"腾笼换鸟"进行了全面解释："双转移"政策并没有强制实施，只是用低成本等因素"利诱"企业搬迁，是尊重企业意愿的；在广东的港澳劳动密集型企业为推动包括广东在内的中国改革开放和现代化建设作出了重要贡献；劳动密集型产业梯度转移符合世界经济发展规律；无论实施"双转移"还是推进"腾笼换鸟"，广东都不会放弃劳动密集型企业。

2009年5月27日，省委、省政府在梅州召开第二次广东省产业转移和劳动力转移工作会议。会议指出：在当前遭受国际金融危机冲击，全省经济增长特别是珠三角经济增长明显放缓的情况下，推动"双转移"时机对不对，还能不能"转"，这是社会上普遍关注甚至疑虑的一个问题。当前国际金融危机，实际上是市场机制自发对全球产业结构进行强制性调整，不仅对企业和行业，而且对区域经济格局，都是一次重大重新洗牌，客观上为"双转移"提供了新的历史契机。特别是对于珠三角庞大的低端产业来说，由于金融危机倒逼压力，其出路要么是就地转型升级，要么是异地"转移升级"，总之是要"转"，不转没出路。随着实践的推进，港商对"腾笼换鸟"从抵触转向认同，越来越多参与到珠三角产业"双转移"潮流之中。2009年5月，香港中华厂商联合会的报告，反映出港资企业的态度已有所缓和。报告这样表述："有部分港资企业正紧锣密鼓地部署迁往广东省的落后地区或临近的中西部省份，这些产业园区也获得了港资企业的青睐。"②

---

① 汪一洋主编：《广东"双转移"战略——广东经济转型之路》，广东经济出版社2010年版，第124页。

② 刘熠：《从怀疑"腾笼"到欣然"换鸟"》，《南方日报》2012年5月9日。

■ "双转移" 战略的进一步落实

为进一步推进落实"双转移"战略，广东实行产业转移及劳动力转移两步走，出台了《广东省产业转移区域布局指导要求》，加强产业转移区域布局指导与扶持，促进全省产业合理布局和协调可持续发展。与此同时，广东制定出台《广东省农村技能培训及转移就业实施办法》《关于做好优秀农民工入户城镇工作意见》《广东省农村贫困家庭子女免费接受职业技术教育的实施办法》等文件，加强农村劳动力技能培训及转移就业，落实扶持农村劳动力的优惠政策。

加强产业转移区域布局指导与扶持

为了促进珠三角地区产业有序转移和东西两翼、粤北山区的选择性承接，促进全省产业合理布局和协调可持续发展，按照《广东省产业转移区域布局指导要求》的具体部署，2008 年认定首批省产业转移工业园 29 个。

表4.2　广东省产业转移工业园一览表

序号	工业园名称	所在地市
1	中山（河源）产业转移工业园	河源
2	深圳福田（和平）产业转移工业园	河源
3	深圳罗湖（河源源城）产业转移工业园	河源
4	深圳南山（龙川）产业转移工业园	河源
5	广州（梅州）产业转移工业园 ［原名深圳盐田（梅州）产业转移工业园］	梅州
6	东莞石碣（兴宁）产业转移工业园	梅州
7	东莞石龙（始兴）产业转移工业园	韶关
8	东莞东坑（乐昌）产业转移园	韶关

（续表）

序号	工业园名称	所在地市
9	中山三角（浈江）产业转移工业园	韶关
10	中山大涌（怀集）产业转移工业园	肇庆
11	顺德龙江（德庆）产业转移工业园	肇庆
12	中山（肇庆大旺）产业转移工业园	肇庆
13	东莞凤岗（惠东）产业转移工业园	惠州
14	东莞桥头（龙门金山）产业转移工业园	惠州
15	佛山顺德（云浮新兴新成）产业转移园	云浮
16	佛山禅城（云城都杨）产业转移工业园	云浮
17	佛山（清远）产业转移工业园	清远
18	深圳南山（潮州）产业转移工业园	潮州
19	深圳（汕尾）产业转移工业园 ［原名东莞大朗（海丰）产业转移工业园］	汕尾
20	珠海金湾（揭阳）产业转移工业园	揭阳
21	东莞大朗（信宜）产业转移工业园	茂名
22	广州白云江高（电白）产业转移工业园	茂名
23	佛山顺德（廉江）产业转移工业园	湛江
24	深圳龙岗（吴川）产业转移工业园	湛江
25	中山火炬（阳西）产业转移工业园	阳江
26	中山石岐（阳江）产业转移工业园	阳江
27	佛山禅城（阳东万象）产业转移工业园	阳江
28	东莞长安（阳春）产业转移工业园	阳江
29	深圳龙岗（汕头潮南）产业转移工业园	汕头

对于省级产业转移工业园的扶持资金采用竞争性分配办法。2008 年 8 月 5 日，6 个地级市通过公开竞争的方式争夺 15 亿元的扶持资金，梅州、肇庆、河源 3 市胜出，分别获得 5 亿元扶持资金。2009 年 9 月，第 5 批评审会举行，至此，广东省 75 亿元产业转移资金分配完毕。

2004 年底，全省产业转移建园区、搭平台的工作基本完成。到 2009 年，33 个省产业转移工业园在全省布局基本完成，14 个欠发达地市和江门市均至少设立 1 个园区。2010 年，经济危机阴霾烟消云散，香港中华厂商联合会公布的一份会员调查报告称，珠三角港商转营贸易和搬迁的企业比重分别达到 14.4% 和 33.1%，比 2009 年有大幅度提高。有 33.1% 的受调查企业表示将把生产业务迁往其他地区。在迁入地选择方面，53 家打算搬迁企业中有 24 家选择粤东、粤西、粤北等产业园区。① 2012 年 6 月，全省共计有 36 个产业转移工业园，入园项目数（含意向）3458 个，投资额约 5419.32 亿元，其中，在建及建成项目 2319 个，投资额 4824.1 亿元，分别增长 14.75%、45.46%；② 2008 年至 2012 年，省产业转移工业园区域经济带动能力不断增强，实现工业增加值 4500 亿元，税收超过 250 亿元。如果把这 36 个园区的工业生产规模当作一个城市，在全省 21 个地市中可以排到中间偏上位置，省产业转移工业园已经成为广东后发地区经济发展的助推器和增长极。③ 实践证明，山区及东西两翼与珠江三角洲共建产业转移工业园这一区域合作新模式，成为推动经济转型升级、区域协调发展的范式，对广东省经济全面协调可持续发展，具有现实意义和长远意义。

到 2010 年，珠三角地区产业转型升级步伐明显加快，产业竞争力不断增强。珠三角 6 个产业转出市先进制造业占地区生产总值比重比上年同期提高 2.2 个百分点，其中，东莞提高了 4.3 个百分点，广州和珠海提高了 3.4 个百分点；高技术制造业占地区生产总值比重提高了 0.9 个百分点，

---

① 刘熠：《从怀疑"腾笼"到欣然"换鸟"》，《南方日报》2012 年 5 月 9 日。

② 朱小丹主编：《广东年鉴（2013）》，广东年鉴社 2013 年版，第 244 页。

③ 汪一洋主编：《建设幸福广东的路径》，广东人民出版社 2012 年版，第 216 页。

其中，东莞提高了 5.1 个百分点。6 市工业全员劳动生产率也由 2007 年的 10.33 万元/人提高到 2010 年的 13.48 万元/人，增幅达 30.6%。低端产业加速转移，使珠三角人居环境大为改善，同时为高端产业发展腾出更多发展空间。① 2010 年 12 月，省委、省政府出台了《关于进一步推进产业转移工作的若干意见》，涉及园区管理、合作模式、招商引资、环保、用地等 28 项政策措施。同时还设立了 25 亿元产业转移奖励资金，奖励珠三角地区政府、企业推进产业转移，"双转移"的车轮由此再次提速。

加强农村劳动力技能培训及转移就业

根据《广东省农村技能培训及转移就业实施办法》的要求，每年对 100 万在岗农民工进行培训，对全省 45 岁以下、有劳动能力的中青年农民进行 1 次免费技能培训。每年安排 10 亿元的培训经费，每培训 1 个人，省政府补贴 1400 元。过去，粤东西北地区地方政府是"吃饭财政"，没有资金开展培训。现在，地方政府组织培训，费用由省政府承担，地方政府的积极性被调动起来。通过加强劳动力技能培训体系建设，广东先后系统推出"全民职业技能提升""一户一技能""农民工技能提升培训"三大计划，扩大农村劳动培训转移政策覆盖范围，由以往的针对年人均纯收入在 1500 元以下的低收入家庭、退役士兵等零散群体向农村全体劳动者转变。2011 年，广东搭建"百校千企"培训平台，建立技工院校与产业转移园区对接机制，为园区企业培养技能人才。是年底，全省已认定农村劳动力定点培训机构超过 800 家，年培训能力 90 万人次以上。2011 年，全省组织家政技能培训 6.8 万人次，新增家庭服务业就业 5.1 万人。②

通过"技能下乡""送教进厂""订单式培训"、网络远程培训等灵活便民的培训模式，打造了"客家大嫂""梅州的哥""台山厨师"等一批特色培训品牌。广东还鼓励企业员工提升技能，广泛开展岗位技术能手竞

---

① 黄玫：《广东"腾笼换鸟"促转型升级 "产业转移基地"产值超 2000 亿元》，新华网 2011 年 12 月 5 日。
② 朱小丹主编：《广东年鉴（2012）》，广东年鉴社 2012 年版，第 92 页。

赛评选活动，全省 320 万人次参加，评选出 1500 名市级技术能手和 100 名省级技术能手。① 2011 年 2 月至 4 月，广东开展"南粤春暖"就业服务月活动，组织举办了各类专场招聘会 1627 场，帮助 32 万人现场达成了就业意向。此外，成功打造"社区工作坊""村嫂工作坊""杂工市场""村民车间"等农村劳动力转移就业新模式。经过几年努力，广东建立起省、市、县（区）、街镇全覆盖的四级公共就业服务机构和延伸到村居的五级公共就业服务网络。

此外，为推动农村劳动力的职业培训和转移就业，广东还出台并落实了一系列扶持农村劳动力的优惠政策。2008 年，广东制定《关于做好优秀农民工入户城镇工作意见》《广东省农村贫困家庭子女免费接受职业技术教育的实施办法》等在全国具有首创性的、系统的配套政策和实施办法，把相关要求纳入产业转移和劳动力转移工作考核体系。由于优秀农民工入户城镇的主要对象是取得职业资格证书或参加省职业技能竞赛获奖的技术人才，这在一定程度上激发了农民工提高职业技术能力的积极性。从 2008 年秋季开始，广东加大招收农村贫困家庭子女入读各类技工学校和职业技术学校的力度，免费接受 3 年正规教育，实现"培训一人，输出一人，脱贫一户"。按年人均纯收入低于 1500 元的农村贫困家庭生源标准，给予每人每学年 3500 元学费、1500 元生活费的资助。欠发达地区由省财政安排资金予以解决，珠江三角洲地区由当地财政解决。2008 年省财政资助 1.04 万个名额，以后逐年增加，使全省符合条件的贫困学生均得到资助。②

---

① 朱小丹主编：《广东年鉴（2012）》，广东年鉴社 2012 年版，第 92 页。
② 汪一洋主编：《广东"双转移"战略——广东经济转型之路》，广东经济出版社 2010 年版，第 124 页。

第六章　促进区域城乡协调发展

2002 年前后，随着"扶贫攻坚两大会战"目标的基本实现，广东农村温饱问题已经解决，但是，全省仍有一部分地区人均收入很低，生产生活条件很差，抵御自然灾害的能力还十分薄弱。根据实际情况，广东积极探索扶贫开发的新路子，努力缩小城乡差距。在中央扶贫开发工作会议和国务院《中国农村扶贫开发纲要（2001—2010 年)》的指导下，先后制定《广东省农村"十五"扶贫开发纲要（2001—2005 年)》《广东省农村"十一五"扶贫开发规划（2006—2010 年)》，明确指导思想、奋斗目标及主要任务，坚持以人为本和全面、协调、可持续的发展观，走"政府主导、社会参与、自力更生、开发扶贫"的开发式扶贫道路，多角度、全方位地开展扶贫开发工作。

■ 连续两届党代会部署区域协调发展战略

广东省第九次党代会提出，实施区域协调发展战略，促进全省共同富裕。要把加快山区开发摆上重要的战略地位，努力实现全省不同类型地区优势互补、协调发展，促进共同富裕。[①] 会议特别强调：广东要加快山区开发步伐，增强东西两翼地区发展后劲，提高发达地区的辐射带动能力，努力实现各种类型地区优势互补、协调发展。会议要求：把加快山区开发

---

① 李长春：《以"三个代表"重要思想为指导　加快率先基本实现社会主义现代化——在中国共产党广东省第九次代表大会上的报告》（2002 年 5 月 20 日）。

摆上重要战略地位。通过政策倾斜，财政转移支付，教育投入，产业转移，农村产业化经营，生态旅游业发展，工业化、城镇化建设，干部群众发动，扶贫开发等力争使山区特别是贫困地区基础设施明显改善，自我积累和发展能力明显提高，生态环境保护明显加强，全面实现脱贫奔康。通过调整经济结构、综合开发海洋，进行农业产业化和现代化、工业化和城镇化建设，加大基础设施建设力度，改善投资环境，发展民营经济等措施增强东西两翼地区的经济实力和发展后劲，使经济发展进入快车道。会议要求加快珠江三角洲现代化建设步伐。通过统一布局，规划协调，产业整合，优化资源配置，推进区域经济一体化进程。提高城市化水平，增强城市集群和产业集群的竞争实力。推动高新技术产业、传统优势产业和现代服务业的发展上新水平。会议还要求进一步增强广州、深圳两大中心城市的辐射力和吸引力。通过发展高新技术产业和现代服务业，培育支柱产业；加快南沙开发；构筑枢纽型、功能性的现代化城市基础设施体系，努力使广州、深圳成为在全省起龙头带动作用，在国内城市中位居前列，在国际上有较大影响的现代化中心城市。

2007 年 5 月，广东省第十次党代会召开。会议强调，以科学发展观统领经济社会发展全局，突出城乡区域协调发展。会议要求：构建区域经济新格局，促进区域协调发展。综合考虑各地资源禀赋、区位条件和经济社会发展水平等因素，进一步完善区域发展思路。针对沿海地区、中心城市及广州、深圳各自优势准确定位各自发展目标。结合珠三角城市群基础设施、产业布局情况，东西两翼投资环境、城镇群发展情况以及山区生态优势、后发优势等统筹沿海经济和山区经济发展，加强规划，合理布局，重点突破，协调推进。

■ 制定并实施一系列区域协调发展政策

为落实广东省第九次党代会提出的实施区域协调发展战略，省委、省政府在部署全面建设小康社会和践行科学发展观时，着重强调区域协调发展战略。2004 年 11 月，省委、省政府制定并印发《广东省全面建设小康社会总体构想》（以下简称《构想》）。这是一个指导广东全面建设小康社会、率先基本实现社会主义现代化的纲领性文件。《构想》提出促进区域协调发展是广东全面建设小康社会的发展思路之一，强调统筹地区间的协调发展，指出要通过区域资源的有效整合，形成各具特色、功能互补、各展优势、百舸争流的区域经济新格局，努力缩小地区间经济社会发展差距。《构想》还提出，要努力促进欠发达地区实现跨越式发展，强化东西两翼和山区与珠江三角洲的互动互补关系，以实现优势互补，促进共同发展。

2008 年 6 月，省委、省政府出台的《关于争当实践科学发展观排头兵的决定》提出，要把能否促进协调发展、共同富裕，作为检验广东能否实现科学发展和考验各级党委、政府能力的重要标准。文件强调：要切实推进区域城乡协调发展。实施提升珠三角带动东西北战略，构建区域城乡互动协调发展新格局。推动由按行政区域配置资源向按经济区域配置资源转变，加强分类指导，优化发展中部，振兴发展东部，开拓发展西部，扶持发展北部，统筹促进区域互动发展。加快推进珠三角经济一体化，提高珠三角区域辐射引领能力。"腾笼换鸟、造林引凤"，促进产业和劳动力双转移。创新发展战略和扶持方式，实现东西北地区重点突破。加大统筹城乡发展力度，促进城乡经济社会一体化发展。走出一条有广东特色的统筹区域城乡发展的新路子。

省委、省政府还针对区域协调发展制定了具体政策措施：

2002 年 9 月，印发《中共广东省委、广东省人民政府关于加快山区发展的决定》，要求各级党委和政府把加快山区发展摆上重要议程，作为实施区域协调发展战略的工作重点。文件指出：加快山区发展以全面实现脱贫奔康为总目标总任务。五年打基础，十年上台阶。至 2012 年，山区经济社会发展迈上新台阶。并提出加快山区发展的主要措施：加快以交通为重点的山区基础设施建设；加快结构调整步伐，促进产业发展和资源开发；加大财政转移支付力度，减轻历史债务负担；加强山区科技、教育和卫生工作；积极引导和促进珠江三角洲产业向山区转移；对山区建设用地实行政策倾斜；切实搞好山区生态建设和环境保护；进一步加大扶贫开发力度；加强山区发展工作的领导。

2005 年 9 月，省委、省政府《关于构建和谐广东的若干意见》提出实施"东西北振兴计划"。研究制定广东省东西两翼和北部山区发展振兴计划，重点抓好产业规划，从政策、机制、市场、产业等方面为欠发达地区加快发展创造条件。2006 年，《中共广东省委关于贯彻〈中共中央关于构建社会主义和谐社会若干重大问题的决定〉的实施意见》要求，编制实施"东西北振兴计划"，加大对北部山区和东西两翼地区的扶持力度，加快欠发达地区的发展。为此，省发展改革委专门编制完成《广东省东西北振兴计划（2006—2010 年）》（以下简称《计划》）（含 1 个《广东省东西北振兴计划纲要》和 5 个东西两翼专项规划、5 个山区专项规划），于 2007 年 7 月印发执行。《计划》提出的主要任务是：推进产业加快发展；完善基础设施建设；壮大县域经济实力；提高对外开放水平；促进社会事业全面发展；营造良好的发展环境。《计划》指出省支持东西北地区重大基础设施和重点项目建设，并在项目立项和布局、资金方面实行倾斜政策，适当提高对基础设施建设的补助标准。

2008 年 5 月，省委、省政府作出的《关于推进产业转移和劳动力转移的决定》强调，推进产业转移和劳动力转移是缩小地区差距、促进区域协调发展、提高城乡居民生活水平的有效途径。事实证明，推进"双转移"战略，既有利于充分发挥珠三角地区辐射带动作用，又有利于发挥东西两翼和粤北山区的比较优势，实现优势互补、相互促进。

除针对欠发达的北部山区和东西两翼地区制定具体政策外，广东还于 2008 年会同国家发改委编制《珠江三角洲地区改革发展规划纲要（2008—2020 年）》（以下简称《规划纲要》），并经国务院审议通过。2009 年 4 月 10 日，省委、省政府印发《关于贯彻实施〈珠江三角洲地区改革发展规划纲要（2008—2020 年）〉的决定》，明确贯彻实施《规划纲要》的总体目标为：推动珠江三角洲地区"一年开好局，四年大发展，十年大跨越"。该决定要求抓好 9 项工作：构建现代产业体系，提高自主创新能力，推进基础设施现代化，统筹城乡发展，促进区域协调发展，加强资源节约和环境保护，加快社会事业发展，再创体制机制新优势，构建开放合作新格局。针对促进区域协调发展任务，该决定要求按照主体功能区定位，优化珠江三角洲地区空间布局，以广州、深圳为中心，以珠江口东岸、西岸为重点，推进珠江三角洲地区区域经济一体化，形成资源要素优化配置、地区优势充分发挥的协调发展新格局。发挥中心城市的辐射、服务和带动功能，优化珠江口东岸地区功能布局，提升珠江口西岸地区发展水平，带动环珠江三角洲地区加快发展。

■ 着力推进区域协调发展

举办珠三角地区与山区及东西两翼经济技术合作洽谈会

省委、省政府高度重视区域协调发展，2000 年起到 2010 年，先后举办六届珠江三角洲地区与山区及东西两翼经济技术合作洽谈会（简称山洽会）。从 2012 年起更名为广东省区域发展经济技术合作洽谈会（简称区洽会）。山洽会（区洽会）由省经贸委与所在地市政府共同承办，每两年举办一届，以推动珠三角、山区及东西两翼地区经济技术合作，是构筑区域间经贸合作交流的重要平台，为实施区域协调发展战略、推动产业与劳动力双转移，促进山区及东西两翼经济社会跨越式发展发挥了重要作用。

第一届至第三届山洽会合作区域以珠三角地区和山区为主体，第四届起增加了东西两翼地区。一至四届分别在粤北山区的清远、河源、韶关、梅州举办，第五、第六届分别在东西两翼地区的湛江、汕头举办。前六届山洽会参会总人数达 3.7 万人，参观人数 35 万人，产品展销总面积 6.6 万平方米，达成合作项目 3622 个，总金额 5622.34 亿元。[①] 第七届区洽会在江门举办，其任务是进一步加强珠三角与粤东西北地区产业对接合作，增强珠三角辐射带动环珠三角地区发展能力，深入实施"双转移"战略和"乡贤反哺工程"，总结交流各地区域协作和乡贤反哺工作经验，研究部署下一阶段推进区域协作、"双转移"的工作思路和工作重点。全省有 29 个

---

① 朱小丹主编：《广东年鉴（2013）》，广东年鉴社 2013 年版，第 310 页。

代表团申报合作项目 571 个，总金额 1957.78 亿元。① 随着"双转移"工作不断推进，全省经济合作向纵深方向发展，区域协作范围逐步覆盖全省，全省区域协调发展逐步推进。

山洽会（区洽会）通过流通型、资源型、生产型、科技型、资产型、人才和劳务型等多种形式，促进珠三角地区与山区及东西两翼开展经贸合作。历届山洽会（区洽会）推动珠江三角洲地区对山区及东西两翼地区的投资力度逐步加大，不仅促进了山区工业商贸的发展，而且极大地改进了山区及东西两翼的基础设施建设，既增加了当地的就业，又促进了经济协调发展。它不仅为山区和东西两翼地区带来了投资项目，给山区和东西两翼地区发展引进了技术、注入了资金、改善了设施、培养了人才，更为重要的是，通过全面展示山区和东西两翼地区的特色资源、特色产业、特色企业、特色产品，为山区及东西两翼与珠三角地区打造了相互交流、良性互动合作的平台，促使各地资源优势、区位优势得到协调发展。通过这个平台，广东有力推动了产业和劳动力双转移，增强了珠三角发展动力，促进了粤东西北振兴。

实施《珠江三角洲地区改革发展规划纲要（2008—2020年)》

从 2009 年起，省委、省政府就贯彻实施《规划纲要》，进行周密部署，举办专题研讨班，组织宣讲团赴基层宣讲，听取人大、政协、各民主党派及社会各界对实施《规划纲要》的建议。同时，成立了由省长黄华华任组长的《规划纲要》领导小组，统一指挥和协调实施。各地、各部门建立相应的领导和工作机制，形成上下联动、协调统一的工作局面。为有效推进相关工作，省委、省政府出台了贯彻实施《规划纲要》的各类决定和实施方案，将各项目标任务量化分解到珠三角各市、省各有关部门。

在具体实施中，珠三角地区以《规划纲要》为主轴，将它与应对国际金融危机冲击结合起来，制定实施扩大内需促进经济平稳较快发展的一揽

---

① 吴哲、许珩、蓝皓玮：《第八届区洽会现场签约337亿元》，《南方日报》2014年8月14日。

子计划，坚持扩投资、促消费、稳外贸并举，成功克服危机，保持经济平稳较快增长；着力构建现代化产业体系，推动产业转型升级，推进节能减排，加强生态环境保护和建设，提高自主创新能力，提升核心竞争力，增强区域可持续发展能力。

珠三角地区以深化改革促发展，2008年至2012年，以行政体制改革为突破口，深化经济体制和社会服务管理体制改革，先后推行了行政审批制度改革先行先试，以及大部制改革、富县强镇和简政强镇改革、财政体制改革、建设金融改革试验区及改革社会组织管理体制、政府购买服务、推进基本公共服务均等化等改革。珠三角地区很重视区域经济一体化建设，不断加大重大基础设施建设力度。以广佛同城化为引领，珠三角地区逐步实施基础设施、产业布局、基本公共服务、城乡规划和环境保护五个一体化规划，广佛肇、深莞惠、珠中江三大经济圈合作不断深化、领域不断扩大。珠三角地区一体化进程加速，同时带动了粤东西北地区加快发展，形成了区域协调发展的新局面。在一体化进程中，珠三角地区积极开展粤港澳紧密合作，搭建了珠海横琴岛、深圳前海、广州南沙新区三个区域发展重大平台，拓展和深化了合作领域。

到2012年，珠三角地区初步形成科学发展的体制机制，转变经济发展方式取得明显成效，经济实力、自主创新能力和国际竞争力显著增强，现代产业体系基本形成，区域经济一体化基本实现，惠及全民的社会保障体系基本建成，公共服务水平显著提升，生态环境和人居环境明显改善。

粤东西北振兴计划的实施

2006年，为促进区域经济协调发展，落实省委、省政府关于促进山区和东西两翼实现跨越式发展的战略决策，《广东省东西北振兴计划（2006—2010年）》出台，在《广东省东西两翼地区经济发展规划意见及其专项规划》的基础上，提出东西两翼地区交通基础设施、能源基础设施、水利基础设施、工业化和城镇化及北部山区交通基础设施、水利基础设施、工业发展、环境保护和生态建设、旅游发展共10个专项规划，用于指导、推进粤东西北振兴工作。

为落实相关任务，省委、省政府于 2006 年 9 月在汕头召开促进粤东地区加快经济社会发展工作会议。会议提出加快粤东发展的指导思想、目标任务、工作重点和政策措施。11 月，省委、省政府下发《关于促进粤东地区加快经济社会发展的若干意见》，提出按"三年打基础、五年大变化、十年大发展"的总体部署，扎实推进，促进粤东地区加快发展。2009 年10 月，省委、省政府印发《关于促进粤西地区振兴发展的指导意见》，提出"三年大变化，十年大跨越"目标，明确促进粤西地区振兴发展的思路和目标任务。

在落实相关政策、实施振兴东西北计划过程中，广东注重把新建的燃煤发电和核电项目、石化重点项目向山区和东西两翼倾斜。东西两翼作为广东省规划的能源建设基地，能源需求和能源基础设施建设投入增长较快。2010 年，饶平、揭西、东源、乳源、阳山 5 个可再生能源开发利用基础较好的县被授予国家首批绿色能源示范县。广东还积极争取国债及中央预算内投资，将之主要用于东西两翼和山区欠发达地区的基础设施建设，投向农村电网、农村公路、高速公路、水利、环保、公检法司、城镇和农村供水及饮水等方面。通过重大项目建设，广东不断改善东西两翼和山区基础设施条件，激活了投资，有力促进了经济社会加快发展。东西两翼和山区的区域工业化进程逐步加快，工业项目数量不断增多，工业增加值较快增长；城镇化水平不断提高，城镇人口增加，城镇经济发展水平提高。同时，北部山区通过扶贫开发，大力发展旅游扶贫事业，加快农业现代化进程建设，加大环境保护和生态建设等，实现跨越式发展。2012 年，粤东西北地区生产总值、工业增加值、财政收入等主要经济指标增速均高于全省平均水平。

2011 年 1 月，《广东省国民经济和社会发展第十二个五年规划纲要》提出联动融合构建区域协调发展新格局，要求把促进区域协调发展作为加快转型升级、建设幸福广东的紧迫任务，还提出推进主体功能区建设，优化提升珠三角，支持东西两翼振兴发展和粤北山区生态发展，统筹陆海开发，促进区域基本公共服务均等化等。2012 年，出台并实施《广东省主体功能区规划》，推进清远等地开展规划试点；出台《广东省生态保护补偿

办法》，安排国家级、省级重点生态功能区 26 个县（市）财政补助资金
4.5 亿元。还争取国家给予国家级重点生态功能区 11 个县（市）均衡性转
移支付 3 亿元。这些举措进一步推动区域协调向着科学发展的方向前进。

■ 加快山区发展的再发力

广东省第九次党代会指出：山区及部分地区的基础设施建设滞后，区
域发展差距明显；农业结构调整缓慢，农民增收的任务仍然艰巨。会议特
别指出：要把加快山区开发摆上重要战略地位。加大扶贫开发力度，搞好
对口帮扶工作，加强就业培训，扩大劳务输出。力争使山区特别是贫困地
区基础设施明显改善，自我积累和发展能力明显提高，生态环境保护明显
加强，全面实现脱贫奔康。[①] 为实现"十五"确定的扶贫目标任务，贯彻
落实省第九次党代会提出的区域协调发展战略，加快山区开发步伐，省
委、省政府于 2002 年召开全省加快山区发展工作会议，出台《关于加快
山区发展的决定》，提出山区建设五年打基础、十年上台阶的目标任务，
制定了一系列强有力的政策措施。各地各部门认真贯彻落实，开始了新一
轮扶贫开发工作。

加大山区基础设施建设力度

《关于加快山区发展的决定》出台后，广东山区各市县和省直有关部
门迅速行动，掀起了新一轮山区建设热潮，"加快以交通为重点的山区基
础设施建设"很快得到贯彻落实。2002 年 11 月 20 日，省政府下发《关于
加快山区公路建设的实施意见》，大力推进交通基础设施建设。到 2004
年，提前 1 年实现所有地级以上市通高速公路。省财政还于 2006 年和
2007 年，为山区各市各安排 1 亿元专项补助资金，支持基础设施建设和支
柱产业。同时，广东加快山区水电等能源基础设施建设步伐，满足贫困地

---

① 李长春：《以"三个代表"重要思想为指导　加快率先基本实现社会主义现代
化——在中国共产党广东省第九次代表大会上的报告》（2002 年 5 月 20 日）。

区人口用水、用电等需求，并继续在全省开展以山、水、田、林、路综合治理为主要内容的"大禹杯"竞赛活动。还有重点地抓好治理工程，解决突出问题，改善山区贫困地区生产生活条件。2003年，省委、省政府发出实施十项民心工程的通知，把实施农村安居工程列为"十项民心工程"之首。2004年，全面启动贫困户住房条件改造工程，开展"百村万户安居工程"。各地按照"整村推进"方式，制定农村贫困户危房改造工程实施方案。全省各地、各有关部门加大工作力度，抓好各项措施的落实，2007年如期完成省委、省政府提出的到年底15万户农村危房改造任务。2008年，省扶贫办在调研的基础上拟定《广东省农村危房和泥砖（茅草）房改造实施方案》，开启新一轮危房改造工程，受到群众欢迎，社会反响强烈。

大力实施产业扶贫工程

广东还通过一系列扶贫工程项目推动扶贫开发，促进区域协调发展。2002年《关于加快山区发展的决定》和2003年《广东省重点发展100家扶贫农业龙头企业的实施方案》，除支持市、县各级通过招商引资、国企改革、事业单位转制和引导乡镇集体经济等多渠道创办扶贫农业龙头企业外，还鼓励珠三角涉农企业到山区开展形式多样的扶贫济困活动，兴办种养基地和农产品加工流通企业，辐射带动贫困户发展特色高效农业，增加收入，脱贫奔康。各级扶贫部门积极落实推进产业化扶贫，培育发展扶贫农业龙头企业，实施"企业＋基地＋贫困农户"的产业化扶贫。利用各项资金，结合发展"一乡一品""一村一品"等活动推动农民形成产业化经营，调整产业结构，优化布局，形成一大批地区特色产业和加工产业，增加贫困户收入。至2008年底，全省国家级扶贫农业龙头企业共14家，省级扶贫农业龙头企业94家，带动贫困农户18.1万户。[①]

开展教育劳务卫生扶贫

2002年，广东开始实施"智力扶贫工程"，政府有计划地组织实施贫

---

① 黄华华主编：《广东年鉴（2009）》，广东年鉴社2009年版，第278页。

困地区劳动力培训与转移工程。通过落实免收农村贫困户子女义务教育阶段书杂费政策，安排专项资金帮助困难家庭子女解决"读书难"问题，让他们走进课堂。同时，安排专项资金改造老区、山区中小学，改造学校学生生活设施，全面加强教师队伍建设，促进全省农村基础教育的快速发展和均衡发展。省财政设立专项资金资助农村贫困初高中毕业生接受技校教育。省委、省政府将技工学校智力扶贫作为"十项民心工程"的重要内容推进。2005年后，"智力扶贫"范围进一步扩大，启动实施"广东省百万农村青年技能培训工程"，形成覆盖城乡的职业技能培训网。广东首创的"智力扶贫"新模式，逐步走向全国。另外，广东还大力加强贫困农民素质教育和就业培训，组织实用科技下乡，办好扶贫培训基地，对贫困农户进行实用技术培训和劳动技能培训，提高贫困农民的种养技能和自我发展能力，扩大贫困地区农村劳务输出渠道。广东省安排专项资金，重点扶持经济欠发达市的卫生事业发展，特别是16个扶贫开发重点县的医疗卫生机构建设。从2002年起，大力推进农村合作医疗发展，建立农村医疗保障制度，安排资金帮助农村人口参加合作医疗。省财政还安排资金支持山区建立县级农村合作医疗保障救助基金，进一步提高合作医疗保障水平。

实施异地搬迁扶贫

2002年以来，广东对不具备生产生活条件的库区和老区村庄进行了妥善安置。通过利润分成、税收返还、财政投入等措施调整利益分配，做好水库移民后期扶持政策的衔接工作。对各年省属水库移民人口进行核定登记，按照"一村一策"的原则，编制工作规划，抓好水库移民住房改造工作，解决移民生产生活用水问题，开展移民培训，扶持移民发展特色产业，从而较好地解决了水库移民历史遗留问题，维护了社会稳定。同时，理顺省属水库移民管理体制，实行属地化管理，对移民管理机构人员进行精简、分流、安置，解决了遗留的管理机构臃肿问题。针对边远分散老区村庄存在的突出"五难"问题，2002—2003年间，省多次组织调查研究，造册登记，分类统计，制定扶持方案。省财政下拨专项资金，扶持老区村庄搬迁，并积极做好老区移民安居工程和水电、道路、农田水利等基础设施建设。2008 年 6 月，省委办公厅、省政府办公厅印发《关于进一步加强革命老区建设工作的意见》，要求抓好边远分散老区村庄搬迁安置工作，增加专项资金扶持，提高补助标准。由于资金下达及时、政策落实到位，移民搬迁地区呈现和谐稳定的良好局面。

对口帮扶促进扶贫开发

对口帮扶是广东开展的一项长期扶贫工程，即通过省直单位挂钩帮扶、沿海市对口帮扶和社会扶贫工作，促进扶贫开发。2002—2006 年，省委、省政府决定用 5 年时间在全省实施"千村扶贫工程"，其中，省直单位包干 100 个村。由省财政出资，重点扶持山区和东西两翼贫困村发展集体经济，加强农村基层组织建设，带动农民脱贫致富。与此同时，省委决定从 2005 年起连续 3 年，组织"十百千万"干部下基层驻农村①，深入推进固本强基工程。2008 年省直、中直驻粤单位把定点挂钩扶贫与开展"十百千万"干部下基层活动相结合，深入推进农村扶贫开发。2002 年省委、省政府"加快山区发展工作会议"提出了珠三角经济发达市与山区市县对口帮扶的实施意见。10 月 29 日省政府发文，重新调整帮扶对象，帮扶对象由 16 个扶贫重点县增加到 20 个。要求加大帮扶力度，在市对市整体帮扶的基础上，组织劳动、科技、教育、卫生等部门对口帮扶，开展区、县（市）各行业之间的对口帮扶。2006 年，省扶贫开发领导小组下发《关于进一步做好珠江三角洲经济发达市与山区市县对口帮扶工作的意见》，提出明确的要求和任务。各地市还根据意见要求相继开展了大量工作，促进了山区市县扶贫开发。此外，广东还不断挖潜新的扶贫力量，通过开展社会扶贫募捐，动员民营企业、企业家等自愿扶贫济困，促进扶贫开发打开新局面。

---

① 《中共广东省委关于组织"十百千万"干部下基层驻农村深入推进固本强基工程的意见》提出：从 2005 年起，全省每年组织 10 名以上省级干部、100 名以上市厅级干部、1000 名以上县处级干部、30000 名以上科级以下干部下基层驻农村，每个村一般派驻 1 名干部。

■ 落实"规划到户责任到人"

2007年12月11日至13日，中共中央政治局委员、省委书记汪洋赴清远阳山、连南两县调研。汪洋表示："我到广东上任第一次调研来粤北山区，就是要表明省委、省政府一如既往高度重视粤北山区发展，将进一步加大对山区的帮助扶持力度。"① 在连南大古坳村，面对当地贫困情况，汪洋深感扶贫工作要有更新的思路与做法，若要把每一个贫困户都脱贫致富，砍掉他们的穷根，必须创新机制。汪洋特别要求清远创新扶贫开发机制，做到"规划到户、责任到人"（以下简称"双到"）。② 清远市积极落实指示精神，把扶贫开发"双到"工作作为各级党委、政府争当山区科学发展排头兵、建设社会主义新农村、走向共同富裕的重要工作来抓，并于2008年9月在全省率先出台《关于扶贫开发"规划到户、责任到人"工作的实施意见》，提出实施扶贫开发"双到"具体任务，从制度上进行落实。2008年10月底，汪洋再次来到清远，就推进农村改革发展、加强扶贫开发工作进行专题调研。通过调研，他肯定了清远前一阶段"双到"工作的成绩，鼓励全市的党员干部继续发扬改革创新精神，推动农村扶贫开发工作取得新突破。

2009年6月，省委办公厅、省政府办公厅印发《关于我省扶贫开发"规划到户、责任到人"工作的实施意见》，提出调动全社会的力量，实施扶贫开发"规划到户、责任到人"工作责任制。要求用3年时间，对粤东西北欠发达地区14个地级市和恩平市等83个县（市、区）的3409个贫困村，以及农村家庭年人均纯收入1500元（含1500元）以下的农户，实施"规划到户、责任到人"扶贫开发工作责任制，采取"一村一策、一户一法"等综合扶贫措施，确保被帮扶的贫困户基本实现稳定脱贫，80%以上

---

① 中共广东省委党史研究室编著：《中共广东历史简明读本》，广东人民出版社2011年版，第419页。

② 《广东科学扶贫成就"连南经验"》，《南方日报》2012年11月7日。

被帮扶的贫困人口达到农村家庭年人均纯收入 2500 元以上，被帮扶的贫困村基本改变落后面貌。该意见还明确了工作要求，提出需要在哪些方面加强领导。同月，省委、省政府召开全省扶贫开发"规划到户、责任到人"电视电话会议，汪洋出席会议并讲话。是年底，全省 21 个地级以上市及 240 多个省直、中直驻粤单位和国有企业制定扶贫开发"规划到户、责任到人"工作实施方案，标志着广东省扶贫开发"双到"工作全面实施。① 至此，广东开启了精准扶贫的先行探索。

为进一步推进这项工作，广东逐步建立、完善相关政策法规体系，相继出台《广东省建立健全扶贫开发信息管理系统工作实施方案》《关于进一步明确扶贫开发"规划到户、责任到人"帮扶对象的通知》《广东省扶贫开发"规划到户、责任到人"工作驻村干部管理规定》《广东省扶贫开发"规划到户、责任到人"工作考核办法》《广东省扶贫开发工作问责制暂行办法》《"双转移"工作与"双到"工作相结合实施意见》等一系列文件，从多个层面为扶贫开发工作提供坚实的制度保障。各地市对此热烈响应，将思想和行动统一到省委、省政府的决策部署上来，根据自身实际情况，也先后制定了相关工作文件，部署开展工作。

进一步摸清扶贫对象

扶贫"双到"，主要任务是解决扶谁的贫、谁去扶和怎么扶的问题，以 3 年为一轮的时间，集中帮扶省认定的贫困村、贫困户、贫困人口。"双到"工作实施意见明确了扶贫对象群体，但是，对具体扶贫对象还有待进一步确定。按照建立动态档案工作要求，帮扶干部和村干部一起，进村入户，进行摸底排查，经逐级审核，确定名单后进行公示，之后逐村逐户登记造册，再将有关数据同步分类录入电脑进行上传，通过电脑进行管理，并随时跟踪贫困村、贫困户的情况，及时更新相关信息，建立实时联网监测系统。从 2009 年下半年开始，广东搭建覆盖全省的扶贫开发信息管理系统，在全国率先实施扶贫信息电脑联网管理。按分级管理权限，省扶

---

① 黄华华主编：《广东年鉴（2010）》，广东年鉴社 2010 年版，第 230 页。

贫信息网可以看到全省动态情况，可以查阅到每一贫困村、贫困户的基本情况及帮扶前后的变化；市可以看到全市所属各村的帮扶情况；县可以看到全县所属各村的帮扶情况。省扶贫办还下发《抓紧做好贫困村、贫困户建档立卡电脑管理工作的通知》，开发"双到"工作建档立卡软件，通过举办专题培训班，层层培训到驻村帮扶单位工作队。经过实践，广东做到了"户有卡、村有册、镇有簿、县有案"，建立起贫困村、贫困户动态档案，实行全省联网，使贫困村、贫困户情况一目了然。经核查，第一轮扶贫确定贫困村 3407 个、贫困户 36.7 万户、贫困人口 158.6 万人。①

帮扶任务分解到单位和个人

扶贫"双到"工作突破以往区域大帮扶的常规做法，创造性实施"瞄准机制、靶向治疗"，通过定单位、定人、定点、定责帮扶，将全省需帮扶的贫困村、贫困户分配落实到省直单位、中直驻粤单位、珠三角 7 个市、当地市县机关事业单位，以及有能力、有意愿的企业和个人，实现"一对一"的精准帮扶。2010 年，广东将定点帮扶 3409 个贫困村（有 2 个村因工业项目搬迁取消，实际部署实施帮扶 3407 个贫困村）76 万户贫困户的责任全部落实到全省 5000 多个帮扶责任单位。② 帮扶单位在完成扶贫对象核实后，派驻村干部帮扶，按照精准识别、动态管理的原则，对每个重点帮扶村、相对贫困户落实帮扶责任人及帮扶措施，并建档立卡。在具体实施中，各级党委、政府负责将定点帮扶的贫困村和贫困户的任务，具体分解到所属单位和部门，落实挂村挂户责任人，包括主要领导责任、分管领导责任、挂村挂户干部责任。各帮扶单位"一把手"为第一责任人，分管领导为直接责任人。帮扶责任单位安排党员干部，针对贫困村中的贫困户，实行"一对一"结对帮扶。帮扶责任单位主要领导、分管领导、结对帮扶贫困户责任人每年每季度需要按规定时间到村、到户进行指导，并填

---

① 广东农业全书编委会编：《广东农业全书》，中国农业出版社 2017 年版，第 467 页。

② 黄华华主编：《广东年鉴（2011）》，广东年鉴社 2011 年版，第 263 页。

写"贫困户帮扶记录卡"。每个帮扶责任单位都派出 2 至 4 人的工作队，长期驻村帮扶，实施帮扶项目。按照扶贫"双到"工作建立帮扶台账的工作要求，各定点帮扶单位根据帮扶情况，按要求如实填写贫困村贫困户帮扶记录卡，并填报帮扶工作落实情况统计表，建立帮扶工作定期汇报制度。县、镇扶贫有关部门通过帮扶台账，将挂钩帮扶的单位、责任人、帮扶措施、帮扶内容、帮扶成效等信息记录下来，建立动态帮扶档案，跟踪贫困村和贫困户的帮扶成效。

创新多种帮扶方法

广东扶贫开发"双到"注重解决发展的问题，对有劳动能力的贫困户，各地采取对口支援、产业帮扶、智力扶贫、金融帮扶、旅游帮扶等多种扶贫方式。根据"治标与治本相结合、自力更生与外部支援相结合、扶贫开发与培养锻炼干部相结合、扶贫与扶志相结合、表彰先进和督促后进相结合"的工作思路，帮扶责任单位结合每村、每户实际情况，科学制定了帮扶规划，进行分类指导，严格落到实处，体现了"一村一策、一户一法"。比如，清远市广大党员干部通过"强班子、换脑子、开方子、闯路子、结果子"，提出"五子登科"。他们在帮助高寒山区群众搬迁安置中，充分调动移民搬迁的积极性，摸索出一套"搬得出""稳得住""能致富"的办法，使移民安居、乐业。又如，韶关市乳源县推行"产业建支部，品牌闯销路，党员带头富，群众增收入"政策，积极搞好产业发展，建设一批整村推进示范村，收到了良好示范效应。再如，中山市实行"一村一基地"，帮扶汕尾市 80 个贫困村打造万亩扶贫产业园区，并建设带领贫困户脱贫致富的农业示范村，发起"千个机关支部帮扶千户困难家庭活动"。还有郁南县，积极探索农村金融综合改革，采取小额贷款模式，建立金融扶贫担保基金，为贫困农户提供贷款担保，进行金融帮扶。此外，阳山县积极探索农村金融体制改革，尝试合作互助金模式，通过"大户带动，滚动发展"实现种养大户做扶贫经纪人，带动贫困户脱贫；惠州市和梅州市分别通过合资及自筹资金，用于建设农贸市场、入股水电站、入股工业园区等，发展壮大集体经济；鹤山市驻韶关乐昌工作队开设"扶贫慈善之路"博客，引导社会力量参与扶贫。① 全省各地、各单位纷纷投入其中，开展了一场轰轰烈烈的扶贫开发大运动。

■ 首设"广东扶贫济困日"活动

在实施扶贫"双到"政策过程中，省委、省政府注重创新工作机制，整合各类资源，积极推动社会力量参与扶贫济困。通过构筑扶贫信息立体传播网络，综合运用党报、党刊、广播、电视以及互联网、手机等新兴传播手段，尤其是通过开展"扶贫济困日"活动，广东整合各项扶贫资源，团结各种扶贫力量，营造了"人人行善、团结互助、扶贫济困"的良好社会氛围。

作为全国第一个省级扶贫济困活动日，"广东扶贫济困日"是广东扶贫开发工作的一个创新举措，具有先行先试的示范意义。省委十届六次全会提出："全省要设立'扶贫济困日'，鼓励对口帮扶部门以及社会各界深入贫困地区，献爱心，搞帮扶。"2010年，省委向国务院申请设立"广东扶贫济困日"。6月4日，国务院批准每年6月30日为"广东扶贫济困日"。6月13日，省委、省政府发出《关于在全省开展"广东扶贫济困日"活动的通知》，组织全省各地、各部门广泛开展扶贫济困日活动。

2010年6月30日，"广东扶贫济困日"启动仪式在广州市中山纪念堂举行，活动主题为"扶贫济困，共建和谐"。各地、各部门纷纷响应，举办了形式多样的募捐慈善活动，社会各界人士、企事业单位和民间组织等多种扶贫捐赠主体以多种形式积极踊跃地捐款捐物，南粤大地掀起扶贫济困热潮。据统计，第一届"广东扶贫济困日"活动共接收认捐款物达30亿元。② 活动办公室将全省的募捐情况向社会公布，接受社会监督。各种

---

① 广东省作家协会、广东省扶贫开发办公室编：《大爱——广东扶贫开发纪实》，花城出版社2012年版，第10页。
② 广东农业全书编委会编：《广东农业全书》，中国农业出版社2017年版，第470页。

捐赠款物根据捐赠方的意愿划拨给全省重点帮扶的贫困村和贫困户用于各项扶贫项目。为规范"广东扶贫济困日"捐赠款物的管理使用，广东相继制定《广东扶贫济困日活动捐赠管理暂行办法》《广东扶贫济困日活动捐赠款物使用通知》等文件，对社会组织募捐的款物的使用管理、监督及信息公开等作出详细规定。

此后，"广东扶贫济困日"每年确定一个主题，开展形式多样、内容丰富的扶贫济困活动，鼓励全省社会各界积极参与广东扶贫济困活动。2011年和2012年分别以"人人奉献爱心，共建幸福家园"和"扶贫济困，奉献爱心"为主题，募集到款物62.18亿元和30亿元。活动受到广泛关注，并推动了全国"扶贫日"的设立。2011年，国务院扶贫办先后4次转发广东省扶贫开发经验；《人民日报》、新华通讯社、中央电视台等国家主流媒体先后300多次报道广东省"双到"工作的情况。[①] 一系列活动的开展和宣传，产生了深远的社会影响。各种社会团体、民间组织、中央驻粤单位、企事业单位、企业家、个体户、港澳台同胞、海外华人华侨、国际慈善机构及非政府组织等，在"自愿、无偿"原则的基础上，通过多种形式参与广东扶贫开发建设。各种社会组织也不断开拓社会扶贫渠道，公益慈善系统、红十字会系统、基金会系统、志愿者组织、行业协会和商会等纷纷投入其中，通过各种形式构建起广东大扶贫工作格局，形成了扶贫合力。

---

① 朱小丹主编：《广东年鉴（2012）》，广东年鉴社2012年版，第250页。

第七章　其他各个领域的改革发展

中共十六大以后，广东积极落实科学发展观，围绕实现全面、协调、可持续的科学发展，及时调整发展思路，探索经济快速转型升级之路。在实践中，广东不断推进政治、文化、生态领域的深入改革、发展，在重要领域和关键环节初步形成有利于科学发展和一体化的体制机制，破除了阻碍经济社会发展的体制障碍，充分发挥"试验田"和示范区作用。

■ 加强社会主义政治文明建设

2002 年 11 月，中共十六大提出，继续积极稳妥地推进政治体制改革。广东积极贯彻十六大精神和省委党代会精神，重点围绕转变政府职能、改进政府管理方式、理顺省市县政府职权关系、调整完善政府组织结构、规范中介机构发展、机关后勤体制改革、事业单位机构改革、行政执法体制改革、电子政务建设等展开调查研究，并提出深化改革、解决问题的对策和建议。此后，广东将行政管理体制改革列为重点工作，以转变政府职能为核心，不断深化改革，加强社会主义政治文明建设。

启动新一轮地方政府机构改革

2003 年，广东启动新一轮地方政府机构改革，对省政府部门职能进行整合划转。随后，又对市县政府机构进行改革，启动乡镇机构改革试点工作，进一步推进政企分开，强化政府经济调节、市场监管、社会管理和公共服务职能，取得了阶段性成果。2008 年，按照中央工作部署，广东开始新一轮的综合改革。根据市场经济体制要求，重新界定政府职能，大胆借鉴香港、新加坡等经验，实行大部制改革和行政"三分开"，以深圳、顺德为试点，先行先试。2009 年 9 月，深圳和顺德率先公布改革方案。深圳市将政府部门分类设置为"委""局""办"，初步构建决策、执行、监督相互制约、相互协调的新机制，政府工作部门由 46 个精简至 31 个。顺德区推行决策民主化和扁平化、执行集中化、监督外部化和独立化改革，在更大范围创新决策、执行、监督体制机制。实行"党政联动"，将 41 个党政部门压缩为 16 个。顺德的改革力度大，速度快，进展顺利，对全省行政体制改革真正起了带动和示范作用。各市纷纷公布并实施机构改革方案，按大部制要求，学习深圳、顺德的经验，重新设置政府机构。① 全省构建起"小政府、大社会"格局，推进了政府职能转变，提高了行政效率，方便了群众和企业办事。

推进行政审批制度改革

广东将行政审批制度改革作为转变政府职能、深化行政管理体制改革的突破口。2000 年以来，经过三轮行政审批制度改革，到 2008 年底，先后取消调整 2800 多项② 行政审批事项，并建立起行政审批电子监察系统，全省政务环境明显优化。2009 年行政管理体制改革全面铺开后，广东开展第四轮行政审批制度改革，省政府取消和调整行政审批事项 5070 多项。此次改革着眼于"宽准入、少审批、严监管"，在项目投资、社会事业、非行政许可等领域又一次大幅减少行政审批事项。③ 2012 年，国务院批准广东"十二五"期间在行政审批制度改革方面先行先试，100 项由行政法规、国务院和部门文件设定的行政审批事项在广东停止实施或调整。新一轮行政审批制度改革的力度很大，清理审批事项总数达 1120 项。在几轮改革实践中，广东将行政审批制度改革与行政体制改革结合起来，以"自我革

---

① 黄挺：《广东行政体制改革的新突破》，《南方日报》2013 年 3 月 4 日。

② 此处数据根据广东年鉴进行核算所得。

③ 黄挺：《广东行政体制改革的新突破》，《南方日报》2013 年 3 月 4 日。

命"的勇气推进政府职能转变，将政府不该管也管不好的事权交给市场和社会。广东将行政审批体制改革与规范行政权力运行相结合，在大幅减少并转移下放行政审批事项的同时，规范和优化权力运行流程，同时实行信息公开和权力阳光运作并建立完善责任制度，切实加强对行政权力的监督制约。还将行政审批体制改革与创新政府管理方式相结合，全面深化相关配套改革，通过加强审批、监管和服务，运用现代信息化手段，不断提升服务效能。另外，将行政体制改革与培育发展社会组织相结合，先后出台多个文件，大力推进社会管理创新，建设和完善党委领导、政府负责、社会协同、公众参与的社会管理格局，促进服务型政府建设。

进一步启动事业单位改革

广东事业单位改革起步虽早，但进展比较缓慢。2002 年，在试点改革基本完成的基础上，开始着手推进事业单位改革，逐步取消其行政级别，建立不同于政府部门的人员管理制度和工资福利制度。2006 年，广东被确定为全国事业单位改革试点省。2007 年，全省正式启动事业单位分类改革工作，将事业单位分为行政类、公益类和经营服务类，实施不同的改革方式和措施，加强引导，强化监督管理。2012 年，省直事业单位分类基本完成。通过划定职能，进行分类，增强事业单位的公益属性，强化了事业单位的公共服务职能；通过推动科研体制改革和探索法人治理结构，创新体制机制，增强了事业单位的活力；通过机构编制管理、网上登记监管、建立绩效评估制度等加强监管，提升了事业单位的服务质量。经过改革，全省的事业单位得以规范管理，资源得到优化配置。

开展政务公开和信息化建设

广东通过推进政务信息化建设，加强政务服务，提高行政效率，推进廉洁从政。一直以来，广东坚持推行政务公开，积极探索信息公开制度建设，2006 年即建立起新闻发言人制度。广东积极推进信息公开的法制化建设，于 2003 年和 2005 年，先后出台了我国由地方政府制定的第一部全面、系统规范政府信息公开行为的政府规章和第一部全面、系统规范政务公开行为的省级地方性法规，为各地提供了范本。2007年《中华人民共和国政府信息公开条例》通过以后，广东进一步加大政务公开力度，通过一系列组织规范和制度平台建设，推进了全省政务公开工作质量和水平的进一步提高。广东还注重创新政务服务方式。2002年以来，各地学习推广南海的经验，创新形式，加强直接面向基层和群众的"窗口"机构的建设和管理，推行"一站式服务"和"一个窗口对外"，将多个服务点事务集中于一个行政服务中心或社区服务中心，实现政务服务向规范有序、公开透明和便民高效转变。同时，广东将电子政务作为转变政府职能、促进政务公开、提升行政效能的重要支撑。2002年12月，在全国率先开通了统一电子政务信息专网平台，电子政务建设进入高速发展时期。[①] 2004年启动电子政务建设，推进行政管理创新试点工作。全国信息化综合试点城市南海的政务信息化建设的先行探索，为全省电子政务建设提供了有效经验。2012年涵盖全省各市各部门的网上办事大厅正式启动，多个行政项目进入政务服务平台办理，优化了服务流程，提升了工作效率。各地还充分利用现代网络科技，试行预约服务、网上预审、网上年检、网上申报和审批代码证等服务，尽可能减少企业和市民往来次数，大大节约了行政成本和企业、群众办事成本。

依法治省工作的再推进

2000年以来，广东全面推进依法治省工作，充分凝聚党委、人大、政协及"一府两院"（人民政府、人民法院、人民检察院）的民主监督合力，推动全省依法治省工作向纵深发展。2002年，广东成为全国综合行政执法试点省。省委、省政府将其作为行政管理体制改革的重要组成部分来抓，实行"两个相对分开"，改变多头执法、多层执法状况，建立有力的行政执法体制和过硬的执法队伍，紧密结合经济社会发展实际，以点带面，逐步推进。2004年，国务院颁布实施《全面推进依法行政实施纲要》，广东

---

① 肖滨等著：《为中国政治转型探路——广东政治发展30年》，广东人民出版社2008年版，第237页。

更是紧紧围绕改革发展稳定大局，坚持把推进依法行政、加快法治政府建设作为依法治省的重中之重来抓，突出重点、分步实施、整体推进，成效显著，创造了很多新鲜经验。2004 年 8 月，省政府下发《关于贯彻落实国务院全面推进依法行政实施纲要的意见》，确立"率先建立以依法行政为核心的文明法治社会环境，率先建立法治政府"总目标，明确推进依法行政、建设法治政府的目标、任务、措施等。此后，通过夯实基层政府依法行政基础、提高依法行政能力，推进全省法治政府建设进程，加强民主公开立法，健全规章制度，完善行政复议、行政诉讼制度，加强行政执法监督工作，加强司法体制改革及其机构改革，对政府规制进行审查等一系列活动，全省依法行政、法治政府建设取得重要进展。2011 年后，广东又把推进依法行政与促进改革发展稳定统一起来，加强经济、文化和社会领域立法，强化对政府各层级监督，规范行政执法行为，依法处理各类矛盾纠纷，为全省经济社会又好又快发展提供法制保障。经过改革，全省行政机关依法行政、依法办事的意识和能力不断提高，已初步形成党委统揽全局、人大政协监督支持、政府发挥主体作用、社会各方共同参与的依法行政工作格局。

基层治理新模式的探索

为贯彻中共十六大以来中央有关发展基层民主的精神，广东积极推进村民自治和居民自治，逐步使城乡居民走上了自我管理、自我教育和自我服务的发展轨道，城乡居民自治呈现新的生机和活力，村民自治整体水平进入全国前列。2005 年，广东在第三届村委换届选举中率先推行选举观察员制度。惠州龙门县首创民主提事、民主议事、民主理事、民主监事的"四民主工作法"，有力遏止了过去基层事务由村干部说了算的现象。2010 年 1 月，这一做法在全省推广。2010 年 12 月，第二次修订《广东省村民委员会选举办法》，对村委会选举工作进一步规范。此外，通过修改完善《社区居民自治章程》《社区居民代表大会制度》《社区居务公开制度》等一系列规章制度，理顺了政府与社区关系，明确了社区居民委员会职责，为社区居民委员会发挥自治功能提供了制度保障。

2008 年 5 月，广东在社区居民委员会换届选举中首次建立换届选举工作责任制，成立由各市、县（市、区）、乡镇（街道）党委（党工委）书记任组长的换届选举工作领导小组，有效地保证了换届选举工作的顺利完成。21 世纪初的十余年间，广东通过完善村（居）民自治制度，健全基层民主机制，拓宽民主形式和内容，创新基层治理模式，依法保障了人民群众的知情权、参与权、选择权和监督权，充分调动了基层群众依法参与民主实践的积极性。

■ 文化大省和文化强省的建设

中共十六大以来，广东通过对文化体制的深化改革，不断推进文化大省建设和文化强省建设，形成了充满活力的文化体制机制，推动了广东文化事业、文化产业持续发展，全省文化软实力得到明显增强。

文化体制改革的进一步开展

2002 年 12 月，省委九届二次全会为贯彻落实十六大精神，提出推进文化建设和文化体制改革，建设文化大省。2003 年 6 月，全国文化体制改革试点工作会议在北京召开，会上确定了包括北京、上海、浙江、广东、深圳等在内的 9 个省市和 35 个文化单位为文化综合改革试点省市和单位。广东紧紧抓住这一契机，以文化体制改革为突破口，加快文化大省建设。经过缜密部署，2003 年 9 月，省委、省政府印发《广东省文化体制改革试点工作方案》，提出改革文化管理体制、转换微观运行机制、加快文化市场建设、制定和实施相关配套政策、优化文化资源配置、提升对外文化交流水平等 6 项改革试点工作主要任务，确定广州、深圳和东莞为省文化体制改革试点地区，南方日报报业集团等 12 个单位为省文化体制改革第一批试点单位。试点地区和单位积极稳妥地落实试点任务，在转变政府职能、文化市场综合执法、深化事业单位内部改革、探索新闻媒体宣传与经营"分开"、推动结构调整资源整合、发展民营文化企业等方面进行了大胆实践，为全国提供了有益经验和典型示范。① 2005 年后，改革试点范围扩大。是年 4 月，全省文化体制改革试点工作会议召开，制定下发《关于进一步扩大文化体制改革试点范围的意见》。新增珠海、佛山、惠州、中山、江门、肇庆、汕头、韶关、湛江 9 市和岭南美术出版社、广东教育书店等 9 个单位为广东省第二批文化体制改革综合性试点地区和单位。试点地区和单位在体制与机制创新上下工夫，先后出台一系列配套性政策，通过改革试点，在经营性文化事业单位转制、国有文化资产管理等方面取得显著成效。② 广东的文化事业和文化产业由此进入一个新的发展阶段。

2006 年，省委、省政府召开全省深化文化体制改革工作会议，传达学习全国文化体制改革工作会议精神；总结交流改革试点工作经验，部署全省深化文化体制改革、加快文化事业和文化产业发展工作。全省文化改革由此全面铺开。之后，广东印发文化改革发展规划及一系列配套政策，推进改革向纵深发展。在文化体制改革由试点到全面推进的过程中，广东积极推动体制机制创新，取得了成效、形成了亮点、创造了经验，得到中央的肯定和高度评价。2012 年 2 月，全国文化体制改革工作召开，广东获"全国文化体制改革工作先进地区"称号，广州、深圳、珠海、佛山、惠州、东莞等 10 市也同时被评为"全国文化体制改革工作先进地区"，成为全国学习的典范。③

在宏观层面，广东积极转变政府职能，创新文化管理体制。大力推进政事分开、政企分开和管办分离，理顺政府与文化企事业单位的关系，强化政府政策调节、市场监管、社会管理和公共服务等职能。按照中央部署，改革市县两级文化行政管理架构，调整归并文化、广电、新闻出版局，组建文化市场综合执法机构。2010 年全省市县两级全部完成组建文化

---

① 《广东改革开放纪事》编纂委员会编：《广东改革开放纪事（1978—2008）》（下），南方日报出版社 2008 年版，第 974 页。

② 《广东改革开放纪事》编纂委员会编：《广东改革开放纪事（1978—2008）》（下），南方日报出版社 2008 年版，第 974 页。

③ 王莹：《十六大以来广东文化体制改革的过程与经验》，《红广角》2013 年第 6 期，第 50 页。

广电新闻出版局和文化市场综合执法机构工作，并在国内率先组建省级文化市场综合执法局，形成了统一、高效的文化市场综合执法体系，改变了过往多头执法、职责不清的局面，提高了行政管理效能，增强了执法力量和监管力度。此外，广东还积极探索创新国有文化资产管理体制，在全国率先成立了广东省国有经营性文化资产监督管理办公室，实现了管人、管事和管资产的有效结合。

在微观层面，广东大力推进转企改制，创新文化运行机制，积极稳妥地推进经营性文化事业单位转制为规范的公司制企业，完善法人治理结构，建立现代企业制度。广东省出版集团、广东省电影公司等一批省属书刊出版与发行单位、电影制片与发行单位先后转制为公司制企业。同时，广东对南方日报报业集团、南方广播影视传媒集团等重要新闻媒体实行宣传与经营"两分开"。另外，对国有文化企业进行股份制改造，扩大投融资渠道，实现投资主体多元化。经过努力，经营性文化事业单位转企改制全面完成，打造了一批国有文化单位集团，全省文化集团数量居全国各省、市之首，大大提高了文化企业的质量和效益，增强了企业的活力和竞争力。

对于公益性文化事业单位，广东通过深化单位内部劳动、人事、分配制度改革，不断优化其内部管理和运营机制。同时，加大公共文化资源和信息资源整合力度，创新公共文化服务方式。推动广东粤剧艺术大剧院、广东作协文学院、省立中山图书馆、省博物馆、广东星海演艺集团等一批公益性文化事业单位整合资源、转换机制、增强活力、改善服务。在全国率先建立"流动图书馆""流动博物馆""流动演出网"，实现图书资源、文物资源和演出资源等在全省范围内流通共享，促进公共文化资源跨区域流动。从而构建覆盖全省的公共文化服务体系，提高了资源配置、使用效率以及服务的质量和水平。

此外，广东还不断夯实政策保障基础，积极完善和落实相关配套政策。2003年以来，为保障文化体制改革工作的顺利推进，广东省政府与省劳动、社保、财政、税收、海关等相关职能部门积极沟通，密切配合，先后出台《关于深化文化体制改革　建设文化大省的若干配套经济政策》等一系列配套文件，并积极落实国家关于文化体制改革的相关政策，为文化体制改革提供政策支持和制度保障，为文化事业发展和文化产业发展营造了良好的政策环境。

文化产业和文化事业实现新发展

2003 年 9 月，省委、省政府召开文化大省建设工作会议。会议通过《关于加快建设文化大省的决定》《广东省建设文化大省规划纲要（2003—2010 年）》，对文化大省建设进行全面部署。2009 年，省委、省政府出台《关于加快提升文化软实力的实施意见》，提出建设文化强省的新目标。2010 年 7 月，省委十届七次全会专题研究文化强省建设，审议通过《广东省建设文化强省规划纲要（2011—2020 年）》，对全面深化文化体制改革、推动社会主义文化大发展大繁荣作出部署。为保障文化强省建设顺利推进，省委、省政府制定文化强省建设综合评价指标体系和规划纲要分工方案，实施文化强省建设"十大工程"①。2003 年以来，全省上下积极贯彻落实省委、省政府建设文化大省和文化强省的工作部署，在深化文化体制改革的同时，实施一系列文化建设工程，大力推进文化事业和文化产业进入新的发展阶段。

在这段时间，广东制定了《广东省文化产业发展"十一五"规划》《广东省文化产业振兴规划（2010—2015 年）》，明确文化产业发展的指导方针、战略目标、总体布局、产业重点、实施步骤等；发布了《广东省社会资本投资文化产业指导目录》，组建了广东省南方文化产权交易所、省广电基金和广东省文化产业投资管理公司；打造了多个文化产业园区和基地，开展文化产业示范基地评选认定工作，鼓励优秀文化企业充分发挥示范、辐射和带动作用，推动全省文化企业规模化、规范化发展。广东建设了"珠江两岸文化创意产业圈"，推动珠三角各市规划建设一批文化创意

---

① "十大工程"是指提高公民文化素质工程、哲学社会科学提升工程、公共文化服务体系建设工程、文化精品工程、文化产业集聚发展工程、文化遗产保护与开发工程、文化"走出去"工程、文化改革创新工程、高端文化人才培养和引进工程、文化建设保障工程。

产业园区，共同建设粤港澳文化创意产业试验园区和示范基地，形成一批布局合理、功能完善、主业突出、产业配套、管理规范的文化创意产业园区。此外，广东还搭建起文化产业交流交易平台，定期举办中国（深圳）国际文化产业博览交易会、广东国际广播影视博览会、中国国际音像博览会、广州艺术博览会等大型文化展会，成功举办了第八届中国（广州）国际纪录片大会。到 2012 年，广东已建立起经营秩序规范、结构较为合理的文化市场，形成了完整的文化产业体系，培育了平面媒体、广播电视、数字出版、印刷复制以及动漫网游、游艺游戏设备生产等优势产业集群，文化产品出口覆盖 100 多个国家和地区，成为广东的战略性新兴产业和重要支柱产业。是年，广东省由文化部门主办和管理的文化及相关产业实现增加值428.74 亿元。[1] 进入 21 世纪以来，广东文化产业发展步入了快车道，成为经济增长的重要引擎，文化及相关产业增加值连续 10 多年位居全国首位。

在完善公共文化服务体系方面，广东编制了《广东省公共文化服务体系建设规划》《广东省公共文化服务促进条例》，明确公共文化服务体系建设目标、任务和措施。各级政府通过财政投入，加大对公益文化事业的扶持力度。省财政分期安排资金，用于广东科学中心等文化标志性工程和广东演艺中心等重点文化设施的建设。每年还安排一定资金，用于扶持重要新闻媒体、社会科学研究机构、重大宣传文化项目、重点艺术院团、重要文化遗产和优秀民间艺术保护及支持东西两翼和山区的文化发展，坚持硬件建设和活动开展并举。出台了《关于加强我省农村文化建设的指导意见》《广东省群众文化活动专项资金管理暂行办法》。通过开展实施广播电视村村通、文化信息资源共享、乡镇和社区综合文化站（室）建设、农村电影放映、农家书屋、外来工文化服务等重点文化惠民工程，不断推进全省基层文化设施覆盖工程建设，建成一批高水准的重点公共文化设施。广东首创公共文化流动服务网络，率先在全国实现"三馆一站"[2] 免费开放。到 2012 年，初步形成省、市、县、镇（街道）、村（社区）五级公共文化

---

① 朱小丹主编：《广东年鉴（2013）》，广东年鉴社 2013 年版，第 357 页。

② "三馆一站"是指美术馆、公共图书馆、文化馆以及乡镇综合文化站。

设施网络，推动城乡基层公共文化服务的能力和水平上新台阶。同时，广泛开展群众文化活动，丰富基层群众和外来务工人员业余生活。创作了许多在全国有重大影响、群众喜闻乐见的文艺作品，打造了一批深受群众喜爱的文化品牌，如"岭南民间艺术展演""欢乐广东文化惠民活动"等。一系列工程的实施，构建了公共文化服务的完整体系，增强了公益文化覆盖面，提升了服务水平和质量。

■ 生态文明建设的逐步推进

2002 年 5 月，广东省第九次党代会提出实施"青山、碧水、蓝天、绿地"工程。省委九届二次全会明确提出具体建设目标和任务。中共十六大召开后，广东积极实行科学发展，进一步加强环境保护和生态建设，逐步树立建设"和谐广东，绿色广东"的战略理念。全省积极贯彻落实中央及省委精神，坚持保护与治理相结合，狠抓节能减排工作，全面部署和推进绿色广东建设，努力实现经济增长与社会、资源、环境的可持续发展。

生态保护和环境治理的加强

广东坚持保护也是发展的理念，以水、大气为重点，推进环境治理保护。2002 年，省委、省政府提出要加强珠江综合整治，实现"一年初见成效，三年不黑不臭，八年江水变清"的目标。广东全力实施珠江综合整治工程，建立起珠三角地区上下游联防联治机制，加大对跨界区域主要河流的治理。在实施过程中，广东重点整治污染严重区域和内河涌，加大污水处理力度，同时，加大饮用水源保护力度，严禁在东江干流沿线等环境敏感地区建设重污染项目，在重要水源区建设多个污水处理设施。2012 年，珠三角在全国率先将 PM2.5 纳入空气质量评价体系，并在鹤山投入使用全国第一个大气超级监测站。在大气污染整治上，重点抓好大气污染重点行业、产业的整治，加快烟气脱硫脱硝。实施严格的机动车排放标准，建立机动车排气污染联防联动机制，加强机动车排气污染防治。为保护生态环境，广东还出台一系列相关政策措施，不断构筑生态建设的制度基础。

节能减排发展循环经济

进入 21 世纪以后，面对全省在可持续发展方面面临的严峻问题，根据胡锦涛 2004 年 12 月在广东视察时专门针对发展循环经济，建设节约型社会的指示精神。广东结合本省产业发展实际，逐步建立有效工作机制，加强节能减排，发展循环经济。

一是完善组织架构，建立监管机制。2005 年以来，省政府先后成立省建设节约型社会发展循环经济领导小组和节能减排工作领导小组，以加强统筹协调和组织领导工作；建立省节能监察中心，以加强节能监察管理；建立污染源长效监管机制，以推进重点污染源全面达标和在线监控；建立环境突发事件处理应急机制等。二是建立完善节能减排制度体系。制定了《广东省节约能源条例》（修订）、《广东省"十一五"主要污染物总量减排考核办法》等规范性文件，出台了《广东省节能减排综合性工作方案》《广东省"十一五"主要污染物总量减排工作方案》《广东省节能减排全民行动实施方案》《广东省"十二五"节能减排综合性工作方案部门分工》等具体实施方案，把总量减排指标纳入政府政绩考核体系，把节能减排的各项工作任务分解落实到各地各部门。三是严格执法，加大工业污染防治力度。建立环保与监察等多部门联合环境执法机制，严格追究环境违法责任。连续多年开展环保专项行动，对污染严重的企业实行关停并转迁和限期治理，着重解决热点难点环境问题，结合产业结构调整加大污染防治力度，严控污染物排放总量。四是转变经济增长方式，大力发展绿色经济。从高投入、高增长、高消耗、高污染、低效益的粗放型增长方式，向高增长、高效益、低投入、低能耗、低污染的集约型增长方式转变。在全国率先出台《关于环境保护工作促进全省加快经济发展方式转变的意见》。积极制定碳排放权交易试点方案，建立完善碳交易市场，广东于 2012 年 9 月成为全国第一个正式启动碳交易试点的省。

林业生态省建设的启动

2007 年 5 月，广东省第十次党代会提出全面实施林业生态省建设规划。2008 年，广东率先提出科学发展生态、民生、文化、创新、和谐"五个林业"，迈开了建设现代林业强省的新步伐。2012 年，省委、省政府全面启动新一轮绿化广东大行动，努力建设全国一流、世界先进的现代林业。[①] 在这一系列部署下，广东通过林业生态建设和保护，走出了有自身特色的林业生态省建设之路。

在林业生态建设上，广东狠抓林业生态重点工程建设，按照规划抓好林分改造工程、水源涵养林建设工程、沿海防护林及红树林工程、绿色通道及农田林网工程、城市林业工程和水土流失治理工程等重点生态工程的建设。大力推广优良乡土阔叶树种，营造混交林，促进南亚热带、中亚热带原生植物群落的恢复。2012 年，在全省开展以生态景观林带、森林碳汇、森林进城围城三大重点生态工程为标志的新一轮绿化。推行创建林业生态市县活动，建设城市森林，全省各大中城市结合道路建设、河道整治和旧城改造，调整林种树种结构，营建多树种、多层次、多色彩的城市森林景观。开展林业生态文明万村绿大行动，选择部分村送树苗，组织农民群众造林护绿，建设林业生态文明村。利用科技兴林，加强林木种苗培育管理，大造生态公益林、速生丰产林。每年开展全民义务植树活动，全省各地创新义务植树形式，组织认建认养绿地和认养认管古树名木等活动，形成领导带头、行业参与、全民共建的造林绿化氛围。

在林业生态保护上，完善林业保护政策法规，严格落实管护工作责任制。加强林地、林木保护管理，全省实施林业分类经营，将森林分为生态公益林和商品林，对生态公益林进行严格保护，建立生态公益林管理和效益补偿机制，对商品林采取优惠措施鼓励放活经营，积极发展林业产业经济。建立多个森林自然保护区，实施科学规范管理，加大对野生动植物及湿地资源保护力度。出台森林资源保护法规，组织开展"粤安行动""春季行动""绿盾行动""候鸟行动""整治象牙及其制品非法贸易行动""打击两伐案件专项行动"等多项严打行动，有效遏制破坏森林和野生动植物资源违法犯罪行为。在加强森林灾害防治、保护森林资源方面，除建

---

① 《广东奏响生态文明建设时代强音》，《中国绿色时报》2015 年 1 月 5 日特刊。

设防火林带，加强森林防火管理，建设粤北重点火险区综合治理工程外，还加大林业有害生物监测力度，开展林业有害生物治理工程，推行无公害防治，同时，创新工作方式，启动政策性森林保险试点，降低森林资源遭受灾害的风险。

生态示范创建和生态文明建设试点

广东以生态示范创建活动为载体，推动循环经济发展，推动和指导部分基础较好的市、县（区）开展创建国家级生态市、县（区），建设国家环保模范城市。2010年，中山成为全国首个通过国家生态市考核验收的地级市。2012年，广州、深圳、珠海、惠州、江门、肇庆6市通过国家环保模范城市现场复核。此外，全省还打造了多个"国家级环境优美乡镇"，以及一批市、县（区）、镇、村生态示范地和生态工业示范园区，带来良好的辐射效应。

根据环保部的安排和部署，广东积极开展全国生态文明建设试点工作，探索生态文明建设道路。2008年5月，在省环保局推动下，深圳、珠海、韶关成为第一批全国生态文明建设试点。各试点地区根据自身特色，完善顶层规划设计，通过开展形式多样的活动探索自己独特的生态文明建设道路。深圳积极破解城市发展环境资源难题，探索经济与环境协调、人与自然和谐的科学发展道路，将生态文明建设作为推动新一轮改革开放的重要战略内容狠抓贯彻落实。珠海贯彻生态优先的城市发展定位，通过整合产业园区倒逼产业转型升级。同时，通过建设生态产业示范基地，实施生态建设工程，建设环境监测、预警体系，完善生态补偿机制，划定功能区等举措进行引导保护。韶关作为广东最大的生态发展区①，坚持绿色发展战略，大力推进污染减排工作，打造环境友好型、资源节约型现代工业基地；发展现代农业和旅游业，建立生态农业园区和生态旅游示范区；以

---

① 广东省主体功能区规划将韶关所辖7个县（市）全部列为生态发展区，占全市土地面积的85%，全国主体功能区规划将韶关的5个县（市）列为南岭山地森林及生物多样性重点生态功能区。

创建"森林生态市"为载体，加强林业重点生态工程建设，发展生态林业，走出了一条绿色之路。通过实践，这些试点地区摸索出一些有效的方法和途径，形成了示范带动效应，从而助推全省生态建设发展。

经过一系列治理保护行动，广东生态建设成效比较明显。环境污染得到缓解，环境质量总体趋稳，地级以上市集中式饮用水源地水质全部达标，空气质量稳步改善。人们环境保护意识逐步增强，生态保护力度加大，创建了一批名镇名村示范点和宜居示范点。广东经济发展与生态保护逐步趋于平衡，人与自然和谐的绿色生态省建设不断取得进展。

第五编　改革开放走进新时代

　　党的十八大以来，面对复杂多变的外部环境和经济社会发展进入新常态等一系列深刻变化，广东在以习近平同志为核心的党中央的领导下，在习近平新时代中国特色社会主义思想的引领下，按照中央的部署，贯彻落实党的十八大、十九大精神，以习近平总书记对广东作出的"三个定位、两个率先""四个坚持、三个支撑、两个走在前列""四个走在全国前列"重要指示批示精神为统领，把握中国特色社会主义新时代的发展任务与战略目标，认清新时代对广东工作的新定位，继续承担作为中国改革开放前沿阵地的光荣使命。广东发扬改革创新的优良传统，解放思想、真抓实干、锐意进取，推动全省经济社会保持了平稳健康发展，改革开放和社会主义现代化建设取得了新的成就，"十二五"规划目标顺利实现，"十三五"规划实施进展良好，广东改革开放各项事业成功地迈进中国特色社会主义新时代。

第一章　践行党中央对广东提出的新要求

党的十八大刚刚闭幕，习近平总书记到地方视察的第一站就到广东，对广东提出"三个定位、两个率先"的要求，为广东的发展定位导航，为广东开拓新局指明了方向。2017 年 4 月，在广东省第十二次党代会召开前夕，习近平总书记再次对广东工作作出"四个坚持、三个支撑、两个走在前列"的重要批示。2018 年 3 月 7 日，习近平总书记在参加广东代表团审议时，要求广东进一步解放思想、改革创新，真抓实干、奋发进取，以新的更大作为开创广东工作新局面，在构建推动经济高质量发展体制机制、建设现代化经济体系、形成全面开放新格局、营造共建共治共享社会治理格局上走在全国前列。① 中共广东省委迅速将习近平总书记指示批示讲话精神，作为统领全省各项工作和开创广东发展新局面的总纲领。

■ "三个定位、两个率先"的提出

2012 年 11 月 8 日至 14 日，党的第十八次全国代表大会举行。大会提出夺取中国特色社会主义新胜利的基本要求，确定了全面建成小康社会和全面深化改革开放的目标，对新的时代条件下推进中国特色社会主义事业作出全面部署。11 月 15 日，在党的十八届一中全会上，习近平当选为中央委员会总书记。

---

① 《习近平李克强栗战书汪洋王沪宁赵乐际韩正分别参加全国人大会议一些代表团审议》，《人民日报》2018 年 3 月 8 日。

　　在全党全国掀起学习贯彻十八大精神热潮之际，12月7日至11日，中共中央总书记、中共中央军委主席习近平到广东考察。在中共中央政治局委员、省委书记汪洋和省长朱小丹等陪同下，习近平总书记从深圳、珠海、佛山到广州，深入农村、企业、产业园区、科研院所和居民社区开展调查研究，在广州主持召开了经济工作座谈会，并听取了广东省委、省政府的工作汇报。一路上，习近平总书记发表许多振聋发聩的深刻讲话，表明了新一届中央领导集体坚持改革开放的坚强决心。

　　习近平总书记说："这次调研，是我在党的十八大之后，第一次到地方调研。之所以到广东来，就是要到在我国改革开放中得风气之先的地方，现场回顾我国改革开放的历史进程，宣示将改革开放继续推向前进的坚定决心。"① 7日下午，习近平总书记来到位于珠江入海口东岸的深圳前海。这里是"十二五"时期广东深化粤港澳合作、加快转型升级的重要平台，也是深圳建设现代化国际化先进城市的一个"新地标"。8日上午，习近平总书记前往深圳莲花山公园，向伫立在山顶的邓小平铜像敬献花篮。他感慨地说，今天我们怀着崇敬而激动的心情来到莲花山公园，瞻仰邓小平同志塑像，缅怀邓小平同志为党和人民建立的丰功伟绩。30多年过去了，广东、深圳的实践充分说明，邓小平同志的决定是英明的、正确的。邓小平同志不愧为中国改革开放的总设计师，不愧为中国特色社会主义道路的开创者。改革开放的决定是正确的，我们今后仍然要走这条正确的道路。这是富国之路、富民之路，要坚定不移地走下去，而且要有新开拓，要上新水平。8日下午，习近平总书记从深圳前往位于珠江口西岸的另一个经济特区——珠海。在珠海，他参观了三个国家级新区之一的横琴新区展示厅。9日，习近平总书记离开珠海之后，又前往佛山市顺德区参观访问，第一站目的地是广东工业设计城。10日，习近平总书记在广州主持召开经济工作座谈会。11日，习近平总书记听取了广东省委、省政府的工作汇报，指出，广东在改革开放中长期走在全国前列，党中央在研究推进全

---

　　① 《改革不停顿　开放不止步——习近平总书记考察广东纪实》，《南方日报》2012年12月13日。

国改革开放的过程中，始终注意广东的实践和经验，鼓励广东大胆探索、大胆实践。1992 年春，邓小平同志在广东发表了著名的南方谈话，要求广东 20 年赶上亚洲"四小龙"，并且说两个文明建设都要超过他们，这才是有中国特色的社会主义。希望广东广大干部群众继续发扬优良传统，全面学习宣传贯彻党的十八大精神，特别要做到融会贯通、学以致用，使党的十八大精神成为推动各项工作打开新局面的强大动力。①

在考察中，习近平总书记特别强调，30 多年来，中央始终要求广东在改革开放中发挥窗口作用、试验作用、排头兵作用，广东不负中央重托，敢为天下先，经济社会发展取得举世瞩目的成就，综合实力实现历史性跨越，创造了举世瞩目的"广东奇迹"。广东改革开放的实践和成就，为全国改革开放和社会主义现代化建设作出了重大贡献。近年来，广东围绕贯彻落实《珠江三角洲地区改革发展规划纲要（2008—2020 年)》，深入推进重点领域改革开放。这些改革开放创新举措取得了良好效果，不少做法走在了全国前列。希望广东全面深化经济体制改革，继续深化行政体制改革，加强和创新社会管理。希望广东积极发挥经济特区的带动作用，落实好粤港、粤澳合作框架协议，联手港澳打造更具综合竞争力的世界级城市群。② 其间，习近平总书记在新的历史起点上赋予广东新使命："希望广东的同志再接再厉，紧紧抓住国家支持东部地区率先发展的机遇，努力成为发展中国特色社会主义的排头兵、深化改革开放的先行地、探索科学发展的试验区，为率先全面建成小康社会、率先基本实现社会主义现代化而奋斗。"③ 习近平总书记对广东的嘱托被概括为"三个定位、两个率先"。这是对广东改革开放长期走在全国前列的充分肯定，更是对广东广大干部群众的巨大鼓舞和有力鞭策。

---

① 《改革不停顿　开放不止步——习近平总书记考察广东纪实》，《南方日报》2012 年 12 月 13 日。

② 《改革不停顿　开放不止步——习近平总书记考察广东纪实》，《南方日报》2012 年 12 月 13 日。

③ 《改革不停顿　开放不止步——习近平总书记考察广东纪实》，《南方日报》2012 年 12 月 13 日。

习近平总书记在广东考察时关于更加注重改革的系统性整体性协同性，做到改革不停顿开放不止步的重要讲话，在全国各地干部群众中引起强烈反响。他的重要论述和指示精神成为全国广大干部群众热议的话题，成为向全党全国发出的凝聚力量、攻坚克难的动员令。大家纷纷认为，习近平总书记在改革开放中得风气之先的地方发表这一讲话，表明了以习近平同志为核心的党中央坚定不移推进改革开放的信心和决心。在改革进入攻坚期和深水区的阶段，必须以敢于啃硬骨头，敢于涉险滩的精神，大胆探索、勇于开拓，推动改革开放和现代化建设事业迈上新台阶。① 为此，全省迅速掀起了学习贯彻习近平总书记视察广东讲话精神的热潮。

2012 年 12 月 13 日，广东省学习贯彻习近平总书记视察广东重要讲话精神电视电话会议在广州召开，中共中央政治局委员、省委书记汪洋指出，在全国上下认真学习贯彻党的十八大精神重要时刻，习近平总书记亲临广东视察调研并发表重要讲话，既是对全面深化改革开放的决心昭示，又是对凝聚力量、攻坚克难的动员，也是对学习贯彻党的十八大精神和中央"八项规定"的率先垂范，意义十分重大。汪洋强调，全省上下要以学习贯彻落实习近平总书记视察广东重要讲话精神为新起点，认真学习宣传贯彻党的十八大精神，进一步解放思想、改革开放，凝聚力量、攻坚克难，不惧风险、勇于创新，少说多做、慎言敏行，稳扎稳打、实干兴邦，着力解决影响科学发展和社会和谐的体制机制问题，着力解决人民群众反映强烈的脱离群众和腐败等突出问题，以实际行动不负习近平总书记的厚爱，以实际成果报答以习近平同志为核心的党中央的支持，以新的成绩为全国改革发展大局作出更大的贡献，让党中央放心，让全省人民满意。要坚定不移走改革开放的强国之路，当好发展中国特色社会主义的排头兵。要加快推进经济结构战略性调整，努力提高转型升级水平。要着力保障和改善民生，加快幸福广东建设。要建设高素质干部队伍，不断增强党组织

---

① 《习近平总书记在粤考察时的讲话在各地干部群众中引起强烈反响》，《南方日报》2012 年 12 月 13 日。

的战斗力。① 12 月 18 日下午，中共广东省委召开全省领导干部会议，中央政治局委员、中央书记处书记、中央组织部部长赵乐际受中央委派，在会上宣布中央关于广东省委书记调整的决定：汪洋同志不再兼任广东省委书记、常委、委员职务，胡春华同志兼任广东省委委员、常委、书记。胡春华在会上表示，广东近代以来就是开风气之先的地方，在中国历史上具有重要的地位，改革开放以来更是发挥着排头兵的作用，有信心做好广东的工作。

2013 年 1 月 17 日，中共广东省委十一届二次全会召开。会议特别指出，要以实干开创未来，要有强烈的忧患意识和紧迫感，坚持加快结构调整，多种方式推动转型升级；要推动珠三角地区优化发展、粤东西北地区加快发展，形成区域协调发展的格局。胡春华在会上强调，"三个定位、两个率先"是广东今后工作的前进方向和行动指南，是广东工作的总目标。为部署学习贯彻讲话精神，省委印发了《关于认真学习贯彻习近平总书记视察广东重要讲话精神的通知》。

■ 习近平对广东工作作出重要批示

党的十八大以后，继 2012 年 12 月对广东提出"三个定位、两个率先"要求后，2014 年 3 月 6 日，习近平参加十二届全国人大二次会议广东代表团审议，要求广东在发展中国特色社会主义中当好排头兵，努力交出物质文明和精神文明两份好的答卷。② 四年来，广东奋力践行习近平总书记的嘱托，贯彻党中央的决策部署，推动广东改革发展不断向前。

在全省深入学习习近平总书记系列重要讲话精神，认真筹备广东省第十二次党代会之际，以习近平同志为核心的党中央对广东发展再次给予了亲切关怀和充分肯定，提出了新的更高要求。2017 年 4 月 4 日，习近平总书记对广东工作再次作出"四个坚持、三个支撑、两个走在前列"的重要

---

① 《坚定不移走改革开放的强国之路》，《南方日报》2012 年 12 月 13 日。
② 《贯彻落实习近平总书记重要讲话精神》，《人民日报》2015 年 3 月 6 日。

批示，希望广东坚持党的领导、坚持中国特色社会主义、坚持新发展理念、坚持改革开放，为全国推进供给侧结构性改革、实施创新驱动发展战略、构建开放型经济新体制提供支撑，努力在全面建成小康社会、加快建设社会主义现代化新征程上走在前列。[1]

习近平总书记对广东工作的重要批示，为广东的改革发展确立了新坐标，勾画了新蓝图。省委在全省进行了统一部署。4月8日，省委常委会会议传达了学习习近平总书记关于广东工作重要批示精神。4月11日，省委发出《中共广东省委关于认真学习宣传贯彻习近平总书记重要批示精神的通知》，指出："习近平总书记的重要批示，从战略和全局高度为广东发展把脉定位，充分展现了习近平总书记治国理政新理念新思想新战略的科学性、真理性、指导性，是对广东未来工作的总定位。我们要把习近平总书记的重要批示作为统领全省各项工作的总纲，作为推进广东改革发展各项事业必须长期坚持的重要指导方针和根本行动指南，把总书记的要求贯彻到经济社会发展各方面。"要深刻把握"四个坚持"的要求。"四个坚持"是广东改革发展的旗帜、方向和原则。要坚持党的领导，坚决维护以习近平同志为核心的党中央权威，始终在思想上政治上行动上同党中央保持高度一致，按中央要求做好广东工作，确保中央决策部署在广东得到不折不扣的贯彻落实；要深刻把握"三个支撑"的要求。作为经济大省、外经贸大省，为全国提供"三个支撑"是广东必须担当好的历史责任和光荣使命；要深刻把握"两个走在前列"的要求。"两个走在前列"是广东改革发展的奋斗目标，要求广东保持奋勇争先的精神状态，各方面工作都走在前列，不仅在时间节点上体现率先，更要在发展质量和结构效益上引领示范。"四个坚持、三个支撑、两个走在前列"与"三个定位、两个率先"一脉相承，是与时俱进的新的更高要求，全省要不断深化认识，切实把思想和行动统一到"四个坚持、三个支撑、两个走在前列"上来。[2]

2017年4月12日，省委书记胡春华赴佛山市参加佛山市委常委会

---

① 《习近平总书记对广东工作作出重要批示》，《南方日报》2017年4月12日。
② 《习近平总书记对广东工作作出重要批示》，《南方日报》2017年4月12日。

（扩大）会议，指导学习宣传贯彻习近平总书记重要批示精神，强调要把学习宣传贯彻作为首要政治任务抓好落实，把干部群众的思想和行动统一到习近平总书记重要批示精神上来，以"四个坚持、三个支撑、两个走在前列"统领工作全局。同日，省委副书记、省长马兴瑞赴东莞市参加东莞市委常委会（扩大）会议，要求全省各地、各部门充分认识到习近平总书记重要批示的重大意义，学习好、宣传好、贯彻好习近平总书记重要批示精神，推动各项工作再上新水平。14日，中共广东省委常委会会议审议并原则通过《学习宣传贯彻习近平总书记重要批示精神总体工作方案》。广东通过多种方式，强化学习宣传，确保在省第十二次党代会召开前把全省县处级以上领导干部轮训一遍，基层学习培训实现全员覆盖。18日，中共广东省委举办全省市厅级主要领导干部学习贯彻习近平总书记重要批示精神专题研讨班，省委书记胡春华出席开班式并指出："四个坚持"是广东改革发展的旗帜、方向和原则，"三个支撑"是广东的使命担当和发展路径，"两个走在前列"是广东改革发展的奋斗目标。我们一定要自觉把习近平总书记重要批示精神贯穿到广东改革发展稳定的各项工作之中，作为衡量一切工作的根本标准，不折不扣贯彻执行，努力在新一轮发展中走在前列。

广东各地各部门应时而动，按照省委统一部署，及时传达学习，认真贯彻落实，努力把"四个坚持、三个支撑、两个走在前列"要求转化为干部群众的思想罗盘和行动指南。全省各级宣传部门和新闻媒体综合运用多种平台、多种形式宣传习近平总书记重要批示精神，形成了规模空前、气势宏大的舆论氛围。

■ 习近平总书记赋予广东"四个走在全国前列"的新使命

2017年10月18日至24日，党的第十九次全国代表大会召开。这是在全面建成小康社会决胜阶段、中国特色社会主义进入新时代的关键时期召开的一次十分重要的大会。大会分析了国际国内形势发展变化，回顾和总结了过去5年的工作和历史性变革，作出了中国特色社会主义进入了新时代、我国社会主要矛盾已经转化为人民日益增长的美好生活需要和不平衡不充分的发展之间的矛盾等重大政治论断，深刻阐述了新时代中国共产党的历史使命，确立了习近平新时代中国特色社会主义思想的历史地位，提出了新时代坚持和发展中国特色社会主义的基本方略，确定了决胜全面建成小康社会、开启全面建设社会主义现代化国家新征程的目标，对新时代推进中国特色社会主义伟大事业和党的建设新的伟大工程作出了全面部署。大会特别提出，我国经济已由高速增长阶段转向高质量发展阶段，正处在转变发展方式、优化经济结构、转换增长动力的攻关期。这是一个必须跨越的关口。

党的十九大召开以后，广东全省上下迅速掀起学习宣传贯彻十九大精神的热潮，结合广东实际全面贯彻落实十九大作出的战略部署，努力在新的历史起点上开创广东发展新局面。2017 年 11 月，中共广东省委召开十二届二次全会。全会强调，要全面认识党的十九大取得的一系列重大成果，深刻把握党的十九大对我们党在新时代开启新征程、续写新篇章的重大现实意义和深远历史意义，以习近平新时代中国特色社会主义思想统领广东一切工作，推动党的十九大精神学习宣传贯彻往深里走、往实里抓。为此，全会审议通过了《中共广东省委关于持续深入学习宣传贯彻党的十九大精神推动习近平新时代中国特色社会主义思想在南粤大地落地生根结出丰硕成果的决定》，并提出了奋力把广东建设成为向世界展示习近平新时代中国特色社会主义思想的重要"窗口"和"示范区"的目标，要求全省通过开展"大学习、深调研、真落实"活动，以习近平新时代中国特色社会主义思想为指引，进一步深化对省情的认识和把握，找准新时代广东发展的新起点，以学促干、知行合一，扎实深入把党的十九大精神贯彻落实到广东各项工作中去，奋力在新时代干出新气象、实现新作为。2018 年 1 月，中共广东省委又召开十二届三中全会，深入学习贯彻党的十九大和中央经济工作会议、中央农村工作会议精神，总结了 2017 年工作，分析研判形势，部署了 2018 年工作。

2018 年 3 月 7 日，习近平总书记亲临十三届全国人大一次会议广东代表团参加审议并发表重要讲话。他指出，广东是改革开放的排头兵、先行地、实验区，在我国改革开放和社会主义现代化建设大局中具有十分重要的地位和作用。他充分肯定了十八大以来广东的工作，要求广东的同志们进一步解放思想、改革创新，真抓实干、奋发进取，以新的更大作为开创广东工作新局面，在构建推动经济高质量发展的体制机制、建设现代化经济体系、形成全面开放新格局、营造共建共治共享社会治理格局上走在全国前列。①"四个走在全国前列"是习近平总书记对广东工作的新期望，也体现了广东在全国改革发展大局中具有举足轻重的地位。广东作为沿海发达地区，传统发展模式的弊端暴露得最早、最充分，对优化经济结构、转变经济发展方式迫切性的体会和认识也最深刻。因此，通过大胆探索与扎实工作，在构建推动经济高质量发展体制机制、建设现代化经济体系、形成全面开放新格局、营造共建共治共享社会治理格局上走在全国前列，既是广东发展的内在要求，也是为全国的改革开放事业提供支撑。

首先，广东是中国市场化程度最高的地区之一，也是全球制造业中心与商贸中心，同时，还形成了一大批高科技创新型企业，引领中国创新发展潮流。一方面，这说明广东具有相对优势的制度供给、服务供给、要素供给和完备的市场体系；另一方面，广东在这些方面还有很大的改进空间与创新空间，为推动全国经济高质量发展探索和积累经验。其次，建设现代化经济体系是实现高质量发展的迫切要求与体制保障。习近平总书记强调，建设现代化经济体系，事关我们能否引领世界科技革命和产业变革潮流、赢得国际竞争的主动，事关我们能否顺利实现"两个一百年"奋斗目标。要更加重视发展实体经济，把新一代信息技术、高端装备制造、绿色低碳、生物医药、数字经济、新材料、海洋经济等战略性新兴产业发展作为重中之重，构筑产业体系新支柱。②广东在这方面同样大有可为。再次，

①《习近平参加广东代表团审议时强调——发展是第一要务　人才是第一资源　创新是第一动力》，《新华每日电讯》2018年3月8日。

②《习近平参加广东代表团审议时强调——发展是第一要务　人才是第一资源　创新是第一动力》，《新华每日电讯》2018年3月8日。

广东是中国改革开放的排头兵、先行地、实验区，党的十九大提出了构建全面开放新格局。因此，习近平总书记强调，广东要以更宽广的视野、更高的目标要求、更有力的举措推动全面开放，加快发展更高层次的开放型经济，加快培育贸易新业态新模式，积极参与"一带一路"建设，加强创新能力开放合作。① 他要求，广东要抓住建设粤港澳大湾区重大机遇，携手港澳加快推进相关工作，打造国际一流湾区和世界级城市群。② 最后，以制造业为主的广东是外来人口聚集大省，全省流动人口超过 4000 万。习近平总书记要求广东创新社会治理体制，把资源、服务、管理放到基层，把基层治理同基层党建结合起来，拓展外来人口参与社会治理途径和方式，加快形成社会治理人人参与、人人尽责的良好局面。要坚持在法治轨道上统筹社会力量、平衡社会利益、调节社会关系、规范社会行为、化解社会矛盾，以良法促发展、保善治，让人民群众在每一个司法案件中感受到公平正义，使尊法学法守法用法成为广大人民群众共同追求，确保社会在深刻变革中既生机勃勃又井然有序。③

经过 40 年的改革开放，在转变经济发展方式、发展实体经济、推动科技创新、提高开放水平及完善和创新社会治理等方面，广东既有先行一步的优势，也面临着不少先行一步所特有的困扰。习近平总书记对广东工作"四个走在全国前列"的新要求，深刻揭示了新时代广东发展的突出矛盾和关键问题，为广东开创工作新局面标定了航向，使广东能够更加清醒地认识在全国发展大局中的责任担当，更加精准地聚焦当前和今后一个时期的工作重点和努力方向。

---

① 《习近平参加广东代表团审议时强调——发展是第一要务　人才是第一资源　创新是第一动力》，《新华每日电讯》2018 年 3 月 8 日。

② 《习近平参加广东代表团审议时强调——发展是第一要务　人才是第一资源　创新是第一动力》，《新华每日电讯》2018 年 3 月 8 日。

③ 《习近平参加广东代表团审议时强调——发展是第一要务　人才是第一资源　创新是第一动力》，《新华每日电讯》2018 年 3 月 8 日。

■ 奋力开创新时代广东改革发展的新局面

2017年4月18日，中共广东省委举办全省市厅级主要领导干部学习贯彻习近平总书记重要批示精神专题研讨班，学习贯彻习近平总书记对广东工作重要批示精神。省委书记胡春华在研讨班讲话中说，要把省第十二次党代会开成深入学习贯彻总书记重要批示精神的大会，把重要批示精神作为党代会报告的主题，体现在报告的指导思想和各项工作部署中。

5月22日，中共广东省第十二次代表大会在广州开幕。会议全面总结了过去五年的工作，深入分析了广东面临的困难和挑战，明确了今后五年工作的指导思想和主要目标，对下一步重点工作作了部署。会议认为，习近平总书记对广东工作作出的"四个坚持、三个支撑、两个走在前列"重要批示，是习近平总书记系列重要讲话精神和治国理政新理念新思想新战略在广东的具体化，对广东发展具有重大的里程碑意义。广东一定要以习近平总书记重要批示为统领，更加奋发有为做好工作，决不辜负党中央和习近平总书记的殷切期望。会议指出，在过去的五年，广东在以习近平同志为核心的党中央坚强领导下，深入贯彻党的十八大和十八届三中、四中、五中、六中全会精神，坚持把学习贯彻习近平总书记系列重要讲话精神摆在首要位置，以"三个定位、两个率先"统揽工作全局，统筹稳增长调结构成效突出，实施创新驱动发展战略取得重大进展，推动粤东西北地区振兴发展实现新跨越，全面深化改革开放扎实推进，改善生态环境质量取得明显成效，保障和改善民生取得丰硕成果，维护社会稳定工作上了大台阶，从严管党治党开创新局面，全面完成省第十一次党代会确定的目标任务，各项事业取得新的重要进展。最后，会议还确定了其后五年全省工作的一系列主要目标：经济综合实力迈上新台阶，全省地区生产总值年均增长7%左右，居民收入增长与经济增长同步；经济结构调整取得重大进展，发展质量和效益显著提升，整体进入创新型经济体行列，现代产业体系基本形成，开放型经济新体制基本建立；人民民主更加健全，法治政府基本建成，司法公信力明显提高，各方面制度更加成熟定型；文化繁荣发展，中国梦和社会主义核心价值观更加深入人心，公民素质和社会文明程度明显提高；人民群众过上美好小康生活，基本公共服务均等化水平显著提高，社会更加和谐稳定；生态环境质量从局部改善转向全面改善，生产生活方式绿色化水平显著提升；党的建设开创新局面，思想建党和制度治党水平全面提升，党风廉政建设和反腐败斗争取得新成效，政治生态风清气正。会议特别强调，要深化供给侧结构性改革，推动经济转型升级；要深入实施创新驱动发展战略，加快形成以创新为主要引领和支撑的经济体系和发展模式；要加快构建开放型经济新体制，提升国际竞争力；要统筹推进区域城乡协调发展，构建全省一体化发展新格局；要大力推动绿色发展，实现美丽与发展共赢；要高质量全面建成小康社会，共建共享美好生活；要扎实推进全面依法治省，建设法治社会；要坚决维护以习近平同志为核心的党中央权威，推动全面从严治党向纵深发展。①

党的十九大刚刚胜利闭幕，10 月 25 日，胡春华主持召开中共广东省委常委会会议，研究全省学习宣传贯彻党的十九大精神工作方案。28 日，中共广东省委召开全省传达贯彻党的十九大精神大会，传达党的十九大精神，并就学习宣传贯彻党的十九大精神作出部署。同日，召开全省领导干部会议。中央政治局委员、中央书记处书记、中央组织部部长陈希同志出席会议并宣布中央决定：胡春华同志不再兼任广东省委书记、常委、委员职务，李希同志兼任广东省委委员、常委、书记。11 月 1 日，省委常委会（扩大）会议召开，李希在会上强调，要把学习贯彻党的十九大精神作为当前和今后一个时期的首要政治任务，在学懂弄通做实上下功夫，切实把全省干部群众的思想统一到十九大精神上来，把力量凝聚到实现十九大确定的各项任务上来，推动十九大精神在广东落地生根、开花结果。11 月 5 日上午，广东省委常委班子集体瞻仰中共三大会址和中共中央机关旧址（春园），参观中共三大历史陈列，重温入党誓词。随后，省委书记李希在春园纪念地主持召开省委常委会会议，传达学习习近平总书记在瞻仰上海

① 《中国共产党广东省第十二次代表大会隆重开幕》，《南方日报》2017 年 5 月 23 日。

中共一大会址和浙江嘉兴南湖红船时的重要讲话精神，强调要传承红色基因，更加紧密地团结在以习近平同志为核心的党中央周围，以习近平新时代中国特色社会主义思想为指引，不忘初心，牢记使命，永远奋斗，为实现"两个一百年"奋斗目标、实现中华民族伟大复兴的中国梦作出广东应有的贡献。从 11 月中旬起，广东省委从省委宣传部、省委党校、省政府发展研究中心等部门选调政治素质强、理论水平高、实践经验丰富的领导干部和专家学者组成省委宣讲团，赴全省各地市开展宣讲。11 月 27 日，省委十二届二次全会通过《中共广东省委关于持续深入学习宣传贯彻党的十九大精神 推动习近平新时代中国特色社会主义思想在南粤大地落地生根结出丰硕成果的决定》，提出要在前一段兴起热潮、良好开局的基础上，继续围绕学懂弄通做实，往深里走、往实里抓，把学习宣传贯彻党的十九大精神持续引向深入。2018 年 1 月 3 日，省委十二届三次全会召开，提出要以习近平新时代中国特色社会主义思想统领广东一切工作，奋力开创改革发展新局面。

3 月 7 日上午，习近平总书记参加第十三届全国人民代表大会第一次会议广东代表团审议，发表重要讲话，对广东提出"四个走在全国前列"的要求。当晚，广东代表团在住地举行全体会议，集中学习贯彻习近平总书记参加广东代表团审议时的讲话精神。省委书记李希表示：习近平总书记的重要讲话，对广东在新时代新起点开创工作新局面提出明确要求，字字句句饱含对广东父老乡亲的深情厚爱，体现了对广东发展全局的系统思考，寄予了对广东这片热土的殷殷重托。总书记的重要讲话，是我们做好广东工作的宝贵精神财富、强大思想武器和科学行动指南。我们要认真学习宣传贯彻总书记重要讲话精神，与总书记对广东工作一系列重要指示要求一体学习领会、整体贯彻落实，奋力把广东建设成为向世界展示践行习近平新时代中国特色社会主义思想的重要"窗口"和"示范区"。李希强调，要深刻领会习近平总书记重要讲话的丰富内涵和精神实质，充分认识总书记重要讲话对广东在新起点上再创新局的重大意义。一要深刻认识总书记对广东发展的高度重视和亲切关怀，把总书记的关爱铭记于心，转化为忠诚核心、拥戴核心、维护核心、捍卫核心的高度思想自觉和行动自觉，转化为不折不扣抓落实的强大精神动力。二要深刻认识总书记对广东工作的充分肯定，倍加珍惜十八大以来在以习近平同志为核心的党中央坚强领导下广东取得的令人瞩目的发展成就，进一步坚定信心决心，振奋精神，高质量地完成"大学习、深调研、真落实"各项任务。三要深刻领会总书记对广东工作重要指示要求，把新时代发展的路子走对走实走好。大力弘扬敢为人先的改革精神，继续深化改革、扩大开放。贯彻落实新时代党的建设总要求，以政治建设为统领，把各级党组织锻造得更加坚强有力。四要深刻认识肩上沉甸甸的担子，时刻牢记总书记对广东工作提出的四个"走在全国前列"的重托，以强烈的担当精神和责任意识，一条一条认真研究、一件一件抓好贯彻。五要深刻认识广东省存在的优势和短板，把底板加固、短板补齐，让强者更强、优者更优。李希还特别指出，全省上下要迅速兴起学习宣传贯彻热潮，切实把思想和行动统一到总书记重要讲话精神上来。此后不久，按照省委统一部署，全省相关学习宣传贯彻工作全面展开。3月8日，省委召开常委会（扩大）会议，对习近平总书记重要讲话精神进行传达，并发出学习宣传贯彻的通知。随后，通过召开省委理论中心组集中学习讨论会、全省学习贯彻大会、各地各部门专题学习会、专题通报会、市厅级领导干部专题研讨班等各种形式，总书记重要讲话精神传达到各地各部门和各界人士。3月底至4月份，通过召开一系列省委书记专题会和省委常委会会议，省委又研究贯彻落实具体措施，出台了相关学习贯彻的实施意见。

2018年4月13日，庆祝海南建省办经济特区30周年大会在海南省人大会堂举行，习近平总书记出席大会并发表重要讲话。他特别强调，在决胜全面建成小康社会、夺取新时代中国特色社会主义伟大胜利的征程上，经济特区不仅要继续办下去，而且要办得更好、办出水平。经济特区要不忘初心、牢记使命，把握好新的战略定位，继续成为改革开放的重要窗口、改革开放的试验平台、改革开放的开拓者、改革开放的实干家。① 总

---

① 习近平：《在庆祝海南省办经济特区30周年大会上的讲话》（2018年4月13日），新华社2018年4月13日授权发布。

书记的讲话在广东引发热烈反响。各界干部群众纷纷表示，广东因改革开放而生，因改革开放而兴，要肩负起时代赋予的重大责任和使命，大胆探索创新，勇于开拓进取，在新起点上推动改革开放实现新突破，形成更高层次改革开放新格局。18 日，广东省委常委会召开扩大会议，传达学习贯彻习近平总书记在庆祝海南建省办经济特区 30 周年大会上的重要讲话、在博鳌亚洲论坛 2018 年年会上的主旨演讲和《中共中央、国务院关于支持海南全面深化改革开放的指导意见》精神，研究贯彻落实意见。会议指出，习近平总书记的重要讲话，对广东深化改革、扩大开放具有重大指导意义，赋予海南的重大历史使命同样为广东提供了难得的历史性机遇。要充分认识习近平总书记重要讲话的重大意义，切实把思想和行动统一到总书记重要讲话精神上来，继续当好改革开放的排头兵、先行地、实验区，坚定不移走改革开放正确之路、强国之路、富民之路，奋力把广东建设成为践行习近平新时代中国特色社会主义思想，向世界展示我国改革开放成就的重要窗口、国际社会观察我国改革开放的重要窗口。

2017 年 4 月以来的 1 年多时间里，广东在实践中不断深入学习贯彻习近平总书记重要讲话精神，全面贯彻党的十九大精神，推动习近平新时代中国特色社会主义思想在南粤大地落地生根、结出丰硕果实，奋力开创新时代广东改革发展的新局面。

第二章　率先全面建成
小康社会目标的推进

按照党中央和习近平总书记对广东提出"三个定位、两个率先"的要求，中共广东省委制定并通过了《中共广东省委关于制定国民经济和社会发展第十三个五年规划的建议》，提出"十三五"时期广东经济社会发展的主要目标是"一个率先、四个基本"，即率先全面建成小康社会，基本建立比较完善的社会主义市场经济体制、基本建立开放型区域创新体系、基本建立具有全球竞争力的产业新体系、基本形成绿色低碳发展新格局。5年多来，广东坚定不移推进统筹稳增长调结构，实施创新驱动发展战略，持续改善生态环境质量，保障和改善民生，全面推进依法治省，确保全省经济社会按照既定目标平稳健康发展。

■ 率先全面建成小康社会的提出

党的十八大提出了到2020年全面建成小康社会的奋斗目标，这是中国共产党向人民、向历史作出的庄严承诺。这个宏伟目标，是"两个一百年"奋斗目标的第一个百年奋斗目标，是中华民族伟大复兴征程上的又一座重要里程碑。在"四个全面"战略布局中，全面建成小康社会居于引领地位。

2015年10月26日至29日，中共十八届五中全会举行。习近平总书记代表中央政治局向全会报告工作，就《中共中央关于制定国民经济和社会发展第十三个五年规划的建议（讨论稿）》作说明，并发表讲话。全会审议并通过《中共中央关于制定国民经济和社会发展第十三个五年规划的建议》。全会提出全面建成小康社会新的目标要求，强调实现"十三五"时期发展目标，破解发展难题，厚植发展优势，必须牢固树立并切实贯彻创新、协调、绿色、开放、共享的发展理念。党的十八届五中全会对全面建成小康社会进行了总体部署，发出了向全面建成小康社会目标冲刺的新的动员令。

11 月 25 日至 26 日，中共广东省委十一届五次全会在广州召开。全会明确指出，"十三五"是我们全面建成小康社会的决胜时期，广东要确保实现率先全面建成小康社会的宏伟目标。全面建成小康社会各方面工作到了关键冲刺阶段，各项工作必须抓得紧而又紧，既要保持经济增长中高速，又要推动发展水平迈向中高端。全面建成小康社会，核心在于"全面"，更重要且更难做到的也是"全面"，必须采取更加有力措施补齐短板。为此，要补齐粤东西北地区发展的短板，继续扭住"三大抓手"，把交通基础设施的先导作用、产业建设的支撑作用、城市建设的承载作用充分发挥出来，加大珠三角对口帮扶粤东西北地区的力度，推动粤东西北地区发展实现新突破；要补齐民生社会事业发展的短板，着力保障基本民生，切实保障底线民生，扎实办好民生实事，使民生社会事业发展与全面建成小康社会相适应；要补齐扶贫开发的短板，按照精准扶贫、精准脱贫的要求，实施扶贫攻坚行动计划，坚持开发性扶贫，接力实施扶贫"双到"工程，坚决打赢扶贫开发攻坚战，确保"十三五"末全省贫困人口全部脱贫。全会强调，要把"十三五"发展宏伟蓝图变成现实，十分关键的是要狠抓工作落实。要在全省树立重实干抓落实求实效的导向，把"十三五"目标任务落实到一个一个的具体工作中。"十三五"时期，要坚持以五大发展理念引领和指导广东发展，努力在新常态下继续走在发展前列。要坚持创新发展理念，推进理论创新、制度创新、科技创新、文化创新等各方面创新，使创新真正成为引领发展的第一动力。

会议还通过了《中共广东省委关于制定国民经济和社会发展第十三个五年规划的建议》（以下简称《建议》），就"十三五"时期经济社会发展作出了全面的部署。《建议》明确了"十三五"时期广东省经济社会发展的指导思想和人民主体、成果共享，科学发展、创新驱动，深化改革、增强动力，依法治省、公平正义，扩大开放、融入全球，党委领导、政治保证的原则。《建议》总结了"十二五"时期广东省经济社会发展取得的重大成就，提出"十三五"时期广东经济社会发展的主要目标是"一个率先、四个基本"。"一个率先"是率先全面建成小康社会。确立 2018 年为广东省率先全面建成小康社会目标年，力争提前实现地区生产总值和城乡居民人均收入比 2010 年翻一番。突出经济保持中高速增长、转方式与调结构取得重大进展、工业化和信息化深度融合、消费对经济增长贡献明显加大、户籍人口城镇化率加快提高、迈进创新型省份行列等目标要求，把人民生活水平和质量普遍提高，就业、教育、文化、社保、医疗卫生等公共服务体系更加健全，率先实现基本公共服务均等化和社会保障城乡一体化，全面完成脱贫攻坚任务等摆在重要位置，作为全面建成小康社会的重要标志。"四个基本"是基本建立比较完善的社会主义市场经济体制、基本建立开放型区域创新体系、基本建立具有全球竞争力的产业新体系、基本形成绿色低碳发展新格局，力求在率先全面建成小康社会的基础上，从体制创新、动力转换、结构优化和可持续发展能力增强等方面为率先基本实现社会主义现代化夯实基础。

2016 年 1 月 14 日，中共广东省委十一届六次全会召开。会议强调，2016 年是率先全面建成小康社会决胜阶段的开局之年，也是推进结构性改革的攻坚之年。会议提出，要全面系统学习贯彻习近平总书记系列重要讲话精神，以习近平总书记系列重要讲话精神为指引，坚持以新的发展理念引领新发展，全面落实"十个更加注重"的要求，加快实现工作重点转换，扎实推进供给侧结构性改革，努力在引领经济发展新常态上走在前列。会议指出，2015 年主要目标任务顺利完成，"十二五"规划圆满收官，全省经济社会发展迈上了新台阶。在看到成绩的同时，也要清醒地认识到工作中存在的不足和面临的挑战，主要有：经济发展面临较大下行压力，发展不平衡、不协调、不可持续问题依然突出，转变发展方式任务仍十分艰巨；产业发展层次总体偏低，产业转型升级需要进一步加大力度；一些领域的改革成效还不明显，推动改革举措落地工作需要进一步加强；城乡区域协调发展水平有待进一步提升，民生社会事业仍存在明显短板；群体性事件等社会矛盾依然多发高发，社会公共安全隐患不容忽视，各级干部运用法治思维和法治方式推进社会治理、应对突发事件能力水平需要进一步提高；全面从严治党取得的成效还是初步的，还要进一步激发党员干部干事创业的积极性主动性创造性、构建不敢腐不能腐不想腐的制度机制。因此，要重点做好着力稳增长调结构，深入实施创新驱动发展战略，坚定不移推进粤东西北地区振兴发展，加快推进改革开放，切实维护社会稳定，推进全面从严治党等六项工作。①

■ 统筹稳增长调结构

从 2011 年开始，带动中国经济 30 年增长的投资、消费和出口的增速同时下降，经济增速持续下行。2014 年一季度，中国经济 7.4% 的季度增速创下 24 年来的最低点。我国经济发展进入新常态，这是党的十八大以来党中央综合分析世界经济长周期和我国发展阶段性特征及其相互作用作出的重大战略判断。

在 2013 年中央经济工作会议上，习近平总书记在部署第二年经济工作当中用了"新常态"的提法。2014 年 5 月，习近平总书记在河南开封、郑州等地考察工作，首次提出"新常态"重要论断。同年 11 月，在北京APEC 工商领导人峰会开幕式主旨演讲中，习近平总书记首次对"新常态"一词进行系统阐述。认为，中国经济呈现出新常态，有几个主要特点：一是从高速增长转为中高速增长；二是经济结构不断优化升级；三是从要素驱动、投资驱动转向创新驱动。② 习近平总书记指出，"'十三五'时期，我国经济发展的显著特征就是进入新常态""要把适应新常态、把握新常

---

① 《全面落实新的发展理念　主动引领经济发展新常态　努力实现"十三五"良好开局》，《南方日报》2016 年 1 月 15 日。

② 《谋求持久发展，共筑亚太梦想——在亚太经合组织工商领导人峰会开幕式上的演讲》（2014 年 11 月 9 日），《人民日报》2014 年 11 月 10 日。

态、引领新常态作为贯穿发展全局和全过程的大逻辑"。① 12 月，中央经济工作会议强调，我国经济正在向形态更高级、分工更复杂、结构更合理的阶段演化，经济发展进入新常态。认识、适应、引领新常态，是当前和今后一个时期我国经济发展的大逻辑。要坚持稳中求进工作总基调，坚持以提高经济发展质量和效益为中心，主动适应经济发展新常态，保持经济运行在合理区间，把转方式调结构放到更加重要的位置，狠抓改革攻坚，突出创新驱动，强化风险防控，加强民生保障，促进经济平稳健康发展和社会和谐稳定。面对复杂多变的国际环境和艰巨繁重的改革发展任务，广东主动适应和引领经济发展新常态，坚持稳中求进工作总基调，着力稳增长、促改革、调结构、惠民生、防风险，保持定力实施创新驱动发展战略，加快推进结构调整和转型升级，不断深化改革开放，实现经济平稳较快发展和社会和谐稳定，确保经济、政治、文化、社会、生态文明协调推进，为率先全面建成小康社会奠定坚实基础。

为加快推进结构调整，2015 年 3 月，省政府印发《广东省工业转型升级攻坚战三年行动计划（2015—2017 年）》，要求以新一轮技术改造为主抓手改造提升原有产业，以珠江西岸先进装备制造产业带、珠江东岸电子信息产业带和粤东西北产业园区为重点培育新的经济增长极，到 2017 年末，要初步形成国内领先、具备国际竞争力的现代工业体系，稳步实现由工业大省向工业强省转变。5 月，省政府印发《广东省智能制造发展规划（2015—2025 年）》，要求大力实施创新驱动发展战略，推动智能制造核心技术攻关和关键零部件研发，全面提升智能制造创新能力，推进制造过程智能化升级改造，实现"制造大省"向"制造强省"转变。7 月，省政府办公厅印发《关于开展广东省质量提升行动的指导意见》，要求力争用 5 年时间，全面提高广东经济发展质量和核心竞争力，率先在全国建成质量强省。9 月，省政府印发《关于贯彻落实〈中国制造 2025〉的实施意见》，要求以新一代信息技术与制造业深度融合为切入点，推动制造业转型升级

---

① 中共中央宣传部：《习近平总书记系列重要讲话读本（2016 年版）》，学习出版社、人民出版社 2016 年版，第 141 页。

和优化发展，加快实现由"制造大省"向"制造强省"转变。与之相应，省政府还印发了《广东省"互联网＋"行动计划（2015—2020年）》《关于加快发展生产性服务业的若干意见》《广东省推进文化创意和设计服务与相关产业融合发展行动计划（2015—2020年）》《广东省加快发展服务贸易行动计划（2015—2020年）》等一系列文件。

确保经济持续健康发展

在"十二五"期间，广东省通过实施珠三角《规划纲要》、粤东西北振兴发展、创新驱动发展、珠江西岸装备制造业发展、工业转型升级3年攻坚等系列政策措施，确保经济持续健康发展，保持了广东经济发展的长期优势。主要经济指标均实现"十二五"规划目标。

一方面，经济保持中高速增长。2011年至2015年，广东地区生产总值分别增长10.0%、8.2%、8.5%、7.8%和8.0%，年均增速8.5%，超出"十二五"8%的预期目标0.5个百分点，比全国高0.7个百分点，也远高于同期世界2.5%左右的年均增速。同时经济总量稳居全国第一。"十二五"时期，广东经济总量稳步攀升，2011年突破5万亿元，2013年突破6万亿元，2015年突破7万亿元，达7.28万亿元。自1989年以来已经连续27年稳居全国各省市第一，5年间对全国经济增长的贡献率超过10%。人均地区生产总值突破1万美元大关。2011—2015年，广东人均GDP年均增长7.5%，超过"十二五"规划目标7%的速度。2011年广东人均GDP突破7000美元，2012年迈上8000美元，2013年再上9000美元台阶，2014年达63469元，增长7.1%，按平均汇率折算为10332美元，突破1万美元，2015年达1.08万美元。[①]

另一方面，产业新业态发展迅速。"十二五"期间，广东信息化与工业化深度融合，互联网技术渗透到了经济发展的方方面面，新业态、新模式、新产品不断涌现，信息消费、电子商务、物流快递等蓬勃发展，逐步孕育成为拉动经济增长的新动力。2014年，"四上"企业（规模以上工业

---

① 朱小丹主编：《广东年鉴（2016）》，广东年鉴社2016年版，第37页。

企业、资质等级建筑业企业、限额以上批零住餐企业、限额以上服务企业）电子商务交易额达 21614.54 亿元，同比增长 20.3%；2014—2015 年，限额以上零售业通过网络实现的零售额平均增速超过 50%；2014—2015 年快递业务量平均增速超过 50%，快递业务量占全国近 1/4。

总体上，2013 年至 2017 年，全省综合实力迈上新台阶。全省地区生产总值从 2012 年的 5.8 万亿元增加到 2017 年的超过 8.9 万亿元，占到了全国比重的 10.5%，连续 29 年居全国首位，五年年均增长 7.9%。地方一般公共预算、政府性基金预算、国有资本经营预算收入合计从 8545 亿元增加到 1.7 万亿元，其中地方一般公共预算收入从 6229 亿元增加到 1.13 万亿元，成为全国首个超万亿元的省份；社会融资规模达 2.2 万亿元，是 2012 年的 1.8 倍；进出口总额连续五年超 6 万亿元，出口占全国比重达 27.5%。①

实现经济结构优化调整

在"十二五"期间，广东大力实施创新驱动发展战略，推动先进制造业和现代服务业"双轮驱动"，在保持经济持续较快发展的同时，实现经济结构优化调整，经济发展后劲和内生动力明显增强。

一是三大产业形成"三二一"结构。"十二五"时期，农业保持稳定，工业发展速度有所下调，而随着经济发展水平的提高，对生产性和生活性服务的需求扩大，服务业在国民经济中的地位上升，服务业成为广东经济第一大产业。2013 年，广东第三产业现价增加值占地区生产总值的比重上升至 48.8%，超过第二产业成为国民经济第一大产业，提前 2 年实现"十二五"规划目标。2015 年，第三产业比重继续提升至 50.8%，三次产业结构调整为 4.6∶44.6∶50.8，第三产业比重首次超过 50%，"三二一"发展格局基本形成。

二是工业转型升级步伐加快，向高端化演进。推进战略性新兴产业发

---

① 马兴瑞：《政府工作报告——在广东省第十二届人民代表大会第五次会议上》（2017 年 1 月 19 日）。

展，电子、装备制造、石化等产业布局更趋成熟和合理，技术层次提升，先进制造业和高技术制造业保持高于整体工业的增速。广东先进制造业增加值占规模以上工业的比重从 2010 年的 47.0% 提高到 2015 年 48.5%，高技术制造业增加值占规模以上工业的比重从 2010 年的 21.1% 提高到 2015 年的 27.0%。

三是内需对经济增长贡献明显增强，消费的拉动作用越来越大。2011—2015 年，广东社会消费品零售总额现价年均增长 12.5%，扣除物价因素实际增长 10.4%，比 GDP 增速高出 1.9 个百分点。"十二五"期间，民营企业保持较快发展，成为经济保持稳定增长的重要拉动力。2011—2015 年，广东民营经济分别增长 12.1%、9.2%、8.9%、8.2% 和 8.4%，年均增长 9.4%，民营经济比重从 2010 年的 49.7% 提升到 2015 年的 53.4%。

2012 年至 2017 年间，全省经济结构调整取得标志性进展，一、二、三产业比重调整为 4.2∶43.0∶52.8，现代服务业增加值占服务业比重达 62.6%，先进制造业增加值占规模以上工业比重达 53.2%，民营经济增加值占生产总值比重达 53.8%。主营业务收入超百亿、千亿元的企业分别达 260 家、25 家，进入世界 500 强的企业从 4 家增加到 11 家，上市公司总市值达 14 万亿元。[①]

■ 大力实施创新驱动发展战略

党的十八大以来，党中央大力推进创新发展，强调必须把创新作为引领发展的第一动力，摆在国家发展全局的核心位置，加快形成以创新为主要引领和支撑的经济体系和发展模式。中共中央、国务院于 2015 年 3 月 13 日印发《关于深化体制机制改革加快实施创新驱动发展战略的若干意见》。2016 年 1 月 18 日，中共中央、国务院正式印发《国家创新驱动发展

---

① 马兴瑞：《政府工作报告——在广东省第十二届人民代表大会第五次会议上》（2017 年 1 月 19 日）。

战略纲要》。

习近平总书记一直对广东创新发展寄予厚望，曾多次作出重要指示批示：2012年12月视察广东时，要求广东大力实施创新驱动发展战略，加快科技成果向现实生产力转化；2014年3月参加全国两会广东代表团审议时，要求广东充分发挥创新驱动作用，努力实现"凤凰涅槃"；2014年在中央有关会议上，强调广东要做创新驱动排头兵；在2017年4月对广东工作作出的重要批示中，又明确要求广东为全国实施创新驱动发展战略提供支撑。省委也认识到：广东面临发达国家先进技术和发展中国家低成本劳动力的"双重挤压"，要素驱动、跟随式发展模式已经难以为继，唯一的选择是向上突围，走创新驱动、引领型发展的路子。① 为此，广东牢记总书记的殷殷嘱托和党中央赋予的使命担当，坚定不移把创新驱动发展战略作为经济社会发展的核心战略和经济结构调整的总抓手，举全省之力推进发展。

2014年6月，省委、省政府印发《关于全面深化科技体制改革加快创新驱动发展的决定》，明确全面深化科技体制改革加快创新驱动发展的总体要求，强调要完善技术创新市场导向机制，强化企业技术创新主体地位；发挥科技创新支撑引领作用，促进经济社会转型升级；健全协同创新机制，提升集成创新能力；完善技术创新服务体系，提升科技成果转化能力；深化科技管理体制改革，优化创新创业环境。② 2015年10月，为了加快建设创新型广东，大力实施创新驱动发展战略，省委、省政府印发《关于加快建设创新驱动发展先行省的意见》。作为广东省实施创新驱动发展战略的纲领性文件，该意见提出"将我省建设成为体制创新的探索者、科技创新的生力军和产业创新的策源地"，从2017年、2020年、2030年三个时间节点，提出"三步走"的战略目标。到2030年，要实现向创新型经济强省转型，建成以创新为主要引领和支撑的经济体系和发展模式，进入创新型地区先进行列。2014年以来3年间，每年的首个全省性工作会议都

---

① 胡春华：《坚定不移实施创新驱动发展战略》，《人民日报》2017年8月30日。
② 朱小丹主编：《广东年鉴（2015）》，广东年鉴社2015年版，第241—242页。

以创新驱动发展为主题，把创新发展落到一项一项具体举措上。省委还专门成立了全面深化改革加快实施创新驱动发展战略领导小组，由省委书记担任组长。领导小组定期召开会议，加强战略部署和统筹协调，部署实施高新技术企业培育、新型研发机构建设、企业技术改造、孵化育成体系建设、高水平大学建设、自主核心技术攻关、创新人才队伍建设、科技金融融合等"八大举措"。构建促进创新发展的政策体系，修订和制定自主创新促进条例、促进科技成果转化条例等法规，出台加快科技创新的若干意见等30多份文件。①

2015年，广东推进创新驱动发展战略取得重要突破。其一，积极推进全面创新改革试验。按照中共中央办公厅、国务院办公厅《关于在部分区域系统推进全面创新改革试验的总体方案》的部署，广东成为国家全面创新改革试验区。省委、省政府制定《广东省系统推进全面创新改革试验方案》，在科技管理、高等教育、人才激励、成果转化、粤港澳开放创新合作等领域提出一批需要国家授权改革事项。其二，启动建设珠三角国家自主创新示范区。推动形成以广州、深圳为龙头，珠三角7个市国家高新技术产业开发区为支撑，辐射带动粤东西北地区协同发展的创新格局。新增河源、清远2个国家高新技术产业开发区，全省国家高新技术产业开发区达11个。其三，实施孵化器倍增计划。率先出台科技企业孵化器创业投资及信贷风险补偿政策措施。推动涌现一批以创客空间、新型科技企业孵化器等形式出现的"众创空间"，形成"天使投资＋孵化""创业辅导＋天使投资"等个性化孵化服务模式。2015年，全省众创空间突破150家，位居全国前列；科技企业孵化器399家，其中国家级科技企业孵化器61家，在孵企业数量超1.8万家。其四，深入推进高水平大学和重点学科建设。实施高等教育"创新强校工程"，主动对接国家"争创一流"行动计划。将7所高校、18个重点学科纳入了高水平大学建设行列，推动华南理工大学、广东工业大学、南方科技大学、佛山科学技术学院、东莞理工学院等5所高校建设高水平理工科大学。其五，新型研发机构呈现快速发展。出

---

① 胡春华：《坚定不移实施创新驱动发展战略》，《人民日报》2017年8月30日。

台支持新型研发机构发展的政策措施，创新产学研结合方式和技术研发模式。2015 年，新增新型研发机构 23 家，推动建成以深圳光启、华大基因等为代表的新型研发机构 124 家，服务企业 3 万余家。其六，重大研发平台建设取得新进展，2015 年新增国家重点实验室、国家工程实验室、国家工程研究中心、国家企业技术中心等国家级创新平台 23 家，累计达 160 家；省级创新平台超过 1000 家。其七，重新组建广东省科学院。推动省科学院实行现代科研院所新型管理体制，优化设置 18 个骨干院所，基本完成了省工业技术研究院等 7 个非独立法人科研院所向独立事业法人转变及 4 个科研院所的归并整合，新建省海洋工程装备技术研究所、省航空航天装备技术研究所、省生物医药技术研究所。其八，创新成果加速涌现。组织实施智能机器人、干细胞与组织工程、计算与通信芯片等九大重大科技专项，突破了一批产业的关键核心技术。PCT（专利合作条约）国际专利申请量 15190 件，比上年增长 13.9%，全省有效发明专利量达 138878 件。省政府与中国科学院签署共建广东国家大科学中心合作协议，稳步推进中国（东莞）散裂中子源、中微子二期（江门）实验、深圳国家基因库等大科学工程建设。依托广州超级计算中心，与国家自然科学基金委员会共建国家大数据科学研究中心。加速器驱动嬗变系统研究装置和强流重离子加速装置 2 个重大科技基础设施项目获批落户惠州。其九，省部院产学研合作持续推进。2015 年广东已与全国 312 所高校、332 个科研机构开展产学研合作，推动建立 110 家产学研创新联盟。省部院产学研合作实现产值超过 2000 亿元，利税超 200 亿元。其十，引导社会和金融资本投向创新领域。首批省新兴产业创投计划参股设立 4 支创业投资基金，国家和省参股设立创投基金总规模约 60 亿元。推动实施"互联网＋金融"服务体系及众创、众包、众扶和众筹四大平台"1＋4"建设，建设了全国首个"互联网＋"众创金融示范区，打造"1＋4"综合金融服务体系。其十一，推动知识产权贯标工作。开展"全国知识产权运营公共服务横琴特色试点平台""重点产业知识产权运营基金"等 4 个国家级试点，新增佛山、中山 2 个知识产权示范城市和顺德（家电）、花都（皮革皮具）2 个国家知识产权快速维权中心。广东省知识产权综合发展指数、运用指数、保护指数、环境指数和专利综合实力居全国首位。其十二，全面落实人才强省战略，推进全国人才管理改革试验区建设，在全国率先探索实行海外人才绿卡制度，制定进一步改革科技人员职称评价的若干意见。培育和引进长江学者，深入实施"珠江人才计划""广东特支计划"和"扬帆计划"，至 2015 年底，广东五批"珠江人才计划"共引进创新创业团队 117 个、领军人才 89 名，其中，包括 5 名诺贝尔奖获得者、42 名"两院"院士等。"广东特支计划"评选出首批杰出人才 15 人、领军人才 137 人、青年拔尖人才 176 人，引进专家 328 人。"扬帆计划"竞争性扶持 6 个市级、25 个县级重点人才工程项目，引进创新创业团队 10 个、紧缺拔尖人才 20 人，培养高层次人才 30 人。

2016 年，广东省系统推进全面创新改革试验方案获国务院批准，116 项具体改革事项中有 101 项落地实施。国家重点实验室等国家级创新平台总数达 213 家。研究与试验发展经费支出占地区生产总值比重达到 2.58%，科技进步贡献率超过 57%，有效发明专利量连续 7 年、PCT 国际专利申请量连续 15 年保持全国第一。企业创新潜力有效激发，高新技术企业井喷式增长，新增国家高新技术企业 8000 家，广东高新技术企业数量达到 19857 家，总量居全国第一，其中珠三角地区有 18880 家。[①] 规模以上工业企业设立研发机构比例达 20%。创新成果转化应用水平继续提高，累计建成新型研发机构 180 家，科技企业孵化器、众创空间分别达 634 家、500 家。以战略性新兴产业为主的高技术制造业增加值占规模以上工业比重提高至 27.6%。创建全国首批"中国制造 2025"试点城市群，珠江西岸先进装备制造业增加值增长 12%，培育建设智能制造示范基地 10 个。先进制造业增加值占规模以上工业比重达 49.3%。

2017 年，广东全力打造国家科技产业创新中心。出台了广深科技创新走廊规划，着力打造全国创新发展的重要一极。深入实施高新技术企业培育等八项举措，扎实推进重大创新平台建设，启动建设 4 家省实验室，建设 1 家国家级产业创新中心、1 家国家级制造业创新中心，中国（东莞）

---

① 《要把高新企业数量优势化为发展优势》，《南方日报》2017 年 2 月 8 日。

散裂中子源等大科学装置建设取得重大进展。新增国家级高新技术企业超过 1 万家，新型研发机构达 219 家，科技企业孵化器达 690 家，全面完成工业技改三年行动计划，主营业务收入 5 亿元以上的工业企业实现研发机构全覆盖。高水平大学、高水平理工科大学和重点学科建设成效初显，2 所大学和 18 个学科入选国家"双一流"名单。国际风投创投中心建设取得新进展，股权投资基金规模达到 1.1 万亿元，新增上市公司 98 家。新引进了 46 个创新创业团队和 33 名领军人才，新增 5 位"两院"院士。组建了中国（广东）知识产权保护中心。

党的十八大以来，广东坚持把创新驱动发展作为核心战略和总抓手，启动并扎实推进国家科技产业创新中心和珠三角国家自主创新示范区建设，区域创新综合能力排名跃居全国第一。全省研发经费支出从 1236 亿元到超过 2300 亿元，居全国第一，占地区生产总值比重从 2.17% 提高到 2.65%。新增加 3 个国家级高新区。国家级高新技术企业从 6652 家增加到 3 万家，跃居全国第一。高新技术产品产值达 6.7 万亿元，年均增长 11.4%。有效发明专利量、PCT 国际专利申请量及专利综合实力连续多年居全国首位，技术自给率和科技进步贡献率分别达 72.5% 和 58%。质量强省建设成效显著，国家级质检中心和联盟标准总量均居全国第一，国家质量工作考核连续 3 年获最高等级 A 级。[①]

■ 生态环境质量得到不断提升

经过 40 年快速发展，广东既取得了丰硕的经济建设成就，同时也积累了大量生态环境问题，成为经济社会发展明显的短板。各类环境污染呈高发态势，成为民生之患。随着社会发展和人民生活水平不断提高，人民群众对干净的水、清新的空气、安全的食品、优美的环境等的要求越来越高，生态环境在群众生活幸福指数中的地位也越来越凸显，环境问题日益

---

① 马兴瑞：《政府工作报告——在广东省第十二届人民代表大会第五次会议上》（2017 年 1 月 19 日）。

成为极为重要的民生问题。

习近平总书记高度重视生态文明建设。他曾明确指出来："我们在生态环境方面欠账太多了，如果不从现在起就把这项工作紧紧抓起来，将来会付出更大的代价。""生态文明建设事关中华民族永续发展和'两个一百年'奋斗目标的实现，保护生态环境就是保护生产力，改善生态环境就是发展生产力。""我们既要绿水青山，也要金山银山。宁要绿水青山，不要金山银山，而且绿水青山就是金山银山。"① 为加快保护生态环境，国务院于 2013 年、2015 年、2016 年先后印发《大气污染防治行动计划》《水污染防治行动计划》《土壤污染防治行动计划》。针对我国面临的大气、水、土壤环境污染问题的 3 个行动计划全部制定出台。党的十八大以来，广东大力推进生态文明建设，取得一系列显著成效，生态环境质量得到不断提升。

一是加强生态文明制度建设。短短几年间，广东制定和实施了一系列规划（计划）。2013 年 8 月 29 日，在广州召开新一轮绿化广东大行动工作会议，印发《中共广东省委、广东省人民政府关于全面推进新一轮绿化广东大行动的决定》，开启了广东第二次"绿色革命"。该决定明确了广东建设全国绿色生态第一省的指标体系，提出要实现森林资源主要发展指标明显提升，构建全国一流水平的森林生态安全格局，率先转变林业发展方式，保持林业质量效益居全国前列。2014 年，广东省发展改革委牵头起草《广东省生态文明建设规划纲要》。推进"多规合一"（推动国民经济和社会发展规划、城乡规划、土地利用规划、生态环境保护规划等多个规划相互融合归一），将广州市增城区、肇庆市四会区和佛山市南海区纳入国家市县"多规合一"试点。为了推进市县空间规划改革，开展市县发展建设规划研究，广东起草了《县（市）发展建设规划编制指引》，博罗县开展了省级发展建设规划编制试点。省发展改革委与省经济和信息化委发布实施了《广东省主体功能区产业发展指导目录（2014 年本）》，起草了《关

---

① 中共中央宣传部：《习近平总书记系列重要讲话读本（2016 年版）》，学习出版社、人民出版社 2016 年版，第 234—235 页、第 233—234 页、第 230 页。

于广东省主体功能区规划配套应对气候变化政策的指导意见》，完善了主体功能区配套政策体系。2014 年，广东推动了清远市和南岭生态地区国家主体功能区规划试点工作，梅州市、韶关市入选国家生态文明先行示范区第一批名单。此外，广东还开展了水生态文明体制改革，省人大常委会通过《广东省实施〈中华人民共和国水法〉办法》，2014 年《广东省水权试点方案》通过了水利部审查，广州、东莞、珠海、惠州 4 市成为全国水生态文明建设试点城市，开展深化小型水利工程管理体制改革和农业水价改革。

二是推动绿色低碳循环发展。2014 年 3 月，广东开始实施《广东省碳排放管理试行办法》，初步形成具有广东特色的碳排放管理和交易法规制度体系，碳排放权交易试点实现良好开局，总成交量占全国的 46.1%，交易总额占全国的 58.5%。80% 以上控排企业主要产品单位碳排放有所下降。同年 4 月起，开始施行《广东省排污许可证管理办法》，开始排污权有偿使用试点。省环境保护厅和省财政厅印发《广东省排污权有偿使用和交易试点管理办法》，组织广东省第二批排污权交易签约仪式，出让二氧化硫 1.29 万吨，交易金额 2067.62 万元。省政府印发了《广东省大气污染防治行动方案（2014—2017 年)》，要求持续改善全省的环境空气质量，力争到 2017 年珠三角区域细颗粒物（PM2.5）年均浓度在全国重点控制区域率先达标，全省空气质量明显好转，重污染天数较大幅度减少，优良天数逐年提高。2015 年 3 月，省政府办公厅转发《国务院办公厅关于推进环境污染第三方治理的意见》，要求推进环境公用设施投资运营市场化，创新企业第三方治理机制，健全第三方治理市场，全力提升污染治理水平。是年 12 月，省政府又印发了《广东省水污染防治行动计划实施方案》，要求强化源头控制，水陆统筹、河海兼顾，对水环境实施分流域、分区域、分阶段的科学治理，系统推进水污染防治、水生态保护和水资源管理。

三是推进环保地方立法。2015 年，广东省对《中华人民共和国大气污染防治法》的修订和《中华人民共和国环境保护税法》的制定提出意见建议，新《广东省环境保护条例》于 2015 年 7 月 1 日正式实施，成为新环保法实施了全国首个配套的省级地方性环保法规。广东省环境保护厅制定了《关于〈广东省环境保护条例〉的环境行政处罚自由裁量权裁量标准》。此外，广东还开展了2015年度全省环境行政执法监督检查、环境行政处罚案卷评查、环境资源和危害食品药品安全犯罪专项立案监督等活动。

四是推行环境监管网格化管理。2015年，广东在阳江市等16个地级以上市印发实施方案。省环境保护厅联合省监察厅对7个重点环境问题进行了挂牌督办，推动一批热点难点环境问题的解决。全面开展环境保护大检查，全省出动环境执法人员79.2万人次，检查排污企业35.4万家，立案1.5万件，限期整改企业1.1万家，关停企业1845家，罚没金额5.24亿元。韶关等5市新设立"环保警察"，潮州建立了环境联动执法联席会议制度，佛山市顺德区设立了"环保巡回法庭"。全省各级环境保护部门立案14088件，下达处罚决定15361个，罚没金额5.72亿元。建立健全环境信用制度，省环境保护厅与中国人民银行广州分行签订《共建环银信息共享机制协议》，初步建立企业环境保护信用信息管理平台，对1217家企业开展环保信用评级，公布73家环境违法企业"黑名单"。

五是完善排污权有偿使用和交易试点机制政策。2015年，广东印发《广东省排污权交易规则（试行）》《广东省环境权益交易所排污权交易电子竞价操作细则（试行）》等。当年9月，组织举行第三批排污权交易，以省环境保护厅为出让方，首次采用电子竞价方式，广东粤电大埔发电有限公司、宝钢湛江钢铁有限公司、广东华电韶关热电有限公司分别以1950元/（年·吨）、2000元/（年·吨）及1950元/（年·吨）的价格，竞得二氧化硫排污指标1447吨/年、4001.48吨/年及529.7吨/年，总成交金额2371.51万元。佛山市、佛山市顺德区和东莞市成为省内试点单位。至2015年底，佛山市已启动排污权一级市场指标分配工作，顺德区试点推进VOC（挥发性有机化合物）排污权交易，完成试点方案的制订；东莞市制定完善相关政策体系。

六是打好污染防治攻坚战。2017年，广东对中央环保督察反馈的意见以高标准推进整改落实，配合做好国家海洋督察工作，全面启动省级环保督察，有效解决了一批突出环境问题。全面实施大气污染防治18项强化措施，全省基本淘汰黄标车，完成国家"大气十条"终期考核目标。党的十八大以来，全面落实河长制，狠抓水污染治理，实施重污染河流"挂图作战"和系统治污，完成 191 个黑臭水体整治，新增污水处理厂 31 座、日处理能力 129 万吨、配套管网 5949 公里，国考断面水质优良比例达80.3%，劣 V 类断面比例控制在 8.5% 以下。有序推进土壤污染状况详查工作。出台海岸带综合保护与利用总体规划，一批历史遗留用海问题得到妥善解决。

5 年多来，广东牢固树立绿水青山就是金山银山的理念，坚决守住生态环保底线，积极推进污染防治三大战役，生态环境持续改善。超额完成国家下达的节能减排降碳目标任务，全省单位生产总值能耗预计累计下降19.5%，保持在全国先进行列。全省空气质量连续三年稳定达标，珠三角地区 PM2.5 年均浓度比 2013 年下降 27.7%，在国家三大重点防控区率先稳定达标。大江大河水质保持稳定。土壤污染防治扎实推进。①

■ 进一步保障和改善民生

2012 年 11 月，习近平总书记在十八届中央政治局常委同中外记者见面时说："我们的人民热爱生活，期盼有更好的教育、更稳定的工作、更满意的收入、更可靠的社会保障、更高水平的医疗卫生服务、更舒适的居住条件、更优美的环境，期盼孩子们能成长得更好、工作得更好、生活得更好。人民对美好生活的向往，就是我们的奋斗目标。"② 党的十八大以来，党中央坚持以民为本、以人为本的执政理念，把民生工作和社会治理工作作为社会建设的两大根本任务，高度重视、大力推进，改革发展成果正更多更公平地惠及全体人民。

改善民生是推动发展的根本目的。为此，广东继续把办好"十件民生实事"（即底线民生保障、困难弱势群体帮扶、住房保障、农村生产生活

---

① 马兴瑞：《政府工作报告——在广东省第十二届人民代表大会第五次会议上》（2017 年 1 月 19 日）。

② 《习近平谈治国理政》，外文出版社 2014 年版，第 4 页。

条件、医疗卫生、教育公平、创业就业、污染治理、公共安全、防灾减灾）作为每年工作的重中之重来推进。以 2013 年为例，广东省各级财政用于保障和改善民生支出 1727 亿元，其中，省财政投入 684 亿元，比上年增长 15.6%，占当年公共财政预算总支出的 67.2%。当年，广东还解决了一批教育、就业、医疗、住房等领域事关群众利益的热点难点问题，并制定出台了提高底线民生保障水平实施方案。2014 年，广东省民生类支出6177.11 亿元，比上年增长 11.2%，占地方一般公共预算支出 67.6%。全省拨付"十件民生实事"资金 1940.98 亿元，完成年度预算 112.4%，在教育、文化、医疗、就业、社会保障、扶贫开发、住房等领域解决了一批事关群众利益的热点难点问题。2015 年，广东省民生类支出更是高达8912.7 亿元，比上年增长 44.3%，占地方一般公共预算支出 69.6%，提高 2 个百分点。

在"十二五"规划期间，广东始终坚持把保障和改善民生作为一切工作的出发点和落脚点，着力建机制、补短板、兜底线，持续加大财政民生投入，加快推进基本公共服务均等化。坚持每年办好"十件民生实事"，省级财政和各级财政累计分别投入 3072 亿元和 8479 亿元，在底线民生保障、困难群体帮扶等方面，解决了一批关系群众切身利益的突出问题。

2016 年，广东继续坚持民生优先，努力增进民生福祉，让人民群众共享改革发展成果。持续加大民生支出，2016 年，全省民生类支出 9028.51亿元，占全部支出的 67.3%。全省"十件民生实事"下达拨付资金 2367亿元，完成年初预算的 111.8%。启动实施脱贫攻坚工程，全面完成扶贫对象 176.5 万人精准识别、建档立卡工作，全年投入扶贫资金 112.08 亿元，50 万相对贫困人口顺利脱贫。到 2017 年，民生类支出完成 10589 亿元，占一般公共预算支出的 70.4%；省"十件民生实事"共安排资金2346.2 亿元，其中省级财政投入 967.5 亿元，分别比上年预算安排增加10.9%、11%，解决了一批民生问题，基本公共服务均等化水平进一步提升。同时加大扶贫济困力度，将帮扶 30 万有劳动能力贫困人口家庭发展种养殖业等产业，实现 60 万贫困人口增收脱贫。①

■ 千方百计促进就业创业

2013 年，广东省应届高校毕业生 44.2 万人；加上入粤求职和往年申请暂缓就业的毕业生在内，2013 年在粤求职就业毕业生 70 多万人，占全国 2013 年高校毕业生总数约 1/10，被社会媒体称为"最难就业季"。6 月，省政府办公厅转发了《国务院办公厅关于做好 2013 年全国普通高等学校毕业生就业工作的通知》，实施"两扶持、两资助、三补贴"政策（即实行税费减免和小额担保贷款扶持，给予成功创业资助和优秀创业项目资助，提供租金补贴、孵化补贴和社保岗位补贴），全年发放各项补贴 5285.6 万元，惠及高校毕业生 2.82 万人次。全省人力资源社会保障部门实施了离校未就业高校毕业生就业促进计划，举办了"一企一岗"等各类招聘服务活动；招募"三支一扶"（到农村基层从事支农、支教、支医和扶贫工作）大学生 1400 人；组织 1.37 万名高校毕业生参加就业见习。至 2013 年底，全省应届高校毕业生就业率 98%，居全国前列。全年全省促进创业 17.6 万人，带动就业 57.3 万人。2013 年，广东省城镇新增就业 164.5 万人，占全国 1/8；城镇登记失业率 2.4%，为各省区最低。②

2014 年，省政府办公厅转发《国务院办公厅关于做好 2014 年全国普通高等学校毕业生就业创业工作的通知》，要求从全局和战略的高度，坚决按照国家和省的要求，以对人民高度负责的态度，抓紧抓好工作任务，确保实现 2014 年高校毕业生就业和创业比例"双提高"。2015 年 3 月，省政府印发《关于进一步促进创业带动就业的意见》，要求大力弘扬创业精神，降低创业门槛和成本，加大扶持补贴力度，改进补贴发放方式，提升服务能力和水平，完善公共创业服务体系，确保政策落实到位。8 月，省政府办公厅印发《关于进一步做好新形势下就业创业工作的实施意见》，

---

① 《各级财政累计投入超 9000 亿元》，《南方日报》2017 年 5 月 22 日。
② 朱小丹主编：《广东年鉴（2014）》，广东年鉴社 2014 年版，第 290—291 页。

要求深入实施就业优先战略，大力促进创业带动就业，统筹推进高校毕业生等重点群体就业，提升公共就业创业服务水平，推动实现更高质量的就业。2016 年，广东省使用就业创业专项资金 24.57 亿元，惠及 403 万人次。推进全省就业创业专项资金信息系统建设，并在部分地市推广上线使用，涵盖就业创业 24 项补贴。7 月，省政府办公厅出台《关于进一步支持异地务工人员等人员返乡创业的通知》，结合推进新型城镇化建设和精准扶贫，促进符合条件的人员返乡创业。此外，广东还下放了全省创业培训定点机构认定和省属培训机构的日常管理职能，提升创业培训基础能力。出台广东省省级优秀创业项目资助管理办法，投入 1.93 亿元支持建设第二批 13 个区域性（特色性）创业孵化基地，评定 10 个省级示范性创业孵化基地，带动全省建设和认定创业孵化基地累计 536 个。2017 年，广东全省城镇新增就业 148.9 万人。据 2017 年统计数据，5 年来，全省城镇新增就业累计 775.6 万人，约占全国的 1/9。居民人均可支配收入达 3.3 万元，年均增长 9.2%。

■ "创强争先建高地"的全面推进

为落实党的十八大和省十一次党代会、省委十一届二次全会精神，全面实施国家和省中长期教育规划纲要，广东加快推进教育现代化进程，走出一条具有广东特色的教育发展新路子，提出"办好人民满意的教育，创建教育强省、争当教育现代化先进区、打造南方教育高地"（合称"创强争先建高地"）。2013 年 2 月，省政府下发《关于推进我省教育"创强争先建高地"的意见》，提出教育规划总体目标，即到 2016 年，实现"广东省教育强县（市、区）"和"广东省教育强市"覆盖率均达 85% 以上，珠三角地区实现"广东省推进教育现代化先进县（市、区）"和"广东省推进教育现代化先进市"覆盖率均达 85% 以上；户籍人口高等教育毛入学率达到 36% 以上，人才培养数量和质量、自主创新能力和社会服务能力明显提升。到 2020 年，实现"广东省教育强县（市、区）"和"广东省教育强市"全省全覆盖，"广东省推进教育现代化先进县（市、区）"覆盖率达

85%以上；户籍人口高等教育毛入学率达到50%以上，高等教育质量水平显著提高，自主创新能力和社会服务能力显著增强；形成以珠三角地区为核心，粤港澳紧密融合，教育现代化、国际化发展水平高，在国内有较大影响力的南方教育高地。

2013年，广东新创建教育强县12个、教育强镇196个。① 2014年，全省的教育强市、强县、强镇覆盖率分别提高到57.1%、63.4%、80%。② "十二五"规划时期，教育强县、强镇覆盖率分别达88.7%和94.2%。2016年，新创建教育强县14个、教育强市8个，覆盖率分别达97.7%和95.2%。③ 到2017年的时候，"创强争先建高地"取得显著成效，教育强市、强县、强镇创建基本完成，教育现代化先进市、县建设步伐加快。

■ 城乡居民养老保险制度的再构建

2013年9月，省政府印发《广东省城乡居民社会养老保险实施办法》，明确将新型农村社会养老保险和城镇居民养老保险合并实施，在全省建立统一的城乡居民社会养老保险制度，并将最低缴费标准由每年100元提高到120元。至2013年底，全省城乡居民养老保险参保人数2488万人，参保率99%、缴费率90.2%，全省职工基本养老保险参保人数（含离退休人数）4183万人，比上年底增长3.7%，全省基本医疗保险参保人数9179.8万人，比上年底增长9%。④ 全省开展城乡居民大病保险试点，个人自付医疗费用二次报销不低于50%，政策范围内住院报销比例提高10个百分点以上，珠海、汕头、佛山、梅州等14个市启动试点，占全国近1/4。至2013年底，广东参加失业保险人数2705.1万人，比上年底增长34.6%。自2013年7月1日起，广州市在全国率先开展用人单位失业保险浮动费率

---

① 朱小丹主编：《广东年鉴（2014）》，广东年鉴社2014年版，第215页。
② 朱小丹主编：《广东年鉴（2015）》，广东年鉴社2015年版，第236页。
③ 广东年鉴编纂委员会：《广东年鉴（2017）》，广东年鉴社2017年版，第287页。
④ 朱小丹主编：《广东年鉴（2014）》，广东年鉴社2014年版，第291页。

试点。^① 2014 年，广东企业退休人员月平均养老金增长 10.4%，城乡居民基础养老金标准提高到每月 80 元。职工、居民医保政策规定的住院支付比例平均达 87% 和 76%，在全省铺开大病医疗保险，初步实现医保省内异地就医即时结算。城市和农村社区养老服务覆盖率分别达 80.5%、58.8%。城乡低保补差、农村五保供养标准进入全国前列，医疗救助标准达到全国平均水平。

"十二五"期间，广东城乡低保、农村五保、残疾人保障、孤儿保障等底线民生保障水平均进入了全国前列。2016 年，推动企业全员足额参保，实施全民参保登记计划，完善灵活就业人员参加职工养老保险政策。调整提高城乡居民基础养老金、企业退休人员基本养老金、城乡居民医保财政补助标准、职工和居民医保年度最高支付限额。启动医保城乡一体化改革试点，大病保险向困难群体倾斜，覆盖范围延伸至职工参保人群，全面实现省内异地就医直接结算。2017 年，推进企业职工基本养老保险省级统筹制度重大改革，7 月 1 日起全面实行全省统收统支统管，半年内解决 11 个市基金收支缺口 68 亿元，为企业和职工减负 49 亿元。到 2017 年底，全省养老、医疗保险基本实现全覆盖，五大险种参保人数和基金累计结余均居全国第一，底线民生保障水平跃居全国前列，208 万相对贫困人口实现脱贫。

■ 全民共建共享社会治理格局的构建

社会治理是社会建设的重大任务，是国家治理的重要内容。改革进入攻坚期后，社会管理面临新情况新问题，迫切需要通过深化改革来解决，实现从传统社会管理向现代社会治理转变。党的十八大以来，广东在加强和创新社会治理体制，改进社会治理方式，构建全民共建共享社会治理格局等方面扎实推进，成效显著。

---

① 朱小丹主编：《广东年鉴（2014）》，广东年鉴社 2014 年版，第 291—292 页。

基层民主建设的推进

2013 年，广东省村务公开协调小组召开自恢复成立以来第一次全体会议，建立省村务公开协调小组组长、副组长和各成员单位定点联系县（市、区）村（居）务公开工作制度。此后，广东又开展了全省村务公开和农村集体"三资"（资金、资产、资源）监管工作交叉检查与考核评估活动，开展第三批广东省村（居）务公开民主管理示范创建工作，有 3284 个村、1092 个城市社区被评为村（居）务公开民主管理达标村（社区），当年达标率均为 17%。全省 91.3% 的行政村建立村务监督委员会，促进民主监督。2014 年，广东进行第六届村民委员会、第五届居民委员会换届选举，全省应换届的 19589 个村委会、6518 个居委会全部完成换届选举，选出新一届村（居）委会班子成员 12.9 万人、村务监督委员会成员近 7 万人、村（居）民小组长 35.7 万人、村（居）民代表 108.1 万人。村务监督委员会覆盖面达 98.2%。11 月，广东省第十二届人民代表大会常务委员会第十二次会议修订通过《广东省村务公开条例》。2015 年 7 月，广东省民政厅与省监察厅、省财政厅联合印发《广东省村务监督委员会工作规则》，全省 19603 个村建立村务监督委员会，产生 7.42 万名村务监督委员会成员。按照"广东省农村（社区）党务村（居）务公开栏统一模板样式"推动"一村（居）一公开栏"改造升级工作，全省 22590 个村进行改造，占比 86.2%。在全省所有的村推广应用村务记录"四簿一卷"（村民委员会会议记录簿、村民委员会工作大事记录簿、村务公开记录簿、村务监督记录簿和一个集成卷宗），规范村级基层组织运作。2016 年，省委办公厅、省政府办公厅印发《关于加强城乡社区协商的实施意见》，指导全省开展城乡社区协商工作，推进城乡社区协商示范点建设。此外，全省还开展了乡镇（街道）和职能部门与村（居）委会双向考核以及"村（居）民自治改革创新工程"的试点工作。省民政厅与省监察厅、省财政厅印发《关于落实村务监督委员会成员补贴和充分发挥其监督作用的通知》，推进了全省村务监督委员会"九有"（有人员、有场所、有牌子、有章子、有经费、有制度、有奖惩、有培训、有作为）规范化建设及全省村（居）务公开"五化"（设施建设标准化、公开内容规范化、公开时间经常化、公开形式多样化、公开地点公众化）创建活动。

城乡社区建设的推进

2013 年，广东加强了城市社区居民委员会规范化建设，推进了社区"六个一"工程（公共服务站、文体活动中心、健康计生服务中心、家庭服务中心、综治信访维稳工作站、小广场或公园）建设。全省城乡社区公共服务站达到 7000 多个，社区（家庭）服务中心 1350 个，社区文体活动室 4000 多个，小广场 6099 个，健康计生服务中心、综治信访维稳工作站基本全覆盖。继续开展基层社会管理体制改革，东莞市、博罗县、德庆县被评为"全国农村社区建设实验全覆盖示范单位"，探索广州市 GPS 幸福社区创建模式、深圳市"一核（社区综合党委）多元"、专业社工组织参与社区治理等做法。2014 年，省民政厅联合省经济和信息化委合力推动全省社区公共服务综合信息平台建设试点工作，在广州、深圳、佛山等市率先试点。广州市越秀区、南沙区，深圳市罗湖区、坪山新区，佛山市南海区经申报被民政部确认为"全国社区治理和服务创新实验区"。各地深化城乡社区建设，2014 年全省建成城市社区公共服务站 4601 个，覆盖率为 70%；农村公共服务站 5234 个，覆盖率为 27%。为推动基层服务管理方式创新，省委办公厅和省府办公厅印发《关于开展一村（社区）一法律顾问工作的意见》，在珠三角地区和粤东西北试点地区开展"一村（社区）一法律顾问"工作。省委政法委、省社工委印发《关于把综治信访维稳中心（站）进一步打造成基层社会治理工作平台的意见》，先后召开粤东西北和珠三角两个片区现场会，推广梅州市蕉岭县等地的经验，拓展综治信访维稳平台功能，整合基层管理服务资源。2015 年 11 月，省委办公厅和省政府办公厅出台《关于深入推进农村社区建设试点工作的实施意见》。该意见要求，"两委"干部"一肩挑"和"交叉任职"比例均达到 80% 以上，落实班子联席会议和党群联席会议制度，增强基层组织班子整体效能，建立健全软弱涣散村党组织常态化整顿机制，整顿合格率达 90% 以上。该意见指出，争取到 2016 年底，全省所有的行政村建成集网上办事、政务服务、农村产权流转管理服务、电子监察等于一体的综合性公共服务平台。确定汕头市等 5 市为省级农村社区建设试点市，确定广州市南沙区和增城区等 14 个县（市、区）为省级农村社区建设试点县（市、区）。①2016 年，广东省加强城乡综合服务设施建设，推进村级公共服务中心（站）规范化建设，为居民提供"一站式"综合公共服务。至 2016 年底，全省村级公共服务中心（站）覆盖率达 98.4%。将城乡社区服务综合信息平台纳入省"一门式一网式"②政府服务模式改革中统筹推进，省政府办公厅印发《广东省社区（村）一门一网式政务服务自然人事项指导目录（试行）》，开展 22245 个社区（村）网上办事点，提供自然人事项一门式一网式服务。深圳市龙岗区"民生大盆菜"创新社区治理新模式、深圳市坪山新区枢纽型社区服务平台建设被民政部评为"2015 年度中国社区治理创新十大成果"。

社会组织建设的推进

党的十八大后，广东加快社会组织综合配套改革。2014 年 6 月，省民政厅会同省委组织部、省编办、省发展改革委、省监察厅、省财政厅联合印发《关于行业协会商会与行政机关脱钩方案》，要求全省行业协会、异地商会须于 2014 年底前在人员、财务、资产、职能、机构等方面与行政机关彻底脱钩。至 2014 年底，全省 2576 个行业协会商会基本实现了与行政机关的全面脱钩。全省退出行业协会商会职务的现职国家机关工作人员1786 人。2016 年 8 月，中共中央办公厅、国务院办公厅印发《关于改革社会组织管理制度促进社会组织健康有序发展的意见》。广东省深化社会组织体制改革，出台《中共广东省委办公厅、广东省人民政府办公厅关于印发〈广东省行业协会商会与行政机关脱钩实施方案〉的通知》《中共广东

---

① 《坚持县级以上干部到村任"第一书记"》，《南方农村报》2015 年 12 月 14日。

② 所谓"一门式"服务，就是在基层把行政审批和公共服务事项整合到一个"门"，实现一窗通办、一站办结。"一网式"服务，就是把行政审批和公共服务事项整合到一张"网"来办理。

省委办公厅印发〈关于加强我省社会组织党的建设工作的实施意见〉的通知》。省民政厅联合省地方税务局、省质量技术监督局、省国家税务局出台《关于我省实施社会组织统一社会信用代码事项的通知》，自2016年1月1日起全面实施社会组织统一社会信用代码制度改革。至2016年底，完成全省存量社会组织统一社会信用代码映射数为52575个，存量代码转换率达到97.4%，新登记赋码社会组织数量为5562个，新增代码赋码率100%，并通过广东省政务信息资源共享平台实时向省质监、省国税、省地税、省经济和信息化委等部门交换广东省社会组织统一社会信用代码数据。2013—2016年，广东省在民政部门登记注册的社会组织总数分别为41317个、47680个、53958个、59520个，年均增长10%以上。至2017年8月，全省社会组织总数已达63235个①。社会组织在广东经济、政治、社会、文化、生态建设中的作用越来越明显，成为社会治理的重要主体之一。

加强社会组织党建工作。2013年，广东完成《中共广东省社会组织委员会党建工作规范（暂行）》及《省级社会组织党组织工作指引》的制定，印发《关于开展党建工作示范点创建活动的实施方案》，确立了广东省湘籍企业家商会党委等11个单位党组织为省级党建工作示范点。到2015年，广东形成了党委统一领导、组织部门抓总、民政部门牵头、业务主管单位各负其责的社会组织党建工作格局和"三级"管理体制②。截至2016年底，广东省社会组织已建党组织8099个，比2012年底翻两番，党组织的覆盖率实现跨越式增长；培养入党积极分子400余人，发展党员175人。全省性社会组织党员3582人（含流动党员）；全省性社会组织中已建工会组织72个、团组织54个、妇女组织23个。③至2017年8月，全省社会组织党组织已达9358个。④全省社会组织党的组织覆盖率显著提高。

---

① 《广东成立社会组织党组织9358个》，《南方日报》2017年10月17日。
② 即各级党建工作机构——行业党委（总支）——党支部（社会组织单位）。
③ 广东年鉴编纂委员会：《广东年鉴（2017）》，广东年鉴社2017年版，第386页。
④ 《广东成立社会组织党组织9358个》，《南方日报》2017年10月17日。

■ 依法治省的全面推进

2014 年 10 月，中共十八届四中全会审议通过了《中共中央关于全面推进依法治国若干重大问题的决定》，明确了全面推进依法治国的重大任务。2015 年是全面深化改革的关键之年，也是全面推进依法治国方略的开局之年。当年 1 月，省委十一届四次全会研究部署了全面推进依法治省、加快建设法治广东的工作，审议通过《中共广东省委贯彻落实〈中共中央关于全面推进依法治国若干重大问题的决定〉的意见》。该意见要求，全面推进依法治省要突出抓好 10 项重点任务：一是加强地方人大立法能力建设；二是推进重点领域立法；三是提高政府依法行政水平；四是推进严格规范公正文明执法；五是深入推进政务公开；六是推进公正司法严格司法；七是提高司法活动透明度；八是深入推进普法教育；九是推进基层治理法治化；十是加强法治人才队伍建设。努力推动广东省法治建设走在全国前列。4 月，广东省依法治省工作领导小组①第二十一次会议审议通过《广东省依法治省 2014 年工作总结》《〈广东省贯彻落实党的十八届四中全会决定重要举措 2015 年工作要点〉实施方案》和《2015 年法治广东宣传教育工作方案》，研究部署了全年的依法治省工作。会议指出，2015 年是全面推进依法治省开局之年，也是实施《法治广东建设五年规划（2011—2015 年）》的收官之年，要突出抓好 2015 年依法治省各项工作任务的落实、抓好重点领域立法、推进设区市的地方立法工作、加强对依法治省工作的领导等四方面工作。12 月，中共广东省委决定，将广东省依法治省工作领导小组更名为中共广东省委全面依法治省工作领导小组，领导小组办公室设在省委政法委机关，与省委政法委机关实行一体化运作，以此健全

---

① 1996 年 10 月 16 日，根据《中共广东省委关于进一步加强依法治省工作的决定》精神，中共广东省委成立广东省依法治省工作领导小组及其办公室，并将办公室设在省人大常委会，作为省委领导法治建设的议事协调机构的常设机构，由省人大常委会党组代管。

省委领导法治建设的体制和工作机制，加强对法治建设的统一领导、统一部署、统筹协调。12月，省委办公厅又出台了《关于印发〈中共广东省委政法委员会机关主要职责、内设机构和人员编制方案〉的通知》，重新组建省委政法委机关，省委依法治省办公室正式与其实行一体化运作。

2016年2月，中共广东省委全面依法治省工作领导小组第二十二次会议提出，要发挥人大在地方立法中的主导作用，着力提高立法质量；政府要依法履行职能，着力提高法治政府建设水平；要推进司法体制改革，着力提高司法公信力；要加强基层法治建设，着力增强全民法治意识。并特别提出，各级党委要加强对法治建设的统一领导、统筹协调。10月，省委办公厅印发《法治广东建设第二个五年规划（2016—2020年）》，明确"十三五"时期法治建设的指导思想、主要目标和基本原则，对立法、执法、司法和法治经济、法治社会、法治文化等六个方面进行部署，对加强组织领导、强化综合保障、推动工作落实等方面提出具体要求。2016年，广东省对全面推进依法行政统筹谋划，印发《广东省法治政府建设实施纲要（2016—2020年）》，提出7方面共43项主要任务，确立到2018年珠三角地区各级政府率先基本建成法治政府、到2020年全省基本建成法治政府的目标。开展珠三角法治政府示范区建设。按照《广东省创建珠三角法治示范区工作方案》部署，省有关部门和珠江三角洲9市有序推进各项工作，坚持优先推进和重点保障一批与经济社会发展、群众切身利益息息相关的重点任务，特别是在商事制度改革、行政审批制度改革、建立健全重大行政决策机制、深化行政执法体制等方面大胆探索。① 2017年4月，省委全面依法治省工作领导小组第二十三次会议强调，要深入学习贯彻习近平总书记系列重要讲话精神和治国理政新理念新思想新战略，全力推动法治广东建设，以优异成绩迎接党的十九大胜利召开。会议审议并原则通过《广东省2016年全面依法治省工作总结》《广东省2017年全面依法治省工作要点》《广东省党政主要负责人履行推进法治建设第一责任人职责实施

---

① 《广东省人民政府关于2016年法治政府建设的情况报告》，中国政府法制信息网2017年6月21日。

细则》。会议强调：要进一步加强党对法治建设的领导。督促各级党政主要负责人严格履行第一责任人职责，抓紧完善相关配套制度，加强对履职情况的督查和问责。要突出抓好依法治省重点工作，加强重点领域立法，深入推进依法行政和司法体制改革，加大创建法治化国际化营商环境工作力度，加强防范化解管控风险能力建设，全面推开法治城市、法治县（市、区）、法治乡镇（街道）、民主法治村（社区）四级法治创建活动，不断提升法治广东建设整体水平。党的十八以来，广东全面推进依法治省，取得显著成效。

其一，完善依法行政制度。2015年，省政府重点推动自贸区管理、市场监管、社会组织管理、警务辅助人员管理等立法项目，全年提请省人大常委会审议地方性法规草案13项，出台规章12项，确保重大改革措施于法有据。坚持立改废释并举，完成涉及港澳服务提供者的政府规章、规范性文件的专项清理；对省政府232项规章进行全面清理，及时修改、废止与全面深化改革不相适应的政府规章，破除制约新一轮改革发展的体制机制弊端。为转变政府职能，在项目投资核准、生产经营审批、资质资格许可、社会事业准入等重点领域加大简政放权力度，全年取消和调整省级行政审批事项120项，完成省政府部门328项非行政许可审批事项清理工作。推进行政审批标准化，指导各地各部门开展标准化工作。全面完成省政府各部门权责清单编制，向社会公开51个部门保留的权责事项6971项，取消、下放和实行重心下移的职能事项2580项。2016年，广东加强重点领域政府立法。围绕省委全面深化改革决策部署，科学编制2016年立法计划。加强规范性文件监督管理。全年对各类规范性文件进行合法性审查567件，比上年增长34.1%。按国务院法制办公室要求，组织省经济和信息化委、广州市等8个单位开展完善规范性文件合法性审查机制试点工作，制定《关于规范性文件认定的指导意见》等7项制度，基本实现规范性文件的全环节规范细化管理。全面清理省政府230项现行有效的规章，为全省经济社会发展营造良好的法治环境。配合推进各项深化改革任务，开展省政府文件全面清理工作以及涉及全面创新改革试验、港澳经贸服务、投资项目审批等多项政策清理工作。

其二，推进重大决策程序制度建设。健全重大行政决策合法性审核平台。2016 年，以政府法制机构为平台全面设立了法律顾问室，省和各地级以上市全部设立了政府法律顾问室，119 个县（市、区）政府中有 114 个设立政府法律顾问室，基本形成了政府法律顾问工作机制的全覆盖。据统计，全年办理省政府本级重大决策、重大合同、重要协议的合法性审查550 件，政府法律顾问的作用得到发挥。完善重大决策程序制度建设。此外，广东还在出台《广东省重大行政决策听证规定》《广东省政府法律顾问工作规定》《广东省重大行政决策专家咨询论证办法（试行）》等基础上，制定《广东省重大行政决策程序规定》，围绕决策主体、决策事项范围、决策法定程序 3 个重点问题完善了程序制度，并进一步加大地市决策程序法制建设，指导和推动广州、东莞等 15 个地市政府出台了《重大行政决策程序规定》，深圳、湛江、揭阳等 18 个地市政府出台了决策风险评估、决策公示、决策后评估、决策听证等制度。

其三，维护社会稳定。2015 年，各级、各部门履行维护稳定第一责任，妥善应对各类突发事件，推动全省维护社会稳定工作扎实开展，全省政治安全和社会大局稳定。党的十八大以来，广东的维稳工作体系不断完善，逐步形成了以市县为主体，省委政法委、省委维稳办牵头抓总，各部门协调配合，上下联动、齐抓共管的维稳工作格局。广东还及时有效地开展各项防范处置措施，妥善应对香港不稳定因素对广东的影响；依法妥善处置了汕头潮阳金灶垃圾处理厂事件、揭阳普宁垃圾处理厂事件、罗定垃圾焚烧项目事件等一批重大群体性事件；加强维稳长效机制建设，推动维稳工作不断规范化常态化。通过出台重大决策社会稳定风险评估工作的意见，广东不断完善维稳工作责任追究、督办交办、情况通报等常态工作机制，各级、各部门相应建立完善相关长效工作机制。

其四，建设社会治安防控体系。2015 年 6 月，省综治办牵头制定《广东省贯彻落实〈关于加强社会治安防控体系建设的意见〉分工方案》，推动社会治安防控体系建设重点项目纳入广东省国民经济和社会发展"十三五"规划，完善人防物防技防投入增长机制。推进"五张网"［加强社会面治安防控网、重点行业和重点人员治安防控网、乡镇（街道）和村居

（社区）治安防控网、机关企事业单位内部安全防控网和信息网络防控网］建设。2016 年，省公安机关创新完善社会治安防控体系建设，提升大数据时代社会治安防控能力，印发了《广东省公安机关加强社会治安防控体系建设总体方案》，运用大数据、云计算、物联网、"互联网＋"等现代先进技术与理念，布建技术视频、信息网络、社会面巡逻、人口房屋车辆、重点人员和社会组织、重点行业、城乡社区、单位内部等 8 张防控网。全省刑事治安警情比上年下降 6.02%，刑事案件下降 16%。

第三章　全面深化改革的启动与跟进

党的十八大以来，广东遵循中央的顶层设计，推进改革试点和政策落地，基本确立全面深化改革的主体框架。党的十八届三中全会以来，广东承接大量国家改革试点任务，数量居全国前列，供给侧结构性改革系统推进，同时，行政审批制度、经济体制、司法体制、文化体制、社会体制等重大改革扎实推进。

■ 全面深化改革继续走在全国前列

全面深化改革是党中央"四个全面"战略布局中具有突破性和先导性的关键环节。党的十八大以来，以习近平同志为核心的党中央高举改革开放旗帜，以更大的政治勇气和政治智慧推进改革，用全局观念和系统思维谋划改革，推动新一轮改革大潮涌起。2013年11月9日至12日，中共十八届三中全会举行。习近平总书记代表中央政治局向全会报告工作，就《中共中央关于全面深化改革若干重大问题的决定（讨论稿）》作说明，并发表讲话。全会审议通过《中共中央关于全面深化改革若干重大问题的决定》。全会强调，全面深化改革的总目标是完善和发展中国特色社会主义制度，推进国家治理体系和治理能力现代化，要求到2020年，在重要领域和关键环节改革上取得决定性成果，形成系统完备、科学规范、运行有效的制度体系，使各方面制度更加成熟更加定型。全会指出，经济体制改革核心问题是处理好政府和市场的关系，使市场在资源配置中起决定性作用和更好发挥政府作用。党的十八届三中全会是全面深化改革的又一次总部署和总动员。

会后，中共中央政治局会议于 12 月 30 日决定成立中央全面深化改革领导小组，习近平任组长。2014 年 1 月 22 日，中央全面深化改革领导小组召开第一次会议。会议决定中央全面深化改革领导小组下设经济体制和生态文明体制改革、民主法制领域改革、文化体制改革、社会体制改革、党的建设制度改革、纪律检查体制改革 6 个专项小组。至 2017 年 8 月，中央全面深化改革领导小组共召开 38 次会议，审议通过一大批重要改革文件，中央和国家机关有关部门推出 1500 多项改革举措，主要领域四梁八柱性质的改革主体框架已经基本确立。2015 年 8 月 28 日，中共中央办公厅、国务院办公厅印发《关于在部分区域系统推进全面创新改革试验的总体方案》，京津冀、上海、广东、安徽、四川、武汉、西安、沈阳等 8 个区域被确定为全面创新改革试验区。

经过改革开放先行一步的实践，广东敢为天下先，在改革开放进程中发挥了窗口作用、试验作用、排头兵作用，创造出举世瞩目的"广东奇迹"，但同时，广东的改革发展也面临着不少新问题和新挑战。比如，广东依靠特殊政策、灵活措施形成的政策洼地优势正逐步减弱，支撑快速发展的经济技术和社会条件已经或正在发生重大改变，粗放的发展模式难以为继，资源环境约束压力加大，结构性体制性深层次矛盾不断凸显，国际国内竞争日趋激烈等。面对"三个定位、两个率先"的新任务新要求，广东需要突破思想观念的束缚，突破发展升级的瓶颈，突破对外开放的局限，突破社会转型的难题，突破利益固化的藩篱（即"五个突破"）。率先全面建成小康社会、率先基本实现社会主义现代化，就必须坚定不移地全面深化改革，不断增创广东发展的新优势。

2014 年 1 月，省委十一届三次全会在广州召开。会议全面贯彻落实党的十八大、十八届二中全会、十八届三中全会、中央经济工作会议和习近平总书记系列重要讲话精神，总结 2013 年工作，部署 2014 年工作，研究部署此后一个时期全面深化改革工作，审议通过《中共广东省委贯彻落实〈中共中央关于全面深化改革若干重大问题的决定〉的意见》，确保广东省在全面深化改革中继续走在全国前列，不断增创发展新优势，为实现"三个定位、两个率先"的目标任务、实现中华民族伟大复兴的中国梦而奋斗。该意见为广东全面深化改革制定了一条清晰路线图，即广东全面深化改革的十大重点任务，包括：坚持和完善基本经济制度，激发市场主体发展活力；完善现代市场体系，建立公平开放透明的市场规则；创新行政管理职能与方式，建设法治政府和服务型政府；深化城乡一体化综合改革，构建新型工农城乡关系；坚持以开放促改革，构建开放型经济新体制；加强民主法治制度建设，促进社会公平正义；强化权力运行制约和监督体系，努力建设廉洁政治；创新文化体制机制，推进文化强省建设；创新社会建设体制机制，促进人民安居乐业和社会安定有序；建立生态文明制度体系，保障长远利益和永续发展。为了贯彻中央改革部署，广东省委成立了全面深化改革领导小组，负责全省改革的总体设计、统筹协调、整体推进、督促落实。领导小组下设经济体制和生态文明体制改革、民主法制领域改革、文化体制改革、社会体制改革、党的建设制度改革、纪律检查体制改革6个专项小组。省委还要求各市、县尽快成立全面深化改革领导小组，由市委书记、县委书记担任组长，组织推进本地区的改革工作。省委及时制定贯彻中央改革部署的实施方案，根据《中共广东省委贯彻落实〈中共中央关于全面深化改革若干重大问题的决定〉的意见》，印发了《广东省全面落实中央有关部门深化改革重要举措分工方案的实施意见》，部署了311项具体改革任务和48项2014年重点改革任务。

从2014年2月10日至2017年9月26日，省委书记胡春华主持召开省委全面深化改革领导小组会议共计28次，主要是传达学习习近平总书记在中央全面深化改革领导小组历次会议上的重要讲话精神；贯彻中央改革部署，统筹安排全面深化改革工作，推进各项改革任务；审议有关改革文件稿，听取各个领域改革的情况汇报。2014年，提出具体改革任务311条，布置改革试点148项；2015年，全面深化改革工作要点布置的任务298项，基本完成211项；2016年，出台贯彻中共十八届五中全会及省委十一届五次全会重要改革举措实施规划，统筹部署推进368项改革事项。扎实推进中央各部门安排的改革任务。中央改革工作要点涉及地方的改革任务广东省都对应作出部署，布置开展改革任务。中央有关部门在广东省安排的改革试点已全部启动实施。到 2017 年，广东承接国家改革试点任务达 113 项，居全国前列。[①] 党的十九大召开至 2018 年 5 月 25 日，省委先后召开 6 次全面深化改革领导小组会议。2018 年 2 月，广东省委全面深化改革领导小组正式印发《关于落实党的十九大精神实施重大改革任务的通知》，明确在未来一段时期，在重点领域和关键环节一揽子推出实施 18 项具有标志性和引领性的重大改革任务。4 月 8 日，全省全面深化改革工作会议在广州召开。省委全面深化改革领导小组组长李希出席会议并讲话，强调要深入学习贯彻习近平总书记参加十三届全国人大一次会议广东代表团审议时的重要讲话精神，以改革开放 40 周年为新起点，高扬改革旗帜，焕发当年"敢为天下先"的改革勇气和精神，奋力开创新时代广东深化改革发展新局面，当好践行习近平新时代中国特色社会主义思想的排头兵，向世界展示我国改革开放成就的重要窗口、国际社会观察我国改革开放的重要窗口。

■ 供给侧结构性改革的启动和推进

2016 年是"十三五"的开局之年，也是供给侧结构性改革的启动之年。这一年，面对错综复杂的国内外形势，广东省委、省政府在党中央、国务院的正确领导下，按照中央的部署，在省人大及其常委会和省政协的监督支持下，广东全面贯彻党的十八大和十八届历次全会精神，深入学习贯彻习近平总书记系列重要讲话精神，按照"五位一体"总体布局和"四个全面"战略布局，围绕"三个定位、两个率先"目标，坚持稳中求进工作总基调，主动适应、把握和引领经济发展新常态，牢固树立新发展理念，以推进供给侧结构性改革为主线，适度扩大总需求，引导形成良好社会预期，统筹做好稳增长、促改革、调结构、惠民生、防风险各项工作，促进全省经济社会保持平稳健康发展。

---

① 马兴瑞：《政府工作报告——在广东省第十三届人民代表大会第一次会议上》（2018 年 1 月 25 日）。

2016 年 2 月，广东在全国率先出台《广东省供给侧结构性改革总体方案（2016—2018 年）》及《广东省供给侧结构性改革去产能行动计划（2016—2018 年）》［去产能、去库存、去杠杆、降成本、补短板（即"三去一降一补"）5 个行动计划］。根据该方案提出的工作目标：经过 3 年努力，供给侧结构性改革攻坚取得重要进展，"去降补"工作取得明显成效，供给结构对需求变化的适应性和灵活性显著提高，企业生产经营环境显著改善，生产经营成本和盈利水平回归合理，与供给侧结构性改革相适应的产业、土地、金融、财税、环保、价格等政策体系逐步健全，长效机制进一步完善，要素资源配置效率明显提升，创新能力稳步提高，新的发展动能持续壮大，形成多层次、高质量的供给体系，在更高的水平上实现新的供需平衡。省委、省政府在 2016 年初召开全省供给侧结构性改革工作会议，供给侧结构性改革各项任务进展顺利。7 月 30 日，省委十一届七次全会再次把供给侧结构性改革作为经济社会发展的根本性战略进行研究部署，动员全省上下把经济工作的重心转到供给侧结构性改革上来，推动广东在结构调整、转型升级上走在前列，实现更高水平发展。2017 年 8 月 20日，为深入贯彻落实中央关于着力振兴实体经济的决策部署和习近平对广东工作作出的"四个坚持、三个支撑、两个走在前列"重要批示精神，进一步降低制造业企业成本，支持实体经济发展，建设制造强省，省政府印发《广东省降低制造业企业成本支持实体经济发展的若干政策措施》（即"实体经济十条"）。通过"营改增"、降低电价、减轻收费等 35 项措施，为企业减负超过 1940 亿元。2016 年 10 月 1 日起全省实施省定涉企行政事业性收费"零收费"。启动 18 项、总投资 2.25 万亿元的补短板重大工程，软硬基础设施不断完善。①

其一，去产能方面。大力推进"僵尸企业"处置，出台《关于全省国企出清重组"僵尸企业"促进国资结构优化的指导意见》及省属国企实施方案，制定省属企业出清重组关停企业工作指引和优化重组特困企业实施

---

① 广东省发展和改革委员会：《广东省 2016 年国民经济和社会发展计划执行情况与 2017 年计划草案的报告》（2017 年 1 月 24 日）。

意见等配套措施。共安排了 8730 万元专项补助金，重点用于支持"僵尸企业"职工分流安置。2016 年，广东通过清算、破产、注销、委托平台集中处置等方式实现国有关停类"僵尸企业"市场出清 2394 家，通过兼并重组、降本增效、创新发展等方式实现国有特困企业脱困 427 家，妥善安置员工 17000 人，非国有规模以上工业"僵尸企业"完成处置 39 家。[①] 为了及时淘汰落后和过剩产能，制定钢铁行业化解过剩产能实现脱困发展实施方案，与珠海、韶关、河源、梅州、惠州、江门、阳江、清远、揭阳市政府签订目标责任书，开展清理专项行动，压减钢铁落后和过剩产能 307 万吨，超额完成全年压减 127 万吨任务。淘汰 9.66 万吨落后造纸产能，超额完成淘汰 7.74 万吨任务。[②] 为积极推进产业梯度转移，编制粤东西北产业园区发展"十三五"规划，制定《鼓励珠三角地区企业向粤东西北地区梯度转移行业目录（试行）》，组织召开全省产业园区扩能增效工作现场会，研究制订推动珠三角产业梯度转移和粤东西北地区产业园区提质增效的政策措施，积极推动招商对接。2016 年粤东西北地区承接珠三角地区转移项目 534 个；全省 53 个省产业转移工业园和 30 个产业集聚地实现规模以上工业增加值超过 2200 亿元。[③]

其二，去库存方面。至 2016 年底，广东全省商品房库存面积 13993.6 万平方米，化解库存 2358 万平方米，超额完成化解 250 万平方米的工作任务。其中化解商品住房库存 2333 万平方米，化解非商品住房库存 25 万平方米。全年新开工棚户区改造安置住房 8.17 万套（户），新增发放租赁补贴 7534 户。[④] 为确保去库存取得成效，广东制定《省属国企专业化住房租赁平台组建方案》及试点方案，在全国率先组建省属国企专业化住房租赁平台。

其三，去杠杆方面。至 2016 年底，广东全省金融机构不良贷款占比

① 广东年鉴编纂委员会：《广东年鉴（2017）》，广东年鉴社 2017 年版，第 41 页。
② 广东年鉴编纂委员会：《广东年鉴（2017）》，广东年鉴社 2017 年版，第 41 页。
③ 广东年鉴编纂委员会：《广东年鉴（2017）》，广东年鉴社 2017 年版，第 41 页。
④ 广东年鉴编纂委员会：《广东年鉴（2017）》，广东年鉴社 2017 年版，第 41 页。

1.56%，低于全国的平均水平。全省法人银行机构平均杠杆率6.6%，达到了银监会规定的4%最低监管要求，证券期货机构、保险公司、小额贷款公司、融资担保公司的杠杆率均符合相关监管要求。此外，开展互联网金融风险专项整治活动，排查互联网金融企业1722家，进驻127家重点机构开展检查。破获深圳融资城案等一批非法集资大案要案。妥善处置金融风险，全年指导银行业金融机构清收处置不良资产615亿元。

其四，降成本方面。2016年，广东全力推动7方面35项政策措施落地，全年帮助企业减负超过2000亿元。一是降低制度性交易成本。清理规范行政事业性收费，对已明确免征省级收入23项中央设立的涉企行政事业性收费分区域分阶段免征省级以下收入，对省定涉企行政事业性收费分区域分阶段实行"零收费"。清理规范行政审批中介服务，放开4项继续教育培训市场收费、取消9项行政审批中介服务事项所涉及的服务收费以及食品药品监管部门12项审评技术中介服务收费。二是降低企业人工成本。贯彻落实失业保险支持企业稳定岗位政策，为17.4万家企业发放稳岗补贴45.15亿元，惠及职工797万人。三是降低企业税负成本。落实国家降低制造业增值税税负政策、小微企业一揽子税收优惠政策、高新技术企业优惠政策以及研发加计扣除政策，全年共减免税收726.8亿元。全面推开"营改增"试点行业，全年减税规模达750亿元。四是降低企业社会保险费成本。失业保险单位费率、工伤保险平均费率、生育保险平均费率等均有所下调。2016年以来下调失业、工伤、生育保险费率，为企业减负约415亿元。广东社保总费率为全国最低。① 五是降低财务成本。21个地级市以及顺德区、20个县（区）设立中小微企业风险补偿资金。运用政策性产业基金减轻企业资金压力，运用地方政府置换债券减轻企业债务成本。六是降低电力等生产要素成本。研究制定完善工业用地供应制度指导意见，推进工业用地节约集约利用管理。调整销售电价，加快推进电力市场改革和售电侧改革试点，启动购气成本与管道燃气销售价格联动机制，大幅降低管道天然气销售价格。七是降低物流成本。推动取消普通公路车辆

---

① 《去年以来广东为企业社保减负415亿元》，《南方日报》2017年8月28日。

通行费年票制收费，降低联网结算服务费标准，实行车辆通行费优惠，落实鲜活农产品"绿色通道"免费通行政策。

其五，补短板方面。2016 年，广东启动了补短板重大项目共 18 项、245 个子项，总投资 22526.5 亿元，其中，2016 年至 2018 年的计划投资为 10834.3 亿元，主要投向为农村配电网、天然气管网、信息基础设施、新能源汽车充电设施、城市地下管网、交通互联互通、水利防洪减灾、环境污染治理、人才供给体系等软硬基础设施。2016 年全年争取国家安排广东全省专项建设基金 413.19 亿元支持补短板重大项目建设，完成投资 2665 亿元。广东的交通基础设施基本实现互联互通、便捷畅通。全年新增高速公路 655 千米，总里程 7673 千米，继续保持全国第一；新增铁路运营里程 134 千米，高速铁路运营总里程达 1492 千米，位居全国前列，全省 21 个地级以上市均通铁路，16 个市通高速铁路，铁路出省通道由 2012 年的 9 个增加到 13 个。

2017 年，广东继续推进供给侧结构性改革。促进实体经济提质增效、健康发展，大力推动产业转型升级，继续抓好"三去一降一补"，制定出台支持实体经济发展的 10 项措施，为企业新减负超过 600 亿元。启动基础设施供给侧结构性改革，重点在项目库、投资、审批制度供给方面发力，设立了规模达到 5500 亿元的基础设施投资基金，压减项目审批事项 39 项，全省基础设施投资增长 24.3%，创 2010 年以来的最高增速。大力推动强市放权改革，向各市下放或委托 202 项省级行政职权，进一步激发地方发展活力。加快省直部门下属事业单位分类改革，推动行政类回归政府机关、经营类转企改制或撤并、公益类强化公益属性，完成 137 家改革任务。制定出台数字政府改革建设方案，重点推进管理体制、运作模式改革和数据资源整合，倒逼政府职能转变，提升政府治理能力和水平。

此外，广东还全面推进农业供给侧结构性改革和新农村建设。为贯彻落实《中共中央国务院关于深入推进农业供给侧结构性改革加快培育农业农村发展新动能的若干意见》和《中共广东省委广东省人民政府关于深入推进农业供给侧结构性改革加快培育农业农村发展新动能的实施意见》精神，扎实做好全省农业供给侧结构性改革工作，省政府于 2017 年 10 月出台了《广东省推进农业供给侧结构性改革实施方案》，组建了全国首个农业供给侧结构性改革基金，推动农业产业结构进一步优化。从 2017 年起，省财政计划 10 年投入约 1600 亿元，重点补齐农村人居环境和基础设施短板，力争推动全省农村面貌根本改观。全省 2277 个省定贫困村创建示范村工作扎实推进，全省农村"三清理三拆除三整治"进展顺利。抓好农村发展基础性工作，在全国率先基本完成农村集体资产清产核资，农村土地承包经营权确权取得突破性进展，颁证率达 93%，全面启动垦造水田工作，全年垦造水田 3 万亩，耕地占补平衡工作稳步开展。精准脱贫攻坚扎实推进，完成农村贫困户危房改造 7.9 万户。以乡村旅游为重点的全域旅游加快发展。完成中小河流治理 2033 公里。普惠金融"村村通"三年任务顺利完成，推动发放支农助农贷款 174 亿元，政策性农业保险累计惠及 1031 万农户。

■ 经济体制改革的深入发展

国资国企改革的再深化

2013 年，广东坚持和完善公有制为主体、多种所有制经济共同发展的基本经济制度，增强市场主体活力，推进国有企业改革。根据省委、省政府《关于进一步深化国有企业改革的意见》，分类推进省属国有企业改革，明确企业发展方向和重点，着力对"资产同质、市场同向、逻辑关联"的省属企业资产进行重组整合，并构建国有企业"限高、活中、提低"的新型分配机制。同时，支持民营经济持续健康发展。落实省政府印发的《鼓励和引导民间投资健康发展实施细则》，拓宽民间投资领域和范围，召开重大项目面向民间投资（2013 年）招标推介会，推出招标项目 83 项，总投资 2515 亿元。完善中小微企业综合服务体系，推动有条件的民营企业改制上市和参与发行集合债券、集合票据、集合信托，筹集创新发展资金。2014 年，为激发市场主体发展活力，深化国资国企改革，省委、省政府出台《关于全面深化国有企业改革的意见》，省政府办公厅印发《关于深化省属国有企业改革的实施方案》。广东探索"清单管理"的国资监管模式，初步建立出资人管理事项清单制度。为深化省属企业负责人薪酬分配改革，省国资委出台《关于合理确定并严格规范省属企业负责人履职待遇、业务支出的管理办法》。另外，省国资委将省属国有企业收益上缴比例提高到 15%。同时，推进了混合所有制改革。省国资委出台《关于规范省属企业发展混合所有制经济的意见》，分别于 2014 年 2 月和 9 月举办两场省属国有企业与民间资本对接会。混合所有制企业占全省国家出资企业总户数比重提高 7.4 个百分点。激发民间投资活力，推出第四批面向民间投资招标的重大项目 97 个，总投资 2120 亿元。2015 年，广东省率先出台深化省属企业负责人薪酬制度改革实施方案，实行出资人管理事项清单制度，全面推行省属企业国有产权首席代表报告制度。启动省属企业国有资本运营公司和投资公司试点。省属集团公司制改革全部完成。在产权交易集团开展市场化选聘全部经营班子试点。20 家省属企业全部发布 2014 年企业社会责任报告。组建广东国有企业重组发展基金，在省属 50 家二、三级企业开展体制机制改革创新试点。2016 年，省政府出台《关于深化国有企业改革的实施意见》，推进 50 家二、三级企业体制机制创新，组建总额 200 亿元的国有企业重组发展基金；省委出台《关于在深化国有企业改革中坚持党的领导加强党的建设的实施意见》。为推进民营经济健康发展，省政府办公厅印发《广东省促进民营经济大发展的若干政策措施》，落实支持中小微企业投融资的各项措施，筹建省中小微企业发展基金。

现代市场体系的全面构建

一是推进企业投资管理制度改革。2013 年，制定出台《广东省贯彻落实国务院决定取消和下放部分企业投资项目审批事项实施方案》《广东省企业投资管理体制改革方案》以及 5 个配套文件，印发《实施〈广东省企业投资管理体制改革方案〉分工方案》和《改革过渡期有关工作安排》，系统性、全流程改革企业投资管理，强化规划的约束和指引作用，建立健全企业投资项目事前指导服务和事中事后监管体系，逐步确立法律规范约束、企业自主决策、政府有效监管的企业投资项目管理体制。2014 年，制定《广东省企业投资项目实行清单管理的意见（试行）》和企业投资项目准入负面清单、行政审批清单、政府监管清单等；加快推进全省统一的企业投资项目网上备案系统建设，并在中山、顺德等地试运行。2015年，率先实施企业投资项目清单管理，省政府印发《广东省企业投资项目实行清单管理的意见（试行）》及企业投资项目准入负面清单、行政审批清单和政府监管清单。配套启用新的投资项目网上备案系统，大幅简化备案流程，缩短办理时限。全流程改革企业投资项目管理，在简化用地审批程序、创新环评机制等方面推出一批新举措。2016年，省发展改革委印发《广东省企业投资项目监督管理办法》，企业投资项目清单管理制度不断完善；省政府出台《广东省人民政府关于创新重点领域投融资机制鼓励社会投资的实施意见》，公私合营（PPP）模式加快推广。

二是商事登记制度改革。2013年，广东省开展工商登记注册与经营项目审批相分离、注册资本认缴制以及企业住所与经营场所登记相分离等一系列改革措施，激发市场主体活力。2013年全省新登记各类市场主体110.8万户，比上年增长35.7%。2014年，省政府办公厅印发《广东省商事登记制度改革方案》和省委改革办印发《广东省全面推开工商登记制度改革工作方案》，全面推开工商登记制度改革各项工作。省政府办公厅印发《广东省工商登记前置审批事项目录》和《广东省工商登记前置改后置审批事项目录》。同时，全省市场主体许可经营项目监管和住所或经营场所许可监管清单得以印发，并推行网上登记，开展了电子营业执照试点。加快推进《广东省工商登记管理条例》立法工作，研究起草年度报告制度、经营异常名录制度和"黑名单"制度的具体操作办法。2014年，全省新登记各类市场主体、注册资本（金）比上年分别增长17.9%和118.8%。2015年，广东省率先实现"三证合一、一照一码"改革省域全覆盖。基本完成省市两级电子营业执照系统的试点建设与示范应用，制定省商事登记管理条例。2016年，商事制度改革向纵深推进。全面实施企业"五证合一、一照一码"和个体工商户"两证整合"登记制度改革，"证照分离"改革试点扎实推进。

三是完善市场规则建设。2014年，提出《广东省企业投资项目实行清单管理的意见（试行）》以及企业投资项目准入负面清单、行政审批清单和政府监管清单。扩大向社会资本开放投资领域，推出第四批 97 项面向民间投资招标重大项目，总投资 2120 亿元。实施工商登记注册资本认缴登记制，推行"先照后证"（先申领营业执照后，再办理有关许可证），工商登记前置审批事项压减 89% 以上，新登记各类市场主体增长 17.9%、注册资本金增长 118.8%，制定商事制度改革后续监管清单。2014 年出台实施《广东省社会信用体系建设规划（2014—2020 年）》，启动公共信用信息管理系统建设。放开、取消和下放 28 项价格事项，推动实施阶梯水价、气价制度。2015 年，制定《广东省开展市场准入负面清单制度改革试点总体方案》，成为国家第一批市场准入负面清单制度改革试点地区。2016 年，实施《开展市场准入负面清单制度改革试点总体方案》，在全省范围内实行市场准入负面清单制度。

四是建设社会信用体系。2013 年，广东编制完成《广东省社会信用体系建设规划（2013—2020 年）》，明确了全省社会信用体系建设的指导思想、基本原则、总体目标、主要任务、重点工程和政策措施等；编制《广东省公共信用信息管理系统总体建设方案》，建设互通共享的省、市两级公共信用信息管理系统取得成效；起草完成《广东省社会法人守信激励与失信惩戒试行办法》，对社会法人守信激励与失信惩戒的范围、标准和尺度等作出规定。优化"广东省企业信用信息网"建设。2014年，强化市场分类监管，完成全省 1.8 万家企业近 5 万条企业质量信用信息建档，推动各市建立投诉举报平台；省政府印发《广东省社会信用体系建设规划（2014—2020 年）》；省发展改革委编制《广东省公共信息平台体系建设总体方案》，启动省级公共信用信息管理系统建设，分批归集 38 家省级单位信用信息，至 2014 年底，归集 25 个部门 6670 多万条数据。2016 年，广东进一步健全社会信用体系和市场监管体系，省政府印发《广东省建立完善守信联合激励和失信联合惩戒制度的实施方案》，省人大常委会通过《广东省市场监管条例》，开通试运行省公共信用信息政务服务网。

五是推进价格机制改革。2013 年，广东实施差别电价、水价政策，提高脱硝电价、可再生能源电价附加标准，降低燃煤电厂上网电价，新增除尘电价补偿标准，加快淘汰落后产能。同时，深化水价改革，简化水价分类，规范自来水总表与分表水费结算行为，推进了居民阶梯水价和工商业用水同网同价，促进了资源节约使用。出台规范城乡生活垃圾处理价格管理和城市建筑垃圾处置价格管理两个指导意见，提高氮氧化物和氨氮排污费征收标准，率先探索建立排污权、碳排放权有偿使用和交易价格形成机制，推动节能环保。2014 年，加快完善主要由市场决定价格的机制，开展广东省定价目录修订，放开、取消和下放 28 项商品和服务价格。出台推进和完善居民阶梯气价、阶梯水价制度的贯彻意见。20 个地级以上市实现工商业用电同价。推动深圳输配电价改革试点。规范涉企经营性收费，减免国家和省行政事业性收费中省级分成部分，每年为企业减负 15 亿元。2015年，修订出台《广东省定价目录（2015 年版）》，取消下放了 137 个定价事项，政府定价项目只保留 12 种 65 个，数量减少 66%。完成梅州市平远县和汕尾市陆河县农业水价综合改革试点。完成国家天然气价格改革试点任务，协助建立市场净回值定价机制及代输模式定价机制。居民阶梯水价、阶梯气价全面推行。其中，深圳市实施输配电价改革，在全国率先建立了准许成本加合理收益的输配电价形成机制和监管机制，年降价金额达12.99 亿元。出台深化电力体制改革的实施意见，开展售电侧改革试点。全省实现工商业用电同价，每年降价金额 94.12 亿元。2016 年，省委、省政府出台《关于推进价格机制改革的实施意见》，水、电、气、教育、交通、医药等重点领域价格改革深化。

六是深化财税体制改革。2013 年，广东推动财政资金投入方式改革，省政府办公厅出台《关于省财政经营性资金实施股权投资管理的意见（试行）》，在注入资本金类项目资金、产业扶持类专项资金等省财政经营性资金领域实行股权投资管理。深化预算管理改革，推进预算信息公开，推进省级和各市县的政府总预决算信息公开、部门预决算信息公开和"三公"（公务出国出境、公务用车、公务接待）经费信息公开。同时，广东推进省直管县财政改革试点，累计有 3 批共 21 个县（市、区）纳入试点范围，试点县在收支划分、转移支付等方面实现与省直接联系。开展税制改革，按照中央部署，推进营业税改增值税试点改革，优化税制结构。2014 年，省政府印发了《广东省深化财税体制改革率先基本建立现代财政制度总体方案》，探索预算编制改革，建立事权和支出责任相适应的制度、公共资源向各类投资主体公平配置办法，出台实施一般性转移支付资金管理、竞争性分配管理等办法，推进完成地方政府自行发债试点工作，开展扩大权责发生制政府综合财务报告试编工作试点并制定改革实施方案。继续深化营业税改增值税试点工作，减轻纳税人税收负担 280 亿元，将电信业纳入试点范围。2015 年，省政府出台了《广东省人民政府关于深化预算管理制度改革的实施意见》，制定《广东省建立省以下事权和财政支出责任相适应制度改革试点组织实施工作方案》，编制省以下事权和支出责任置换调整清单。增加韶关翁源县、河源连平县等 6 个县（市）纳入第 5 批省直管县财政改革试点范围。抓好营业税改增值税试点，清理税收等优惠政策文件，将电池、涂料等纳入消费税征收范围，开展稀土、钨、钼资源税改革。2016 年，广东进一步深化财税制度改革，完善预算管理制度，扩大了零基预算改革试点，实行"一个部门一个专项"，推进了省以下财政事权和支出责任划分、财政经营性资金股权投资等改革。按照中央的部署，推动"营改增"范围扩大到建筑业、房地产业、金融业和生活服务业；省委、省政府印发《广东省关于完善审计制度若干重大问题的实施意见》。金融改革得到深化和创新。省政府办公厅出台《关于金融服务创新驱动发展的若干意见》，印发《广东省推进普惠金融发展实施方案（2016—2020年)》等，珠三角金融改革创新综合试验区、"互联网＋"众创金融示范区等加快建设。

七是深化金融改革完善金融市场体系。2013 年，广东出台《推动广东金融业深化改革开放　促进科学发展行动纲要》，广州市南沙新区、珠海市横琴新区分别成立了金融改革创新研究实践基地。股权交易和金融资产交易平台建设初显成效，广东金融高新区股权交易中心、广东金融资产交易中心正式运营。梅州市和云浮市郁南县还被中国人民银行总行确定为国内首批农村信用体系建设试验区。金融消费权益保护组织覆盖全省地级市。美的、TCL、伟创力 3 家企业在国内率先开展跨国公司总部外汇资金集中运营管理试点。国内首家小额再贷款公司——广州立根小额再贷款股份有限公司在广州民间金融街开业。2014 年，广东出台深化金融改革完善金融市场体系的意见，加快推进珠三角金融改革创新综合试验区建设，在粤东西北地区 20 个县开展农村普惠金融试点。与此同时，广东还出台《关于全面深化国有企业改革的意见》和《关于深化省属国有企业改革的实施方案》，推进国有资产优化配置、建立现代企业制度等多项改革，推进 53 个省属国企与民间资本对接项目，在 50 家省属二级及以下企业开展混合所有制试点。同年，珠三角金融改革创新综合试验区建设加快推进。省政府印发了《关于深化金融改革完善金融市场体系的意见》，加快了多层次资本市场建设。此外，广东扩大了债券融资规模并推动债券品种创新。广州、深圳、珠海 3 市金融资产交易中心全部开业运营；深圳前海、珠海横琴、广州南沙及广东金融高新技术服务区等重大金融平台建设取得进展；广州、佛山、东莞、揭阳等开展金融、科技、产业融合创新发展试点，顺德开展产业金融创新试点。2016 年，广东又出台金融服务创新驱动发展的若干意见、推进普惠金融发展实施方案，珠三角金融改革创新综合试验区、"互联网＋"众创金融示范区加快建设。

　　八是全面深化农村综合改革和推进农地"三权分置"改革。2014 年，广东启动了农村土地承包经营权确权工作，在全省 18 个县和 6 个镇开展确权试点工作。2015 年，在试点基础上，该项工作全面铺开，至 2015 年底，全省已有 104 个县（市、区）、799 个乡镇、10235 个行政村启动了土地确权工作，完成实测面积 371 万亩，颁发承包经营权证书 13.4 万份。2015年 8 月，中共中央办公厅、国务院办公厅印发《深化农村改革综合性实施方案》，广东于 2016 年 3 月出台《深化农村改革综合性实施方案》，广东全省被纳入土地确权"整省推进"试点，开展集体经营性建设用地入市改革试点和扶持村级集体经济发展试点，推进农村土地承包经营权确权登记颁证工作，全省 121 个县（市、区）、1253 个镇（乡）启动确权工作。①

---

① 《广东深化农村改革综合性实施方案出台》，南方网 2016 年 3 月 21 日。

实行农村土地所有权、承包权、经营权分置（简称"三权分置"）并行，是继家庭联产承包责任制后农村改革又一重大制度创新。2016 年 10 月，中共中央办公厅、国务院办公厅下发《关于完善农村土地所有权承包权经营权分置办法的意见》后，省委全面深化改革领导小组就将农村土地"三权分置"列为重要改革任务。2017 年 9 月，省委办公厅、省政府办公厅印发了《关于完善农村土地所有权承包权经营权分置办法的实施意见》，拉开广东农地"三权分置"的改革大幕。"实施意见"既与中央文件作了充分衔接，又充分结合广东实际，提出了探索农村土地家庭承包权在股份合作制经营条件下的体现方式和实现形式、全面执行工商企业集中连片租赁农户承包地分级备案制度、推行土地经营权流转合同（示范文本）、抓好"5+1"全链条建设培育农业龙头企业以及对在土地流转过程中存在毁坏农地、违约弃租且不缴纳违约金等行为者给予"不良信用记录"等举措。经过全省动员部署、全力推进和攻坚克难等阶段，至 2017 年 9 月 10 日，广东全省确权实测率已经达到 104.15%，颁证率达到 76.17%，各地还依托确权工作累计化解历史遗留和潜在涉地纠纷近 5000 宗。[①] 党的十九大作出实施乡村振兴战略的重大决策部署。此后，广东大力推进乡村振兴战略，进一步推动新时代"三农"工作和农村、农业的全面深化改革。2018 年 4 月 26 日，广东召开全省乡村振兴工作会议。省委书记李希在会议上提出，全省各地各部门要树立鲜明目标导向，拿出"走在全国前列"的气魄和行动，全力以赴落实乡村振兴各项任务，确保 3 年取得重大进展、5 年见到显著成效、10 年实现根本改变。他特别强调，要坚定不移走中国特色社会主义乡村振兴道路，按照产业兴旺、生态宜居、乡风文明、治理有效、生活富裕的总要求，聚焦着力点和突破口集中用力，推动广东农业全面升级、农村全面进步、农民全面发展。要深化涉农领域改革，加快广东涉农机构改革，深化农村土地制度改革，加快构建城乡融合发展的体制机制和政策体系。

---

① 《粤农地"三权分置"改革大幕拉开》，《南方日报》2017 年 9 月 17 日。

■ 司法体制改革再次走在前列

早在 2004 年和 2008 年，我国就已开展了两轮司法改革。随着改革的不断深入，如何去除司法地方化、司法行政化，成为新一轮司法改革的重点内容。2013 年 11 月，中共十八届三中全会通过的《中共中央关于全面深化改革若干重大问题的决定》对深化司法体制改革作了全面部署。同年，中央决定在广东等 6 个省市（其余 5 个是上海、吉林、湖北、海南、青海）先行试点，探索完善司法人员分类管理、完善司法责任制、健全司法人员职业保障、推动省以下地方法院检察院人财物统一管理等 4 项改革，为全面推进司法改革积累经验。

广东一直是我国司法改革实践最集中的地区。广东佛山探索了旨在强化司法责任制的审判长负责制改革，珠海横琴实行了员额制改革，这说明广东试点具有先天的优越性。此次广东被选择为试点之一，说明中央希望广东能够在现有改革基础上进一步扩大改革范围，为全国司法改革提供借鉴。[①] 2014 年，广东省委政法委牵头制定《广东省深化司法体制改革主要任务及分工方案》，明确 18 大项 55 小项改革任务。3 月，中央政法委确定广东省为全国第一批 7 个司法体制改革试点省市（新增贵州省）之一，就前述 4 项任务进行试点。省委政法委会同省直政法各单位和有关职能部门制定上报《广东省司法体制改革试点方案》及 6 个子方案。11 月 18 日，中央政法委批复同意广东省试点方案。11 月 27 日，全省司法体制改革试点工作动员部署会召开，启动在深圳、汕头、佛山、茂名 4 个试点市的试点工作。

2014 年，广东还推出 4 项改革举措。一是组建一批新型审判机关。设立横琴新区人民法院，试行法官员额制，精简内设机构，取消审判庭建制；设立广州知识产权法院，公开遴选主审法官首月收案 539 件。该法院是专门审理知识产权案件的国家审判机关，按中级法院组建，对广州市人

---

① 《上海广东等六省市试点四项改革》，《新京报》2014 年 6 月 16 日。

大常委会负责并报告工作，接受广东省高级人民法院的监督和指导；最高人民法院第一巡回法庭 2015 年 1 月在深圳成立。二是稳妥推进涉法涉诉信访工作改革。省直政法单位参与《广东省信访条例》的立法工作，建立诉访分离制度、信访依法终结制度和涉法涉诉信访事项导入司法程序机制。2014 年，省委政法委牵头制定《关于进一步做好我省涉法涉诉信访工作的意见》，加强对全省涉法涉诉信访改革工作的指导。2014 年，群众到省上访中属于诉讼仲裁类的共 430 批 1204 人次，比 2013 年分别下降 65.5%、78.4%。三是在广州、深圳两地推进刑事案件速裁程序试点工作。10 月，广州市出台《广州市刑事案件速裁程序试点工作实施方案》；11 月，深圳市出台《深圳市刑事案件速裁程序试点工作方案》和《深圳市刑事案件速裁程序办理规定》。四是健全司法救助制度。2014 年，省委政法委、省财政厅出台了《关于建立完善国家司法救助制度的实施意见》和《广东省省级国家司法救助资金使用管理办法（试行）》等文件，规范司法救助的标准、流程和救助资金管理等。①

总体来看，党的十八大以来，广东司法体制改革取得了实效，再次走在了全国前列，为全国提供了可推广的改革经验。

一是完善司法责任制。为完善司法责任制和司法权运行机制，广东省高院和省检察院分别根据最高法、最高检出台的完善司法责任制的若干意见，结合实际分别制定了具体实施意见，建立起相关配套制度。全省各级法院院庭长直接参加审理案件 70.16 万件。广东省高院下发《广东省健全审判权运行机制完善审判责任制改革试点方案》，开出"权力清单"和"负面清单"，法官该干什么、不该干什么、错案如何追责，一目了然。对司法属性较强的审查起诉等案件中相关职权，除决定不逮捕、不起诉等法律规定必须由检察长或检察委员会决定的事项外，其余事项都最大限度赋予检察官决定权。司法体制改革试点以来，2015 年信访量较 2014 年下降 26.67%，2016 年信访量较 2015 年下降 16.55%。在广东，检察长和法院

---

① 朱小丹主编：《广东年鉴（2015）》，广东年鉴社 2015 年版，第 92 页。

院长直接办案已经渐成常态。①

二是完善司法人员分类管理。广东制定了《广东省法官、检察官遴选委员会章程（试行）》及遴选工作办法等制度文件，组建广东省法官、检察官遴选委员会，开展了五轮遴选工作。在推进这项改革过程中，广东率先提出"以案定员"原则，根据案件量、人口数量、经济总量、辖区面积等要素科学测算员额，并实行员额统筹调配。在全省不突破39%的前提下，主要根据案件量，并综合考虑现有的基本运行架构和人员结构所需等因素核定员额。全省所有的法院、检察院均按核定分配的员额完成了入额遴选工作，共有6575名法官、5381名检察官进入员额。

三是健全司法人员职业保障。广东创造性地提出"统分结合、保高托低"思路，形成向一线及欠发达地区倾斜的工资政策导向；全面实现财物省级统管，284家省以下"两院"已全部纳入省级财政预算保障。针对全省区域发展不平衡，各地"两院"工资待遇差距较大的实际情况，采取"统分结合"的办法，一方面"保高"，即省财政统一落实国家工资政策标准，凡是中央和省统一规范的工资项目由省财政统一发放；各地财政自行设立和自行调整的各种工资项目仍由当地财政继续发放，过渡期后严格执行国家统一规范标准。另一方面"托低"，对各地法院、检察院地区附加津贴水平低于年人均3万元的16个县区，统一托低至3万元。该政策既确保了发达地区司法人员现有收入不降低，又提升了欠发达地区司法人员收入水平，有效缩小了全省司法人员收入差距。

四是推动省以下地方法院检察院人财物统一管理。党的十八届三中全会明确提出"改革司法管理体制，推动省以下地方法院、检察院人财物统一管理"的要求，其宗旨是要确保依法独立公正行使审判权检察权，实现省以下地方法院、检察院人财物统一管理，从而探索建立与行政区划适当分离的司法管辖制度。广东探索人财物省级统一管理后建立的新制度，有序推进"人"的省级统管。市级"两长"由省委管理，县级"两长"由

---

① 《司改进行时：这些"广东经验"在全国复制推广》，南方网2017年5月17日。

省委组织部管理，市、县"两院"其他班子成员委托当地市委管理。改革以来，各级法院、检察院已按新的干部管理制度正常运行。省编办牵头出台了《关于全省法院、检察院系统机构编制统一管理试点工作的实施意见》，明确市县法院、检察院的机构编制及员额调整由省实施，逐步实现机构编制省级统一管理，强化了法院、检察院机构编制的管理创新和内部挖潜。对于财物的管理，由省财政厅牵头制定了财物统管改革试点方案和操作规程等制度，全面实现财物的省级统管，284家省以下"两院"已经全部纳入省级财政预算保障。深圳市经省授权，对全市法院检察院财物实行市级统一管理。[1]

此外，广东司法体制改革还为全国司改探路提供了其他经验。比如，2013年，最高人民法院在多项工作中将广东法院列为改革试点单位，包括审判权运行机制改革试点法院；司法公开三大平台建设试点法院；未成年人案件综合审判庭试点法院；人民陪审员制度改革试点法院；保险纠纷诉讼与调解对接机制试点法院等。继续在执行指挥中心、知识产权"三合一"审判、诉讼与非诉讼相衔接的矛盾纠纷解决机制等方面支持广东法院进行进一步的改革探索。广东省高院在全国率先推行行政诉讼案件"提级管辖"改革。广东省高级人民法院指定东莞中院为全省唯一的港澳台籍罪犯假释工作试点单位。该制度的建立，实现了内地法院首次假释港澳台籍刑事罪犯，获得海峡两岸暨香港、澳门的肯定，最高人民法院对此予以高度评价。[2] 又如，全省检察机关以守护环境安全，维护群众利益为出发点，建立全国首个公益诉讼线索和诉讼案件数据库，创新三级联动办案模式。2016年7月，在全国第十四次检察长会议上，最高人民检察院明确将侦查活动监督平台作为"广东经验"，要求在全国检察机关推广。再如，建设"一站式"便民服务平台。2014年7月，以司法体制改革为契机，广东省

---

① 《司法体制改革四项试点破解体制机制性问题》，《南方日报》2017年5月22日。

② 《省高院"提级管辖"让"民告官"不再难》，《南方日报》2013年12月6日。

检察院再次出台《关于全面加强阳光检务工作的若干意见》，将检务公开延伸到司法办案全过程，着力打造"一站式"便民服务平台，充分保证案件当事人和人民群众对检察工作的知情权、表达权、监督权。在不断深化阳光检务过程中，广东省检察机关还打造了案管中心、新闻发布会等"全国名牌""全国首创"。以"统一受理、全程管理、动态监督、案后评查、综合考评"为特色的广东案件管理系统被最高检察院推广到全国。

经过2014年至2017年3年多的努力，广东司法体制改革基本完成了4项重点试点任务及其他一些司法体制改革试点。司法领域一些体制性机制性问题得到有效破解；司法权运行机制更加顺畅，司法公信力和司法效能明显提升，人均结案数、当庭宣判率上升，上诉率、发回改判率下降，实现"两升两降"；广大司法人员对职业的自豪感、责任感，人民群众对社会公平正义的获得感明显增强。①

■ 行政审批制度改革亮点频出

2013年2月，习近平总书记在党的十八届二中全会第二次全体会议上指出："转变政府职能是深化行政体制改革的核心。这实质上要解决的是政府应该做什么、不应该做什么，重点是政府、市场、社会的关系，即哪些事应该由市场、社会、政府各自分担，哪些事应该由三者共同承担。"②同年11月，《中共中央关于全面深化改革若干重大问题的决定》指出，要使市场在资源配置中起决定性作用和更好发挥政府作用，进一步简政放权，深化行政审批制度改革，最大限度减少中央政府对微观事务的管理，市场机制能有效调节的经济活动，一律取消审批，对保留的行政审批事项要规范管理、提高效率；直接面向基层、量大面广、由地方管理更方便有效的经济社会事项，一律下放地方和基层管理。

---

① 《全面深化改革为粤提供强大动力》，《南方日报》2017年5月19日。

② 中共中央宣传部：《习近平总书记系列重要讲话读本（2016年版）》，学习出版社、人民出版社2016年版，第176页。

　　2013 年，广东落实取消和调整省级行政审批事项。基本完成市县行政审批制度改革，全省地级以上市和顺德区、120 个县（市、区）均公布改革目录；规范审批服务行为，施行《广东省行政审批目录管理办法》，推进审批服务标准建设，实现对行政审批事项的动态管理及规范管理；推动行政审批监督管理地方立法进程，研究制定《广东省行政审批管理监督条例》；推动公共资源交易体制改革，出台《关于推进公共资源交易体制改革的指导意见》；整合建立公共资源交易平台，明确公共资源进场交易范围、交易管理体制、相关制度建设、改革进度要求等。2014 年 1 月，省委十一届三次全会通过《中共广东省委贯彻落实〈中共中央关于全面深化改革若干重大问题的决定〉的意见》，强调要深化行政审批制度改革。最大限度减少政府对微观事务的管理，市场机制能有效调节的经济活动一律取消审批，基层政府管理更为便利有效的审批事项一律下放，继续精简行政审批事项，提出到 2018 年减少 50% 以上的目标。同时，优化审批流程，压减前置审批环节，建立"办事工作日"和"告知承诺"机制，研究制定省行政审批标准化实施办法，建立统一的行政审批信息管理服务平台，向社会公布实施行政审批办事指南和业务手册。① 2014 年，广东的行政审批制度改革取得新突破，率先出台《广东省行政许可监督管理条例》，分 2 批编制 51 个省直部门权责清单和职能调整目录。省网上办事大厅连通全省所有县（市、区），珠三角和粤东西北部分市连通到镇（街）村。广州、佛山等地开始推进行政审批标准化和"一门式一网式"政务服务模式改革，取得良好效果。2015 年，广东加大了在项目投资核准、生产经营审批、资质资格许可、社会事业准入等重点领域的简政放权力度，全年取消和调整省级行政审批事项 120 项。完成省政府部门 328 项非行政许可审批事项清理工作，省政府印发《广东省人民政府关于取消非行政许可审批事项的决定》。首次开展对省直部门行政许可实施和监督管理评价工作。推进行政审批标准化，指导各地各部门开展标准化工作。全面完成了省政府各部门的权责清单编制，向社会公开 51 个部门保留的权责事项 6971 项，

---

　　① 《简政放权，破除审批"中梗阻"》，《南方日报》2017 年 4 月 19 日。

取消、下放和实行重心下移的职能事项 2580 项。全面完成了省政府职能转变和机构改革总结及相关后续工作。①

2016 年，广东取消 170 项省市县三级实施的行政审批事项，向国务院审改办建议取消中央指定地方实施的行政审批事项 73 项。在加快推进行政审批标准化方面，至 2017 年 4 月，已完成省级 1173 项和市级 10017 项行政许可事项标准的编制工作，行政审批事项标准录入模块与省网上办事大厅事项目录管理系统的融合对接等信息化基础工作也基本完成。在地方政府工作部门权责清单制度推行方面，各地级以上市及县（市、区）政府工作部门已基本完成权责清单编制和公布工作。率先探索开展的试点部门和地区纵向权责清单编制工作已顺利完成，内容涵盖发展改革、经济和信息化、民政等 9 个部门，惠州等 5 个地区的 2866 项省市县权责事项已经省政府批准公布，层级之间的政府工作部门权责关系进一步理顺。②

"互联网 + 政务服务"改革的启动

2016 年 4 月，省政府召开"互联网 + 政务服务"改革工作电视电话会议，在全省全面推开此项改革，建立互联互通、高效运转的统一政务服务平台，为企业和群众提供一站式、全天候、零距离的网上政务服务，受到企业和群众好评。同年，广州在工商、公安、税务、社保、房管、住房公积金等领域分批推进"全市联网通办"；深圳实现同城通办 100 多项业务；江门探索企业登记注册、消费维权、户外广告审批、"12345"投诉举报等 4 项工商业务"同城通办"。

"一门式一网式"政府服务的推行

2016 年 3 月，省政府办公厅印发《关于在全省推广一门式一网式政府服务模式改革的实施方案》，要求全省推行"一门式一网式"政府服务标准化、探索法人行政许可和服务事项"一门一网"办理模式、推广自然人

---

① 朱小丹主编：《广东年鉴（2016）》，广东年鉴社 2016 年版，第 13 页。
② 《简政放权，破除审批"中梗阻"》，《南方日报》2017 年 4 月 19 日。

行政许可和服务事项"一门在基层"通用模式等。9月，省政府印发《广东省人民政府关于取消170项行政审批事项的决定》，决定取消"不需中央政府投资、限额（规模）以下或不涉及国家有特殊规定的高技术产业发展项目审批"等170项行政审批事项。全省初步建成了网上统一申办受理平台和统一身份认证系统，可以支持实现用户"一次登录、全网通办"以及部门"一网受理、分类审批"。41个省直部门窗口和所有地市分厅已实现与省统一身份认证平台对接。至2016年底，全省超80%的事项实现一次登录、一键直达、快捷办理。2017年，省级网上统一申办受理平台和统一身份认证系统已经建成，已有42个省直部门的610个事项（行政许可534项）进驻省统一申办受理平台，44个省直部门的1151项事项、21个地市分厅及顺德分厅的16282项事项、120个县级分厅的58977项事项分别完成与省统一身份认证平台对接，可支撑实现用户"一次登录、全网通办"以及部门"一网受理、分类审批"。①

"先照后证"改革的铺开

在商事登记制度改革方面，广东以"先照后证"改革为切入点，不断加快简政放权步伐。2014年5月，省编办、省工商局联合编制了《广东省工商登记前置审批事项目录》和《广东省工商登记前置改后置审批事项目录》，大幅精简压减工商登记前置审批，仅保留前置审批13项，将其余108项前置审批改为后置审批，前置审批事项压缩90%，市场准入条件进一步放宽。为全国全面开展该项改革提供了可复制、可推广的经验。2015年2月，国务院公布了决定保留的工商登记前置审批事项。目前，法律、行政法规和国务院决定规定须先经审批方可办理设立登记的前置审批事项有37项，变更登记、注销登记的前置审批事项有30项。从8月开始，广东自贸试验区三个片区依托自贸试验区改革创新体制机制优势，相继启动了"证照分离"改革试点，围绕开展关联领域行政审批事项分类改革、推进商事登记便利化、推进行政审批服务创新、加强事中事后监管配套等方

---

① 《简政放权，破除审批"中梗阻"》，《南方日报》2017年4月19日。

面，结合本片区实际，作出了多种有益尝试，并就需要省、国家层面支持的事项提出了具体需求。2016 年 9 月 3 日，全国人大常委会修订了《中华人民共和国外资企业法》等四部法律相关行政审批条款，将不涉及"负面清单"的外商投资企业的设立和变更，由审批改为备案管理，自 10 月 1 日起实施。广东抢抓这一机遇，迅速实施了外商投资审批制度改革，对不涉及"负面清单"的外商投资企业实行"先照后证"。广东外商投资企业约占全国的五分之一，抢抓机遇促使该项重大改革率先在广东全面"落地"，将对扩大广东外商投资企业发展优势发挥积极的作用。开办企业便利化改革措施的"落地"，推动了全省市场主体"井喷式"增长。商事登记制度改革 5 年多来，截至 2017 年一季度末，全省累计新登记市场主体 659 万户，与商改前 2011 年末的 488 万户存量相比，新登记市场主体数量超过了历史存量。广东省的市场主体总量，内资企业、私营企业、外商投资企业、个体工商户户数等五项指标均位居全国第一。全省实有市场主体总量922 万户，占全国总量的 1/10，其中，企业 366 万户、个体工商户 551 万户。全省每千人拥有企业 33 户，该项指标已跨越中等发达经济体最高水平。①

政府权力清单制度的推进

党的十八届四中全会通过的《中共中央关于全面推进依法治国若干重大问题的决定》中提出，推行政府权力清单制度，坚决消除权力设租寻租空间。"权力清单"已经成为中央指导地方审批制度改革实践的一个方向，是依法行政的必然要求，也是现阶段推进审批制度改革、规范审批权力的有效突破口。2014 年 3 月，60 个有行政审批事项的国务院部门在中国机构编制网上公开了 1235 个审批事项。与此同时，地方各级政府的"权力清单"也陆续浮出水面。② 广东省政府组织开展了省级转变政府职能、清理行政职权和编制权责清单工作。2014 年 12 月，省政府公布了第一批省发

---

① 《商改推动市场主体井喷式增长》，《南方日报》2017 年 5 月 22 日。
② 《以"权力清单"推进行政审批制度改革》，《学习时报》2014 年 12 月 1 日。

展改革委等 11 个部门的权责清单，共包括各类权责事项 1790 项。2015 年
2 月，公布了 40 个省直部门的第二批广东省人民政府部门权责清单，共包
括各类权责事项 5181 项。广东省编办称"这是广东有史以来最全面的政
府职能台账"。此外，广东还筹划启动对市、县地方政府部门权责清单进
行编制。① 2017 年 1 月，重新公布省直部门权责清单，省编办组织省发展
改革委等 51 个省直部门对省政府第一、第二批部门权责清单进行了梳理完
善，更新了权责清单内容，并逐一明确了职权事项运行各环节对应的责任
事项、问责依据和监督方式。调整后的权责清单共包含行政职权 5567 项。

■ 文化体制改革走向纵深

从 2013 年 1 月 1 日开始，文化部批准广东在文化市场领域行政审批的
先行先试，明确在广东省行政区域内由文化部负责的文化市场审批事项委
托广东省文化厅执行。包括在广东省内举办涉外营业性演出活动的审批
（全国巡演除外）、港澳方服务提供者在深圳前海和珠海横琴（试点）设
立独资娱乐场所的审批、文化部发放的号段核发网络文化经营许可证编
码。7 月 1 日，文化部进一步将全国巡演的涉外演出下放到广东省文化
厅审批，10 月 1 日，又将涉台演出审批权下放到广东省文化厅。与此同
时，广东加快推进非时政类报刊经营单位转企改制，完成首批 76 家非时
政类报刊转企改制任务。2013 年，省广电网络公司、省出版集团、珠影
集团等单位改革发展工作取得新进展。加快推进文化资源重组整合，全
省广电网络完成 19 个地级以上市重组工作，广州市和省内 68 个县（市、
区）广电网络公司挂牌；广东新华发行集团完成 18 家市、县新华书店的
整合工作，累计整合 90 家，占应整合总数的 95%；顺利组建省新闻出
版广电局。健全了国有文化资产管理体系，制定出台了《广东省省直文
化企业重大事项审核备案暂行办法》等系列管理文件。2014 年，广东文
化体制改革不断顺利推进，文化管理体制日趋完善。是年 9 月 5 日，省

---

① 《广东公布史上最全面政府职能台账》，中国新闻网 2015 年 2 月 15 日。

委办公厅、省政府办公厅印发《广东省深化文化体制改革实施方案》，提出改革举措 25 项、工作项目 117 条，对全省的文化体制改革工作进行全面规划和总体部署。同时，大力推进简政放权，其中，省新闻出版广电局向社会公布 218 项权责清单，取消行政审批 4 项，下放 83 项，行政审批事项减少到 67 项，省文化厅向广州、深圳下放 2 项行政审批事项，将文物保护工程资质审批、年检等职能转移至省古迹保护协会；出台《广东省推动传统媒体和新兴媒体融合发展实施方案》《关于贯彻实施国家九部门支持转企改制国有文艺院团改革发展指导意见的若干政策措施》，完成广东广播电视台组建工作，全省广电网络整合、新华书店重组整合工作顺利推进；创新建设现代文化市场体系，推动文化与科技、旅游、金融、贸易融合发展，出台《关于贯彻落实深入推进文化金融合作的实施意见》。2015 年 9 月，中央办公厅、国务院办公厅印发了《关于推动国有文化企业把社会效益放在首位、实现社会效益和经济效益相统一的指导意见》，并发出通知，要求各地区各部门结合实际认真贯彻执行。广东随即制订了实施方案，推进文化管理体制改革，省直文化行政部门向社会公布权责清单，取消、下放审批事项 40 项，调整行政处罚职权 145 项，实现重心下移、属地执法，审批工作逐步规范化、标准化。省新闻出版广电局完成内部职能整合，行政效能提高。健全坚持正确舆论导向的体制机制，广东在全国率先成立新闻记者证管理办公室，设立省广电公益广告扶持资金，成立省新闻道德委员会，完成新闻单位刊驻地方机构清理整顿工作，整治虚假报道、有偿新闻和新闻敲诈行为取得阶段性成果。完善互联网管理领导体制机制，省和 21 个地级以上市成立网络安全和信息化领导小组，省和广州、深圳等 14 个市设立互联网信息办公室。加快文化企业重组改制和资源整合步伐，省新华发行集团基本完成市、县新华书店整合；全省县级广电网络整合加速推进，有中影南方新干线成员影院 213 家，星海演艺集团发展演出院线成员单位 45 家。①

---

① 朱小丹主编：《广东年鉴（2016）》，广东年鉴社 2016 年版，第 275 页。

至 2016 年底，广东省文化体制改革 24 项年度改革任务基本完成。出台《关于推动国有文化企业把社会效益放在首位、实现社会效益和经济效益相统一的指导意见》的实施方案，提出 62 项工作举措。加快完善国有文化企业内部运行机制，落实中宣部等进一步健全法人治理结构的若干规定，出台广东省贯彻实施的措施，指导国有文化企业健全党委领导与法人治理相结合的管理体制，加快建立有文化特色的现代企业制度。健全管人管事管资产管导向相统一的国有文化资产管理体制机制。全省 9 个地级市成立国有文化资产监管机构。成立省直宣传文化系统企事业单位负责人业绩考核和薪酬管理工作领导小组，制订省属文化企业负责人业绩考核和薪酬管理暂行办法，建立社会效益考核指标体系。①

从 2014 年开始，广东重点推进公共文化事业单位理事会制度改革试点、基层综合性文化服务中心建设和公共文化服务标准化工作。确定广东省博物馆、深圳市福田区图书馆为公共文化事业单位理事会改革国家级试点单位，广东省立中山图书馆、中山市孙中山故居纪念馆、省文化馆、顺德文化艺术发展中心、广东美术馆、珠海市古元美术馆等 6 个单位为省级试点；中山市（国家级）、佛山市南海区、梅州市、兴宁市为基层综合文化服务中心试点；东莞市（国家级）、惠州市、深圳市福田区为公共文化服务标准化试点。2015 年，广东进一步推进了公共文化事业单位法人治理结构改革、公共文化服务标准化、基层文化服务中心建设的试点工作。公共文化服务标准化国家级试点东莞市出台《东莞市基本公共文化服务标准》，省级试点惠州市、深圳市福田区结合当地实际，起草完成公共文化服务有关标准。基层综合性文化服务中心建设国家级试点中山市，省级试点佛山市南海区、梅州市和梅州市梅江区分别以多种模式，建成了试点 30 个、50 个、118 个、20 个，均顺利完成试点任务。

2016 年，广东省实施创新驱动战略，推动文化产业转型升级、提质增效取得成效。开展文化与科技融合发展试点，完善文化产业跨界融合发展机制，文化生产、传播方式和业态进一步创新。广东推动文化与科技、旅

---

① 广东年鉴编纂委员会：《广东年鉴（2017）》，广东年鉴社 2017 年版，第 324 页。

游、金融、贸易等融合发展，文化产业形成完整的产业体系，培育了一批领军全国的优势产业集群，以公有制为主体、多种所有制共同发展的格局逐步完善，成为全省重要支柱性产业。编制《广东省"十三五"时期文化改革发展规划纲要》，明确全省"十三五"时期文化改革发展的目标任务、重点项目和主要措施。

随着文化体制改革不断走向纵深，全省文化产业继续快速增长，逐步从"文化大省"迈向"文化强省"。2015 年，广东的文化以及相关产业增加值 3648 亿元，占全省 GDP 比重为 5.01%，占全国文化产业增加值比重超过 1/7，连续 13 年位居全国各省市首位。全省先后有 25 家文化企业被评为"国家文化产业示范基地"，有 7 家被评为"全国文化体制改革优秀企业"，多家入选全国"文化企业 30 强"，数量均居全国各省市前列。党的十八大以来，通过健全文化产业政策体系、壮大文化市场主体、推动跨界融合和推进文化产业供给侧结构性改革，广东文化产业持续快速发展。2012 年至 2016 年，全省文化设计服务业增加值年均增长近 40%，有力地带动了相关产业加快发展。2016 年，广东文化及相关产业增加值 4256.63 亿元，同比增长 16.67%，约占全国文化产业总量的 1/7，连续 15 年居全国各省市首位。2016 年，广东文化产品进出口 437.9 亿美元，其中文化产品和服务出口 418.1 亿美元，约占全国的 2/5，居全国榜首。全省已形成了较为完备的文化出口体系，出口覆盖 160 多个国家和地区。①

■ 社会体制改革的创新推进

2013 年 5 月，广东省社会工作委员会推出了全省社会体制改革要点，内容涵盖民生事业体制、社会组织体制、基层社会管理体制、社会工作和志愿服务体制、社会治理五大领域，共 40 项，各级各部门分别承接相应的社会体制改革任务，形成 423 项改革项目表，全面推进社会体制改革。2014 年，广东省成立由省社工委负责的社会体制改革协调小组，省委办公

---

① 《矩阵成型花开妍——广东省文化产业发展综述》，新华网 2018 年 5 月 9 日。

厅和省政府办公厅印发《广东省深化社会体制改革主要任务及分工方案》，明确 11 大项 52 小项改革任务。各地党委政府逐步明确社会体制改革工作的牵头单位、主要任务及分工方案。制定《广东省社会体制改革协调小组和广东省司法体制改革协调小组工作规则》，建立改革台账、信息报送、沟通协调等工作机制。明确改革牵头单位与参与单位的工作职责，形成各单位共同落实改革任务的工作机制。在 52 小项改革任务中，除需要与中央对接的 4 项未启动外，其余 48 项均已启动。各地社工委对 2013 年以来开展的 423 项社会体制改革试点项目进行全面梳理，做好与新改革任务衔接。① 为了实现基层社会治理的标本兼治，广东出台《在法治平台上解决信访不信法问题的分工方案》《关于进一步做好我省涉法涉诉信访工作的意见》，在全省推行"一村（社区）一法律顾问"制度。社会信用体系建设领先推进，出台《广东省社会信用体系建设规划（2014—2020 年)》，统筹推进公共信用信息管理系统和市场监管信息平台建设。广州、阳江等市在社会组织管理服务方面，深圳、东莞、梅州、韶关等市在基层治理方面，中山、湛江、河源、顺德等市（区）在社会参与方面，珠海、汕头等市在社会立法方面，都开展了有益的探索。2015 年，广东省召开省社会体制改革工作推进会、全省社会工作会议等，总结和部署全省社会建设和社会体制改革工作。是年，广东印发了《关于开展社会体制改革落实年专项工作方案》，采取做好改革总体规划、建立改革台账、开展省市共建、打造改革智库、强化督查评估和组织经验交流等方式，推动全省社会体制改革工作。开展社会体制改革省市共建项目工作，在全省确定 24 个"省市共建"项目。几年间，广东社会治理体制改革全面推进，社会治理体系不断完善。

在社会组织综合配套改革方面。2013 年，广东省民政厅印发了《关于将非公募基金会登记管理权限下放的意见》，将非公募基金会登记管理权限下放到地级市。印发《民政部关于开展行业协会行业自律与诚信创建活动的通知》，加强行业协会自身建设，建立健全行业协会行业自律与诚信

---

① 朱小丹主编：《广东年鉴（2015）》，广东年鉴社 2015 年版，第 21—22 页。

工作体系，推动现代社会组织体制的构建。确定 60 家全省性社会组织作为行业自律与诚信建设示范创建单位工作试点。2014 年 6 月，省民政厅会同省委组织部、省编办、省发展改革委、省监察厅、省财政厅联合印发《关于行业协会商会与行政机关脱钩方案》，要求全省行业协会、异地商会须于 2014 年底前在人员、财务、资产、职能、机构等方面与行政机关彻底脱钩。至 2014 年底，全省 2576 个行业协会商会基本实现与行政机关全面脱钩。2015 年，广东省继续深化社会组织登记管理体制改革，适应社会组织发展新常态，加大社会组织的培育发展和监督管理力度，构建社会组织综合监管体系，促进社会组织健康有序发展。推进行业协会商会与行政机关脱钩，省民政厅、省发展改革委印发《关于做好全省性行业协会商会与行政机关脱钩试点摸底工作的通知》，对各部门主管或指导的全省性行业协会商会进行全面、系统的摸底调查：全省行业协会商会有 4707 个，其中省本级 1071 个。根据摸底情况，参照全国性试点名单，选取并确定了全省性第一批 100 个参加脱钩的试点名单。2016 年 8 月，中共中央办公厅、国务院办公厅印发《关于改革社会组织管理制度促进社会组织健康有序发展的意见》。根据中央的精神，广东省深化社会组织体制改革，完善社会组织法规政策，出台《中共广东省委办公厅、广东省人民政府办公厅关于印发〈广东省行业协会商会与行政机关脱钩实施方案〉的通知》《中共广东省委办公厅印发〈关于加强我省社会组织党的建设工作的实施意见〉的通知》。省民政厅、省发展改革委印发《广东省深化全省性行业协会商会与行政机关脱钩试点工作方案》。加强社会组织规范管理，严格履行社会组织登记年检审批审核职责，建立社会组织退出机制。

在基层社会治理体制改革方面。2013 年，广东省农业厅推动以"政经分离"为重点的农村综合改革向纵深发展。深圳推进社会治理"织网工程"综合试点。2014 年，省社工委加强了对各地基层社会治理工作的指导，推动各地完善基层治理机制，比如，深圳构建"一核多元"的社区治理体系；东莞推进社区"微治理"的模式，理顺基层社区各类组织的职责关系；佛山顺德区设立党群共建社区发展基金，激发基层党组织的工作活力；揭阳通过推动由村级党代表工作室、公益理事会、村务监督委员会组成的"一室两会"建设，逐渐形成了党支部领导、村委会负责、社会组织协同、村民参与、依法保障的农村社会治理新格局。同年，省委办公厅和省政府办公厅印发《关于开展一村（社区）一法律顾问工作的意见》，在珠三角地区和粤东西北试点地区开展"一村（社区）一法律顾问"工作。省委政法委、省社工委印发《关于把综治信访维稳中心（站）进一步打造成基层社会治理工作平台的意见》，先后召开粤东西北和珠三角两个片区现场会，推广梅州蕉岭县等地的经验，拓展综治信访维稳平台功能，整合基层管理服务资源。2014 年，省社工委总结推广各地经验，推动政府治理和社会自我调节、居民自治良性互动。

在社工和志愿服务体制改革方面。2013 年，广州、深圳、东莞等珠三角地区城市分别成立专职社会工作者机构，聘请专业社工到街道、社区从事安置帮教工作。佛山市制定《关于加强社会工作人才队伍建设的实施意见》，推行民办社工机构异地引入和本土培育并举的策略。中山市出台构建"社工＋志愿者"联动体系的方案，成立中山市社工与志愿者联动发展中心。河源市创新以社工带义工的形式，开展情感交流辅导。肇庆市制定社会工作者与志愿者联动工作的指导意见。江门市蓬江区出台《蓬江区政府向社会组织购买服务试点方案》《蓬江区首届社会组织公益创投活动实施方案》等系列配套文件。深圳市盐田区出台探索建立"岗位化"志愿服务模式的实施意见，实现志愿服务常态化、专业化发展。惠州市惠城区制定《惠城区志愿服务管理办法（草案）》，建立起了志愿者招募制度、志愿者培训制度和"区—街道—社区"三级志愿服务管理系统，设置了不同类型、功能各异的志愿服务岗位。深圳市宝安区建立起了"妇干＋专家＋社工＋志愿者"专兼职结合的妇女群众工作队伍，完善"社工＋义工"联动机制，开展"双工联动"社区服务中心项目试点工作。

在加强和创新社会管理方面。2013 年，省法院组织佛山市法院开展合适成年人参与诉讼制度，组织普宁市法院推行准法定代理人出庭制度，探索成立准代理人信息库。省检察院强化涉检涉诉信访矛盾化解，有效引导特殊人群依法理性表达诉求。广州市建立了"两代表一委员"收集社情民意工作制度。深圳市制定《深圳市户籍制度改革实施方案》，有序扩大了户籍人口比重。珠海市成立医疗纠纷人民调解委员会，负责医疗纠纷调解。茂名市建立了联席会议制度、信访督查专员制度、律师团参与接访制度、"不间断调解法"以及"两代表一委员"参与信访工作机制等。佛山市南海区印发了《南海区社会政策观测体系建设方案（试行）》，铺开社会政策观测体系建设。新会市把八类重点人群列入管理范围，建立特殊人群服务管理信息平台。阳山县推行"首席人民调解员"制度。电白县探索推行"一村一律师"工作，建立矛盾分析报告和纠纷排查制度。平远县以"志愿＋服务"的模式收集、分析并报送民情信息，反映民众诉求。

第四章　区域城乡协调发展的再提升

党的十八大以来，广东坚持把统筹推进区域城乡发展摆在突出位置，大力推动珠三角优化发展和粤东西北协调发展，区域城乡发展水平有了进一步提升。《珠江三角洲地区改革发展规划纲要（2008—2020年）》（以下简称《珠三角规划纲要》）"九年大跨越"目标顺利实现，产业转型升级取得了重大的进展，促进粤东西北发展"三大抓手"成效较显著，一批内联外通基础设施项目顺利建成，产业共建和对口帮扶取得明显的成效，粤东西北的地级市中心城区扩容提质和全省脱贫攻坚任务得到了扎实推进。

■ 珠三角优化发展的实施

自2008年12月《珠三角规划纲要》发布以来，广东全力推动实施，珠三角"四年大发展"任务顺利完成。其间，广东制定、实施了五个一体化专项规划，推动广佛肇、深莞惠、珠中江三大经济圈建设，珠三角交通对接、能源保障、信息共享、环境共治等领域一体化取得实质性突破。到2012年，珠三角地区已初步形成科学发展体制机制，转变经济发展方式取得明显成效，经济实力、自主创新能力和国际竞争力显著增强，现代产业体系基本形成，区域经济一体化基本实现，惠及全民的社会保障体系基本建成，公共服务水平显著提升，生态环境和人居环境明显改善。珠三角地区自此进入提升整体竞争力，实施"九年大跨越"的新阶段。

2013年5月9日，广东全省实施《珠三角规划纲要》"四年大发展"总结暨"九年大跨越"动员会在广州召开。胡春华主持会议并作重要讲话。他强调指出，该规划纲要实施四年多来，在推动广东特别是珠三角地区的发展中发挥了重要作用，要坚定不移地贯彻实施好。他提出要重点抓好五项工作，一是珠三角要落实"三个定位、两个率先"的总目标，当好广东发展的排头兵；二是要坚持转型升级与加快发展相互促进，把珠三角发展提高到一个新的水平；三是要促进珠三角地区协调发展，更好地发挥对全省的辐射带动作用；四是要强化重大项目、重大平台建设，形成珠三角加快发展的强有力支撑；五是要以过硬的工作作风，脚踏实地把各项目标任务落到实处。①

其后几年间，珠三角地区加快经济结构调整，取得较显著成效。从2013年开始，珠三角地区推进产业转型升级，不断增强现代服务业、先进制造业、战略性新兴产业的支撑作用。一是加快实施"四加三"（4个现代服务业开放合作示范区、100个现代服务业集聚区、100个重点项目和100个骨干企业）现代服务业工程，认定省级现代服务业集聚区59个，发展以腾讯、唯品会、梦芭莎等为龙头的电子商务企业。二是促进先进制造业的高端化发展。深圳长安标致、江门南车轨道交通装备修造基地等重大产业项目建成投产。三是推动战略性新兴产业发展。抓好新型显示、软件、生物医药、半导体照明（LED）等战略性新兴产业发展，认定省级战略性新兴产业基地22个，产业规模不断壮大。四是不断提升优势传统产业水平。工业化与信息化融合推进，2013年工业技改投资874.37亿元。珠三角地区新增省级专业镇7个，累计150个。2015年，全面启动工业转型升级三年攻坚战。出台技术改造事后奖补政策实施细则，完成工业技改投资1765.5亿元，比2014年增长54.3%，开展技改的规模以上工业企业4337家。珠海格力自主研发的工业机器人投入使用，阿西布朗勃法瑞（ABB）集团落户运营。东莞"机器换人"项目获主流媒体关注报道。几年间，广东提升珠江东岸信息产业链，推动设立省集成电路产业发展基金，推进新一代显示技术等6个战略性新兴产业集聚发展试点，出台关于

---

① 《坚持转型升级与加快发展相互促进　把珠三角发展提高到一个新的水平》，《南方日报》2013年5月10日。

加快发展生产性服务业的若干意见和省大型骨干企业诉求管理办法，加快推进 70 个省级现代服务业集聚区建设。2016 年，珠三角地区贯彻落实省供给侧结构性改革总体方案和行动计划，制定出台珠三角梯度转移行业目录，珠三角向粤东西北转移项目 500 个；商品房去库存 277 万平方米；实现 1141 家国有关停企业出清和 149 家国有特困企业脱困。通过实施工业转型升级三年行动计划，珠三角完成工业技改投资 2440.5 亿元，比 2015 年增长 38.2%。同时，培育智能制造骨干企业 17 家，新增应用机器人 11527 台，增长 45.2%，珠江西岸"六市一区"成功申报"中国制造 2025"试点示范城市群，新引进 1 亿元以上项目 219 个，装备制造业实现增加值 2920.4 亿元、增长 11.1%。珠江东岸电子信息产业集聚区加快建设，中芯国际 12 英寸芯片生产线、富士康 10.5 代显示器落户。珠三角 70 个省级现代服务业集聚区加快建设，供应链管理试点企业 105 家。实施战略性新兴产业区域集聚发展试点建设，战略性新兴产业增加值比重达 22.2%。2016 年新增主营业务收入超 100 亿元企业 20 家、超 1000 亿元企业 1 家；进入全国民营 500 强企业 50 家。①

在重点领域和关键环节改革方面，珠三角地区成绩斐然。从 2013 年起，珠三角地区不断深化行政审批制度改革，取消、转移、下放了一批国家设定和省级行政审批事项 508 项，出台了第一批下放和委托深圳前海合作区实施的省级管理权限事项目录，各地级以上市及顺德区实现行政审批事项压减 44.6%，各县（市、区）实现行政审批压减 29.4%。2014 年，珠三角地区工商登记制度改革率先全面铺开，全面实行注册资本认缴登记制，工商登记前置审批由 121 项大幅压减至 12 项，深圳更是在全国率先推行"四证合一"（营业执照、组织机构代码证、税务登记证、刻章许可证）、"多证合一"商事登记模式。市场活力充分激发，新设立市场主体 104.5 万户，比 2013 年增长 20.2%。广州、佛山在全国城市年度法治政府评估中分列第一、第三位。

———————————

① 广东年鉴编纂委员会：《广东年鉴（2017）》，广东年鉴社 2017 年版，第 27—28 页。

作为优化发展的重点内容，珠三角地区绿色低碳发展同样进展较大。2013 年，珠三角地区狠抓节能减排，单位生产总值能耗和主要污染物减排指标完成年度目标，全年累计转出、淘汰、关停落后企业 1 万多家。2014 年，珠三角地区化学需氧量、氨氮、二氧化硫、氮氧化物排放量均完成了年度减排任务。2015 年，珠三角地区单位生产总值能耗和四项污染物（即化学需氧量、二氧化硫、氨氮、氮氧化物）减排完成国家"十二五"目标任务。此外，珠三角地区还举办了珠三角城市群绿色低碳发展论坛，发布了《珠三角城市群绿色低碳发展深圳宣言》，设立全国首个省级低碳发展基金，推进珠三角国家森林城市群建设，启动珠三角绿色生态水网建设，新建森林公园 104 个，湿地公园 49 个，森林覆盖率 51.5%。2016 年，珠三角地区单位生产总值（GDP）能耗、万元 GDP 用水量、单位 GDP 二氧化碳排放和四项污染物减排等约束性指标完成国家和省下达目标任务。

■ 粤东西北振兴发展上升为全省发展战略

习近平总书记指出："虽然全面小康不是人人同样的小康，但如果现有 7000 多万农村贫困人口生活水平没有明显提高，全面小康也不能让人信服。"[①] 没有农村的全面小康和欠发达地区的全面小康，就没有全国的全面小康。全面建成小康社会的一项重要任务就是要加大统筹城乡发展、统筹区域发展的力度，推进城乡发展一体化，努力缩小城乡区域发展差距。而缩小城乡区域发展差距，不仅是缩小国内生产总值总量和增长速度的差距，而且是缩小居民收入水平、基础设施通达水平、基本公共服务均等化水平、人民生活水平等方面的差距。改革开放以来，粤东西北地区的发展始终落后于珠江三角洲地区的发展，严重影响了全省的发展，为保持全省经济可持续健康发展、协调发展，就必须促进粤东西北地区加快发展，确保实现率先全面建成小康社会和率先基本实现社会主义现代化的目标。为此，中共广东省委、省政府将粤东西北振兴发展上升为全省发展的全局性

---

① 《习近平谈治国理政（第二卷）》，外文出版社 2017 年版，第 79—80 页。

战略。

2013年6月27日，省委、省政府召开座谈会，就《中共广东省委、广东省人民政府关于进一步促进粤东西北地区振兴发展的决定》（征求意见稿）听取各有关方面的意见和建议。韶关、湛江、揭阳、汕头市潮阳区、梅州市大埔县、阳江市阳西县等市、县（区）主要负责同志及部分人大代表、政协委员和专家学者代表作了发言。会议强调，促进粤东西北地区加快发展，不仅是粤东西北地区自身发展振兴的需要，而且是事关全省发展的全局性战略，是实现广东经济可持续健康发展的重大举措。要通过提升粤东西北地区的发展水平，进一步打通珠三角与周边省份的联系，促进各种生产要素的优化配置，提高广东经济的影响力和竞争力，形成广东经济对外开放的新格局。要集中各方面的智慧把该决定征求意见稿修改好，进一步明确主要工作抓手，落实工作措施，动员全省力量，努力实现粤东西北地区加快发展的目标。会议还特别强调指出，粤东西北地区的发展不能完全复制珠三角走过的老路，要坚持又好又快、好字当头，在加快发展的同时，注重生态环境的保护，注重社会治理，提升软环境质量。粤东西北地区要开拓进取，全力贯彻落实省委、省政府推进区域协调发展的决策部署，深化改革开放，改善投资环境，创新发展思路，在科学发展的轨道上实现跨越发展。

在充分听取各方意见的基础上，7月25日，省委、省政府印发《关于进一步促进粤东西北地区振兴发展的决定》。该决定的出台标志着广东区域协调发展进入一个新的发展阶段，将有力地推动广东改革开放新的格局形成，实现经济社会可持续发展，确保全省率先全面建成小康社会和率先基本实现社会主义现代化。7月26日，全省进一步促进粤东西北地区振兴发展工作会议召开。会议指出，粤东西北地区发展起来了，广东的经济就有了两个强劲的"发动机"，才能全面增强综合实力和核心竞争力。我们要把加快粤东西北地区发展作为关系全省发展的战略，坚定不移抓下去。为此，省委、省政府提出了5年统筹安排资金6720亿元支持粤东西北地区振兴发展，附带出台了一系列政策和举措安排。一是要加快交通基础设施建设突破发展硬制约，改善粤东西北地区发展区位条件，形成以珠三角为中心的全省两小时工作生活圈。二是要加强产业园区建设，推动产业集聚和节约集约发展，以园区为载体加快粤东西北地区绿色工业化进程。三是建设若干人口超百万大城市，打造区域发展"增长平台"集群。这一重大的战略部署被认为是实现珠三角、粤东西北互利共赢、平衡发展的"双引擎战略"。即通过欠发达区域崛起，释放内需，防范经济加速下滑，并缓解珠三角的资源、空间压力，加速其结构转型进程，形成未来增长的"双引擎""双动力"。① 该决定抓住了广东省"经济发展过程中的主要矛盾，提出了欠发达地区振兴发展的决策，是广东有效实施区域协调发展，形成长效发展机制，实现广东经济由珠三角和粤东西北两个增长极来全面大升级，加快现代化建设步伐，提前全面建成小康社会的强大动力"②。

2014年4月，省促进粤东西北地区振兴发展协调领导小组会议召开，会议审议促进粤东西北地区振兴发展2014年重点工作方案、2013年度促进粤东西北地区振兴发展评估考核工作方案。7月，全省进一步促进粤东西北地区振兴发展工作会议召开。会议强调，把加快发展落到实体经济和项目建设上，巩固和保持粤东西北地区加快发展好势头。按照部署，粤东西北各市分别成立了由市主要领导任组长的振兴发展工作领导小组，12个市全部出台具体实施方案，分解任务，细化措施，落实责任，全力推动工作落实。2015年4月，省政府印发了《促进粤东西北地区振兴发展2015年重点工作任务》，要求在全面深化改革扩大开放、推进经济跨越式发展、提升科技创新能力、加强交通基础设施建设、科学有序推进新型城镇化等方面，进一步加大工作力度，促进粤东西北地区振兴发展。4月9日，省促进粤东西北地区振兴发展协调领导小组会议召开。会议指出，要以转型升级之"好"统领振兴发展之"快"。7月，全省进一步促进粤东西北地区振兴发展工作会议在广州召开。会议强调，要坚持不换频道，咬定发展目标，牢牢扭住"三大抓手"，坚决守住"两条底线"（生态环保和社会稳定），深化对口帮扶工作，坚定不移推进粤东西北地区振兴发展战略，

---

① 《广东强力推出"改革开放升级版"》，《南方日报》2013年8月5日。
② 《振兴东西北再创广东科学发展新格局》，《南方日报》2013年8月5日。

通过实干把振兴发展目标变成现实。2016年4月，省政府召开省实施《珠三角规划纲要》领导小组和省促进粤东西北地区振兴发展协调领导小组会议，指出面对新形势新任务新挑战，在更高层次上推进珠三角优化发展和粤东西北振兴发展，必须牢牢把握经济发展新常态的阶段性特征，坚定不移践行新发展理念。是月，省委常委会会议专门听取了省实施《珠三角规划纲要》、促进粤东西北地区振兴发展2015年工作完成情况汇报，原则通过实施《珠三角规划纲要》2016年重点工作任务、促进粤东西北地区振兴发展2016年重点工作任务等文稿。6月，全省进一步促进粤东西北产业园区提质增效工作现场会在清远召开，强调要坚定信心、不换频道，深入推进"三大抓手"和对口帮扶工作，推动珠三角地区与粤东西北地区产业共建，加快粤东西北地区振兴发展。7月9日至12日，中共中央政治局委员、广东省委书记胡春华专门到湛江、茂名、阳江调研，强调要落实好粤东西北振兴发展战略，进一步推动交通基础设施建设，打造高水平产业体系，加快湛茂阳沿海经济带发展，不断提升粤西地区经济社会发展水平。12月，省委经济工作会议上特别指出：广东已经从"让一部分地区先富起来"转到"先富帮后富、最终实现共同富裕"的阶段，推进一体化发展是粤东西北实现跨越式发展的必然选择，是珠三角加快转型升级的迫切需要。①

党的十八大以来，广东坚决贯彻落实习近平总书记重要讲话精神，采取有力措施，推动城乡、区域、经济和社会协调发展取得明显进展。广东坚持把统筹推进城乡、区域发展摆在突出位置，大力推动珠三角优化发展和粤东西北协调发展，区域城乡发展水平进一步提升。以2016年数据为例，粤东西北地区经济总量达1.78万元，比2010年增长70.8%，年均增长9.3%；人均GDP达35516元，比2010年增长64.2%，年均增长8.6%；全体常住居民人均可支配收入18365元，比2015年增长9.0%。在看到广东区域协调发展取得显著成效的同时，也要看到，全省21个地市的

---

① 《省委经济工作会议在广州召开》，《南方日报》2016年12月25日。

区域发展差异系数仍高于江苏、山东和浙江等东部沿海省份。①

■ 紧紧扭住振兴发展"三大抓手"

粤东西北地区振兴发展，重点是要紧紧扭住交通基础设施建设、产业园区扩能增效、中心城区扩容提质这"三大抓手"。

全省实现县县通高速公路

2011 年制定的《广东省国民经济和社会发展第十二个五年规划纲要》曾提出，到 2015 年，全省实现县县通高速公路。2011 年，全省尚有 13 个县未通高速公路。2012 年底，省委、省政府修编《广东省高速公路网规划（2013—2030 年）》，完善全省高速公路网布局的同时，科学制定建设时序。交通运输系统深化沟通协调，逐个项目对接。2013 年初，制定 2013 年至 2017 年高速公路建设计划，明确建设项目、投资计划和资金需求，提出大会战的任务书、路线图和时间表。2015 年，广东对建设项目进行中期调整，出台 2015 年至 2017 年高速公路建设计划和中远期项目规划。为此，各地政府提前介入，组织各有关部门会同项目业主，主动开展相关用地、环保等基础资料收集及整理上报工作。各地各部门围绕项目立项、用地、资金、审批等关键环节，落实"并联审批"制度，开辟"绿色通道"。省直各有关部门则主动靠前服务，创新方法、优化程序、多方联动，加快审批工作。省高速公路建设总指挥部履行项目督导和组织协调职责，多次召开现场办公会、推进会等，汇报和协调中央、省、地方各有关部门，逐个问题研究解决，逐个项目扎实推进，保障工程建设进度。

2012 年，广州至河源高速公路全线建成，这标志着珠江三角洲地区率先实现了"县县通高速"；2013 年，7 个高速公路项目建成通车，完成全省 2013 年至 2017 年高速公路建设大会战的首个年度目标；2014 年，高速

---

① 《近年来广东区域经济协调发展情况分析》，广东省统计信息网 2017 年 9 月 29 日。

公路建成 581 千米，高速公路通车总里程达到 6280 千米，跃居全国第一。至 2015 年底，济广高速公路（平远至兴宁段）、包茂高速公路（信宜至电白段）、潮惠高速公路一期工程（普宁至陆河段）、汕湛高速公路（揭西至博罗段）、大广高速公路（连平至从化段）等项目建成通车。新丰、紫金、连平等 8 个县（市）结束未通高速公路的历史，广东省 67 个县（市）实现"县县通高速"；与陆路相邻的广西、湖南、江西、福建 4 省（区）均有 3 条以上高速公路相连，经过广东的 21 条国家高速公路已有 14 条实现了粤境段的全线贯通。全省高速公路通车总里程达 7018 千米，继续保持全国第一。截至 2016 年底，全省高速公路通车里程达到了 7673 公里，全省的 67 个县（市）实现"县县通高速"，粤东西北地区高速公路通车里程达 3578 公里，大大缩短了与珠三角的时空距离，从珠三角核心往返粤东西北地区的车程普遍缩短 1 小时以上。①

珠三角与粤东西北产业共建

自 2005 年以来，省委、省政府在粤东西北的汕头、韶关、河源、梅州、汕尾、阳江、湛江、茂名、清远、潮州、揭阳、云浮 12 市以及惠州、江门、肇庆市规划建设省产业转移工业园，作为承接珠三角地区相关产业有序梯度转移的重要载体。2013 年 11 月，举行全省调整加强对口帮扶暨推进产业园区建设工作会议，部署推动珠三角与粤东西北的产业共建。截至 2016 年底，全省共设立 83 个省产业转移工业园（含经批准享受省产业转移政策的园区、依托省产业园带动发展的产业转移集聚地，以下统称省产业园），基本实现全省县域全覆盖。

2016 年 6 月，省委、省政府召开进一步促进粤东西北产业园区提质增效工作现场会，部署产业园区提质增效和产业共建工作。11 月，省委、省政府召开珠三角地区对口帮扶粤东西北地区推进产业共建工作会议，对产业共建和新一轮对口帮扶作进一步部署。12 月，省委召开经济工作会议，明确提出要着力推进珠三角和粤东西北一体化发展。各地各部门贯彻落实

---

① 《聚力粤东西北　促进区域协调发展》，《南方日报》2017 年 8 月 22 日。

省委、省政府决策部署，完善产业园区合作共建体制机制，加大政策引导扶持力度，狠抓产业共建项目落地建设，着力把珠三角先进生产力引向粤东西北，各项工作取得了明显进展。2016 年，省政府出台了《促进粤东西北地区产业园区提质增效的若干政策措施》，提出了 24 项政策措施，涵盖产业共建、对口帮扶、园区及项目建设、园区产业升级、营商环境、绿色高效发展等多个方面。省委办公厅、省政府办公厅联合印发了《关于深化珠三角地区与粤东西北地区全面对口帮扶工作的意见》，要求进一步加大对口帮扶工作力度，并明确提出实现县级对口帮扶全覆盖。省经济和信息化委牵头编制出台了《粤东西北产业园发展"十三五"规划》，明确了"十三五"时期省产业园发展的 8 项主要任务。省财政厅牵头制定出台《关于支持珠三角与粤东西北产业共建的财政扶持政策》，将安排财政资金对符合条件的产业共建项目给予普惠性奖补和叠加性奖补。同时，各地也参照省的做法，出台相应政策、规划等，产业共建和产业园区提质增效工作全面展开。①

各地级以上市按照新一轮对口帮扶工作要求，在强化 8 个市级共建产业园建设的基础上，推动 43 对珠三角区（镇）与粤东西北县（市）开展园区帮扶和产业对接。园区共建双方不断建立完善合作共建体制机制，明确共建范围、内容和工作任务，园区普遍成立了协调联席会、园区管理机构和投资开发公司三级管理体制，初步建立了市场化运作架构。广州—清远合作园石角片区、深圳—汕尾特别合作区、中山—潮州合作凤泉湖高新区等一批重点帮扶平台建设进展迅速，形成良好的示范带动效应。

几年间，园区基础设施建设也得以不断地加快推进。2013—2016 年，省财政累计安排专项资金约 131 亿元，其中 2016 年当年安排 20.84 亿元，支持省产业园建设发展。与此同时，园区营商服务环境也不断优化。各地逐步扩大园区管理权限，全面推广"一门式、一网式""代办制"等服务模式，提高产业园区涉企行政服务效率和质量。至 2016 年底，15 个示范

---

① 广东年鉴编纂委员会编：《广东年鉴（2017）》，广东年鉴社 2017 年版，第 45 页。

园中有 11 个园区被当地的政府赋予相关部门的"二号章"或"三号章"（指依照法律、法规、规章的规定，经有关行政机关的授权，赋予园区相关行政机关审批权限和行政审批专用行政公章，只限于行政审批服务专用，在行政审批服务方面具有与原行政公章同等的法律效力）。据统计，2016 年，省产业园新落地项目 512 个，在这些项目中有亿元以上项目 282 个，属新投产的项目 390 个。① 珠三角向粤东西北（含惠州、江门、肇庆市）转移项目 534 个，计划总投资 1353.1 亿元。一批龙头项目相继落地或投产，带动相关配套企业落户，逐步形成产业集聚效应。数据显示，2017 年 1 月至 6 月，8 个珠三角和粤东西北对口共建产业园共有 103 个超亿元工业项目落地建设；1 月至 5 月，作为产业共建主要载体的省产业园实现了规模以上工业增加值 901 亿元，同比增长 15.2%，实现全口径税收 191.7 亿元，同比增长 12.9%。②

粤东西北地级市中心城区扩容提质

2016 年，广东按照《关于进一步促进粤东西北地区振兴发展的决定》《推动粤东西北地区地级市中心城区扩容提质工作方案》文件要求，稳步推进粤东西北地区地级市中心城区扩容提质各项工作。粤东西北各市均按省政府批准各设立 1 个新区，并在新区划定 10～15 平方千米的起步区，集中资源和力量推进新区起步区建设。各市在城市起步区选址方面注重结合城市特色，突出自身优势，汕头、茂名等市通过填海造地推进了城市空间向海洋拓展，韶关、河源、汕尾、揭阳、云浮等市依托机场高铁等交通枢纽推进起步区建设，梅州、阳江、湛江、清远、潮州等市注重新城老城的互动发展，并在起步区高起点布局一批大项目、好项目，推动中心城区建成区空间扩容。至 2016 年底，粤东西北地区 12 市城市起步区建成区总面积突破 50 平方千米。

---

① 《广东破解区域协调发展难题 珠三角先进生产力涌向粤东西北》，南方网 2017 年 8 月 21 日。

② 《聚力粤东西北 促进区域协调发展》，《南方日报》2017 年 8 月 22 日。

党的十八大以来，粤东西北各市中心城区的规模实力明显增强。粤东西北各市充分利用对口帮扶政策，加强产城融合，促进产业集聚，在新区城市起步区内引进大数据及信息服务等珠三角先进产业项目。各市积极贯彻落实中央关于"促进有能力在城镇稳定就业和生活的农业转移人口进城落户""进一步放开放宽城市落户限制"精神，推进户籍制度改革，大幅降低城市入户门槛，放宽户口迁移条件，提高人口集聚度。至 2016 年底，粤东西北地区 12 市中心城区平均常住人口达 96.84 万人。其中，汕头、韶关、湛江、茂名和揭阳 5 市中心城区的人口规模已突破百万，进入大城市行列。此外，粤东西北各市城市基础设施保障能力不断提高，城市生态环境不断改善；实施教育"创强争先"战略，科教服务能力提高；基本公共卫生服务水平提升；加大公共文化设施投入，推进公共文化事业发展；推进保障性安居工程，提高城乡居住水平。

■ 脱贫攻坚进入"精准扶贫"

党的十八大以来，中央把扶贫开发工作纳入"四个全面"战略布局，作为实现第一个百年奋斗目标重点工作，摆在更加突出位置，大力实施精准扶贫，不断丰富和拓展中国特色扶贫开发道路，不断开创扶贫开发事业新局面。2013 年 11 月，习近平总书记在湖南湘西、长沙等地考察，首次提出"精准扶贫"理念。2015 年 11 月，中共中央、国务院印发《关于打赢脱贫攻坚战的决定》，确定"到 2020 年，稳定实现农村贫困人口不愁吃、不愁穿，义务教育、基本医疗和住房安全有保障"的总体目标。2016 年 4 月，中共中央办公厅、国务院办公厅印发《关于建立贫困退出机制的意见》，明确贫困人口、贫困村、贫困县在 2020 年以前有序退出的标准和要求。

广东高度重视扶贫开发工作，紧紧围绕"三个定位、两个率先"的目标，坚决贯彻落实习近平总书记关于精准扶贫和脱贫攻坚的讲话精神，连续实施两轮扶贫开发"规划到户、责任到人"行动，坚持"靶向疗法"。2013 年 4 月 28 日，广东省委、省政府召开全省扶贫开发工作会议，印发

《广东省新一轮扶贫开发"规划到户、责任到人"及重点县（市）帮扶工作实施方案》，全面启动新一轮扶贫攻坚。对 21 个扶贫开发重点县，2571 个重点帮扶村以及村内有劳动能力的 20.9 万相对贫困户、90.6 万相对贫困人口开展帮扶。5 月，省扶贫办召开全省扶贫办主任会议，派出 6 个工作组赴粤东西北地区 14 个市督导扶贫开发工作。9 月，省扶贫开发领导小组分别召开粤北、粤西、粤东片区会议，总结交流各地各部门落实全省扶贫开发工作会议精神的情况，部署扶贫"双到"工作。各市领导、省直和中直驻粤单位领导先后深入贫困地区访贫问苦，调研督导新一轮扶贫开发工作。2013 年，广东省扶贫办对 7 个原中央苏区县每年每县安排 1000 万元的扶持资金，对省直和中直驻粤单位帮扶的原中央苏区县重点帮扶村每村安排 100 万元的引导资金。2014 年，广东省继续将"两不具备"（不具备生产条件和不具备生活条件）地区村民搬迁纳入全省十项民生实事内容，全年全省实现"两不具备"村民搬迁 12853 户。广东坚持把扶贫开发"双到"工作着力点放在"造血式"产业化扶贫上，遵循依法、自愿、有偿原则，在实现农村土地承包经营权流转的基础上，推动贫困村由小型分散的传统农业向集约化、专业化、组织化、市场化的现代化农业发展，促进贫困人口稳定增收脱贫。各地初步形成了一批集中连片的大规模的"产业村""专业镇"，成为贫困农民增收奔小康的重要支撑。

2015 年是第二轮扶贫开发"双到"收官之年。当年，各地、各帮扶单位投入各类帮扶资金 73.41 亿元，帮扶 2571 个相对贫困村、20.9 万相对贫困户、90.6 万相对贫困人口，村均投入 285.53 万元，户均投入 3.51 万元。2013—2015 年，共组织 3599 个单位，派出 7986 名干部驻村，投入各类帮扶资金 202.95 亿元，帮扶 2571 个相对贫困村、20.9 万相对贫困户、90.6 万相对贫困人口，村均投入 789.38 万元，户均投入 9.71 万元，全面实现扶贫"双到"目标任务。2015 年，全省被帮扶的贫困人口实现人均纯收入 9220 元，实现稳定脱贫的既定目标。全省 2571 个相对贫困村村集体经济收入平均 10 万元以上。[1] 各地、各帮扶单位坚持把扶贫开发工作着力

---

① 朱小丹主编：《广东年鉴（2016）》，广东年鉴社 2016 年版，第 161 页。

点放在"造血式"产业化扶贫上。广东省被帮扶的 2571 个相对贫困村实施生产经营项目 2150 个，总投入 7.9 亿元，涵盖种养业、加工业、土地租赁和物业出租等项目，产生实际收益 53.02 亿元。初步形成一批集中连片大规模的"产业村""专业镇"，成为贫困农民增收奔小康的重要支撑。

2013 至 2015 年 3 年间，坚持精准扶贫、精准到户、因人因地施策，如期高质量完成对 20.9 万相对贫困户、90.6 万相对贫困人口、2571 个相对贫困村和 21 个扶贫开发重点帮扶县的帮扶任务。在完成新一轮扶贫开发"双到"工作后，2016 年，广东又启动新时期精准扶贫精准脱贫攻坚战，集全省之力，聚焦分散在 14 个地级市、1.9 万个村的 70.8 万相对贫困户、176.5 万相对贫困人口，发起了脱贫攻坚冲锋战。在"精准识别、精准施策"的精准扶贫思想指导下，2016 年全省实现稳定脱贫的人口达 57.36 万。① 2016 年 3 月，省委省政府召开全省扶贫开发工作会议，研究部署新时期精准扶贫精准脱贫攻坚工作，坚决打赢脱贫攻坚战，确保贫困人口与全省人民一道迈向全面小康。同年 6 月，正式出台《中共广东省委广东省人民政府关于新时期精准扶贫精准脱贫三年攻坚的实施意见》。广东扶贫脱贫事业按照"三年攻坚、两年巩固，到 2020 年如期完成脱贫攻坚任务"的目标要求稳步迈进。

在实施脱贫攻坚的过程中，广东全面推进对口帮扶工作。2013 年 11 月，省委办公厅、省政府办公厅出台《关于调整珠三角地区与粤东西北地区对口帮扶工作的通知》，确定由广州市帮扶梅州、清远市，深圳市帮扶河源、汕尾市，珠海市帮扶阳江市，佛山市帮扶云浮市，东莞市帮扶韶关市，中山市帮扶潮州市。

一是建立健全工作机制。广东建立了对口帮扶工作党政联席会议制度，同时组建对口帮扶指挥部，推动下属县市建立相应结对帮扶关系。二是明确帮扶工作任务，研究制定对口帮扶总体方案和年度工作计划。三是重点推进合作共建产业园区，运用市场机制推进园区开发建设，加大招商

---

① 《坚持精准扶贫　广东四年来近 148 万人实现稳定脱贫》，《南方日报》2017 年 5 月 4 日。

引资力度，推动优质企业到被帮扶市考察对接。比如，佛山、东莞、中山市分别组织了商会、企业到云浮、韶关、潮州市考察，一批项目达成投资意向。四是突出特色推进全面帮扶。各市不断创新帮扶方式和手段，拓宽帮扶领域。比如，中山、潮州市推动11对专业镇开展合作，分3年共同出资6亿元建设"潮州—中山产业创新中心"，初步构建起市、区、镇、企四组"创新平台"综合服务框架体系。东莞、韶关两市明确了以"一园一城七组团"的思路推进全面帮扶。珠海市推动珠海港控股集团与阳江港、珠海航空城集团与阳江合山机场开展战略合作。佛山、云浮市举办云浮城市可经营项目投资推介洽谈会，以市场机制吸引更多社会资金参与园区开发和城市建设。广州、深圳市筹备分别与被帮扶市共同设立规模10亿元以上的投资基金。珠三角地区对口帮扶粤东西北地区工作机制逐步完善，形成全面对接、共同发展的良好态势。

2016年8月，广东省产业转移园承接珠三角产业梯度转移对接大会在广州举行。270余家行业商协会、企业与全省83个产业园区参会对接。由于广东已进入率先全面建成小康社会的决胜阶段，加快推动珠三角地区产业向粤东西北地区梯度转移，也迎来重要窗口期，因此，这次对接大会的举办十分及时、非常重要，为加快推动珠三角地区产业向粤东西北地区梯度转移搭建了重要平台，必将对粤东西北振兴发展产生重要的促进作用。10月至11月，省促进粤东西北地区振兴发展协调领导小组办公室组织开展了珠三角地区与粤东西北地区对口帮扶第一轮（2014—2016年）工作的评估考核。评估考核情况表明，3年来，珠三角6市和粤东西北8市认真贯彻落实省委、省政府决策部署，圆满完成第一轮对口帮扶工作任务，既为粤东西北地区振兴发展提供了强大助力，也为珠三角地区转型升级拓展了发展空间，走出了一条切合广东实际的区域协调发展新路子。是年11月，省委常委会会议原则通过《关于深化珠三角地区与粤东西北地区全面对口帮扶工作的意见》，强调要继续实施好"三大抓手"，采取更有力措施，扎扎实实做好新一轮对口帮扶工作。提出力争到2020年，粤东西北地区每个市形成产值超500亿元的产业集群。为建立产业共建激励机制，统筹安排210亿元财政资金用于鼓励有技术含量的珠三角地区企业优先在省内梯度转移。为促进粤东西北地区产业园区提质增效，省属国有企业新投资的工业项目原则上安排在粤东西北地区。同月，珠三角地区对口帮扶粤东西北地区推进产业共建工作会议召开，会议强调，要深入贯彻落实五大发展理念，强力推进产业共建，促进粤东西北协调发展。

第五章 全方位对外开放新格局的构建

党的十八大以后，中央启动新一轮对外开放，党的十九大，中央提出，要推动形成全面开放新格局，不久，又要求广东走在全国前列。作为对外开放的先行地，广东以此为契机，立足于之前对外开放的丰硕成果，大力提升开放型经济发展水平，着力培育开放合作新优势，不断构建全方位对外开放新格局。其间，广东积极参与国家"一带一路"和自由贸易试验区建设，在全面深化改革中构建开放型经济新体制，持续深化粤港澳合作，推进粤港澳大湾区建设，取得了亮眼成绩。

■ 新一轮对外开放的启动

党的十七大以来，我国开放型经济达到新水平，进出口总额跃居世界第二位。在此基础上，党的十八大制定了"全面提高开放型经济水平"的目标，提出必须更加积极主动的开放战略。2013 年，习近平总书记在访问中亚和东南亚时分别提出建设丝绸之路经济带和 21 世纪海上丝绸之路的倡议，此后，实施共建"一带一路"倡议成为中央的重大决策。2015 年 10 月，十八届五中全会召开，通过《中共中央关于制定国民经济和社会发展第十三个五年规划的建议》。其中，新一轮对外开放被赋予与时俱进的内涵：树立开放发展理念，顺应我国经济深度融入世界经济的趋势，奉行互利互赢的开放战略，坚持内外需协调、进出口平衡、引进来和走出去并重、引资和引技引智并举，发展更高层次的开放型经济，积极参与全球经济治理和公共产品供给，提高我国在全球经济治理中的制度性话语权，构建广泛的利益共同体。党的十九大，中央提出，要推动形成全面开放新格局，特别强调"中国开放的大门不会关闭，只会越开越大"①。2018 年 3 月 7 日，习近平总书记在参加十三届全国人大一次会议广东代表团审议时对广东提出"四个走在全国前列"的要求，其中，专门要求广东"在形成全面开放新格局上走在全国前列"。他对广东寄予厚望，鼓励广东"要以更宽广的视野、更高的目标要求、更有力的举措推动全面开放"，"加快发展更高层次的开放型经济"。②

为应对新一轮对外开放的挑战，响应国家实施共建"一带一路"倡议的重大决策，广东结合自身实际情况，在党的十八大以后确立了新一轮对外开放的目标和任务。在 2014 年 1 月召开的中共广东省委十一届三次全会上，省委提出，要"抓住中央提出建设 21 世纪海上丝绸之路的战略机遇，加强与东盟各国及南亚、中东、非洲等地区的经贸合作"。③ 2015 年 11 月，中共广东省委十一届五次全会上通过《中共广东省委关于制定国民经济和社会发展第十三个五年规划的建议》，提出"十三五"期间广东对外开放目标任务：把握国家推进"一带一路"建设与中国（广东）自由贸易试验区建设的重大机遇，全面参与全球经济合作和竞争，深化粤港澳合作，加快建立与国际接轨的开放型经济新体制，强化内外联动，提高开放水平，构建全方位开放发展新格局，形成广东参与国际竞争的新优势。④

■ 参与建设"一带一路"实施方案的出台

中央实施共建"一带一路"倡议的重大决策出台，广东积极响应、深

①　习近平：《决胜全面建成小康社会　夺取新时代中国特色社会主义伟大胜利》，人民出版社 2017 年版，第 34 页。

②　中共广东省委：《关于认真学习宣传贯彻习近平总书记在参加十三届全国人大一次会议广东代表团审议时的重要讲话精神的通知》（2018 年 3 月 8 日）。

③　《广东省委十一届三次全会开幕　胡春华作工作报告》，《南方日报》2014 年 1 月 11 日。

④　中共广东省委：《中共广东省委关于制定国民经济和社会发展第十三个五年规划的建议》（2015 年 11 月 26 日）。

度参与。根据中央所赋予的作为"一带一路"建设枢纽和经贸合作中心的定位及自身优势和发展现状，广东率先行动起来，全力做好衔接国家"一带一路"的制度设计。

2015 年 6 月 3 日，广东省政府新闻办召开新闻发布会，介绍广东省参与丝绸之路经济带和 21 世纪海上丝绸之路建设的有关情况，同时，公布《广东省参与建设"一带一路"的实施方案》（以下简称《方案》）。这是继当年 3 月国家发布《推动共建丝绸之路经济带和 21 世纪海上丝绸之路的愿景与行动》后全国首个上报的实施方案。广东成为首个完成与国家"一带一路"倡议规划衔接并印发实施方案的省份。根据正式发文的《方案》，广东确定参与建设"一带一路"的九大重点任务：促进重要基础设施互联互通、加强对外贸易合作、加快投资领域合作、推进海洋领域合作、推动能源领域合作、拓展金融领域合作、深化旅游领域合作、密切人文交流合作、健全外事交流机制。在这九大重点任务中，重要基础设施互联互通被视为推进整个《方案》的关键。为此，广东提出"打造国际航运枢纽和国际航空门户，面向沿线国家，构筑联通内外、便捷高效的海陆空综合运输大通道""积极参与沿线国家港口园区建设"等具体的细化目标。① 为保障《方案》实施，广东专门成立推进"一带一路"建设工作领导小组，由省政府主要领导同志担任组长。同时，鼓励全省有关部门与沿线国家相关部门建立对口联系机制，开展信息交流，合作组织活动，以充分调动各地市、各部门的积极性和主动性。为切实推进《方案》实施，广东制定《广东省参与"一带一路"建设重点工作方案（2015—2017 年)》，列出 40 项工作，并梳理形成《广东省参与"一带一路"建设实施方案优先推进项目清单》，共 68 个项目，总投资达 554 亿美元，涵盖包括基础设施建设、能源资源、农业、渔业、制造业、服务业等在内的 6 个领域。② 相比之下，广东在参与建设"一带一路"的选择上面，呈现出三大亮点：一是突出 21

---

① 广东省发展和改革委员会：《广东省参与丝绸之路经济带和 21 世纪海上丝绸之路建设实施方案》（2015 年 12 月 31 日）。

② 《广东公布参与建设"一带一路"实施方案》，《南方日报》2015 年 6 月 4 日。

世纪海上丝绸之路建设，将海洋经济和港口经济当作推进"一带一路"的重要途径；二是突出粤港澳合作的传统经验，将建设粤港澳大湾区当作推进"一带一路"的关键平台；三是突出广东在经贸方面的比较优势，将国际产能和经贸合作当作推进"一带一路"的主要手段。

在多方推动下，广东参与"一带一路"建设相关工作很快得以顺利展开，并在起步阶段就取得显著成效。2016 年 10 月，国家信息中心"一带一路"大数据中心公布的利用大数据技术全面评估"一带一路"建设进展与成效的综合性年度报告显示：广东在所有参与"一带一路"建设的省市区中参与度名列第一，综合影响力也名列前茅。以对外投资为例，2014 年广东对"一带一路"沿线国家实际投资为 17.2 亿美元，2015 年同比增长 44.7%，2016 年广东对沿线国家的实际投资超过 40 亿美元，增长达到 65.3%。① 进入 2017 年以后，广东参与"一带一路"建设的步伐进一步加快。根据统计，2017 年 1—4 月，广东对"一带一路"沿线国家进出口总额 4626.5 亿元，占同期我国对沿线国家进出口的 23%，其中出口总额 3123.2 亿元，同比增长 29.2%；进口总额 1503.3 亿元，同比增长 19.5%。② 2017 年，广东对"一带一路"沿线国家进出口总额 15032.2 亿元，同比增长 14.9%。③ 通过深度参与建设"一带一路"，广东企业从单纯"走出去"向"融进去"转变，不仅继续在"走出去"的数量上引领全国，而且在质量上也不断突破，实现配置要素、全产业链输出、软硬结合等大力提升。短短几年间，广东积极响应"一带一路"倡议，围绕促进"一带一路"基础设施建设，优化区域投资布局，推进国际产能合作，加快境外经贸合作区建设，推动人文交流合作等方面，出台了 27 项重大政策及指导性文件。在深度参与建设"一带一路"过程中，广东还进一步加强了与北美、欧洲、东盟、非洲以及太平洋岛国的交流合作，并设立广东丝

---

① 《"一带一路"领头羊：广东发力正当时》，《南方日报》2017 年 5 月 6 日。

② 《2017 年 1—4 月广东省对"一带一路"沿线国家进出口发展良好》，《中国日报》2017 年 5 月 12 日。

③ 广东省统计局、国家统计局广东调查总队：《2017 年广东国民经济和社会发展统计公报》（2018 年 2 月 28 日）。

路基金，成功举办广东21世纪海上丝绸之路国际博览会，开通了中欧、中亚班列，对沿线国家进出口总额年均增长8%。[①]

■ 中国（广东）自由贸易试验区的创建

自由贸易区和"一带一路"是党中央、国务院为了进一步扩大开放，构建更高水平开放型经济新体制而做的两项重大倡议。作为改革开放以来中国对外开放的先行地，广东在新一轮对外开放中，同样被赋予重要的使命担当。中国（广东）自由贸易试验区（以下简称"广东自贸区"）的建立和发展，就是这一使命担当的核心内容之一。

设立中国（广东）自由贸易试验区

2014年12月，国务院召开常务会议，部署推广上海自贸区试点经验，决定依托现有新区园区，在广东、天津、福建特定区域再设三个自由贸易园区，以上海自贸试验区试点内容为主体，结合地方特点，充实新的试点内容。同月，第十二届全国人民代表大会常务委员会第十二次会议通过关于授权国务院在中国（广东）自由贸易试验区、中国（天津）自由贸易试验区、中国（福建）自由贸易试验区以及中国（上海）自由贸易试验区扩展区域暂时调整有关法律规定的行政审批的决定。根据规定，上海、广东、天津、福建四个自贸区于2015年使用同一张负面清单。会后，广东自贸区着手编制总体方案，进入筹备创建的实际操作阶段。2015年3月24日，广东以及天津、福建等第二批自贸区的总体方案获中央政治局会议通过。4月8日，国务院正式批准《中国（广东）自由贸易试验区总体方案》（以下简称《总体方案》），并予以印发。4月20日，国务院新闻办举行发布会，介绍了上海、广东、天津和福建自贸区的有关情况。次日，广东自贸区挂牌仪式在广州南沙举行。中共中央政治局委员、广东省委书记

---

① 马兴瑞：《政府工作报告——在广东省第十三届人民代表大会第一次会议上》（2018年1月25日）。

胡春华为中国（广东）自由贸易试验区揭牌，香港特别行政区行政长官梁振英出席挂牌仪式，广东省省长朱小丹在挂牌仪式上致辞，为广东自贸试验区工作办公室和自贸试验区各片区管委会揭牌。广东自贸区挂牌，标志着广东自贸试验区正式启动建设。

根据《总体方案》，广东自贸区被赋予特殊定位：依托港澳、服务内地、面向世界，将自贸试验区建设成为粤港澳深度合作示范区、21世纪海上丝绸之路重要枢纽和全国新一轮改革开放先行地。在区位布局方面，中国（广东）自贸试验区的实施范围116.2平方公里，涵盖三个片区：广州南沙新区片区60平方公里（含广州南沙保税港区7.06平方公里），深圳前海蛇口片区28.2平方公里（含深圳前海湾保税港区3.71平方公里），珠海横琴新区片区28平方公里。这三个片区有着具体的功能划分，其中，广州南沙新区片区重点发展航运物流、特色金融、国际商贸、高端制造等产业，建设以生产性服务业为主导的现代产业新高地和具有世界先进水平的综合服务枢纽；深圳前海蛇口片区重点发展金融、现代物流、信息服务、科技服务等战略性新兴服务业，建设我国金融业对外开放试验示范窗口、世界服务贸易重要基地和国际性枢纽港；珠海横琴新区片区重点发展旅游休闲健康、商务金融服务、文化科教和高新技术等产业，建设文化教育开放先导区和国际商务服务休闲旅游基地，打造促进澳门经济适度多元发展新载体。《总体方案》还明确了广东自贸区的发展目标：经过三至五年改革试验，营造国际化、市场化、法治化营商环境，构建开放型经济新体制，实现粤港澳深度合作，形成国际经济合作竞争新优势，力争建成符合国际高标准的法制环境规范、投资贸易便利、辐射带动功能突出、监管安全高效的自由贸易园区。①

推进中国（广东）自由贸易试验区建设

中国（广东）自由贸易试验区（以下简称"广东自贸区"）建立后，中央和省委高度重视，将其作为高水平对外开放门户枢纽来全力打造。在

---

① 国务院：《中国（广东）自由贸易试验区总体方案》（2015年4月8日）。

起步阶段的两年多时间里，中共中央政治局常委、国务院总理李克强和中共中央政治局常委、国务院副总理张高丽先后实地考察，作出指示。省委、省政府更是将自贸区工作提升到一个很高的层面来做，省委主要领导在两年多的时间里多次到自贸区指导工作，并多次主持召开专门会议讨论自贸区建设问题。在省委、省政府的强力推进下，广东自贸区各项工作在短时间内得以全面铺开。

2015 年 1 月 5 日，李克强前来广东自贸区考察，对自贸区简化审批流程，争创审批"特区速度"作出重要指示。5 月，胡春华赴广州、深圳、珠海等地调研，强调要把自贸区建设作为 2015 年广东改革开放的头号工程，统筹省市力量，在高标准高起点谋划的前提下加快推进，确保自贸区南沙新区片区、前海蛇口片区和横琴新区片区建设不断取得新的实质性进展，努力在自贸区建设中走在前列。他还特别要求：要在对接服务港澳的同时，以面向全球的开阔胸襟，进一步加大改革力度，推进体制机制创新，积极探索建立与国际接轨的高水平投资贸易规则，营造国际化市场化法治化营商环境，把自贸区建设成为对外开放的重大平台；要以引领广东未来发展为目标，着力打造高端产业，把自贸区的优势充分发挥出来，带动我省产业向高端化发展；要加快自贸区基础设施建设，形成自贸区联通内外的快速交通网络，进一步打通对外开放的通道；要建设好自贸区管理机构，统筹各区块管理，大力引进高素质人才，形成高水平的运转机制，推动自贸区各项工作落到实处。[①] 紧接着，省政府公布了《关于成立中国（广东）自由贸易试验区工作领导小组的通知》，成立由朱小丹担任组长的中国（广东）自由贸易试验区工作领导小组。7 月，朱小丹主持召开省政府常务会议，研究如何加快推进广东自贸区建设的问题。会议原则通过《中国（广东）自由贸易试验区建设实施方案》，要求广东自由贸易试验区建设要突出广东特色和优势，加强统筹协调、分类指导和督促检查，确保各项任务和工作的落实。10 月，省委专门听取有关自贸区建设情况汇报，

---

① 《高标准推进广东自贸区建设　打造与国际接轨的开放大平台》，《南方日报》2015 年 5 月 9 日。

提出努力在全国自贸区建设中走在前列的要求。2016 年 4 月，自贸区挂牌成立一周年建设进展情况汇报会召开，会议提出，自贸区建设要充分发挥综合效应，在新一轮对外开放中抢占先机。2017 年 2 月，胡春华、马兴瑞专门赴广州南沙调研检查广东自贸区建设情况。胡春华指出，我们要认真贯彻落实习近平总书记在上海自贸区成立三周年之际作出的重要批示精神，持续用力推进自贸区建设，保持加快发展的势头，使宏伟的规划蓝图早日变成现实。①

　　党的十九大召开后，广东进一步推进自贸区建设。省委书记李希履新伊始就到自贸区视察，其后，多次对自贸区的发展提出具体指示。在习近平总书记对广东作出"四个走在全国前列"的重要指示以后，广东更是在持续推进外贸战略转型中着力深化自贸试验区制度创新，以不断建设与国际接轨的投资贸易规则体系，加快发展更高层次的开放型经济。2018 年 5 月 4 日，国务院印发《进一步深化中国（广东）自由贸易试验区改革开放方案》（以下简称《方案》），指出中国（广东）自由贸易试验区运行以来，建设取得阶段性成果，总体达到预期目标。《方案》针对广东进一步深化自贸试验区改革开放制定了"到 2020 年，率先对标国际投资和贸易通行规则，建立与国际航运枢纽、国际贸易中心和金融业对外开放试验示范窗口相适应的制度体系，打造开放型经济新体制先行区、高水平对外开放门户枢纽和粤港澳大湾区合作示范区"和"强化自贸试验区同广东省改革的联动，各项改革试点任务具备条件的在珠江三角洲地区全面实施，或在广东省推广试验"的建设目标，并提出了 18 条具体举措。② 2018 年 5 月 20 日至 22 日，中共中央政治局常委、国务院副总理韩正到广东调研自贸试验区建设和深化粤港澳合作等工作，在肯定广东自贸区前一阶段工作的同时提出广东自贸区下一步要紧紧抓住制度创新这个核心任务，努力形成

---

① 《胡春华马兴瑞赴广州南沙调研检查自贸区建设》，《南方日报》2017 年 2 月 28 日。

② 国务院：《进一步深化中国（广东）自由贸易试验区改革开放方案》（2018 年 5 月 4 日）。

更多可复制、可推广的制度成果。广东自贸区建设由此进入又一轮高速发展的新阶段。

中国（广东）自由贸易试验区建设取得阶段性成果

到 2018 年 5 月，广东自贸区完成整整三年的周期性建设，围绕中央和省委所提出的加快制度创新、打造高端产业、推进基础建设等重点目标，面向全球，立足粤港澳一体化，取得一系列令人瞩目的阶段性成果。广东自贸区进驻企业、投资额呈现爆发式增长。根据广东自贸区成立两周年前后的统计，截至 2017 年 1 月，广东自贸区在成立两年左右时间里累计新设企业 13.02 万家，新设企业数量相当于上海、天津、福建三个自贸试验区同期新设企业家数之和。外商投资企业 5879 家，合同利用外资金额达 752.24 亿美元。特别是在 2016 年广东乃至全国外贸总体下降的形势下，广东自贸区实现外贸进出口额 7737.8 亿元，同比增长 1%，约占全省的 12.3%。① 从建设任务看，截至 2017 年底，《中国（广东）自由贸易试验区建设实施方案》的 62 项重点任务实施率达到 100%，其中完成实施 50 项，完成实施率 80.65%。②

在制度创新方面，根据第三方评估，广东自贸区得分为 85.9 分，投资管理体制改革和政府职能转变方面走在国内前列，从公众获得感来看，广东自贸区整体得分为 82.75 分，③ 其中南沙 3 年来累计形成 376 项改革创新成果，19 项在全国复制推广，90 项在全省复制推广，前海近四成制度创新成果为全国首创或领先；在营商环境方面，广东三个片区初步构建起

---

① 《广东自贸区之变：服务对标国际　创业者把这里当新家》，《南方日报》2017 年 4 月 12 日。

② 上海财经大学自贸区研究院：《2017 年度广东自贸区运行第三方评估报告》；转引自《广东自贸区三年"成绩单"及四大指数"出炉"》，《南方日报》2018 年 4 月 26 日。

③ 上海财经大学自贸区研究院：《2017 年度广东自贸区运行第三方评估报告》，转引自《广东自贸区三年"成绩单"及四大指数"出炉"》，《南方日报》2018 年 4 月 26 日。

国际化、法治化营商环境，整体贸易便利化水平连续三年提升，其中南沙率先推行"多证联办"，创新事中事后监管服务，打造出"智慧口岸"，前海着力推行市场政府运作新模式，创新"一口受理、一门审批、一网服务"政务服务和国际人才引进机制，推动外商投资准入、审批、监管全流程优化，建设以大数据为支撑的社会信用体系和中国特色社会主义法治示范区，横琴则创新政府智能化监管服务，首发"商事主体电子证照卡"，推广企业专属网页建设，再造社会投资建设工程项目审批流程，推进廉洁岛建设；在打造高端产业方面，广东的三个自贸区紧紧围绕珠三角制造业转型升级，力促港澳深度合作，通过积极引入先进生产性服务业，很快形成高端产业快速集聚的总体态势，从金融生态环境指标看，广东自贸区的区域金融业规模发展令人瞩目，2017 年第四季度金融业营收同比增长265.06%，是 2015 年以来的最高增速，其中，南沙的产业特色金融和前海的金融服务创新及新型贸易业态发展都成为引领全省乃至全国的亮点；在基建方面，南沙全面对标国际先进城市，着力打造广州城市副中心和国际航运中心，加快推进区内交通、市政等基础设施建设，现代新城初具雏形，前海持续开展新城建设"大会战"和"十大战役"，重大项目相继建成并交付使用，片区面貌日新月异，横琴多管齐下，大手笔推进重点项目建设，举全市之力，不断筑牢百年根基。

■ 开放型经济新体制的大力构建

构建开放型经济新体制是党的十八大以后党中央在对外开放方面提出的一个总体性战略目标。2015 年 5 月，中共中央、国务院出台《关于构建开放型经济新体制的若干意见》，提出要"进一步破除体制机制障碍，使对内对外开放相互促进，引进来与走出去更好结合，以对外开放的主动赢得经济发展和国际竞争的主动，以开放促改革、促发展、促创新"①。作为

---

① 中共中央、国务院：《关于构建开放型经济新体制的若干意见》（2015 年 5 月5 日）。

对外开放先行地，广东在党的十八大以后全力响应中央号召，充分发挥自身在对外开放方面的优势特色，在积极参与国家"一带一路"和自由贸易试验区建设的同时，着力提升对外开放水平，在全面深化改革中不断构建开放型经济新体制。

早在中共中央、国务院出台《关于构建开放型经济新体制的若干意见》前的2014年初，广东省委就召开常委会议，审议通过省委办公厅、省政府办公厅印发的《关于进一步提高对外开放水平的意见》，对广东实施新一轮对外开放，提高对外开放水平作出总体部署。《关于构建开放型经济新体制的若干意见》出台以后，广东严格按照中央的要求，进一步调整相关部署，特别是将构建开放型经济新体制与广东自身的产业转型升级和供给侧结构性改革结合起来，以全面深化改革来提升对外开放水平。2016年7月，省委十一届七次全会召开，会议明确提出要大力调整优化外经贸结构。要发展壮大一般贸易，调整一般贸易与加工贸易的结构，提升出口生产企业产品质量，调整出口产品结构，引进高水平外资，推动外经贸向上突围。要把外贸稳增长的着力点放到一般贸易上来，把工作举措、政策资源向一般贸易倾斜，使一般贸易的增量超过加工贸易的减量，争取使其体量早日超过加工贸易历史峰值。同时，要遏制加工贸易过快下降的势头，争取更多加工贸易企业特别是有技术有品牌的高层次企业长期留在广东。要从生产端入手，推动企业生产力水平和产品质量迈向中高端。要加大引进外资力度，坚持引资引智引技相结合，狠抓协议投资落地，争取引进更多世界500强企业、行业领军企业、高技术企业，汇集更多高端要素资源。[1] 2017年11月，省委十二届二次全会就如何"坚持以习近平新时代中国特色社会主义思想指导谋划广东改革发展"提出一系列思路举措，在"着力研究构建开放型经济新体制"方面，强调要"按照为全国构建开放型经济新体制提供支撑的要求，深入研究培育贸易新业态新模式，加快贸易强省建设"，"创新开放体制机制，积极申报建立自由贸易港，提升自贸试验区建设质量，建设高水平对外开放门户枢纽"，"参与'一带一

---

[1] 《把经济工作的重心转到供给侧》，《南方日报》2016年7月31日。

路'建设，创新对外投资方式，形成面向全球的贸易、投融资、生产、服务网络等重大问题，在新形势下更好构筑广东对外开放新优势，形成全面开放新格局"。① 2018 年 3 月，中共广东省委针对习近平总书记提出的"四个走在全国前列"的要求，提出"加快构建开放型经济新体制"，并从"在形成陆海内外联动、东西双向互济的开放格局上率先取得突破""持续推进外贸战略转型""深化自贸试验区制度创新""打造国际一流湾区和世界级城市群"② 等方面着力推进这一目标的实现。

在实践中，广东以优化外经贸结构为核心，以优化市场环境为目标，以破除审批瓶颈、清理管理障碍等为主要抓手，在全面深化改革中不断推进开放型经济新体制的构建，很快取得积极成效。总体而言，2012 年以来，广东外贸进出口总额连续 5 年超 6 万亿元，有效稳住国际市场份额；外贸结构不断优化，一般贸易额超过加工贸易额，服务贸易加快发展。5 年间，广东以欧美发达国家为重点提升利用外资水平，一批优质外资项目不断落户广东，累计实际利用外资 1253 亿美元。③ 具体来说，广东自由贸易试验区在实践中产生了大批可以复制的创新成果，成为全省乃至全国对外开放的新高地，在"一带一路"建设的参与度上也领先全国，更为重要的是，作为 40 年来在对外开放中一直引领全国的省份，广东在外经贸的转型升级和结构优化上，继续得以先行先试，同样表现不俗。2016 年成为广东构建开放型经济新体制的一个重要节点。以 2016 年为例，广东外贸表现好于全国，全年实现货物贸易进出口总额占全国份额超过 25%，其中，出口总额占全国比例超 28%，一般贸易占比达到 43.4%，首次超过加工贸易。即便是在加工贸易中，纯来料加工比例也已下降到 30% 以下，有超过

---

① 中共广东省委：《关于持续深入学习宣传贯彻党的十九大精神推动习近平新时代中国特色社会主义思想在南粤大地落地生根结出丰硕成果的决定》（2017 年 11 月 27 日）。
② 中共广东省委：《关于认真学习宣传贯彻习近平总书记在参加十三届全国人大一次会议广东代表团审议时的重要讲话精神的通知》（2018 年 3 月 8 日）。
③ 马兴瑞：《政府工作报告——在广东省第十三届人民代表大会第一次会议上》（2018 年 1 月 25 日）。

70%的加工贸易开始拥有自主产权和自主品牌。5年间，广东的一般贸易和民营企业进出口总额分别年均增长8.6%和11.6%。这无疑是广东外贸结构持续优化的重要体现。此外，广东在力保传统优势的同时，外贸新型业态也取得迅猛发展，其中以自由贸易试验区为核心的跨境电商成为贸易的新增长点。比如，2016年广东跨境电子商务进出口总额达228亿元，同比增长53.8%，规模居全国首位。①

■ 粤港澳合作的持续加强

港澳因素在广东改革开放中一直占有非常重要的地位。40年来，通过与香港、澳门保持紧密联系，推进经贸合作，实现优势互补，是广东对外开放不断前进的重要手段。进入新世纪后，随着三地发展态势及内外部环境的变化，粤港澳合作的内容和形式也不断发生变化。从CEPA签订，到泛珠合作，再到自由贸易试验区和"一带一路"的建设，粤港澳合作与国家决策一起持续深化，进入构建粤港澳深度合作示范区和粤港澳大湾区的新阶段。

党的十八大以来，根据国家对广东在自由贸易试验区和"一带一路"中的历史定位和政策安排，构建粤港澳深度合作示范区都是其中的重点内容。在深度合作新阶段，粤港澳合作的主要形式已由过去以加工贸易为主的合作发展到以服务贸易为主的合作，而体制机制的创新也成为核心动力。2014年12月，CEPA框架下关于内地在广东与香港基本实现服务贸易自由化的协议在北京签署。这一协议的签署，标志着内地在广东率先与香港基本实现服务贸易自由化，为内地与香港基本实现服务贸易自由化积累先行先试的经验。2015年4月，中国（广东）自由贸易试验区正式挂牌并被赋予构建粤港澳深度合作示范区的重要使命，粤港澳合作进一步升级。在此背景下，广东着力从构建

---

① 《广东开放型经济水平持续提升　自贸区形成全省对外开放的新高地》，《羊城晚报》2017年5月21日。

高标准营商环境、推进服务贸易自由化、打造一体化商贸旅游中心、共筑"一带一路"国际运营枢纽等入手，持续深化粤港澳合作。在短短几年时间里，粤港澳服务贸易增长迅速。仅2012年至2014年，粤港服务贸易年均增长达到20%，而2013年，广东与港澳实现服务贸易进出口额789.36亿美元，其中与香港服务贸易进出口额777.67亿美元，同比增长达到40.23%，增速远远超过同期全国服务贸易14.7%的增长率。① 2015年10月，广东省印发《深入推进粤港澳服务贸易自由化实施意见》，提出首批粤港澳服务贸易自由化的13个示范基地，积极打造深化粤港澳合作的新载体。

与此同时，广东把大力实施创新驱动发展战略与深化粤港澳合作结合起来，将创新理念融入粤港澳合作各个层面，创新合作思路、合作动力、合作政策和合作平台，使创新成为引领发展的第一动力。比如，在服务贸易方面，广东研究制定"负面清单"，通过制度创新打造粤港澳服务贸易升级版；在自贸区方面，广东积极推动三大片区与港澳的合作模式，重点建设粤港澳青年创新创业基地；在科教资源整合方面，以粤港澳高校联盟为载体，广东推动香港高水平大学与广东重点大学合作，促进高校科研人才交流，强化区域创新资源整合；在科技创新及产业创新方面，广东创新打造深港科技走廊，借助香港科技园、麻省理工学院海外（香港）创新中心等科研资源，推动香港及国际科研项目在本省的产业化转化；在构建高标准营商环境方面，广东创新货物贸易监管体制和投资管理体制，以实现分类管理货物在自贸区与港澳之间能够自由进出和相互间投资的自由化便利化。广东还积极构建粤港澳融会贯通的高端服务供应链，扩大人民币在港澳地区的贸易结算和投融资功能，不断放开对高端人才入出境、居留、就业和创业的限制，并大力推进粤港澳基础设施互联互通，共同打造一体化国际商贸旅游中心和优质生活圈。此外，广东还通过发展离岸贸易、国际物流、国际会展业，及与自贸区联动的国际船舶、航空运输等相关产业，设立保税展示交易平台、融资

---

① 《广东粤港澳合作　走向深度合作层面》，《广州日报》2016年3月3日。

租赁创新平台和电子商务互动发展平台，以全方位推动粤港澳经济贸易实现深度融合。

除了推进常态化的合作以外，广东还提出并实践旨在通过对标国际著名湾区，强化粤港澳空间总体布局，打造世界级城市群的"湾区发展计划"，全面启动粤港澳大湾区建设。早在2009年至2010年间，广东在筹划珠三角协调发展时就提出这一宏大计划。2016年，"联手港澳打造粤港澳大湾区"正式进入省政府工作报告。其后几年，在建设广东自由贸易试验区和"一带一路"背景下，粤港澳大湾区的概念被进一步地充实和丰富，相关设想不断进入广东各级政府的规划之中。2017年3月，在十二届全国人大五次会议上，国务院总理李克强在政府工作报告中明确提出要推动内地与港澳深化合作，研究制定粤港澳大湾区城市群发展规划。会后，三地迅速行动，频繁互动，就大湾区规划的研究编制开展相关工作。按照中央部署，由国家发改委牵头研究编制《粤港澳大湾区城市群发展规划》，同时，省人民政府印发《实施〈粤港合作框架协议〉2017年重点工作》，合力推动粤港澳大湾区重大合作平台建设成为2017年广东重点推进的工作。2017年5月召开的省第十二次党代会上，建设粤港澳大湾区更是成为"亮点"。6、7月间，广东集国家和全省主要高端智库之力，配合国家发改委，形成了《粤港澳大湾区城市群发展规划》上报稿。7月1日，在习近平总书记见证下，国家发改委、粤港澳三地政府签署《深化粤港澳合作推进大湾区建设框架协议》。这一协议的签署，意味着粤港澳大湾区进入全面建设的新阶段。2017年10月，粤港澳大湾区建设与粤港澳合作、泛珠三角区域合作等一起，被写进党的十九大报告。11月，省委十二届二次全会就如何全面学习宣传贯彻党的十九大精神专门对推动粤港澳大湾区建设提出新要求，强调要深入研究在"一国两制"框架下创新合作机制，不断推动现代服务业合作、交通互联、通关便利化；发挥粤港澳三地协同创新优势，打造国际科技创新中心；充分发挥港珠澳大桥等通道的作用，促进珠江口两岸融合发展和珠三角一体化发展等重大问题，推动粤港澳大湾区建设成为国际一流湾区和世界级都市区。① 2018 年 3 月 7 日，习近平总书记在参加十三届全国人大一次会议广东代表团审议时更是专门提到粤港澳大湾区建设，要求广东抓住这一重大机遇，携手港澳加快推进相关工作。②在 2018 年 5 月 4 日国务院颁布的《进一步深化中国（广东）自由贸易试验区改革开放方案》中，"打造粤港澳大湾区合作示范区"同样也被重点提出。随着粤港澳大湾区规划纲要③正式出台的日益迫近，举全省之力推进的粤港澳大湾区建设进一步加快，逐步成为广东着力破解体制机制问题，构建开放型经济新体制的一个重要突破口。

---

① 中共广东省委：《关于持续深入学习宣传贯彻党的十九大精神推动习近平新时代中国特色社会主义思想在南粤大地落地生根结出丰硕成果的决定》（2017 年 11 月 27 日）。

② 《习近平参加广东代表团审议时强调——发展是第一要务　人才是第一资源　创新是第一动力》，《新华每日电讯》2018 年 3 月 8 日。

③ 《粤港澳大湾区发展规划纲要》由中共中央、国务院于 2019 年 2 月正式印发。

结　语

　　在漫长的人类历史长河中，40 年只是沧海一粟，弹指一挥间，但在中国特色社会主义的发展历程中，广东改革开放的 40 年，却是举足轻重、具有标志意义的 40 年。这 40 年的伟大实践和辉煌成就，尤其是在中国特色社会主义新时代取得的历史性变革，广东向世人展示了什么是改革开放、如何搞改革开放，什么是中国特色社会主义、如何发展中国特色社会主义。40 年来，广东得益于改革开放，创造了许多全国第一，为全国提供了许多有益经验，当之无愧地成为全国改革开放的排头兵、先行地和实验区，当之无愧地成为展示中国改革开放成就的重要窗口和国际社会观察中国改革开放的重要窗口。

一、广东改革开放 40 年的辉煌成就生动印证了中国特色社会主义道路是完全正确的这一历史结论

　　中国特色社会主义是党和人民历尽千辛万苦、付出巨大代价获得的根本成就。正是因为党团结带领人民进行改革开放新的伟大革命，破除阻碍国家和民族发展的一切思想和体制障碍，开辟出了中国特色社会主义道路，才使得中国用几十年的时间走完了别的国家上百年才走过的发展历程，大踏步赶上了时代。

　　40 年来，中央始终要求广东在改革开放中发挥窗口作用、试验作用、排头兵作用。广东不负中央重托，敢闯敢试，经济社会发展取得令人瞩目的成就，创造了举世闻名的"广东奇迹"。可以说，广东改革开放这 40

年，是解放思想、开拓创新的 40 年，也是先走一步、引领发展的 40 年，更是高举旗帜、坚定自信的 40 年。正如一滴水可以折射太阳的光辉，一个地区的发展变化也可以成为一个时代变迁的体现，广东改革开放 40 年的精彩实践和巨大成就，在为全国改革开放和社会主义现代化建设作出重大贡献的同时，毫无争议地证明：中国共产党实行的改革开放决策是完全正确的，中国共产党和中国人民开辟出的中国特色社会主义的发展道路和发展方向是完全正确的。

（一）40 年的改革开放，特别是中国特色社会主义进入新时代以来的伟大实践，使得广东的综合实力完成历史性跨越

改革开放以前，广东是一个相对落后的农业省份。经过改革开放，短短 10 余年广东成为全国第一经济大省，这一地位延续至今。40 年间，全省地区生产总值由 1978 年的 185.85 亿元增加到 2017 年的 8.99 万亿元，人均地区生产总值由 1978 年的 370 元增加到 2017 年的超过 8.1 万元，经济总量先后超过亚洲"四小龙"中的新加坡、中国香港地区、中国台湾地区，达到世界中等收入国家水平。[①] 从 1989 年开始，广东的经济总量一直稳居全国第一位。按可比价格计算，2017 年的地区生产总值是 1978 年的 102.4 倍。广东占全国经济总量的比重，由 1978 年的 5.1% 提升到 10.5%。按当年的年平均汇率进行折算，广东人均地区生产总值为 12010 美元，达到同期中等偏上收入国家和地区平均水平。1978 年，广东地方一般公共预算收入只有 41.82 亿元，2017 年，广东超过 1.13 万亿元，[②] 成为全国首个超万亿元的省份。2017 年，广东地方一般公共预算收入是 1978 年的 270.6 倍，年均增长达 15.4%，从 1991 年开始连续 27 年居全国首位。1978 年，广东进出口总额只有 15.92 亿美元，[③] 从 1986 年开始，广东进出口总额一直稳居全国第一位，从 2012 年开始，连续 5 年超过了 6 万亿元人民币，

---

① 广东省统计局、国家统计局广东调查总队：《广东统计概要》（2018 年）。
② 广东省统计局、国家统计局广东调查总队：《广东统计概要》（2018 年）。
③ 广东省统计局、国家统计局广东调查总队：《数说广东改革开放三十年》。

2017 年达到 1 万亿美元以上，其中出口总额占全国的比重达 27.5%。[①]
1978 年，广东全社会固定资产投资总额只有 27.23 亿元，2017 年，超过
3.7 万亿元；1978 年，广东社会消费品零售总额只有 79.86 亿元，2017
年，超过 3.8 万亿元。[②] 40 年间，广东的综合实力不仅体现在经济指标数
值上的大幅增长，而且还体现在经济结构质量上的显著提升。1978 年，广
东第一、第二、第三产业比重为 29.8：46.6：23.6，是一个传统的产业格
局，到 2017 年，这一比重调整为 4.2：43.0：52.8，现代服务业增加值占
服务业比重达到 62.6%，先进制造业增加值占规模以上工业比重达
53.2%，民营经济增加值占生产总值比重达 53.8%。更为显著的进步是党
的十八大以来，随着供给侧结构性改革和创新驱动发展战略的不断推进，
广东的企业实力大大增强，主营业务收入超百亿、千亿元的企业分别达
260 家、25 家，进入世界 500 强的企业从 4 家增加到 11 家，上市公司总市
值达 14 万亿元。[③] 与此同时，广东区域创新综合能力和国家级高新技术企
业跃居全国第一，研发经费支出、有效发明专利量、PCT 国际专利申请量
及专利综合实力均稳居全国首位。

（二）40 年的改革开放，特别是中国特色社会主义进入新时
代以来的伟大实践，使得广东各项体制机制走向历史性变革

在改革开放中，广东积极履行中央所赋予的"先走一步"的使命担
当，在体制机制改革方面不断取得突破，"杀出一条血路来"。从率先创办
经济特区，率先引进"三来一补"、海外的先进技术设备和管理经验及创
办"三资企业"，到率先开展价格、财政、金融、投资体制、企业管理、

---

① 马兴瑞：《政府工作报告——在广东省第十三届人民代表大会第一次会议上》
（2018 年 1 月 25 日）。

② 广东省统计局、国家统计局广东调查总队：《数说广东改革开放三十年》；广东
省统计局、国家统计局广东调查总队：《广东统计概要》（2018 年）。

③ 广东省统计局、国家统计局广东调查总队：《广东统计概要》（2018 年）；马兴
瑞：《政府工作报告——在广东省第十三届人民代表大会第一次会议上》（2018 年 1
月 25 日）。

产权制度、土地使用制度等方面的改革，再到率先开展综合改革试点，全面推进物质文明、精神文明和经济、政治、文化、社会、生态文明建设，广东屡开先河，创造了中国改革开放史上一个又一个"第一"，成为对内改革和对外开放当之无愧的排头兵。经过 40 年发展，广东已经建立起了相对完善的社会主义市场经济体制、全方位多层次宽领域的开放型经济格局以及一整套相对灵活、充满活力的经济政治文化社会生态运行与管理机制。尤其是在习近平新时代中国特色社会主义思想的指引下，广东遵循中央顶层设计，认真落实中央全面深化改革和供给侧结构性改革的部署要求，坚定推进全面深化改革，承接了 113 项国家改革试点任务，基本确立了主要领域改革主体框架，推动一批重要领域和关键环节的改革取得重大突破，发展活力和内生动力得到不断增强，在中国特色社会主义新时代的伟大实践中勇敢地担负起发展中国特色社会主义、全面深化改革开放、探索科学发展的历史重任。

（三）40 年的改革开放，特别是中国特色社会主义进入新时代以来的伟大实践，使得广东社会主义各项事业和人民生活实现历史性提升

改革开放以前，广东发展徘徊不前，不仅经济社会增长缓慢，而且基础设施薄弱、市场供应长期紧张、社会事业发展滞后，人民生活处于相对贫困状态。经过 40 年的改革开放，广东由一个半封闭的社会变成一个充满生机的全方位开放的社会。从"引进来"到"走出去"，广东不断融入世界。经过 40 年的改革开放，广东从一个温饱型社会迈进一个宽裕型小康社会，正朝着率先全面建成小康社会不断前进。这 40 年，尤其是党的十八大以来，是历史上广东人民得到最多实惠和最有获得感的时期。1978 年，广东城镇居民的年均可支配收入只有 412 元，年均消费性支出只有 400 元，到了 2017 年，这两项数据分别激增至 40975 元和 30198 元，2017 年分别是 1978 年的约 99 倍和约 75 倍。1978 年，广东农村家庭人均纯收入只有 193 元，人均年消费支出只有 185 元，到了 2017 年，这两项数据分别激增至

15780 元和 13200 元，2017 年分别是 1978 年的约 81 倍和约 71 倍。① 40 年来，广东的基础设施建设取得了突飞猛进的发展，特别是党的十八大以来，广东实现了县县通高速，港珠澳大桥主体工程全线贯通，全省的高速公路通车里程达 8338 公里，厦深、贵广、南广铁路和乐广高速等一批内联外通基础设施项目得以顺利建成，高铁运营里程达 1538 公里。40 年来，广东坚持以人民为中心的发展思想，持之以恒保障和改善民生，一大批惠民举措落地实施，无论是民生福利的保障和公共服务的有效供给，还是人民群众衣食住行的条件，都得到了前所未有的改善。到 2017 年，广东养老、医疗保险基本实现全覆盖，五大险种参保人数和基金累计结余均居全国第一，底线民生保障水平跃居全国前列，208 万相对贫困人口实现脱贫，粤东西北地区与珠三角地区的差距日渐缩小。② 同时，通过深入推进"和谐广东""幸福广东""美丽广东""法治广东""文化强省"等建设，坚决打响防范化解重大风险、精准脱贫、污染防治三大攻坚战，广东的教育、文化、卫生、体育、生态等社会主义各项事业都得到迅速发展，实现翻天覆地的变化。当下的南粤大地，不仅经济繁荣，人民富裕安康，而且社会和谐，文明有序，环境优美，名副其实地成为展示我国改革开放成就和国际社会观察我国改革开放的重要窗口。

二、广东改革开放 40 年的成功经验是充分显示中国特色社会主义魅力的生动素材和鲜活样本

习近平指出："中国特色社会主义是改革开放以来党的全部理论和实践的主题。"③ 全党必须高举中国特色社会主义伟大旗帜，牢固树立中国特色社会主义道路自信、理论自信、制度自信、文化自信，确保党和国家事

---

① 广东省统计局、国家统计局广东调查总队：《广东统计概要》（2018 年）。

② 马兴瑞：《政府工作报告——在广东省第十三届人民代表大会第一次会议上》（2018 年 1 月 25 日）。

③ 《决胜全面建成小康社会　夺取新时代中国特色社会主义伟大胜利》，人民出版社 2017 年版，第 16 页。

业始终沿着正确方向胜利前进。① 这一重大论断表明，改革开放与中国特色社会主义是密不可分、互促互进的辩证关系。广东改革开放 40 年的奋斗历程、伟大实践、不懈探索以及所凝聚的成功经验和宝贵精神，更加印证了这一真理性认识。

（一）广东改革开放的奋斗历程是中国特色社会主义道路的精彩缩影

在中国进行改革开放和探索中国特色社会主义道路的历史上，广东有着不可替代的作用。正如习近平总书记所说，广东在全国改革发展大局中具有举足轻重的地位，肩负着光荣而艰巨的使命。② 无论是从改革开放的出发点，还是从改革开放的重大历史节点，乃至从当前改革开放新的历史起点来看，广东都是名副其实的先行地和排头兵。1978 年 12 月，党的十一届三中全会作出把党和国家工作重心转移到经济建设上来，实行改革开放的历史性决策，广东省委也萌动了改革开放的念想。1979 年 4 月，广东率先提出改革开放先走一步的若干建议。在党中央的大力支持下，广东以"杀出一条血路"的担当和勇气，开始试办经济特区，改革经济管理体制，迈开了在全国改革开放中先行一步的征程。此后 40 年中，广东一直走在全国改革开放前列，其实践和经验，不断成为发展中国特色社会主义的重要参考依据。20 世纪 80 年代初期，刚刚起步的改革开放遇到巨大的传统意识阻力，此时的广东，顶住重重压力，坚持推进以社会主义商品经济为目标的各项改革，为社会主义市场经济前期探索提供了宝贵经验。20 世纪 90 年代初期，改革开放面临关键抉择，在邓小平"南方谈话"指引下，广东再次勇当先锋，率先探索构建社会主义市场经济体制，推动中国特色社会主义事业成功迈进 21 世纪。新世纪之初，先行一步的广东首先遇到传统发

---

① 习近平：《高举中国特色社会主义伟大旗帜　为决胜全面小康社会实现中国梦而奋斗》，《人民日报》2017 年 7 月 28 日。

② 《改革不停顿　开放不止步——习近平总书记考察广东纪实》，《南方日报》2012 年 12 月 13 日。

展方式无以为继的难题。面对难关，广东没有退缩，以"标兵就是追兵、对手就是老师"的姿态，着力转变经济发展方式，引领中国特色社会主义走入科学发展轨道。党的十八大以来，改革开放站到了新的历史起点上，中国特色社会主义走进新时代。广东以习近平新时代中国特色社会主义思想为引领，以"三个定位，两个率先""四个坚持、三个支撑、两个走在前列""四个走在全国前列"统揽工作全局，砥砺奋进。5 年多以来，广东统筹推进"五位一体"总体布局，协调推进"四个全面"战略布局，继续走在改革开放前列，推动中国特色社会主义在新的历史起点上走向光辉的未来。

（二）广东改革开放的伟大实践是中国特色社会主义理论的丰厚土壤

无论是改革开放的发展过程，还是中国特色社会主义的发展过程，本身都是一个理论与实践良性互动的历史过程。从中国特色社会主义理论创新的角度来说，广东改革开放的伟大实践同样意义非凡。正如习近平总书记所指出的，广东多年来敢闯敢试的探索和实践，为理论创新提供了丰厚土壤。[①] 这一段重要历史，是广东的光荣史。回顾改革开放 40 年历史，我们发现，中国特色社会主义理论体系形成过程中的若干重要节点、重大思想阐发，都与广东有着紧密关联，中国特色社会主义理论发展史上的"三个春天"都发生在广东。不仅如此，中国特色社会主义理论体系中若干基本观点、重要论断也是在广东改革开放实践中萌发、产生、形成乃至完成突破、实现飞跃的。比如，社会主义改革开放理论。作为先行地，让部分区域先行先试、创办经济特区、实施渐进式改革路径、建立内外并举高水平开放型经济体制等有关改革开放的重要理论，是在广东改革开放实践中萌发并不断印证、提升。比如，社会主义市场经济理论。广东大力发展社会主义商品经济，较早把市场机制引入社会主义经济中，并在理论上进行

[①] 《改革不停顿　开放不止步——习近平总书记考察广东纪实》，《南方日报》2012 年 12 月 13 日。

了提炼。作为市场经济改革的核心内容，价格改革不仅最早在广东启动，而且最早在广东完成"闯关"。还有推行股份制改革、构建并不断完善社会主义市场体系等一系列重大举措，很多也都在广东取得了从实践成果到理论跃升的突破性进展。又比如，社会主义本质特征理论。解放和发展生产力，消灭剥削，消除两极分化，最终实现共同富裕，这是有关社会主义本质的经典概括。在改革开放的实践中，广东坚持以解放、发展生产力为根本任务，不断取得物质文明和精神文明的显著成就，为社会主义本质提供了生动注解。广东很早就在实践中突破了传统社会主义理论对所有制的桎梏，从放行雇工经营到大力发展城乡集体所有制经济，积极鼓励"三来一补"、中外合作、中外合资、个体民营等多种经济形态，积极探索社会主义公有制实现形式，这些都有力地证明了社会主义本质论的必然性和正确性。党的十八大以后，中国特色社会主义进入新时代，中国特色社会主义理论随着中国特色社会主义新实践不断丰富发展。这一期间，广东以发展中国特色社会主义排头兵的使命担当，践行习近平新时代中国特色社会主义思想，统筹推进"五位一体"总体布局，协调推进"四个全面"战略布局，着力实施创新驱动发展战略、全力推进全面深化改革，继续为中国特色社会主义的理论创新，源源不断地提供了宝贵的实践素材和经验支撑。

（三）广东改革开放的不懈探索是中国特色社会主义制度的关键场域

广东40年的改革开放史，既是一部理论创新史，又是一部制度创新史。在推进改革开放历程中，广东不仅注重在实践中总结经验，不断进行理论突破，而且善于对制度体系进行完善和构建，大量来自广东的制度创新最终上升为国家层面的制度创新，广东的探索，成为中国特色社会主义制度形成的关键场域。正如习近平总书记所说，广东在改革开放中长期走在全国前列，党中央在研究推进全国改革开放的过程中，始终注意广东的实践和经验，鼓励广东大胆探索、大胆实践。① 在改革开放初期，广东改革开放的总体特征是重点突破，讲究如何从传统计划经济体制中"杀出一条血路来"。在这一时期，改革开放并没有明显的顶层设计，讲求"摸着石头过河"，立足于"变通"，在"变通"基础之上再进行适度的制度创新。即便如此，广东在一些重要领域也进行了卓有成效的制度构建。比如，广东最早开展经济特区立法，出台了第一部经济特区条例。比如，广东在引进外资、规范"三来一补"方面，制定了不少规章制度。又如，广东较早在基建投资领域形成了一套科学有效的机制。在财政包干、企业经营管理等方面，广东的制度创新同样很早，对全国具有重要参考价值。进入 20 世纪 90 年代以后，随着全国改革开放的顶层设计开始日渐成形，广东改革开放围绕构建和完善社会主义市场经济体制，开始启动大规模体制机制转轨，在"增创新优势"的同时，继续为全国改革开放探索道路，发挥着先行地区的示范作用。在制度创新上，广东的重要经验主要包括：开全国先河的产权制度及股份制改革试点，以及在此基础上所开展的调整所有制结构和建立现代企业制度的尝试；率先构建、完善社会主义市场体系的尝试；较早转换政府职能，实现政企分开，下放行政审批权的尝试；等等。其中，深圳、顺德的经验，尤其具有超前意识，成为 20 世纪 90 年代以来广东体制机制创新的最大亮点。党的十八大以来，广东明确指出，要改革完善创新发展的体制机制，破除制约创新的思想障碍和制度藩篱，使创新真正成为南粤大地的"风向标"。在这一战略思维的指导下，广东体制机制创新取得令人瞩目的成绩。比如，以制度创新为主线，广东自贸区建设进展迅速，为全国自贸区建设及国家"一带一路"建设提供了大量可复制的地方经验，真正成为制度创新高地。此外，在供给侧结构性改革、混合所有制改革、农村金融扶贫、生态建设等各个方面，广东制度创新同样异彩纷呈。在制度创新推动下，广东释放出巨大的改革红利，推动中国特色社会主义事业稳步向前，同时也为中国特色社会主义制度体系的不断

---

① 《改革不停顿 开放不止步——习近平总书记考察广东纪实》，《南方日报》2012 年 12 月 13 日。

完善添砖加瓦。

（四）广东改革开放的宝贵精神是中国特色社会主义文化的重要资源

习近平总书记指出："文化是一个国家、一个民族的灵魂。文化兴国运兴，文化强民族强。没有高度的文化自信，没有文化的繁荣昌盛，就没有中华民族伟大复兴。"[1] 历史同样证明，广东改革开放对于中国特色社会主义的贡献，不仅在于实践、理论和制度，更在于其精神和文化。从某种意义上讲，广东改革开放的宝贵精神是中国特色社会主义文化的重要资源。广东40年的实践，凝练出特色鲜明的改革创新精神，这种精神的最显著体现，在于解放思想，敢为人先，在于求真务实，勇于创新，在于兼收并蓄，开放包容。改革开放之初，中央赋予广东不少特殊政策和灵活措施，但如果没有这种改革创新精神，也无法把政策优势转化为实际成果，"杀出一条血路"很有可能成为一句空话、大话，更谈不上成为发展中国特色社会主义事业的排头兵。40年中，广东始终坚持解放思想，敢为人先，不断扫除思想障碍，为改革开放提供了强大精神动力；坚持求真务实，勇于创新，将解放思想中形成的共识，不断转化为政策、措施和制度上的创新；坚持兼收并蓄，开放包容，以世界眼光来谋划、推进自身发展，将不断吸收的人类文明先进成果内化融合，变为指导自身发展的智慧。中国特色社会主义迈进新时代后，改革开放的复杂程度、敏感程度、艰巨程度，丝毫不亚于过去，甚至有过之而无不及。对于以排头兵的使命和担当来要求自身的广东来说，需要有更大责任感和危机感。居安思危、奋起直追，仍是广东必备的思想状态。5年多以来，广东牢记习近平总书记的嘱托，继续发扬改革创新精神，敢于啃硬骨头，敢于涉险滩，最大限度汇聚社会共识，创造出改革开放新局面。在党的十九大召开的新的历史起点上，广东承担起新使命、新担当，在此背景下，如何进一步传承并发

---

[1] 《决胜全面建成小康社会　夺取新时代中国特色社会主义伟大胜利》，人民出版社2017年版，第40—41页。

扬壮大改革创新精神，是其需要面对的一个重大课题。唯有解放思想，敢为人先，广东才能冲破思想观念障碍，真正突破利益固化藩篱，将全面深化改革不断推向纵深；唯有求真务实，勇于创新，广东才能以壮士断腕的勇气，坚决打赢转型升级和扶贫攻坚的硬仗，让改革红利惠及最广大的群众，真正落实好新发展理念，率先全面建成小康社会；唯有兼收并蓄，开放包容，广东才能在新一轮对外开放中继续引领潮流，真正构建起开放型经济的新体制。

三、广东改革开放 40 年的宏伟历程昭示，要推动党的十九大精神在广东落地生根结出丰硕成果，开创出广东工作新局面，最根本的还是要靠改革开放

2017 年 10 月，党的第十九次全国代表大会胜利举行。大会回顾和总结了过去 5 年的工作和历史性变革，作出了中国特色社会主义进入了新时代、我国社会主要矛盾已经转化为人民日益增长的美好生活需要和不平衡不充分的发展之间的矛盾等重大政治论断，深刻阐述了新时代中国共产党的历史使命，确立了习近平新时代中国特色社会主义思想的历史地位，提出了新时代坚持和发展中国特色社会主义的基本方略，确定了决胜全面建成小康社会、开启全面建设社会主义现代化国家新征程的目标，对新时代推进中国特色社会主义伟大事业和党的建设新的伟大工程作出了全面部署。党的十九大召开以后，广东上下迅速掀起学习宣传贯彻党的十九大精神的热潮，结合广东实际全面贯彻落实党的十九大作出的战略部署，努力在新的历史起点上开创广东发展新局面。2017 年 11 月，省委召开十二届二次全会，审议通过了《中共广东省委关于持续深入学习宣传贯彻党的十九大精神推动习近平新时代中国特色社会主义思想在南粤大地落地生根结出丰硕成果的决定》，提出奋力把广东建设成为向世界展示习近平新时代中国特色社会主义思想的重要"窗口"和"示范区"的目标。

2018 年 3 月初全国"两会"期间，习近平总书记亲临十三届全国人大一次会议广东代表团参加审议并发表讲话。讲话中，他对广东提出新要

求：广东要在构建推动经济高质量发展的体制机制上走在全国前列，要在建设现代化经济体系上走在全国前列，要在形成全面开放新格局上走在全国前列，要在营造共建共治共享社会治理格局上走在全国前列。① 习近平总书记关于"四个走在全国前列"的指示，深刻揭示了新时代广东发展的突出矛盾和关键问题，为我们开创广东工作新局面标定了航向，使我们能够更加清醒地认识到广东在全国发展大局中的责任担当，更加精准地聚焦当前和今后一个时期的工作重点和努力方向。

得益于先行一步，广东在改革开放中形成良好的发展基础，同样，却也最早、最充分地暴露了传统发展模式的弊端，对转变经济发展方式产生最紧迫的认识和体会。经过 40 年改革开放，广东取得很大成绩，但问题仍存在不少，发展短板不仅很明显，而且也很突出，发展面临着越来越严峻的挑战。比如，发展不平衡、不充分的问题。一方面，人民日益增长的美好生活需要对广东供给体系的质量提出了更新更高的要求。另一方面，粤东西北发展虽然有了长足进步，但总体上仍然不协调，在经济发展、公共服务、人才集聚等方面与珠三角还存在着很大的差距，居民人均可支配收入连珠三角的一半还不到。在城乡发展、创新发展、生态建设、开放发展、民生保障等方面，广东发展不平衡、不充分问题暴露得同样很突出。比如，农业农村的投入，历史欠账较多，"三农"发展水平与全国经济大省地位不相称，还有 23 个县（市、区）农民收入低于全国平均水平。又如，创新驱动的问题。广东虽然成绩显著，但与现代化经济体系的要求还有较大差距，特别是支柱产业的带动能力不强，科技的核心支撑作用不够。再如，污染防治的问题。这方面，广东任务艰巨。部分地区河段水污染严重，污水管网建设严重滞后，空气质量持续改善难度较大，珠三角半数以上城市土地开发强度已超过或接近 30% 的国际警戒线。此外，在民生投入、公共安全、政府职能转变、公共服务完善等领域，广东同样面临着不少亟待解决的问题。在这些问题存在的同时，国际形势与科技革命正日

---

① 《习近平李克强栗战书汪洋王沪宁赵乐际韩正分别参加全国人大会议一些代表团审议》，《人民日报》2018 年 3 月 8 日。

新月异地发生变化，国内其他省市区则抓紧机会，你追我赶，这些无一不对广东下一步的改革发展形成一种逆水行舟般的倒逼。

广东改革开放 40 年的历史昭示，改革开放是广东的"根"和"魂"。广东改革开放 40 年的历史昭示，实践发展永无止境，解放思想永无止境，改革开放也永无止境。广东改革开放 40 年的历史昭示，要开创出广东工作新局面，最根本的还是要靠改革开放。

其一，须臾不忘解放思想，始终坚持敢闯敢试、敢为天下先。正如习近平总书记所指出，中国人民坚持解放思想、实事求是，实现解放思想和改革开放相互激荡、观念创新和实践探索相互促进，充分显示了思想引领的强大力量。① 从某种程度上来说，改革开放的历程，就是思想解放的历程。我们的改革开放事业之所以能取得如此辉煌的成就，最为关键的一点就是我们能够在改革开放过程中不断解放思想，突破观念和实践中的一切障碍。先行一步的广东，敢闯敢试、敢为天下先的特质表现得尤为显著。靠着解放思想，广东勇于探索、勇于开拓、勇于创新、勇于突破，将中央的政策用好、用活、用足，成为中国体制改革名副其实的探路者。由此可见，解放思想是广东改革发展的灵魂。当前，广东要继续在改革开放中走在前列，必须进一步解放思想。思想不解放，就无法冲破思想观念的障碍，无法突破利益固化的藩篱，就不敢去啃硬骨头，阻碍改革的堡垒就不可能被攻克。

其二，须臾不忘实事求是，始终坚持从自身实际情况出发。实事求是，一切从实际出发，是马克思主义思想路线的精髓，也是解放思想的根本目的和最终归宿。从某种意义上讲，解放思想就是实事求是。广东在改革开放中之所以能够做到敢闯敢试，其中一个重要因素，就是广东敢闯敢试是立足于对广东实际的把握基础之上的，它的改革举措是因地制宜的，是紧紧围绕落实中央整体战略部署并充分发挥自身优势而制定的。这种立足于实际情况的实践，使得广东改革开放的胆子大，步子也很稳。在改革

---

① 习近平：《开放共创繁荣　创新引领未来——在博鳌亚洲论坛 2018 年年会开幕式上的主旨演讲》（2018 年 4 月 10 日），《人民日报（海外版）》2018 年 4 月 11 日。

开放进入中国特色社会主义新时代的今天，广东的实践依然不能脱离广东的实际情况，不能脱离广东面临的主要挑战，不能脱离广东的主要矛盾，更不能脱离中央对广东的指示要求，这是我们能否在改革开放中继续解放思想并取得成效的前提和保证。

其三，须臾不忘党的领导，始终坚持由党来总揽全局协调各方。"党政军民学，东西南北中，党是领导一切的"。① 历史证明，是否坚持党的领导，是方向和底线问题，关系到改革开放的成败。正如任仲夷同志在总结广东改革开放初期的经验时提出的：在政治上同党中央保持一致，是我们党的一条重要政治纪律，也是我们能够顺利工作，在各方面取得成绩的根本保证。在每个关键的节点，中央的正确领导，都是推进广东改革稳步向前，取得突破的关键。1992 年春，邓小平到广东视察，发表"南方谈话"；2000 年春，江泽民到广东视察，提出"三个代表"重要思想；2003 年春，胡锦涛到广东视察，提出科学发展的要求，这是三个对于广东有着特殊意义的时刻，引领和指导广东进一步明确方向，将改革开放推进到新境界。党的十八大以后，习近平总书记外出视察第一站选在广东，5 年多来又先后几次对广东工作作出重要指示批示，这无疑是指导广东迈进中国特色社会主义新时代，不断推进改革开放的又一个关键时刻。因此，广东要在改革开放中取得更辉煌的成绩，一定要坚持党的领导，坚定不移贯彻落实党的十九大精神，按照习近平总书记对广东提出的新指示、新要求，沿着中国特色社会主义道路奋勇前进。只有这样，广东的改革开放事业才能保持战略定位，明确政治方向，不断攻坚克难，继续开创新局。

其四，须臾不忘以人为本，始终坚持以人民为中心的发展。改革开放的出发点是要实现人民的共同富裕和社会的公平正义，这是中国共产党启动改革开放的初心。让绝大多数人民群众能够从改革开放中受益，显然是广东 40 年改革开放能够顺利推进的一个关键因素。在当前继续推进改革开放事业，实现中华民族伟大复兴的实践中，广东要想不断地再上新台阶，

---

① 习近平：《决胜全面建成小康社会　夺取新时代中国特色社会主义伟大胜利》，人民出版社 2017 年版，第 20 页。

就一定要始终坚持以人民为中心，不断保障和改善民生，让最广大的人民群众分享到每一项举措所带来的实实在在的成果。以人为本，同样也是我们推进改革的重要动力。在改革开放的过程中，正是因为坚持了以人为本，才能激发出人民群众无穷无尽的首创精神，这种首创精神，让广东在实践中涌现出无数极富创造力的改革举措。当前，党的十九大已经做出了推进改革开放事业的顶层设计，然而并不意味着人民群众的首创精神就不重要了。相反，作为排头兵，广东仍然要继续探索如何在党的顶层设计之下，最大限度凝聚改革共识改革智慧，将人民群众的首创精神充分激发出来。习近平总书记指出："改革开放是亿万人民自己的事业。改革开放之所以得到广大人民群众衷心拥护和积极参与，最根本的原因在于我们一开始就使改革开放事业深深扎根于人民群众之中。"① 因此，我们必须坚持尊重人民首创精神，紧紧依靠人民推进改革开放。

其五，须臾不忘统筹兼顾，始终坚持全面发展统筹发展，始终坚持改革与开放的互促互进。40 年改革开放历程表明，广东的发展并非只是单纯的经济发展，而是全方位的社会进步。40 年来，从坚持"发展就是硬道理""牢牢扭住经济建设这一中心不动摇"，到坚持统筹兼顾、全面发展，广东不断统筹城乡、区域、经济与社会协调发展，人与自然和谐发展，统筹个人利益和集体利益、局部利益和整体利益、当前利益和长期利益，朝着"和谐广东""幸福广东""美丽广东""法治广东""文化强省"等目标不断迈进，构成率先全面建成小康社会的坚实基础。40 年来，广东充分利用独特人缘地缘优势，不断推进粤港澳合作，为"一国两制"伟大构想的成功实践作出了重要贡献。与此同时，广东还主动从服从全国一盘棋的大局出发，义不容辞地肩负起先发展起来地区的责任和担当，全力参与实施国家对口支援战略，为帮助和带动中西部地区的发展，实现全国共同发展、共同富裕积极贡献力量。此外，广东改革开放还有一个鲜明的特色，就是特别注重统筹内部改革与对外开放之间的关系。一直以来，广东发展

---

① 中共中央宣传部：《习近平总书记系列重要讲话读本》，学习出版社、人民出版社 2014 年版，第 45 页。

都十分注重内外结合，着力于开拓国内、国际两个市场，挖掘国内、国际两种资源，从而形成了"以改革扩大开放，以开放促进改革"的良性互动格局。这样一种良性互动，对于当下而言，依然是一条宝贵历史经验。一方面，全面深化改革一定要有开放的思维；另一方面，在扩大开放、构建对外开放新格局的过程中，也一定要把对国外先进经验和技术的引进消化及创新推广当作推进全面深化改革的重要动力，予以充分的重视。

逆水行舟，不进则退。当前和今后，唯有继续弘扬广东改革开放开创者们敢为人先、"杀出一条血路来"的精神，不折不扣地遵循中央决策和顶层设计，鼓起时不我待、只争朝夕的干劲，扬起闻鸡起舞、日夜兼程的豪情，以壮士断腕的勇气，进一步突破传统路径依赖，进一步打破既定惯性思维，广东才能在实现"四个走在全国前列"的新征程中，当好践行习近平新时代中国特色社会主义思想的排头兵，展现新气象、干出新作为、开创新局面，继续当好向世界展示我国改革开放成就的重要窗口和国际社会观察我国改革开放的重要窗口。

附录：广东改革开放 40 年
主要指标图

■ 地区生产总值（亿元，当年价）

地区生产总值

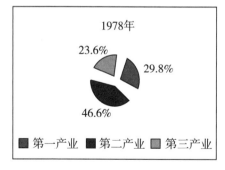

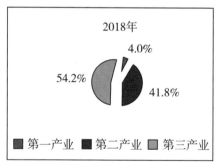

地区生产总值三次产业比重

■ 人均地区生产总值（元）

人均地区生产总值

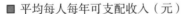

■ 平均每人每年可支配收入（元）
■ 平均每人每年生活消费支出（元）

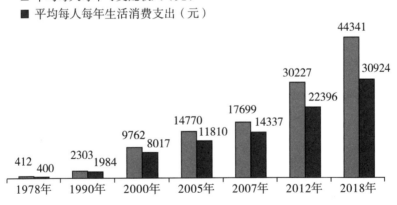

城镇常住居民人均可支配收入及生活消费支出

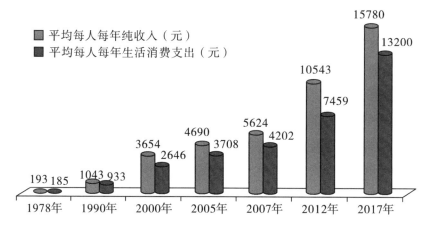

农村常住居民人均纯收入及生活消费支出

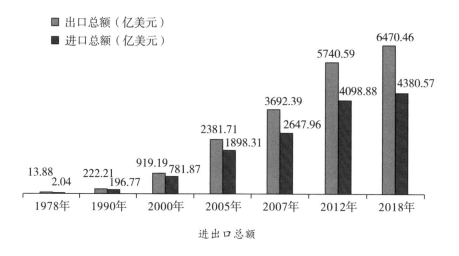

进出口总额

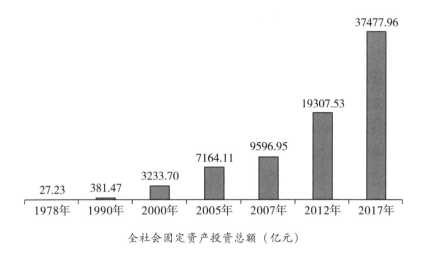

全社会固定资产投资总额（亿元）

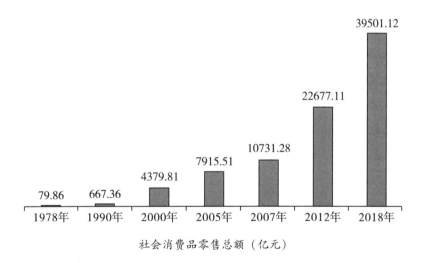

社会消费品零售总额（亿元）

　　备注：以上图表中数据来源为广东省统计局、国家统计局广东调查总队所编《2019广东统计年鉴》及《数说广东70年》。

主要参考文献

一、专著编著类

邓小平：《邓小平文选》（第二卷），人民出版社 1994 年版

邓小平：《邓小平文选》（第三卷），人民出版社 1993 年版

中共中央文献研究室：《邓小平年谱（1975—1997）》，中央文献出版社 2004 年版

江泽民：《江泽民文选》（第一卷），人民出版社 2006 年版

江泽民：《江泽民文选》（第二卷），人民出版社 2006 年版

江泽民：《江泽民文选》（第三卷），人民出版社 2006 年版

胡锦涛：《胡锦涛文选》（第一卷），人民出版社 2016 年版

胡锦涛：《胡锦涛文选》（第二卷），人民出版社 2016 年版

胡锦涛：《胡锦涛文选》（第三卷），人民出版社 2016 年版

中共中央文献研究室：《习近平总书记重要讲话文章选编》，中央文献出版社、党建读物出版社 2016 年版

中共中央宣传部（国务院新闻办公室）、中共中央文献研究室、中国外文局：《习近平谈治国理政》，外文出版社 2014 年版

中共中央宣传部（国务院新闻办公室）、中共中央文献研究室、中国外文局：《习近平谈治国理政》（第二卷），外文出版社 2017 年版

叶剑英：《叶剑英选集》，人民出版社 1996 年版

李先念：《李先念文选（1935—1988）》，人民出版社 1989 年版

陈云：《陈云文选》（第 3 卷），人民出版社 1995 年版

谷牧：《谷牧回忆录》，中央文献出版社 2009 年版

习仲勋：《习仲勋文集》（上下），中共党史出版社 2013 年版

《习仲勋传》编委会：《习仲勋传》（下卷），中央文献出版社 2013 年版

《习仲勋主政广东》编委会：《习仲勋主政广东》，中共党史出版社 2007 年版

李长春：《南粤大地创新篇——世纪之交广东改革发展的探索与实践》（上下卷），人民出版社、广东人民出版社 2017 年版

谢非：《广东改革开放探索》，中共中央党校出版社 1998 年版

林若：《广东改革开放的实践与思考》，广东人民出版社 2003 年版

张岳琦、李次岩：《冲破禁锢——拨乱反正篇》（《任仲夷论丛》第一卷），广东人民出版社 2000 年版

张岳琦、李次岩：《先行一步——改革开放篇》（《任仲夷论丛》第二卷），广东人民出版社 2000 年版

张岳琦、李次岩：《是是非非——政治文化篇》（《任仲夷论丛》第三卷），广东人民出版社 2000 年版

刘田夫：《刘田夫回忆录》，中共党史出版社 1995 年版

梁灵光：《梁灵光回忆录》，中共党史出版社 1996 年版

中共中央党史研究室：《中国共产党的九十年》（改革开放和社会主义现代化建设新时期），中共党史出版社、党建读物出版社 2016 年版

中共中央党史研究室第三研究部：《中国改革开放史》，辽宁人民出版社 2002 年版

中共广东省委党史研究室：《中国共产党广东历史》第 2 卷，中共党史出版社 2014 年版

中共广东省委党史研究室：《中共广东历史简明读本》，广东人民出版社 2011 年版

中共广东省委党史研究室：《广东改革开放决策者访谈录》，广东人民出版社 2008 年版

中共广东省委党史研究室：《广东经济发展探索录》，广东人民出版社2009年版

中共广东省委党史研究室：《特殊政策和灵活措施在广东》，中共党史出版社2015年版

中共广东省委党史研究室：《风起潮涌的广东城乡改革》，中共党史出版社2016年版

中共广东省委党史研究室：《社会主义市场经济的广东探索》，中共党史出版社2017年版

中共广东省委党史研究室：《执政广东纪要（2003—2007）》，中共党史出版社2015年版

中共广东省委党史研究室：《执政广东纪要（2008—2012）》，中共党史出版社2016年版

中共广东省委党史研究室：《中国共产党广东历史大事记（1949年10月—2004年9月）》，广东人民出版社2005年版

广东地方史志办公室：《当代广东简史》，当代中国出版社2005年版

《广东改革开放纪事》编纂委员会：《广东改革开放纪事》，南方日报出版社2008年版

政协广东省委员会办公厅、广东省政协学习和文史资料委员会：《广东经济特区的创立和发展》，中共党史出版社2007年版

傅高义：《先行一步：改革中的广东》，广东人民出版社2013年版

曾牧野、张元元、关其学、宋子和：《广东改革的经济学思考》，广东人民出版社1993年版

雷仲予：《广东先行一步见闻录》，广东人民出版社1998年版

《邓小平理论与广东实践研究丛书》编委会：《邓小平理论与广东实践研究丛书》（12卷本），广东人民出版社1995年版

《广东改革开放30年研究丛书》（11卷本），广东人民出版社2008年版

二、文献档案类

中共中央文献研究室：《新时期经济体制改革重要文献选编》（上、下册），中央文献出版社 1998 年版

中共中央文献研究室：《十六大以来重要文献选编》，中央文献出版社 2011 年版

广东省档案馆：《广东改革开放三十年重要档案文献》，中国档案出版社 2008 年版

中共广东省委办公厅：《中央对广东工作指示汇编（1979—1982）》

中共广东省委办公厅：《中央对广东工作指示汇编（1983—1985）》

中共广东省委办公厅：《中央对广东工作指示汇编（1986—1987）》

中共广东省委党史研究室：《中国共产党广东省历届代表大会及全会文献汇编第二卷（1961 年 12 月—1988 年 5 月）》

中共广东省委党史研究室：《中国共产党广东省历届代表大会及全会文献汇编第三卷（1988 年 5 月—2004 年 12 月）》

中共广东省委党史研究室：《清远经验史录》，广东人民出版社 2013 年版

中共广东省委党史研究室：《珠江模式史录》，中共党史出版社 2014 年版

中共广东省委党史研究室：《价格闯关史录》，中共党史出版社 2014 年版

中共广东省委党史研究室：《广州开发区创建史录》，中共党史出版社 2015 年版

中共广东省委党史研究室：《广东山区开发史录》，中共党史出版社 2017 年版

广东省人民政府：《广东政报（1993—2003）》

广东省人民政府：《广东省人民政府公报（2003—2017）》

广东省人民政府办公厅：《广东省人民政府常务会议纪要汇编

（1980—1990）》

广东省人民政府体制改革办公室：《经济体制改革文件汇编（1978—1986）》

广东省人民政府体制改革办公室：《经济体制改革文件汇编（1986—1988）》

广东省财政厅：《广东省财政综合计划工作文件汇编（1983—1989）》

广东省人民政府地方志办公室：《广东省志》（光盘版），广东省科技音像出版社 2007 年版

中共广东省委政策研究室：《增创新优势　更上一层楼——广东 '98 十大专题调研》（三卷四册本），广东人民出版社 2000 年版

中共广东省委政策研究室：《在率先基本实现社会主义现代化的道路上阔步前进——广东省第八次党代会以来的决策与实践》（三卷四册本），广东人民出版社 2002 年版

招商局蛇口工业区总经理办公室：《招商局蛇口工业区文件资料汇编》（10 卷本）

广东省档案馆部分馆藏原始档案（文献名见各篇注释）

三、报刊网络类

《人民日报》（1978—2017）

《南方日报》（1978—2017）

人民网

新华网

求是网

南方网

广东省人民政府网

广东省情网

王琢：《广东十年改革开放的理论启迪》，《开放时代》1989 年第 1 期

蔡东士、尹国强：《辐射与冲击——广东 10 年改革开放综述》，《南方

日报》1989年5月6日

文武汉：《先行一步的广东价格改革——广东价格改革的回顾与展望》，《广西社会科学》1992年第5期

陈锡添：《东方风来满眼春——邓小平同志在深圳纪实》，《经济特区报》1992年3月26日

马恩成：《广东农村改革开放的实践与思考》，《学术研究》1992年第3期

罗木生：《来自改革开放前沿的报告——广东经济特区的回顾与展望》，《广东社会科学》1996年第6期

张汉青：《改革开放习仲勋带领广东先走一步》，《炎黄春秋》1997年第4期

罗木生等：《广东改革开放"先走一步"的由来与初期探索》，《广东经济》1998年第4期

梁桂全：《社会主义创新与社会主义命运——广东改革开放20年的历史大突破》，《学术研究》1998年第12期

林若：《回顾广东改革开放二十年》，《广东社会科学》1999年第2期

梁灵光：《广东改革开放的实践与探索》，《百年潮》2003年第9期

李妍：《十一届三中全会前夕对外开放的酝酿和起步》，《当代中国史研究》2006年第2期

四、统计数据类

国家统计局数据中心网站

广东统计信息网

广东省统计局、国家统计局广东调查总队：《数说广东改革开放三十年》

广东省统计局、国家统计局广东调查总队：《广东统计年鉴》（1986—2016年）

广东年鉴编纂委员会：《广东年鉴》（1987—2017年）

后　记

改革开放是决定当代中国命运的关键一招，也是决定实现"两个一百年"奋斗目标、实现中华民族伟大复兴的关键一招。作为中国改革开放的排头兵、先行地和实验区，广东先走一步，敢为天下先，完成了中央所赋予的光荣而艰巨的使命。40 年的改革发展，南粤大地发生了翻天覆地的巨变，创造了举世瞩目的"广东奇迹"。

在改革开放 40 周年来临之际，站在新的历史起点上，要在中国特色社会主义新时代的伟大实践中进一步开创广东工作新局面，完成广东"四个走在全国前列"的新使命新担当，最根本的还要靠改革开放。为了梳理广东改革开放的伟大历程，总结广东改革开放的发展规律，展示广东改革开放的辉煌成就，弘扬广东改革开放的创新精神，充分发挥党史国史资政育人作用，并为当前广东全面深化改革开放的实践提供有益借鉴，中共广东省委党史研究室组织专门力量，开展广东改革开放历史的征研工作，编写了《广东改革开放发展史（1978—2018）》。本书涉及的历史起点为 1978 年 3、4 月间召开的中国共产党广东省第四次代表大会，截止点为 2018 年 5 月间广东贯彻落实党的十九大精神以及习近平总书记对广东重要指示精神的决策和部署，按照广东改革开放 40 年的若干重要节点和总体发展脉络，共分为五编来叙述。

本书编写立足于中共广东省委党史研究室 20 多年来对广东改革开放历史开展资料征集整理和专题研究所形成的大量成果的基础上。其中，包括有关习仲勋、任仲夷、刘田夫、梁灵光、王全国、吴南生、林若、朱森林、卢瑞华、张帼英、郭荣昌、杜瑞芝、李灏、匡吉、方苞、黄浩、吴健民、黎子流、林兴胜、周溪舞、邹尔康、罗昌仁、袁庚等数十位广东改革开放决策者亲历者的口述史料；包括习仲勋、任仲夷、刘田夫、梁灵光、李建安等广东改革开放初期重要领导者的文集和传记；包括围绕广东改革开放"先走一步"早期历史、习仲勋主政广东、任仲夷与广东改革开放、梁灵光与广东改革开放、珠江模式、价格闯关、清远经验等专题而收集的大量原始档案及文献；包括中共广东省委党史研究室编著的《广东改革开放发展史》（2001 年版）、《广东改革开放经济探索录》以及"广东改革开放实录"系列、"执政广东纪要"系列著作等 10 多部研究成果。同时，在本书编写过程中，还参阅了其他一些单位和亲历者、研究者的资料汇编或回忆材料、研究成果等，在此一并表示感谢！

中共广东省委党史研究室主任杨建伟谋划和指导本书编写工作，担任编辑委员会主任并审定了书稿。中共广东省委党史研究室副主任王涛负责本书的编写工作并担任主编，提出编写思路，确定编写大纲，还对全书进行了统改定稿。本书编写具体由中共广东省委党史研究室第三研究处承担，初稿写作分工如下：卢荻（第一编至第三编的各章）；林益（第五编的第一、二、三、四章）；谢涛（第四编的第四章以及第五章一部分，第五编的第五章以及结语）；王莹（第四编第一、二、三章以及第五章一部分）；杨海霞（第四编的第六、七章）。洪晓霓整理了附录。在文稿修改过程中，谢涛、殷倩、杨宇斌、洪晓霓做了部分校对和注释核实工作。

广东改革开放正在进行中。作为一段离现实生活如此之近的历史，对它的叙述和记录会有不同的视角与方法，其本身的内容和对它的思考及研究也都未经过长时间的沉淀与打磨，加之写作者水平、视野、所占资料有限，本书肯定存在不少粗浅、疏漏和不当之处，敬请广大读者批评指正。

作　者

2018 年 5 月 31 日